OS ARGENTINOS

COLEÇÃO POVOS & CIVILIZAÇÕES

Coordenação Jaime Pinsky

OS ALEMÃES *Vinícius Liebel*
OS AMERICANOS *Antonio Pedro Tota*
OS ARGENTINOS *Ariel Palacios*
OS CANADENSES *João Fábio Bertonha*
OS CHINESES *Cláudia Trevisan*
OS COLOMBIANOS *Andrew Traumann*
OS ESCANDINAVOS *Paulo Guimarães*
OS ESPANHÓIS *Josep M. Buades*
OS FRANCESES *Ricardo Corrêa Coelho*
OS INDIANOS *Florência Costa*
OS INGLESES *Peter Burke* e *Maria Lúcia Pallares-Burke*
OS IRANIANOS *Samy Adghirni*
OS ITALIANOS *João Fábio Bertonha*
OS JAPONESES *Célia Sakurai*
OS LIBANESES *Murilo Meihy*
OS MEXICANOS *Sergio Florencio*
O MUNDO MUÇULMANO *Peter Demant*
OS PORTUGUESES *Ana Silvia Scott*
OS RUSSOS *Angelo Segrillo*

Consulte nosso catálogo completo e últimos lançamentos em **www.editoracontexto.com.br**.

Ariel Palacios

OS ARGENTINOS

editora**contexto**

Foto de capa
Jaime Pinsky

Montagem de capa e diagramação
Gustavo S. Vilas Boas

Preparação de textos
Lilian Aquino

Revisão
Fernanda Guerriero Antunes

Dados Internacionais de Catalogação na Publicação (CIP)
(Câmara Brasileira do Livro, SP, Brasil)

Palacios, Ariel
Os argentinos / Ariel Palacios. – 1. ed., 4ª reimpressão. –
São Paulo : Contexto, 2024.

Bibliografia.
ISBN 978-85-7244-787-4

1. Argentina – Condições econômicas
2. Argentina – Condições sociais 3. Argentina – História
4. Argentina – Política e governo 5. Argentina – Usos e
costumes 6. Argentinos 7. Cultura – Argentina I. Título.

13-01001	CDD-982

Índice para catálogo sistemático:
1. Argentina : Civilização   982

2024

EDITORA CONTEXTO
Diretor editorial: *Jaime Pinsky*

Rua Dr. José Elias, 520 – Alto da Lapa
05083-030 – São Paulo – SP
PABX: (11) 3832 5838
contato@editoracontexto.com.br
www.editoracontexto.com.br

SUMÁRIO

INTRODUÇÃO

"*O mais grandgi dú mundo!*" (o maior do mundo!) é a expressão que os argentinos utilizam em portunhol para referir-se, com admiração, sobre qualquer assunto relativo ao país vizinho, o Brasil. "Ah, o BNDES e a Fiesp, o mais grande do mundo", me disse um alto empresário argentino em 2012, ao indicar inveja por ambas as instituições, sem paralelos na Argentina.

A própria presidente Cristina Kirchner, em 2009, durante uma visita do presidente Luiz Inácio Lula da Silva, usou esse chavão local para declarar seu fascínio: "acho fantástico o orgulho dos brasileiros, que se referem assim, '*o mais grande* do mundo'! Isso mostra o orgulho que eles têm". Os candidatos presidenciais Ricardo Alfonsín, Eduardo Duhalde e Hermes Binner também me expressaram sua admiração pelo Brasil durante a campanha de 2011.

O Brasil é presença constante na mídia, nas exposições de arte nos museus e galerias portenhas; os shows de músicos brasileiros vendem todas as entradas para um público ávido de ritmos que vão do axé à bossa nova. Nos anos 1990, quando a cantora Joanna estava fora de moda entre os brasileiros, era um sucesso em Buenos Aires, lotando os teatros. Os Paralamas do Sucesso, que tiveram altos e baixos no Brasil, na Argentina nunca deixaram de lotar as casas de apresentação. Uma demonstração disso foi a decisão de fazer o primeiro show depois da recuperação do líder da banda, Herbert Vianna, em Buenos Aires.

Até o começo dos anos 1990, o Brasil era encarado como o país das praias, das mulheres bonitas e do Carnaval. Desde a primeira década deste século, o Brasil passou a ser o país das praias, das garotas bonitas, do Carnaval, mas também da maior industrialização da América Latina, de uma economia que cresce, de uma classe média que aumenta e de um peso internacional cada vez maior. Desta forma, nos últimos anos, os elogios pronunciados sobre o Brasil na Argentina podem até ser constrangedores de tão enfáticos e adocicados.

Acadêmicos brasileiros e argentinos costumam ironizar sobre as relações entre ambos os países com a seguinte frase: "os brasileiros amam detestar a Argentina... e os argentinos odeiam ter que amar tanto o Brasil". O Brasil é o país que os argentinos mais visitam quando viajam ao exterior; é a terra onde adoram passar férias; sonham residir em suas praias (para isso, o plano típico é o de ter uma pousada ou um barzinho à beira-mar). Desde 1979, em média, de 500 mil a 1 milhão de argentinos viajam anualmente ao Brasil.

Os argentinos também tentam e fazem um esforço descomunal para falar "português": *"Oi! Bocê é brasileiru! Pódgi falá cómigo! Eu goshtu muitu dû Brássiul!"*. Isso tudo, acompanhado de um peculiar balançar de ombros e quadris, como se nós estivéssemos em plena Marquês de Sapucaí 24 horas por dia. *"Bocês són um pobo muito mussical!"*, acrescentam na sequência. Eles nos consideram um povo amável, aberto, de bem com a vida.

Os argentinos só acumulam duas taças mundiais, das quais uma é suspeita de ter sido obtida por meios obscuros (Copa de 1978, durante a Ditadura), além de a outra (México, 1986) ter tido a contribuição de um gol com a mão de Maradona. Mas, como prova de que são mais "cosmopolitas" e que a rivalidade futebolística os incomoda menos, os argentinos são capazes de ostentar, com total normalidade, uma camiseta da seleção brasileira no dia a dia, seja para ir ao supermercado, ver um show de rock ou fazer exercício na academia.

O axioma do comentarista esportivo Galvão Bueno, "ganhar é bom, mas ganhar da Argentina é melhor ainda!", não possui um equivalente em Buenos Aires. Isso me leva a explicar algo que pode ser altamente traumatizante: nós, brasileiros, torcemos sempre contra a seleção da Argentina. Seria lógico imaginar que os argentinos sempre vão torcer contra nós, e que vão considerar-nos os principais rivais. Mas não é assim. O principal rival da Argentina é a Inglaterra. Por questões geopolíticas, mais especificamente a Guerra das Malvinas (1982).

Nesse contexto, os argentinos, quando o Brasil enfrenta a Inglaterra, sempre torcem a favor do Brasil.

Entusiasmados com o que eles denominam de "a alegria brasileira", os argentinos batizaram de "Carnaval carioca" a parte final das festas de casamento que realizam, com marchinhas de Carnaval brasileiro. Os participantes ostentam colares de flores de papel, bonés de cartolina coloridos e apitos, e atiram serpentinas e confetes.

De quebra, gostam mais de nossos presidentes do que nós mesmos: o ex-presidente Lula era mais popular em Buenos Aires do que no próprio ABC paulista (uma pesquisa de 2005 indicou que contava com 93% da simpatia dos argentinos). O ex-presidente Fernando Henrique Cardoso também era mais respeitado na capital argentina do que no Brasil.

Por outro lado, a relação dos argentinos com seu próprio país é, no mínimo, bipolar, misto de amor e ódio.

"É surpreendente. Este país conta com médicos de Primeiro Mundo, tivemos cinco prêmios Nobel, dos quais três da área científica; universidades de bom nível, pioneiros na região em física nuclear", me disse em 2009 o historiador argentino José Ignácio García Hamilton. Na sequência, arrematou: "mas a cultura política é totalmente hispano-americana, acostumada à hegemonia, aos caudilhos, à exaltação dos líderes militares e da pobreza, além da transgressão da lei".

Seu conterrâneo Rosendo Fraga, especialista em cenários políticos, econômicos e geopolíticos, diretor do Centro de Estudos Nueva Mayoría, também mostra surpresa com o próprio país: "A Argentina é o país de Jorge Luis Borges, o escritor latino-americano de cultura mais universal... mas também é a de Diego Armando Maradona, o ídolo transgressor. A Argentina é ambas as coisas ao mesmo tempo!".

Na primeira metade do século XX, Buenos Aires foi chamada pelo escritor francês André Malraux de "capital de um império imaginário". Pose não faltou à cidade ao longo de décadas. E mesmo após a sequência de graves crises econômicas que teve desde 1975 (uma – rigorosamente – a cada sete anos), a cidade mantém uma intensa vida literária e teatral e é um dos principais centros de produção cinematográfica da região.

E nem falemos das constantes crises políticas. Desde a volta da democracia, em 1983, só três presidentes (Carlos Menem, Néstor Kirchner e Cristina Kirchner) conseguiram concluir seus mandatos no prazo previsto. Entre 20 de dezembro de 2001 e 2 de janeiro de 2002 – apenas 13 dias –, a Argentina teve cinco presidentes.

Vistos geralmente através dos filtros de uma série de clichês e estereótipos, os argentinos e a Argentina costumam pegar os brasileiros de surpresa (e também o resto do planeta), evidenciando que eles ainda são – apesar da proximidade e da maior integração propiciada pelo Mercosul desde 1991 – um grande mistério.

É a terra do suculento *bife de chorizo*, do tango de Carlos Gardel e dos dribles de Maradona. Mas é muito mais do que isso. É o país dos barulhentos *cacerolazos* (panelaços), de uma ácida autoironia (essas piadas que a gente costuma contar no Brasil sobre os argentinos são de autoria, a maior parte das vezes... dos próprios argentinos!).

É também o país de uma burocracia de tal magnitude que teria feito Franz Kafka parecer um escritor sem imaginação. Um país marcado por antagonismos políticos bicentenários e leis sociais de vanguarda. Concentra a maior comunidade judaica da América Latina e também o maior número de grupos neonazistas.

Peculiar, fascinante, irritante, enigmática. Essas são algumas das "Argentinas" que este *Os Argentinos* pretende desvendar.

* * *

Desde o século passado eu tinha o projeto de escrever um livro sobre a Argentina. Mas, faltava um empurrão para que saísse do computador e virasse papel impresso. Isto ocorreu graças ao estímulo enfático de três amigos jornalistas: o grande Alberto Dines, o inestimável Bruno Lima Penido e o sempre leal e brilhante Gustavo Chacra.

No entanto, a obra só foi possível graças à colaboração e apoio de várias pessoas: a apaixonante Miriam De Paoli, minha mulher, digna de um poema de John Donne, que me apoiou com amor, conselhos imprescindíveis e com horas de sua vida nesta empreitada, o primeiro livro familiar, enquanto ela adiava a preparação do seu próprio, sobre jornalismo institucional.

Em parceria produzimos – antes dos respectivos livros – a melhor obra, Victoria, nossa filha, que com seu espetacular bom humor matutino colaborou também em meu entusiasmo para escrever *Os argentinos*.

À distância, por telefone ou Skype, meus pais – Marta e José Elias – também me apoiaram para concluí-lo. Aliás, me apoiaram sempre, desde bebê. Espero ser pelo menos 50% tão bom pai quanto foram comigo. Minha querida irmã Verónica, peça crucial nesta engrenagem da maquinaria familiar que nunca parou. E a meu cunhado Flávio Stein, que me deu a cartografia do mundo editorial.

Agradeço a Corina Alaniz, extraordinária e fiel amiga. E a Aldo Santiago Juarez, genial arquivista, que classificou os mais delirantes assuntos para o livro.

E no quesito "apoio *relax*", a companhia de Lucrecia e Carlota, minhas duas yorkshires que, deitadas em meu colo, me ajudaram a trabalhar por longas horas.

Meus *gracias* também estão destinados às amigas e correspondentes Carmen De Carlos (*ABC de Madri*) e Janaína Figueiredo (*O Globo*) pelo apoio incondicional. Também às amigas Lorena Pujó, pela colaboração na área histórica, e Maria Fernanda de Andrade, pelo entusiasta respaldo profissional durante 15 anos; ao Valtemir Soares Júnior, que, além da fiel amizade, nos cedeu suas fotos de Buenos Aires; a Silvio Santamarina por *insights* cruciais sobre o peronismo; ao jornal *Clarín*, pelas imagens da ditadura, e aos Fusco por aquelas de Eva e Perón.

Agradeço à estimulante contribuição dos comentaristas de meu blog no *Estadão*, *Os Hermanos*, e aos *followers* no Twitter, que mantêm comigo um suculento diálogo sobre o país. E aos amigos não citados que colaboraram neste projeto.

E, *the last but not the least*, agradeço aos Pinsky – que pertencem àquela classe de editores com os quais sonha a maioria dos autores – que confiaram que o público brasileiro merecia algo mais do que um estereotipado manual do tipo "*How to be a porteño*".

AFINAL, QUEM SÃO ESSES ARGENTINOS?

"Os mexicanos descendem dos astecas, os peruanos dos incas e os argentinos desceram dos navios!" Esta irônica frase – que circula há décadas nos países da América Latina para tentar definir os quase indefiníveis argentinos – deixa claro que os habitantes deste país são encarados como figuras exógenas à mestiça América Latina. Os argentinos também acreditam nesse mito, embora grande porcentagem da população tenha – de forma remota ou não tão remota – antepassados indígenas.

A Argentina, na época da colônia – e no primeiro século de vida independente –, era *criolla*, isto é, uma mistura de espanhóis (majoritariamente andaluzes e bascos) com os indígenas. E vários escravos africanos.

Mas, a partir de 1860 – e especialmente desde 1880 –, o lado *criollo* perdeu espaço drasticamente diante do desembarque de milhões de imigrantes europeus, especialmente latinos.

Se pegarmos a década de 1960, veremos que um presidente filho de italianos, Frondizi, é derrubado pelo general Poggi (também filho de italianos), mas quem toma posse é Guido (idem, filho de imigrantes da península itálica). Quando convocam novas eleições, quem assume é Íllia (outro filho de italianos). Íllia é derrubado pelo general Onganía, neto de bascos, que colocou em seu gabinete ministros com sobrenomes germânicos, como Bauer, Krieger, Hirsch, Helbling e Van Peerborgh (holandês). Em 1970, Onganía foi derrubado. Em seu lugar tomou posse Roberto Levingston, neto de alemães judeus convertidos ao catolicismo. Nos anos 1980, Alfonsín (filho de imigrantes da Galícia) seria sucedido por Menem (filho de pai e mãe síria). Em 2003, tomou posse um neto de suíços, filho de uma chilena filha de croatas: Kirchner.

Em 1980, os escritores Manuel Mujica Láinez e Jorge Luis Borges reuniram-se para uma entrevista que seria transmitida pelo rádio. No meio da conversa, brincaram sobre a fortíssima presença italiana na Argentina (51% dos argentinos possuem um antepassado italiano, proporção única entre todos os países do continente americano), que influenciou a forma de falar, a culinária e até a política.

Mujica Láinez – *Eu não tenho sangue italiano. E nem você, Georgie, nada de sangue italiano, não é?*

Borges – *Sim, às vezes sinto que sou um estrangeiro em Buenos Aires...*

Em 1960, o humorista Oski explicava com ironia a receita para "fabricar um argentino médio":

> Colocar na seguinte ordem: uma mulher índia de quadris largos, dois cavalheiros espanhóis, três *gauchos* muito mestiços, um viajante inglês, meio pastor basco e uma pitada de escravo negro.
>
> Deixe em fogo lento durante três séculos.
>
> Então, subitamente, antes de servir, acrescente de uma vez cinco camponeses italianos (mas do sul da Itália), um judeu polonês (também pode ser um judeu alemão ou russo), um quitandeiro da Galícia espanhola, três quartos de caixeiro-viajante libanês e uma prostituta francesa inteira.
>
> Deixe repousar somente cinquenta anos.
>
> Depois, servir na moldura e com brilhantina.

No entanto, apesar do peso dos imigrantes, estes – ao chegar à Argentina – tentavam rapidamente "argentinizar-se", espanholizando seus primeiros nomes. Desta forma, o genovês Giovanni Ceresa transformou-se em Juan Ceresa. Ou, tal como o chamavam os vizinhos, Don Juan (Seu Juan). Esse é um de milhões de exemplos.

O grande escritor Borges cita ocasionalmente em seus poemas a presença de negros na Argentina. Essa população africana tinha um peso significativo na época da colônia. No caso da cidade de Buenos Aires, entre 25% e 30% dos habitantes antes da Independência eram escravos trazidos da África ou seus descendentes. Nos primeiros anos das guerras da Independência, grande parte deles constituiu os "batalhões de negros", isto é, os grupos de soldados que geralmente iam na vanguarda das tropas (e portanto, tinham mais baixas que o resto).

Entre as várias guerras civis e a Guerra do Paraguai, a população negra foi encolhendo. A epidemia de febre amarela de 1870 – junto com a alta mortalidade devido à pobreza desse setor da sociedade – encarregou-se de reduzir seu volume. Na sequência, a avalanche migratória europeia da segunda metade do século XIX diluiu o que restava de presença visível dos afro-argentinos. Isso, misturado com uma historiografia oficial que tentava ocultar sua presença no passado do país.

O racismo crescente também levou diversos afro-argentinos a migrar do país. Muitos partiram para o Uruguai, onde a comunidade era maior e sofria menores níveis de pressão por parte das autoridades e da sociedade.

O racismo estava claro no poema épico-gauchesco *Martín Fierro*, adotado pelas autoridades escolares argentinas desde o final do século XIX como o "livro nacional".

A obra relata a vida do *gaucho* Martín Fierro, um rebelde que vive nos pampas. No capítulo 7, o protagonista ofende um negro com os seguintes versos:

Deus fez os brancos
São Pedro os mulatos
O diabo fez os negros
Para tição do inferno

Embora os historiadores soubessem que o sargento Cabral (que morreu com feridas de baionetas nas costas para salvar o general San Martín – herói da Independência argentina – na Batalha de San Lorenzo) era negro, os quadros épicos oficiais o mostravam como "moreno". Um pouco bronzeado talvez. Ora, não ficava "bem" mostrar que o salvador do "Pai da Pátria" dos brancos (ou supostos brancos) era um negro.

Nas últimas duas décadas, a figura de Cabral foi deixando de ser branca-bronzeada para assumir uma realidade afro sincera. Isto é: salvou-se do denominado "processo de invisibilização" dos afro-argentinos.

O tango tem origem na comunidade negra portenha. Os tangólogos fazem questão de deixar isso evidente. No entanto, também é verdade que a colossal influência italiana no tango deixou esse ritmo praticamente sem vestígios afros (exceto, remotamente, nas "milongas", um ritmo mais acelerado do tango).

Mas, embora quase que visualmente desaparecidos (a imensa maioria dos afro-argentinos que podem ser vistos nas ruas atualmente são na realidade os 10 mil imigrantes de Cabo Verde que chegaram a partir de 1960), os afro-argentinos estão presentes nos genes argentinos. Uma pesquisa do Centro de Genética da Universidade de Buenos Aires indica que 4,3% dos habitantes da capital argentina e sua área metropolitana possuem antepassados africanos.

OS ARGENTINOS SEGUNDO OS ESTRANGEIROS

Os estrangeiros, de forma geral, foram ácidos com a Argentina. O autor francês Pierre Kalfon, que conhecia – e apreciava – o país, afirmou em 1967 que o argentino (especialmente o portenho) era ambíguo e caminhava pela vida apertado entre dois sentimentos antagônicos: uma forte propensão à superioridade e um equivalente complexo de inferioridade.

Quatro décadas antes de Kalfon, o espanhol José Ortega y Gasset comentava perplexo: "como pode ser que, tendo um país tão rico, estejam tão cheios de problemas?".

Na primeira metade do século XX, o conde alemão Hermann Keyserling causou polêmica ao afirmar durante uma visita a Buenos Aires que "o argentino é um animal triste, tal como a tristeza que ocorre após o coito".

Charles Darwin, que esteve vários meses na Argentina em 1833, quando começava sua jornada no navio Beagle (que o levaria ao redor do mundo em uma viagem que seria o estopim da teoria da evolução), ficou surpreso com a falta de respeito pela lei: "os habitantes respeitáveis do país sempre ajudam o delinquente a fugir. Parece que acham que o homem pecou contra o governo, e não contra o povo".

Outra figura mundial da ciência, Albert Einstein, diria quase um século depois, em 1925: "como é que um país como este consegue progredir de forma tão desorganizada?". Outro expoente, mas, neste caso, do humor mundial, o cômico mexicano Cantinflas, ironizava: "a Argentina está composta por milhões de habitantes que querem afundá-la, mas não conseguem".

OS ARGENTINOS SEGUNDO OS ARGENTINOS

Os argentinos oscilam sobre as formas de encarar o país. Em algumas épocas tecem longas apologias sobre...

a) a alta qualidade humana e educativa dos argentinos (no passado havia grande qualidade de ensino. Hoje em dia ainda existe, mas é residual. As universidades argentinas, em 2012, não estavam entre as cinco primeiras da América do Sul);

b) a mistura de etnias (uma grande mistura, embora careçam do elemento asiático, como o Brasil, e a população afro-argentina seja minúscula atualmente);

c) o fato de ser um país sem vulcões, terremotos e inundações, "tal como em outros países da América do Sul, os tufões dos EUA ou os terremotos na Ásia" (o país sofre, sim, com inundações, terremotos e com os vulcões chilenos em erupção – quando suas cinzas caem do lado argentino. Os tufões, de fato, não são costumeiros).

Em outras épocas tecem longas críticas sobre

a) a elevada corrupção do país, como se fosse o pior do mundo (sem perceber que a corrupção é muito mais elevada em países vizinhos como Paraguai, Bolívia e Venezuela, por exemplo);

b) a filosofia do "*atar com alambre*", literalmente, "amarrar com arame", expressão utilizada para designar o improviso malfeito, a gambiarra;

c) a herança cultural espanhola (vista como "atrasada") e a italiana (vista como "mafiosa" ou corrupta).

Em um churrasco, na macarronada dominical, no táxi conversando com o motorista ou na conversa no boteco, uma frase costumeira – ao analisar a idiossincrasia nacional – é "O argentino é aquele que para cada solução... tem um problema!".

O escritor argentino Marco Denevi definiu seus compatriotas como "inseguros fantasiados de solenes". Outro literato, Julio Cortazar, indicou: "ser argentino é ser triste. Ser argentino é estar longe".

A tristeza parece ser uma das marcas citadas pelos próprios argentinos. Essa característica é uma constante quando tentam definir a si próprios em contraste com outros países. Esse é o caso do Brasil, que costumam definir como "o país da alegria" (um fascínio pelo lado carnavalesco). "Vocês, brasileiros, sempre estão 'tudo bem' (a expressão no original em português)", dizem meus amigos em Buenos Aires.

O humorista Enrique Pinti sustentava que a Argentina era o país "do mais ou menos", já que sequer a Revolução de Maio de 1810 foi uma revolução 100% (pois criou um governo local, embora em nome do rei da Espanha, até proclamar a Independência seis anos mais tarde).

Uma marca constante dos argentinos: a ironia. Uma de minhas pichações favoritas, estampada em uma parede do bairro de Palermo: "Argentinos: chega de realidades! Agora nós queremos promessas!".

Dos pampas aos Andes

"Pergunto a mim mesmo que impressão suscita em um argentino o simples ato de ficar olhando fixo no horizonte... e não ver nada! A tragédia argentina é a vastidão. A solidão, a desolação, sem uma só casa, servem de fronteiras entre as províncias argentinas." Desta forma, o jornalista, escritor e militar Domingo Faustino Sarmiento – que também foi presidente e o introdutor do ensino público na Argentina – definia a sensação de morar nessas intermináveis planícies do vasto Pampa.

Mas o país não é só o Pampa, embora ali residam dois terços da população argentina. Da mesma forma que o país é variado em sua composição populacional, possui uma variedade climática de contrastes: no Chaco, o calor é tropical; no Pampa, um clima temperado; na Patagônia, um frio subantártico.

A Argentina possui um terço da superfície do continente europeu. Da ponta norte à ponta sul do país, a distância é de 3.694 km. Esse tamanho, no entanto, é discutível, já que inclui 964 mil km² relativos à área reivindicada pela Argentina na Antártida. Caso as Malvinas fossem incluídas, a superfície teórica argentina subiria para 3,76 milhões km².

Mapa atual da Argentina com as divisões das províncias e a Capital Federal (Buenos Aires). A cartografia oficial da Argentina inclui as ilhas Malvinas como se fossem de fato administradas pela Argentina.

É o oitavo país do mundo em superfície, pois conta com 2,78 milhões de quilômetros quadrados. Embora em matéria de tamanho esteja entre os dez primeiros, está no 32º lugar no *ranking* de população, com 40 milhões de habitantes.

A Argentina faz fronteira com o Uruguai, o Brasil, o Paraguai, a Bolívia e o Chile. Com este último país, tem 5.300 km de fronteira, a terceira maior divisa em todo o planeta.

No Brasil, para indicar o país de ponta a ponta, costumamos dizer "do Oiapoque ao Chuí", citando dois rios. Os argentinos usam a expressão "de La Quiaca a Ushuaia", referindo-se a duas cidades situadas, respectivamente, na extremidade setentrional e meridional da Argentina.

PATAGÔNIA: A SIBÉRIA ARGENTINA
QUE OS ESTRANGEIROS VIAM COMO O "ELDORADO"

Localizada no extremo sul do continente, a gélida e desolada Patagônia foi durante séculos uma região esquecida pelos governos federais. Os patagônios reclamam. Eles ainda sentem-se abandonados, desprezados, e afirmam que a região é tratada como uma "Sibéria" argentina.

No entanto, essa sensação de abandono diminuiu significativamente durante os governos dos presidentes Néstor Kirchner e Cristina Kirchner. Néstor era um patagônio nato (tanto que era apelidado de "O Pinguim"), enquanto Cristina lançou-se na carreira política nessas gélidas paragens.

Antes dos Kirchner, a última vez que alguém havia prestado atenção a esta região foi quando o presidente Raúl Alfonsín, em meados dos anos 1980, decidiu transferir a capital do país para a cidade patagônia de Viedma. No entanto, seu plano naufragou no meio do caos da hiperinflação. A capital continuou em Buenos Aires, enquanto os viedmenses arquivavam seus planos de grandes alamedas e de um palácio presidencial próprio.

As quatro províncias da Patagônia, juntas, não chegam a 1 milhão de habitantes, espalhados por 750 mil quilômetros quadrados (pouco mais de 1 habitante por quilômetro quadrado). Grande parte da população é composta de imigrantes. Eles dividem-se a si próprios entre os NyCs (nascidos e criados) e os VyQs (vindos e instalados).

Os patagônios são conhecidos como um grupo "durão" da população argentina, já que costumeiramente viveram em condições climáticas adversas, longe da ajuda governamental.

A Patagônia foi cenário do delírio e da imaginação de aventureiros. Os colonizadores espanhóis acreditavam que ali estivesse a cidade perdida dos Césares. Ladrões

Região de El Chaltén, na Patagônia, a poucos quilômetros da fronteira com o Chile, é o paraíso para o *trekking*. Montanhas, lagos, bosques e geleiras atraem turistas do mundo todo.

de bancos, como Butch Cassidy e Sundance Kid, também tentaram fortuna na Patagônia. Depois da Segunda Guerra Mundial, rumores indicavam que Adolf Hitler estava escondido na Patagônia.

OS ARGENTINOS E A CARNE

Qual a melhor forma de começar a tentar explicar a complexa Argentina e os argentinos que por intermédio da vaca e da carne? Desde 1995, quando fui a Buenos Aires trabalhar como correspondente internacional, os amigos (do Brasil, do restante da América Latina, e da Europa), ao falar pelo telefone comigo, quase sempre me perguntam: "e aí, hoje almoçou um bom *baby-beef*?". Morar na Argentina – devem pensar – é sinônimo de comer carne todos os dias. E várias vezes por dia.

Mas a verdade é que nunca comi tão pouca carne como desde que me instalei em Buenos Aires. Gosto de carne. E muito. Mas, após dois anos na Europa, onde o preço era proibitivo, me acostumei a prescindir dos quitutes bovinos em grande parte do mês.

Quando era criança, sim, sentia a falta desse prato. Nos anos 1970, no Brasil, meus pais, ainda começando a se adaptar ao país, não deixavam de lado a carne como elemento fundamental do menu diário. Mas, comparada aos *lomos* dos pampas, que podiam ser cortados com a beirada de uma colher, os bifes brasileiros eram duros e ásperos.

Para complicar, minha mãe insistia, utopicamente, em utilizar em nossa casa em São Paulo umas facas de ponta redonda, que havia trazido da Argentina, sem o fio dentado. Vãs tentativas eram aquelas de cortar a carne dura com facas destinadas à fácil tarefa de dividir ao meio um bife de *chorizo* com uma leve pressão para baixo.

O cenário piorou mais ainda quando mudamos para Governador Valadares. Ali, minha mãe tentou vencer a carne do norte mineiro batendo nela com um martelo para fazer milanesas. Mais do que bater, a espancava. E depois, a cozia na panela de pressão. Todas as estratégias possíveis foram aplicadas para abrir as fechadas fibras daqueles bifes rígidos. Quando mudamos, mais uma vez, para Londrina, no norte do Paraná, meus pais já haviam desistido dos bifes. Adotaram a carne de frango e a carne moída, na forma mais mastigável de hambúrgueres feitos em casa.

Décadas depois, a carne brasileira melhorou significativamente, e hoje pode ser saboreada com prazer, embora sem chegar ao Olimpo Bovino – dizem os especialistas – onde estão seus congêneres argentino e uruguaio.

Mas a longa persistência de meus pais – embora abandonada após uma década – mostra o vínculo profundo entre os argentinos e a carne. E, em uma sociedade tradicionalmente antagônica, dividida política (peronistas e antiperonistas), cultural (Buenos Aires *versus* o interior) e socialmente (todos contra todos), a paixão pela carne talvez seja o único ponto em comum de quase 100% da sociedade.

Uma pesquisa da Gallup indicou, em 2006, que um argentino pode até nunca ter comido frango, peixe ou carne suína. Mas, segundo esse estudo, argentino algum jamais deixou de comer alguma vez na vida carne bovina. A carne monopolizou a dieta argentina.

O escritor e ensaísta Alan Pauls ironiza sobre o consumo desse produto: "é a única droga que o Estado argentino jamais proibirá".

Na verdade, a Argentina é um país que conta com 62 milhões de habitantes bovinos. Ou 50% a mais do que os habitantes humanos.

El asado

Devorar um bife de *chorizo* ou um *lomo* foi uma das paixões que os argentinos praticaram durante séculos quase que com fervor religioso. Comer carne em abundância era quase uma forma de vida, uma maneira de mostrar ao mundo que se era argentino.

Ao receber um parente ou amigo estrangeiro, é normal que um argentino organize um *asado* (churrasco), para agradar o visitante. Neste ponto, é preciso destacar que após ter saboreado alguns nacos de carne malpassada, o comensal deve proclamar uma exaltação ao realizador, com a fórmula: *"un aplauso para el asador!"* (um aplauso para o churrasqueiro!).

O *asado* torna-se uma espécie de assembleia que gira ao redor da carne. Nesse evento, os argentinos discutem a política de forma mais exaltada do que dentro de um comitê partidário e analisam a economia (se cada brasileiro é um técnico de futebol, cada argentino considera-se um potencial ministro da Economia). Em meio à farta proteína bovina e ao colesterol abundante, regados a vinho (e, nos últimos anos, também refrigerante, e ocasionalmente cerveja), os convivas formulam grandes *corpus* teóricos sobre os mais variados assuntos. Toda essa frenética atividade que mistura a gastronomia com a arte da discussão ocorre em prosaicos pátios traseiros, quintais, espremidas varandas e estreitos terraços. O espaço físico, mesmo exíguo, não inibe a atividade do *asado*.

O *asado* também é utilizado pelos políticos como desculpa para reunir-se com outros políticos para conspirar. Mais de um governo argentino caiu graças a manobras planejadas ao redor de um naco de *asado de tira* ou uma suculenta *morcilla*.

A política e a carne estiveram sempre unidas no país. O único assassinato ocorrido dentro do Parlamento argentino foi motivado por questões bovinas. Tudo começou com as denúncias do senador Lisandro de la Torre – um dos mais respeitados parlamentares da história local –, que indicava que diversos frigoríficos estavam sonegando impostos e contavam com proteção do governo, que havia assinado um polêmico contrato de exportação para a Grã-Bretanha. No meio de discussões e empurrões, Ramón Cora, um jagunço do ministro da Agricultura Luis Duhau (acusado por De la Torre), apontou seu revólver contra o senador. Mas o atingido foi outro parlamentar, Enzo Bordabehere, que faleceu em 1935.

Em fevereiro de 1982, o então ditador argentino, o general Leopoldo Fortunato Galtieri, ordenou a realização do *Asado del siglo* (O churrasco do século), na cidade de Victorica, província de La Pampa. Galtieri, que dois meses depois invadiria as ilhas Malvinas (onde suas tropas sofreriam uma rápida derrota), estava desesperado para conseguir popularidade. Fazer um *asado* era uma forma conveniente de melhorar a imagem.

O vilarejo contava com apenas 5 mil habitantes. Mas 13 mil convivas estiveram presentes no megarrepasto. Eles devoraram 7 mil quilos de carne bovina e 2 mil quilos de linguiças.

Mais recentemente, o *asado* transformou-se também em um negócio da indústria do turismo, que criou as insólitas "aulas de típico *asado* argentino", em que o estrangeiro aprende, em troca de US$ 150 a hora, os truques dos grandes especialistas.

A qualidade da carne argentina se sustenta, em grande parte, devido à alimentação saudável das vacas nacionais. Basicamente pasto. Pouco ou nenhum anabolizante.

Nos anos 1970 existiam 19 cortes de carne bovina. Mas, atualmente, existem 29. O improviso não existe nesta área. Os açougueiros fazem cortes cirúrgicos para separar os conjuntos de músculos, cada um com seu sabor próprio. Em seus estabelecimentos, exibem enormes cartazes com a cartografia bovina, mostrando como a vaca é dividida, tal como se fosse um mapa do país com suas províncias.

Os únicos elementos que não são mostrados nessa cartografia são as *achuras*, isto é, os miúdos, os órgãos e vísceras que deliciam os argentinos, tais como os rins, os intestinos e as *mollejas* (uma pequena glândula, que o ensaísta Juan José Becerra define como "uma pérola anatômica da vaca, o caviar nacional").

O açougueiro é parte crucial da sociedade argentina. Com frequência oferece, com cumplicidade interessada, o melhor naco à cliente mais bonita. "Esse *lomo* é especial para a senhorita!". Não é à toa que, desde os anos 1960, volta e meia um representante dessa profissão é protagonista (galã, quase sempre) de uma telenovela local. Assim foi na novela *Nino*, de 1971, e em *Son de fierro*, de 2007, entre outras. Os especialistas afirmam: o sangue no avental funciona como símbolo de virilidade.

Nada se perde

O Mercado de Liniers é o templo bovino por excelência. Ali, todas as manhãs, vendem-se milhares de cabeças de gado, que são repassadas para os frigoríficos. Os volumes negociados aparecem diariamente nos jornais, rádios e canais de TV, junto com notícias sobre a morte do papa, bombardeios de Bagdá e outras informações de peso.

Do gado abatido, aproveita-se quase tudo o que puder ser mastigado pelos "carnófilos" argentinos. Desde os clássicos bifes, costelas, lombos, até partes que não estão entre as preferidas de outros povos, mas que fazem a delícia dos argentinos, como língua, cérebro, intestinos e moelas.

Os intestinos na grelha – denominados na Argentina de *chinchulines* e com sabor levemente amargo – costumam horrorizar a maioria dos não argentinos. Trata-se do intestino delgado do boi, sem lavar por dentro. Ou seja, come-se a tripa com o conteúdo interno intacto. Em outras palavras, a grama digerida pelo boi. Nesse ponto ainda não se trata de esterco, pois este só chega a esse formato final no intestino grosso. Dessa forma, não há por que alarmar-se. Os argentinos não são coprófagos.

Bifes e demais partes do boi jamais devem – seguindo a lei gastronômica não escrita dos argentinos – estar esturricadas. O bife bem passado típico no Brasil seria visto com horror entre os nossos vizinhos. A carne deve estar assada do lado de fora, mas mantendo de forma selada os sucos – ou melhor, o sangue – dentro.

De Liniers, a sacrossanta carne dos bois argentinos vai a outros lugares de adoração das proteínas bovinas em suas mais variadas formas. Elas são as churrascarias, denominadas *parrillas* (grelhas).

As vacas também foram responsáveis pelo começo da poluição na Argentina, por causa dos curtumes instalados à beira do rio Riachuelo, a via fluvial mais contaminada do país (fronteira sul da Capital Federal), onde o oxigênio – e toda vida animal – inexiste há mais de um século. Em 2001, um ladrão, ao fugir da polícia no bairro de La Boca, mergulhou no Riachuelo. Os policiais esperaram, inutilmente, que saísse à tona. Mas o delinquente nunca mais surgiu na superfície. "Desintegrou ali embaixo, no meio dos ácidos", diziam os moradores da fétida vizinhança.

"Os argentinos são carnívoros por excelência." A frase que confirma o caráter de grandes devoradores de carne bovina é oficial e provém de um organismo do governo argentino, o Instituto de Estímulo e Divulgação da Carne Bovina. O anúncio, feito no início de 2005, indicava que, depois de anos de penúria causados pela crise de 2001-2 – o período social, econômico e financeiro mais sombrio da história do país –, os argentinos haviam voltado a consumir em grande quantidade seu quitute preferido: a carne bovina.

Os argentinos podem ser poucos, mas comem muita carne. Eles representam 0,6% da população mundial, mas devoram 5% da carne bovina produzida em todo o mundo.

Dizer diante de um grupo de argentinos "não gosto de futebol" causa um efeito menos maléfico que afirmar "não gosto de carne". Desde que me mudei para Buenos Aires, percebi que desprezo pelo esporte de chutar uma bola ao longo de um campo é mais compreensível para os argentinos que a aversão pela carne.

Os argentinos podem até recorrer a uma peculiar teologia para defender o prazer em devorar carne: "se Deus não quisesse que comêssemos os animais, Ele não os teria feito de carne".

O amor pela vaca – transformada com o passar do tempo em uma verdadeira heroína nacional – começa nas primeiras décadas da colônia espanhola na Argentina. Na verdade, as vacas argentinas são lusitanas e, antes de chegar à Argentina, desembarcaram em Santa Catarina e passaram pelo sul do Brasil até chegar a Assunção, Paraguai, em 1555.

Um típico *gaucho* argentino, em foto de 1868. Botas, chapéu, poncho e lenço amarrado no pescoço eram itens indispensáveis. E na cintura, o facão com o qual poderá cortar um pedaço de carne para comer ou que também servirá para apunhalar um interlocutor incômodo.

As sete vacas e o touro de raça holandesa transportados aos pastos paraguaios pelos irmãos portugueses Scipião e Vicente Góes reproduziram-se (com a colaboração de bovinos que também chegaram do Chile e da Bolívia) e menos de três décadas depois – quando eram umas 500 cabeças – foram levados a Buenos Aires.

Essa cidade, abandonada após o fracasso de sua primeira fundação (que não incluiu vaca alguma, mas sim 72 cavalos), por Pedro de Mendoza, estava sendo refundada em 1580 pelo basco Juan de Garay, junto com 9 espanhóis e 75 paraguaios.

Nos anos anteriores, os habitantes da região passavam longos períodos de fome (o trigo ainda não era uma presença nos pampas, e as vacas estavam longe dali). Os únicos que podiam satisfazer seu apetite com carne, eventualmente, eram os índios, que, além de caçar de vez em quando um avestruz, um tatu ou um veado, aproveitavam algum colonizador espanhol perdido nos pampas para devorá-lo.

Assim foi com o descobridor do rio da Prata, Juan Díaz de Solís, que, comandando uma expedição faminta, colocou seus pés na margem esquerda dessa larga via fluvial à procura de comida. Mas Solís virou repasto dos charruas, a tribo que morava desse lado do rio, atualmente a República do Uruguai. "Solís fez jejum e os índios comeram", ironizou o escritor argentino Jorge Luis Borges quatro séculos depois.

A partir da chegada dos bovinos à nova Buenos Aires, sem as cercas de arame farpado – tendo como os únicos limites naturais a Cordilheira dos Andes e o oceano Atlântico –, as vacas e os bois espalharam-se descontroladamente pelos pampas (logo no início, a imensa maioria das vacas argentinas não seriam declaradas ao arrecadador de impostos, inaugurando a tradição de sonegar impostos, hoje uma verdadeira arte). Dali para frente, a Argentina terá como base o triângulo cavalo-vacas-pampas. E esse trio proporcionará o surgimento do *gaucho*, o indivíduo individualista que marcaria a personalidade dos argentinos nos séculos seguintes.

A abundância de gado era descomunal e a carne baratíssima. Os bois eram esquartejados, e deles os portenhos retiravam as partes mais saborosas. O resto, muitas vezes mais da metade do bovino abatido, era deixado nas ruas, para o regozijo de moscas e cães da cidade.

No interior da Argentina, a presença da carne no desolado Pampa era quase onipresente no menu local. O escritor Jorge Luis Borges explica em *Livro de areia* que muitos *gauchos*, no século XIX, nunca haviam provado coisa alguma em suas vidas que não fosse carne.

Na época, a abundância de gado era sideral nos campos argentinos. Quem matasse e comesse a carne da vaca do próximo não ia para a cadeia. Claro, sempre que entregasse o couro ao dono da defunta rês. A pele do bicho valia muito mais do que a carne, algo corriqueiro. Situação que permaneceu até que os mercados europeus começassem a procurar essas proteínas na farta planície argentina. Esse foi o Big Bang da transformação – e desenvolvimento – deste país naquilo que se denominou, a fins desse século, de "um pedaço da Europa perdido na América do Sul".

As descendentes bovinas das vacas lusitanas trazidas via Brasil e Paraguai foram o elemento de enriquecimento daqueles que seriam o cerne da aristocracia argentina nos séculos XIX e XX. Ao mesmo tempo, a vaca tornou-se a protagonista do crescimento argentino e a heroína nacional. Nos monumentos públicos, nos baixos relevos de edifícios governamentais, ela sempre está ali, com olhar e pose – embora bovina – de magnificente dignidade.

As touradas, emblema da cultura espanhola, que tiveram sucesso em ex-colônias como México, Peru e Venezuela, jamais foram populares na Argentina. Matar um bovino pelo simples ato de matar, sem que fosse para esquartejá-lo e devorá-lo, não fazia o menor sentido.

Há pouco mais de 30 anos, na província de Santa Fé, os pratos que não incluíam a carne bovina eram depreciativamente chamados de "comida de gringo". Para os chauvinistas argentinos de outrora, um prato que não abrangia a carne só podia ser coisa de estrangeiros.

Por esse motivo, levando em conta o predomínio carnívoro, em um restaurante argentino é crucial saber estas três expressões: *jugoso* (malpassado... mas malpassado mesmo!), *a punto* (normal) ou *bien cocido* (bem passado, que nunca chega a ser o bem passado brasileiro, considerado na Argentina algo esturricado).

Algumas churrascarias, tanto nas cidades como nas estradas, ostentam em sua entrada uma vaca empalhada ou uma reprodução em plástico, tal como um santo na frente de um templo.

Vaca, essa heroína

Ao longo das últimas décadas, enquanto as crianças brasileiras escreviam a clássica redação "Minhas Férias", as argentinas teciam louvores ao quadrúpede-fetiche que havia proporcionado tantas glórias à pátria. A redação era "La Vaca", composição iniciática na escola primária na qual os alunos agradeciam a esse animal as benesses do alimento, do couro e até dos ossos. A vaca argentina é como a loba romana que amamentou Rômulo e Remo. Ou a águia alemã. Não está no escudo nacional. Mas esse "descuido" talvez só tenha ocorrido porque ele foi criado antes da apoteose bovina na economia argentina.

Sentenciada pela gula nativa, a vaca – com esse olhar paciente e resignado, similar ao dos santos cristãos nas estampas católicas – é uma mártir que sacia o apetite dos argentinos, propicia divisas e é fonte de orgulho nacional perante os paladares estrangeiros.

Embora o país seja historicamente famoso pelas exportações de carne, o verdadeiro foco da produção argentina é o mercado interno, que devora mais de 80% da carne bovina produzida no país.

Em 1951, nos tempos de glória do consumo de carne, cada argentino devorava 100 kg por ano. Até final dos anos 1980, os operários comiam opulentos churrascos durante o horário do almoço nas fábricas e construções civis. Na rua, do lado de fora dos tapumes, os pedestres podiam sentir o intenso cheiro dos chouriços, linguiças e bifes espalhados cuidadosamente sobre a *parrilla* (grelha).

O consumo de carne é um excelente termômetro da atividade econômica argentina e da distribuição da riqueza. Durante a Grande Depressão de 1929, apesar do alastramento do desemprego, o consumo era muito superior ao atual, pois estava em 75 kg por ano.

O pico foi em 1956, quando o consumo chegou a 100,8 kg. Na hiperinflação de 1989, o consumo caiu de 73 para 66 kg. Nos anos 1990, durante o governo do então presidente Carlos Menem (1989-99), a crescente pauperização da sociedade foi reduzindo o consumo da carne. Em 2001, veio o golpe de misericórdia, com a crise financeira e social. Enquanto no ano 2000 os argentinos consumiam 66 kg anuais de carne, em 2001 – com os primeiros sinais da catástrofe econômica aparecendo –, o volume caiu para 63,5 kg. Em 2002, quando o país estava mergulhado na crise, o consumo despencou pela primeira vez abaixo da faixa dos 60 kg, ou seja, caiu para "apenas" 51 kg *per capita* (foi o consumo *per capita* mais baixo de carne desde que, em 1914, o registro começou a ser feito na Argentina, segundo a Coordenação de Mercados de Gado de Agricultura).

Em 2003, a economia começou a recuperar-se e os argentinos puderam aumentar seu consumo para 60,5 kg. Mas, em 2004, ano em que a economia cresceu pouco mais de 8%, o consumo atingiu 65 kg. Em 2009, o volume chegava aos suculentos 70 kg.

Em 2006, a carne foi a protagonista de um confronto político. Pela primeira vez na história da Argentina, o governo determinou a restrição quase que total das exportações de carne (somente uma cota minúscula, de cortes não consumidos no mercado interno, continuou sendo vendida ao exterior). O autor da medida foi o então presidente Néstor Kirchner, que decidiu que essa ação drástica era necessária para impedir que o preço da carne aumentasse e, consequentemente, as vendas para o exterior, bloqueadas, fossem redirecionadas ao mercado interno, com preços menores. A preocupação era evitar que o produto fundamental na mesa dos argentinos não faltasse, fato que poderia causar irritação no eleitorado.

Obcecado pela carne, Kirchner comprou uma briga sem precedentes com os pecuaristas, que realizaram várias greves e paralisações contra seu governo. Com a carne no prato dos eleitores, Kirchner respirou mais aliviado. Não lhe importavam os contratos quebrados com mercados europeus, americanos, asiáticos e chilenos que ficaram sem o produto *Made in Argentina*. O importante era que os argentinos não ficassem sem o excelso manjar nacional. Sua mulher e sucessora, Cristina Kirchner, continuou aplicando a mesma política.

No final de 2010, o consumo havia caído para 58 kg. Nesse ano, os uruguaios conseguiram ultrapassar os argentinos e ostentaram a *pole-position* mundial em consumo de carne bovina. Mas, em 2011, o consumo argentino recuperava-se rapidamente e, em 2012, com 63,1 kg por habitante, voltava a ser o maior país carnívoro do planeta.

O apreço dos argentinos pela carne pode ser observado até nas expressões idiomáticas. Uma das formas de elogiar o físico de uma pessoa é *"pero que lomo, che!"* (olha

Em um país que tem adoração pela carne bovina, açougueiro tem lugar cativo. Na foto, Alberto Príncipe, que trabalha no Mercado del Progreso, do bairro de Caballito, em Buenos Aires.

só que filé-mignon!). Uma cantada popular nas ruas de Buenos Aires é "*quisiera ser papas fritas para acompañar ese lomo*" (quisera eu ser batatas fritas para estar ao lado desse filé-mignon). A moça elogiada também pode ser definida como "carne de primeira" ou "carne de exportação". Nesse caso, ela é digna de ser levada ao "matadouro".

Na hora da briga, os argentinos se referem à bofetada como "*dar un bife*" (dar um bife).

Uma variação da carne altamente apreciada no dia a dia pelos argentinos é o bife à milanesa. Esse prato deu origem à expressão "*la verdad de la milanesa*" (a verdade da milanesa). Algo equivalente à "verdade absoluta".

Comer carne é uma experiência celebrada ao vivo até na TV. Em 2002, na pior etapa da crise, os argentinos pelo menos podiam ver os suculentos nacos de carne no programa *Un aplauso para el asador* (Um aplauso para o churrasqueiro). Durante uma hora de programa, o apresentador do *talk show* Raúl Petinatto preparava a carne na grelha enquanto entrevistava os convidados. Estes, entre uma resposta e outra, mastigavam suculentos *bifes de chorizo*.

Choripán e chimichurri

O cachorro-quente americano possui uma versão argentina que se transformou em um ícone da culinária popular. A versão nativa do sanduíche *yankee* é o *choripán*. O nome sintetiza seu conteúdo: *chori* (pelo *chorizo*, isto é, uma linguiça de proporções e densidade ampliadas) e *pan* (pão).

O crocante pão francês com o suculento – e costumeiramente oleoso – *chorizo* é a *pièce de résistance* de todo comício político, estádio de futebol e manifestação popular argentina. Embevecidos pelo delicioso cheiro que o *choripán* emite – e a fácil manipulação deste *fast-food* – os consumidores do quitute não prestam atenção nas horripilantes condições sanitárias nas quais esse ícone alimentício é preparado.

Comer um *choripán* é condição *sine qua non* de candidato político em campanha. A foto do candidato caminhando pela rua no meio da população (especialmente pobres) mastigando o cachorro-quente nativo entre um discurso e outro é um clássico. Não comer um *choripán* poderia ser visto como um sinal de esnobismo.

De quebra, o *choripán* é presença tradicional nos *assados* (de qualquer classe social), preferencialmente como prólogo da ingestão de abundantes quilos de carne bovina.

No meio da crise financeira, econômica e social de 2001-2, quando o país estava em plena turbulência social, manifestações percorriam diariamente o centro portenho. Em várias ocasiões, grupos nacionalistas de esquerda gritavam, especialmente na frente do McDonald's e do Burger King, "*Choripán* sim, hambúrgueres não!", como palavras de ordem. Diversas filiais das redes de *fast-food* foram apedrejadas. Uma delas, na frente do próprio Obelisco, foi incendiada totalmente por coquetéis molotov.

O *chimichurri* consiste em um molho composto de orégano, salsinha, cebola, alho, pimenta, páprica e azeite de oliva, que os argentinos costumam derramar em cima de diversas carnes. Os *chorizos* são o principal alvo do uso do *chimichurri*. É o equivalente ao queijo ralado em uma macarronada. O *chimichurri* teria sido inventado em meados do século XIX em meio às campanhas militares argentinas que gradualmente conquistaram a parte meridional dos pampas e da Patagônia. O autor, afirmam os especialistas, teria sido o irlandês Jimmy McCurry, que marchava com as tropas. Mas pronunciar "Jimmy McCurry" teria sido tarefa difícil para os argentinos da época, que optaram por denominar o molho com a corruptela do nome do irlandês como *chimichurri*.

No entanto, alguns gastrônomos afirmam que o *chimichurri* é uma derivação do *pesto* genovês. No meio das lendas que cercam este elemento da gastronomia local, existem diversos artigos que indicam que o nome seria proveniente do basco "*Tximitxurrí*", o equivalente a "uma misturada de muitas coisas". O autor do *chimichurri* não seria o irlandês supracitado, mas sim os bascos que migraram (em centenas de milhares) para a Argentina no século XIX.

HISTÓRIA DE UM PAÍS PERIFÉRICO MARCADO PELA INSTABILIDADE

A ARGENTINA COLONIAL

A Argentina começou com um funeral. O morto em questão, protagonista involuntário desta cerimônia formal e documentada, era Martín García, chefe da despensa do navegante Juan Díaz de Solís. O ano: 1516. O sevilhano Solís havia acabado de descobrir para os europeus o rio da Prata (os nativos querandíes e charruas, os residentes do pedaço, já o conheciam de longa data). Solís – que nos anos prévios havia trabalhado para os lusitanos – achou que havia encontrado um "Mar Doce" (*Mar Dulce*: esta foi a forma como o batizou). Enquanto navegavam pelo rio mais largo do mundo (embora curto), García morreu de alguma doença (sobre a qual a posteridade nada soube). Seu capitão decidiu enterrá-lo na ilha que aparece no encontro dos rios Paraná e Uruguai (onde começa o rio da Prata).

Solís acompanharia García no além pouco depois. Quando colocou os pés na margem esquerda do rio da Prata, que no futuro seria a República Oriental do Uruguai, foi atacado por indígenas charruas, que não apreciavam a ideia de ter estranhos bisbilhotando naquelas praias. Os nativos executaram Solís junto com outros marinheiros, enquanto o resto da tripulação assistia do convés do navio como os charruas (segundo alguns historiadores, embora outros indiquem os guaranis) faziam um banquete com o corpo do defunto navegante andaluz.

Em 1536, o rei Carlos I da Espanha (Carlos V do Sacro Império) ordenou a fundação de uma cidade na foz do rio da Prata. O mês da criação da fortaleza/vilarejo (não deu para criar uma cidade nessa primeira tentativa) ninguém sabe. Os historiadores, por uma questão de necessidade de precisão, concordaram – sem contar com base alguma – que o mês seria fevereiro.

O plano era instalar uma cidade com uma fortaleza para vigiar a área do rio da Prata, que começava a chamar a atenção dos portugueses, além dos franceses e outros "bisbilhoteiros" em terras que – segundo o bilateral Tratado de Tordesilhas – pertenciam à Coroa espanhola.

O encarregado da missão de estabelecer no rio da Prata a presença espanhola foi Pedro de Mendoza. O nobre espanhol, antes de partir para a Europa, mandou seus marinheiros ao convento de Bonaira (dali vem o nome de Buenos Aires) para pedir a proteção da Virgem.

Mendoza ordenou a construção de uma fortaleza e suas casas com os restos de um de seus navios da frota, o Forte Nuestra Señora del Buen Ayre. Nos primeiros tempos, os índios da região, os querandíes, levavam comida aos espanhóis, de graça. Mas, um dia, repentinamente, deixaram de levar os mantimentos. O historiador Ernesto J. Fitte, em seu livro *Fome e nudez na conquista do Rio da Prata*, diz que "os índios ficaram ressentidos pelo desprezo e a soberba com os quais eram tratados pelos espanhóis".

Mendoza decidiu enviar navios à costa brasileira e também para o rio Paraná, à procura de alimentos. No entanto, a missão fracassou. Mendoza, então, partiu para a fase 2: enviar seus homens para castigar os índios.

E que castigo! Ao redor de 5 mil índios querandíes morreram nas margens do rio que posteriormente – pelos fatos ali transcorridos – seria batizado com o sugestivo nome de "rio Matanza" (rio Matança). O massacre enfureceu as tribos da região, que convocaram mais indígenas da vizinhança para cercar a fortaleza de Mendoza.

No vilarejo, a comida ficou escassíssima. Alguns homens foram condenados à morte e enforcados por roubarem comida. Os outros integrantes da expedição, famintos, não hesitaram em cortar alguns pedaços dos condenados (especialmente as pernas) para poder comer alguma coisa.

Finalmente, Buenos Aires foi invadida pelos índios e queimada. Mendoza conseguiu fugir. Mas não chegou a botar os pés em seu país natal novamente, pois morreu de sífilis em alto-mar.

Quarenta e quatro anos depois da fundação da primeira fracassada Buenos Aires, o basco Juan de Garay, acompanhado por 80 mestiços paraguaios, 75 indígenas guaranis e 9 espanhóis, partiu de Assunção e empreendeu viagem ao sul, para fundar a segunda Buenos Aires.

No dia 11 de junho de 1580, Buenos Aires – ou "Biéi" no jargão atual – foi refundada. O lugar teria sido a área onde hoje está a Praça de Maio. O novo nome foi "Cidade da Trindade". Mas seu porto recebeu o nome de Santa Maria de los Buenos Ayres. O nome do porto prevaleceu. Poucos anos depois, já era chamada de Buenos Aires.

Os séculos passaram e a vida de Buenos Aires transcorreu na modorra de uma periferia do império colonial espanhol, além de estar na periferia geográfica do planeta.

Mas a sorte de Buenos Aires – e de toda a futura Argentina – virou quando a Coroa espanhola decidiu tornar esse então medíocre aglomerado urbano à beira de um rio largo, mas barrento, a capital do Vice-Reinado do Rio da Prata. O Vice-Reinado foi criado em 1776 para servir de contraponto aos interesses portugueses nessa mesma via fluvial (os lusitanos haviam fundado a cidade de Colônia de Sacramento, na frente de Buenos Aires, na margem oposta do rio da Prata).

A INDEPENDÊNCIA

O rei Fernando VII, da Espanha, havia sido preso em 1808 por Napoleão, que colocou seu irmão, José Bonaparte, no trono espanhol. Uma Junta Suprema espanhola governava em Sevilha, que não havia sido ocupada pelos franceses. Simultaneamente, a família real portuguesa fugia de Napoleão e instalava-se no Rio de Janeiro. O príncipe regente Dom João VI estava acompanhado de sua irascível mulher, a princesa Carlota Joaquina, que era a irmã mais velha de Fernando VII.

Ao chegar ao Rio, Carlota Joaquina interessou-se pela possibilidade de assumir o comando das colônias de sua família, a dinastia Bourbon. Em Buenos Aires, diversos intelectuais e homens da aristocracia local começaram a considerar que poderia ser interessante a posse de uma integrante dos Bourbon.

O grupo simpatizante da ideia da instalação da princesa no poder foi chamado de "carlotista". Esse grupo rivalizava com os "juntistas", que esperavam a chance de formar uma junta de governo local. Essa chance chegou no dia 18 de maio de 1810, quando um navio atracou em Buenos Aires com a notícia de que a Junta de Sevilha havia caído.

Os portenhos de maior autoridade e influência reuniram-se às pressas para decidir o que fariam, já que o país que os comandava, a Espanha, não era mais independente, pois estava sob o jugo francês. No dia 25 de maio de 1810, data que será lembrada como o ponto culminante da Revolução de Maio, uma junta de governo foi constituída no Cabildo, o edifício das autoridades civis da cidade. Os espanhóis deixaram de governar a cidade. O vice-rei Baltasar Hidalgo de Cisneros foi destituído. E os carlotistas, com *lobby* fraco, se deram mal e desapareceram do cenário.

No entanto, a Primeira Junta – constituída basicamente por pessoas nascidas na colônia – governava em nome de Fernando VII. Isto é: não havia proclamado Independência alguma. Simplesmente, governava em nome do rei, até que este – algum dia – conseguisse recuperar o poder.

Nos seis anos seguintes, as autoridades nativas deslancharam uma série de batalhas contra as forças espanholas. Mas a Independência argentina – isto é, das Províncias

Logo após a Independência, a Argentina era menor do que havia sido o Vice-Reinado do Rio da Prata, cuja capital era Buenos Aires.

Unidas do Rio da Prata – só foi formalmente proclamada no dia 9 de julho de 1816 na cidade de Tucumán. Por esse motivo, as datas mais repetidas nos nomes de ruas e avenidas em todo o país são o 25 de maio (dia do início do processo que levaria incidentalmente à Independência) e o 9 de julho (dia da Independência em si).

As lutas da Independência foram protagonizadas por diversos generais. O mais famoso, que liderou os combates de maior sucesso, foi o general José de San Martín.

Nas décadas seguintes, as províncias seriam governadas por caudilhos que se perpetuavam no poder. Um dos mais famosos, Facundo Quiroga, de La Rioja, declarou guerra ao presidente Rivadavia em 1826 por causa de suas reformas que limitavam o poder da Igreja Católica. Quiroga lutou em nome da Igreja para defender o cristianismo. Outro caudilho, Felipe Ibarra, de Santiago del Estero, governou com mão de ferro entre 1820 e 1851. Quando Ibarra morreu, 93% dos habitantes da província continuavam analfabetos. Durante seu governo, nenhum jornal ou livro foi editado em Santiago del Estero.

AS GUERRAS CIVIS

Nos dez anos seguintes à Revolução de Maio, com a Independência no meio, a área (ainda não tinha um nome definido) do rio da Prata e as províncias do interior tiveram duas juntas de governo, dois triunviratos e um diretório. Nessa época o país estava dividido entre "unitários" e "federalistas", que deram início às guerras civis que assolariam o país durante seis décadas. Em 1826, o congresso designou Bernardino Rivadavia para o posto de presidente. Ele tentou centralizar o poder em Buenos Aires, além de dar continuidade à política de livre comércio dos governos provisórios anteriores.

Mas a guerra da Argentina com o Brasil (1825-28), que levou à Independência do Uruguai (com as bênçãos da Grã-Bretanha aos uruguaios, já que Londres desejava um lugar de influência no Cone Sul), drenou o prestígio de Rivadavia. Outro fator que implicou a perda de poder do presidente foi a elaboração de uma constituição por parte dos unitários. Esses fatos desataram turbulências políticas na Argentina. Rivadavia (cujo nome seria posteriormente usado para designar a avenida mais longa de Buenos Aires e da Argentina) perdeu o respaldo político e foi levado à renúncia.

Os unitários, liderados por Juan Lavalle, fuzilaram Manuel "O Louco" Dorrego, que havia assumido como governador de Buenos Aires e assinado o tratado de paz com o Brasil. Esse fuzilamento, considerado a primeira morte política de uma série que assolaria a Argentina ao longo de sua história, desatou uma guerra civil entre as províncias.

Em 1829, o latifundiário Juan Manuel de Rosas, federalista, tornou-se governador da província de Buenos Aires. Rosas recebeu das autoridades provinciais "faculdades extraordinárias que o novo governador julgue indispensáveis" e ficou no comando das relações externas das províncias argentinas. Personalista e autoritário, é considerado o primeiro grande caudilho nacional da história argentina.

Representante da denominada "Santa Federação" contra os "Selvagens Unitários", Rosas intensificou os antagonismos da sociedade argentina, obrigando todos os portenhos a usar uma fita de cor vermelho escuro (*rojo punzó*), como sinal de fidelidade ao regime. As pessoas que usavam o azul (identificado com os unitários) eram perseguidas.

Com grande apelo às classes baixas, Rosas distribuía favores e benesses, embora sem deixar nunca de privilegiar sua própria classe, a dos latifundiários da província de Buenos Aires. Depois dos espanhóis, tornou-se o primeiro grande protagonista de massacres de índios no centro e sul da província.

Rosas instaurou uma força parapolicial política, a Sociedade Popular Restauradora, mais conhecida por seu apelido de "Mazorca", que perseguia, torturava e assassinava os opositores políticos do caudilho. O nome viria do costume dos integrantes dessa força de introduzir uma espiga de milho (*mazorca*) no reto intestinal dos opositores. Outra modalidade – mais categórica que o *modus operandi* do sabugo – era a degola dos críticos do regime.

Na época, a Argentina era uma espécie de colcha de retalhos sem um poder central definido, embora Rosas fosse o mais influente dos governadores. No entanto, o caudilho jamais aceitou a elaboração de uma constituição nacional.

No final dos anos 1840, a figura de outro caudilho, Justo José de Urquiza, governador de Entre Rios – e prolífico contumaz (teve mais de 60 filhos, a imensa maioria sem reconhecer) –, despontou no horizonte opositor. Os dois tiveram vários encontros bélicos. Mas um deles foi crucial: Caseros, no dia 3 de fevereiro de 1852, a maior batalha da história da América do Sul, pelo volume de homens envolvidos (50 mil juntando ambos os lados, além de 100 canhões). O Brasil, convidado por Urquiza, participou ativamente da batalha com 3.500 homens. O Uruguai também enviou tropas contra Rosas. O caudilho de Buenos Aires foi derrotado e partiu em exílio.

Com a saída de Rosas do cenário político argentino, os unitários chegaram ao poder, estabelecendo, em 1853, uma constituição nacional, a primeira usada em todo o país. No entanto, mais uma vez as divisões surgiram na política argentina. A província de Buenos Aires desprendeu-se do resto do país, e durante nove anos foi o Estado de Buenos Aires, como entidade independente. O restante do país uniu-se na Confederação Argentina, com a capital na cidade de Paraná.

Em 1861, a Batalha de Pavón definiu a vitória da província de Buenos Aires, cujo presidente era Bartolomé Mitre, que contou com a ajuda de potências estrangeiras.

A Patagônia foi conquistada em pedaços. Como era difícil avançar por terra por causa da brava resistência dos indígenas, os argentinos tomaram primeiro pelo mar áreas como a de Carmen de Patagones, Rio Gallegos e a ilha Grande da Terra do Fogo. Nas décadas de 1850-80 a conquista avançou pelo resto da região, até completar a ocupação total. Ainda na segunda metade do século XIX obteve amplos territórios do adversário após a Guerra do Paraguai, além de áreas pertencentes à Bolívia, depois de pressões políticas.

O general Roca (futuro presidente) e seus oficiais preparam-se para continuar o avanço na direção sul. Roca conquistou a Patagônia, massacrando indígenas. Havia sido precedido nessa tarefa décadas antes por Juan Manuel de Rosas.

Buenos Aires aceitou integrar a confederação, mas sob seus próprios termos. Mitre, eleito presidente constitucional da Argentina unida, deu início a uma política de unificação das diversas leis que existiam em todo o fragmentado país.

No entanto, em 1864, a Guerra do Paraguai envolveu a Argentina em um conflito bélico de grande escala. A aliança com o Brasil e o Uruguai contra o Paraguai foi tumultuada na retaguarda pela continuidade das guerras civis argentinas.

Durante a guerra, em 1868, Mitre foi sucedido por Domingo F. Sarmiento. Depois de concluído o conflito com o Paraguai em 1870, Sarmiento dedicou-se a derrotar os últimos caudilhos provinciais que protagonizavam rebeliões contra o poder central, além de realizar o primeiro censo nacional e instalar a educação pública.

Seu sucessor, Nicolas Avellaneda, encomendou a seu militar de confiança, o general Julio A. Roca, a conquista da Patagônia. A expansão ao sul, iniciada décadas antes por Rosas, foi realizada de forma rápida, com o massacre de milhares de indígenas.

Em 1880, sem guerras civis pela frente, Roca assumiu a presidência da Argentina e deu início ao período chamado de "época dourada" da Argentina, ao longo do qual o país prosperou de forma acelerada, embora com grandes divisões sociais, fraude eleitoral e corrupção alastrada.

PEDAÇO DA EUROPA NA AMÉRICA DO SUL

Em 1880, com o fim das guerras civis e a transformação da cidade de Buenos Aires em capital federal da Argentina, o país finalmente se estabilizou depois de décadas de turbulências e massacres. A virada institucional coincidiu com o início do *boom* exportador argentino de carne bovina e trigo. Os novos tempos que iniciavam também incluíam uma Argentina "ampliada", graças à conquista de territórios. Dessa forma, as famílias ricas conseguiam novas terras para expandir sua produção

Avenida de Mayo imitava a Champs Élysées de Paris nos tempos em que a Argentina era um "pedaço da Europa" encravado na América do Sul.

agropecuária. As ferrovias espalhavam-se rapidamente, tornando o país o líder no *ranking* da malha ferroviária latino-americana. Esta elite construiu palacetes nas cidades e no campo.

A aristocracia local, que fazia sua *grand tournée* uma vez por ano a Paris, levava nos transatlânticos suas vacas para ter leite fresco e "argentino" durante a viagem e a estadia no exterior. Os franceses – e o restante dos europeus – ficavam impressionados com a forma como os argentinos esbanjavam. Daí nasceu a expressão *"riche comme un argentine"* (rico como um argentino). Daqueles tempos também provém a expressão argentina *"tirar manteca al techo"* (jogar manteiga no teto) – equivalente a gastar dinheiro à toa –, em alusão ao passatempo dos filhos da aristocracia de jogar pedaços de manteiga no teto apenas por divertimento.

O fascínio argentino por Paris levava à capital francesa desde latifundiários que compravam palacetes nas áreas mais elegantes da cidade até estudantes de belas-artes que moravam em fedorentos pensionatos. Em 1920, segundo o historiador Paulo Caveleri, moravam 30 mil argentinos em Paris. E não se tratava de turistas, pois eram residentes fixos.

Vários dos aristocratas argentinos gastavam sem parar em Paris, longe de suas fazendas, que eram administradas pelos capatazes. Na década de 1920, diversos desses milionários receberam cartas avisando que estavam "arruinados" e que deveriam voltar ao país. Depois de retornar, tiveram que vender seus palacetes, muitos dos quais se transformaram em embaixadas (a atual embaixada da Itália foi o palácio dos Alvear) e ministérios (o palácio Anchorena foi vendido ao Estado argentino e transformado na sede da chancelaria).

Em 1910 – durante as celebrações do centenário da Revolução de Maio –, a Argentina estava no ponto culminante de seu prestígio internacional. Na época, o país representava 50% de todo o PIB latino-americano; Buenos Aires – cujas ruas eram decoradas com estátuas importadas da França (além de todo o material usado para construir edifícios inteiros, tijolo por tijolo) – era chamada de "a Paris da América do Sul" e o próprio país era considerado um "pedaço da Europa" incrustado na América do Sul.

"Uma grande cidade da Europa", categorizou o presidente francês Georges Clemenceau. Mas a melhor definição talvez seja a do brilhantemente cínico escritor francês André Malraux, que a definiu como "a capital de um império imaginário". A cidade contou com o primeiro metrô da América Latina, além dos primeiros arranha-céus de concreto armado da região.

Duas semanas antes do centenário, o *La Prensa* estampava uma pergunta em seu editorial: "como poderia fracassar um país dotado de tal sorte?".

Em 1916, a União Cívica Radical (UCR) chegou ao poder nas primeiras eleições com sufrágio secreto e sem fraudes (ver seção "Políticos, sistema eleitoral e partidos" no capítulo "Políticos, piqueteiros e outros poderes"). Antes da reforma eleitoral, de 1912, somente votavam de 5% a 10% dos eleitores registrados. O eleito, o presidente Hipólito Yrigoyen, protagonizou um governo com diversas intervenções nas províncias do interior do país. Ao mesmo tempo que propiciou uma liberdade de imprensa sem precedentes na história da Argentina – e uma reforma universitária inédita na América Latina –, seu governo também reprimiu operários com violência.

Em 1922, Yrigoyen foi sucedido por outro representante da UCR, o aristocrata Marcelo T. de Alvear, representante da ala mais conservadora de seu partido. Alvear foi sucedido por seu antecessor, Yrigoyen, que tomou posse pouco antes da quebra da bolsa de Nova York. Além dos problemas econômicos, seu segundo governo foi abalado pelas profundas divisões dentro da UCR.

O presidente, envelhecido, estava cada vez mais distante dos problemas do país. A lenda conta que seus assessores, para evitar que ele visse as más notícias políticas e econômicas, imprimiam para ele especialmente uma edição de um jornal (de um único exemplar) somente com boas notícias, que ficou conhecido ironicamente como "O jornal de Yrigoyen".

No dia 6 de setembro de 1930, Yrigoyen foi a vítima do primeiro golpe de Estado bem-sucedido da história argentina. O levante foi liderado pelo general José Félix Uriburu, um fanático nacionalista que admirava os movimentos totalitários europeus

Postal mostra de forma idealizada a glória argentina na época do centenário da Revolução de Maio, em 1910.

e – por seu estilo prussiano – era chamado ironicamente de "Von Pepe" ("Pepe", em espanhol, é o apelido de quem se chama "José").

O golpe acabou com a denominada fase "dourada" da Argentina e abriu caminho para uma série de golpes e governos militares que controlariam o país, com breves intervalos democráticos ou semidemocráticos, até 1983.

A DÉCADA INFAME

Marcada pela Grande Depressão, os anos 1930 – embalados pelas contradições e limitações do modelo agroexportador – debutaram com o golpe de Uriburu, que, segundo o historiador americano Robert Potash, "marcou o fim de uma era da Argentina moderna". Essa rebelião militar que contou com respaldo civil teve como um de seus mais ativos participantes o então capitão Juan Domingo Perón. O período que se seguiu foi conhecido como "a década infame".

Ao longo da década, a fraude eleitoral imperou. As torturas a presos políticos eram comuns. Em 1938, o conservador Roberto Ortiz tomou posse, foi o primeiro civil desde o golpe. O novo presidente tentou restabelecer regras democráticas para sua sucessão. Mas, em 1940, ficou cego por causa de uma grave diabete que sofria. Ele morreu em 1942 e foi substituído por seu vice, Ramón Castillo, no meio da Segunda Guerra Mundial. A Argentina manteve-se neutra neste novo conflito planetário. Castillo foi derrubado pelo general Arturo Rawson. Este, por sua vez, foi derrubado três dias depois por seus colegas, que colocaram o general Pedro Ramírez como presidente em seu lugar. Durante seu governo, o então coronel Perón passou a ter um crescente protagonismo ao assumir a Secretaria de Trabalho e criar fortes laços com os sindicatos e setores do socialismo.

Em 1944, Ramírez teve que renunciar, em função da perda de respaldo do setor militar mais nacionalista, que não aceitou que, sob pressão dos EUA, o presidente rompesse relações entre a Alemanha e o Japão. Nesse momento, assumiu o poder o general Edelmiro Farrell, que pouco depois designou Perón como seu vice.

Em 1945, o governo estava mergulhado em uma crise interna, além de receber pressões internacionais. Encarada em todo o mundo como simpatizante do Eixo, a Argentina fica na mira dos Aliados, que planejam sanções econômicas. O próprio líder soviético, Josef Stalin, pede na conferência de Yalta sanções contra o país que recebia nazistas fugidos da Europa.

Enquanto isso, em Buenos Aires, Perón transformava-se no alvo das críticas dos partidos políticos de oposição, que realizavam marchas de protesto contra o governo militar com o respaldo do embaixador americano, Spruille Braden. A Argentina entrava em uma nova e polêmica fase de sua história.

O general Farrell, enfraquecido, vacilava entre convocar eleições ou deixar o cargo à Corte Suprema de Justiça. Pressionado pelo *establishment* e pelos EUA, decide remover Perón do posto.

A prisão de Perón e sua imediata liberação, depois de megamanifestações populares, implicariam uma nova guinada na história da Argentina. A nova etapa que surgia teria Juan Domingo Perón como principal protagonista.

ASCENSÃO, APOGEU E QUEDA (TEMPORÁRIA) DO PERONISMO

No dia 24 de fevereiro de 1946, o Partido Laborista (Trabalhista) – que pouco depois começou a ser chamado oficialmente de "Justicialista" e informalmente de "Peronista" – vencia sua primeira eleição presidencial graças a seu fundador, Juan Domingo Perón. Com 52,4% dos votos, Perón derrotava uma ampla coalizão – a União Democrática – que pela primeira e única vez uniu integrantes da UCR, socialistas, comunistas e conservadores.

A oposição havia obtido o respaldo enfático do embaixador americano, Spruille Braden, que havia feito campanha de forma explícita contra Perón, inclusive marchando nas ruas com líderes opositores. O militar soube aproveitar a polarização a seu favor e usou como *slogan* de campanha "Braden ou Perón", colocando o embaixador americano – um estrangeiro (e pior, representante do denominado "império ianque") – como o virtual líder da oposição argentina.

Meses depois das eleições, ao tomar posse, Perón sentou-se em *"el sillón de Rivadavia"*, como é conhecida a cadeira presidencial. A Argentina, que havia permanecido neutra durante a Segunda Guerra Mundial, era na época credora da Grã-Bretanha, que lhe devia US$ 1,7 bilhão pelos alimentos exportados dos campos argentinos. O volume equivalia a um terço do total das reservas de toda a América Latina. Perón ufanava-se da situação de riqueza argentina: "não podemos caminhar pelos corredores do Banco Central, abarrotados de lingotes de ouro".

Nesse cenário, Perón cria o que denomina de "Terceira Posição", com o *slogan* "nem ianques nem marxistas, peronistas!". Isto é, um movimento supostamente equidistante entre os EUA e a URSS, que defendia a justiça social, embora sem aderir aos postulados marxistas da luta de classe ao mesmo tempo que evitava o capitalismo em sua expressão americana. Fiel a sua formação militar, Perón queria evitar o conflito social. Ele considerava que poderia conciliar trabalho e capital. A ideia da "Terceira Posição", exibida como um invento argentino, foi utilizada por diversos governos peronistas posteriores, sendo adaptada às mais insólitas variáveis.

O presidente deslanchou um culto à personalidade não visto desde os tempos de Rosas na primeira metade do século XIX. A oposição o acusava de "demagogo". Mas ele respondia ser um líder que seguia os desígnios daqueles que ele liderava. Para demonstrar sua força, organizava com frequência manifestações populares com dezenas de milhares de pessoas na Praça de Maio, na frente da Casa Rosada – o palácio presidencial.

Evita, sua esposa, começou a comandar a área de assistência social. Embora não tivesse cargos formais no governo Perón, presidiu a Fundação Eva Perón, onde centralizava a ajuda aos pobres.

A oposição criticaria todas as vitórias econômicas do peronismo. O peronismo criticaria todas as vitórias econômicas da oposição. Iniciava uma nova etapa de antagonismos extremos que continuaria no início do século XXI.

Em 1951, Perón foi reeleito com 4,5 milhões de votos, quase o dobro do volume obtido pela UCR, de 2,3 milhões. Mas a nova lei eleitoral tinha suas peculiaridades: na capital, com 800 mil votos o peronismo conseguia 16 cadeiras na Câmara de Deputados, enquanto que a UCR, com 600 mil votos, somente obtina 2. Pouco depois, em 1952, sua mulher Evita morreu. Perón ficou sem sua conexão direta com a população, já que Evita era a principal mobilizadora de massas.

As tensões políticas cresciam. No dia 16 de junho de 1955, os aviões da Marinha bombardeiam a Praça de Maio, matando mais de 300 civis que ali estavam circulando. Em setembro, um grupo de militares iniciou um levante na cidade de Córdoba. A Marinha declarou respaldo e ameaçou bombardear a refinaria na cidade de Mar del Plata. A população permaneceu passiva, à espera da movimentação por parte das forças militares e dos políticos.

Perón avaliou que o confronto seria inevitável e poderia tornar-se uma guerra civil. O presidente optou por ordenar às forças leais que não combatessem, pediu calma à CGT e fugiu do país, iniciando um exílio que duraria 18 anos.

Os rebeldes vitoriosos autointitulam-se "A Revolução Libertadora" e iniciam uma dura repressão, com o fuzilamento de diversos líderes e militantes peronistas. O novo governo proíbe a pronúncia ou publicação do nome de Juan Domingo Perón e de forma obsessiva ordena queimar quadros e estátuas do presidente derrubado.

A queda de Perón, em vez de iniciar a era de previsibilidades anunciada pelos rebeldes vitoriosos, propiciou um período de quase 20 anos de governos militares e civis que seriam derrubados um atrás do outro.

A Casa Rosada está no mesmo lugar do antigo forte de Buenos Aires, na área onde a cidade começou sua história.

Entre 1955 e 1973, enquanto o Brasil vivia o período da construção de Brasília e o "milagre brasileiro", a Argentina seria marcada pela proscrição do peronismo (o partido de Perón estava impedido de participar da vida política) e pelas divisões das forças armadas, que assumiram o papel de "guardiãs da democracia" e pressionaram – com ameaças de novos golpes – os sucessivos presidentes civis para que mantivessem a proibição do peronismo. Esse período seria marcado também pela UCR (e sua dissidência, a UCRI – União Cívica Radical Intransigente), que comandará governos de mediação que serão derrubados.

A UCRI elegerá Arturo Frondizi, um desenvolvimentista que toma posse em 1958 e será derrubado em 1962. Em 1963 a Argentina teve novamente eleições presidenciais. O vencedor foi o médico Arturo Illia, da UCR. No entanto, o peronismo não pôde participar das eleições. De Madri, Perón ordenou a seus simpatizantes que votassem em branco. Desta forma, Illia chegou ao poder com apenas 25,14% dos votos. Os votos brancos constituíram 18%. Em 1966, Illia foi derrubado pelo general Juan Carlos Onganía, que denominou seu golpe de "Revolução Argentina".

O novo governo militar, ao contrário dos outros, não se apresentou como "governo provisório". Ongania estava inspirado nas ditaduras que existiam no Brasil, no Paraguai e em outros países da região, onde as administrações militares não haviam colocado prazo de saída em seus primeiros tempos. Para complicar, Ongania, um fervoroso católico, achava que estava predestinado a ser uma espécie de "messias" que colocaria ordem na turbulenta Argentina.

Um mês depois de tomar posse Onganía deslanchou a "Noite dos bastões longos", denominação da expulsão de milhares de professores das universidades em todo o país. Grande parte desses acadêmicos exilaram-se, provocando uma grande perda de cérebros para a Argentina.

Em maio de 1969, as tensões acumuladas explodiram em El Cordobazo, uma rebelião de estudantes, operários e funcionários públicos e comerciantes pauperizados na cidade de Córdoba, na época a segunda maior do país.

Onganía foi derrubado e substituído pelo general Roberto Levingston, que durou menos de um ano no poder, sendo derrubado pelo general Alejandro Lanusse. O novo ditador reprimiu os crescentes protestos sociais e a guerrilha dos Montoneros e do Exército Revolucionário do Povo (ERP). Enquanto isso, Perón pressionava para voltar ao país.

Lanusse planejou a realização de uma abertura política controlada. Seu sonho era conseguir um "Peronismo sem Perón", de forma a reduzir a influência do partido na vida política argentina. O general teve que suspender a proibição ao Partido Peronista. No entanto, tentava evitar o retorno de Perón.

Em 1972, Lanusse anunciou a convocação de eleições que ocorreriam em 1973. Seriam as primeiras eleições livres em 21 anos na Argentina.

O RETORNO E A MORTE DE PERÓN

A Argentina preparava-se para as eleições presidenciais de 1973. Mas Perón não podia ser candidato, já que o governo Lanusse mantinha sua proscrição (a norma indicava que os candidatos presidenciais deviam morar no país desde agosto de 1972). Dessa forma, o candidato do peronismo foi Héctor Cámpora, obediente ao velho caudilho. O *slogan* informal de sua campanha foi "Cámpora para o governo, Perón no poder".

No dia 11 março de 1973, Cámpora – apelidado de "El Tio" ("O Tio", já que Perón era o "pai") – obteve 49,5% dos votos, enquanto que o candidato da União Cívica Radical (UCR), Ricardo Balbín, conseguiu 21,3%. Mas sua presidência durou apenas 49 dias, já que Perón voltou ao país no dia 20 de junho.

A chegada do maior mito vivo da política argentina mobilizou mais de três milhões de pessoas até o aeroporto internacional de Ezeiza, onde desembarcou, proveniente de Madri, encerrando definitivamente seu exílio de 18 anos. A chegada de Perón foi embalada pelo "massacre de Ezeiza", denominação do choque entre a ala direita e esquerda do peronismo, com centenas mortos.

No dia 13 de julho, Cámpora renunciou, deixando o caminho livre para que Perón disputasse pessoalmente as novas eleições presidenciais. Perón venceu com 60,12% dos votos. Sua vice-presidente foi a própria esposa, Isabelita Perón, uma ex-dançarina argentina de cabaré que ele conhecera durante um período de seu exílio no Panamá e com a qual havia se casado em 1961.

Mas a contundente vitória vinha acompanhada pelo acelerado envelhecimento do general, que acumulava vários problemas de saúde. A violência política entrou em escalada, com o aumento de confrontos entre a esquerda e a direita, principalmente dentro do peronismo.

A esquerda peronista era representada pelo grupo Montoneros – um movimento que reunia o marxismo, o catolicismo e o peronismo –, criado em fins dos anos 1960, fruto de uma cisão de associações de jovens do Partido Justicialista (Peronista). Sua estreia ocorreu em junho de 1970, com o sequestro e assassinato do ex-presidente general Pedro Eugenio Aramburu, autor do golpe que derrubara Perón em 1955.

Estimulados por Perón, os Montoneros captaram rapidamente a militância de milhares de jovens peronistas de esquerda. O líder os chamava de "juventude maravilhosa". Mas a relação com Perón iria à pique rapidamente. O grupo percebeu que "El Viejo" havia retornado conservador à Argentina e entrou na clandestinidade.

Nove meses depois de tomar posse de sua terceira presidência, Perón morreu na residência oficial de Olivos. Isabelita assumiu a Casa Rosada. Começava o "peronismo sem Perón". Livre, para qualquer um interpretá-lo à sua maneira. O mordomo e astrólogo do casal Perón – e eminência parda – José López Rega, aliás, "El Brujo", tornou-se o onipotente ministro do Bem-Estar Social, ordenou a depuração dos ministérios, e expandiu a atuação da "Triple A", organização paramilitar criada por ele que perseguia e matava os integrantes da esquerda peronista. Tornaram-se frequentes os sequestros de políticos e sindicalistas à plena luz do dia.

O GOLPE DE 1976

No dia 24 de março de 1976, a então presidente constitucional da Argentina, Maria Estela "Isabelita" Martinez de Perón, foi derrubada e detida pelas forças armadas, que assumiram o poder. Ao contrário dos governos militares anteriores, desta vez os generais conseguiram grande consenso interno dentro das forças armadas para dar o golpe. Além disso, as três forças estavam envolvidas em igual medida. Seguindo o postulado do almirante Emilio Massera, chefe da Marinha, a divisão do poder foi por terços: "33% das responsabilidades para o Exército, 33% para a Marinha, 33% para a Força Aérea". Isso incluía a divisão dos ministérios e das estatais. No entanto, o presidente acabou sendo o representante do Exército no golpe, o general Jorge Rafael Videla.

O regime militar fechou o Congresso Nacional, além das assembleias legislativas e as câmaras de vereadores. Declarou caducos todos os mandatos eletivos. Além disso, acabou com o direito de greve. Os partidos políticos foram suspensos.

Os militares afirmavam que precisavam combater os "marxistas-leninistas", "apátridas", "materialistas e ateus" e os "inimigos dos valores ocidentais". Dessa forma, prendiam sindicalistas que exigiam altas salariais, jornalistas não alinhados com a ditadura, psicólogos (uma profissão da qual os militares desconfiavam), pacifistas, freiras e padres que trabalhavam em bairros operários ou favelas. Também eram detidos – e desapareciam – os amigos dessas pessoas. E também os amigos dos amigos.

A ditadura ainda protagonizou incinerações de livros. Para os militares, eram suspeitos desde Gabriel García Márquez, passando por Julio Cortazar, Sigmund Freud ou até Marcel Proust. O regime proibiu o ensino da teoria matemática dos conjuntos, por considerá-la "subversiva". A palavra "vetor" também foi proibida nas escolas, já que os militares consideravam-na integrante da terminologia marxista.

Simultaneamente, a ditadura instalava cinco centenas de centros clandestinos de detenção e tortura (dos mais diversos tamanhos) em todas as regiões do país.

O sucessor de Videla, o general Roberto Viola, que havia tomado posse em março de 1981, foi derrubado pelo general Leopoldo Fortunato Galtieri em dezembro do mesmo ano. Este, por seu lado, foi derrubado após a derrota nas Malvinas em 1982 e substituído pelo general Reynaldo Bignone.

O novo ditador tentou conduzir a abertura política de forma a permitir para as forças armadas uma retirada ordenada e negociada. No entanto, a ditadura estava totalmente desprestigiada: as denúncias sobre os desaparecidos, antes censuradas, começaram a aflorar. Junto com isso, os efeitos da derrota na guerra, além das complicações econômicas. Segundo um relatório das próprias forças armadas argentinas, a guerrilha e os grupos terroristas de esquerda e cristãos nacionalistas teriam assassinado 900 pessoas entre 1974 e 1983.

As organizações de defesa dos direitos humanos e a Anistia Internacional afirmam que a ditadura assassinou um total de 30 mil civis, entre os quais crianças, adolescentes e idosos. O próprio ex-ditador Bignone afirma que o número de desaparecidos é

A Escola de Mecânica da Armada (ESMA) transformou-se em 1976 no maior centro de detenção e torturas da ditadura militar argentina. Mais de 5 mil prisioneiros foram levados para lá. O conjunto de edifícios, na avenida Libertador, ficava em pleno bairro de classe média alta de Núñez, na zona norte de Buenos Aires.

de 8 mil. A Comissão Nacional de Pessoas Desaparecidas, a Conadep, que em 1985 apresentou seu trágico relatório, elaborado sob o comando do escritor Ernesto Sábato, indica 10 mil mortos.

Segundo Emilio Mignone, ex-presidente do Centro de Estudos Legais e Sociais, do total de desaparecidos, somente entre 5% e 10% eram guerrilheiros. Os restantes 90% ou 95% eram civis sem participação em atividades armadas.

A ditadura aplicou uma série de formas de eliminar pessoas que considerava "subversivas". As principais eram:

- Jogar pessoas vivas, de aviões, sobre o rio da Prata ou o Oceano Atlântico.
- Juntar prisioneiros, amarrados, e dinamitá-los.
- Fuzilamento.
- Morte por terríveis torturas.

O destino dos corpos:

- Enterrados em cemitérios clandestinos. Ou em cemitérios oficiais, embora em fossas coletivas como indigentes.
- Jogados no rio da Prata ou no mar.

As torturas acumulavam diversas modalidades que – ao longo de dois séculos de história – as forças armadas locais (e as forças policiais) haviam desenvolvido e aplicado.

- **Picana elétrica:** criada nos anos 1930 na Argentina por Leopoldo Lugones Hijo, filho do escritor nacionalista Leopoldo Lugones. A picana era o instrumento para assustar o gado com choques elétricos nos currais, e, assim, direcioná-lo para o abate ou embarque. Aplicado a seres humanos, tornou-se o instrumento preferido de tortura na Argentina.
- **Submarino molhado:** consistia em afundar a cabeça de uma pessoa em uma tina d'água. Ocasionalmente a tina também estava cheia de excrementos humanos.
- **Submarino seco:** consistia em colocar a cabeça de uma pessoa dentro de um saco de plástico e esperar que ela ficasse quase asfixiada.
- **O rato no cólon:** a colocação de um rato, faminto, no cólon de um homem. Nas mulheres, o rato era colocado na vagina.
- **Estupros:** mulheres e homens foram estuprados sistematicamente pelos militares e policiais argentinos. As mulheres, ocasionalmente, recebiam a opção de serem eletrocutadas na parte interna da vagina e do ânus.

- **Esfolamento:** os torturadores amarravam um prisioneiro em uma mesa e começavam a esfolar a pele da sola dos pés com uma lâmina de barbear ou bisturi.
- **Empalamento:** alguns homens foram empalados pelas forças de segurança com cabos de vassoura.

A ditadura militar argentina tem uma marca única em comparação com outros regimes totalitários no século XX em todo o mundo: o sequestro sistemático de bebês, filhos dos prisioneiros políticos. A organização das Avós da Praça de Maio, criada durante os "anos de chumbo" pelas avós dos bebês desaparecidos, calcula que um total de 500 crianças foram sequestradas durante o regime. Até 2012, mais de 200 casos estavam sendo investigados na Justiça. Mas apenas 106 bebês – atualmente adultos – haviam recuperado sua identidade.

A maior parte das crianças nasceu durante o cativeiro das mães nos centros clandestinos de detenção e tortura. Poucas horas (ou dias) após os partos, realizados em maternidades clandestinas, as mães eram assassinadas. As crianças, junto com certidões falsas de nascimento, eram entregues a famílias de militares ou de policiais sem filhos.

Um dos principais ideólogos do regime militar, o general Ramón Camps, que morreu em 1994, argumentava durante a ditadura que os filhos

Horacio Pietragalla e sua mãe. Ela foi morta pelos militares e ele foi sequestrado. Só recuperou sua identidade quase três décadas depois.

dos desaparecidos carregavam "genes de subversão". Segundo ele, para eliminar essa característica, precisavam ser criados por famílias que defendessem o estilo de vida "ocidental e cristão".

A AVENTURA BÉLICA DO GENERAL GALTIERI

"*Si quieren venir, que vengan... les presentaremos batalla!*" (Se quiserem vir, que venham, entraremos em batalha com eles!). Com essa exclamação, em tom de desafio aos ingleses, o general Leopoldo Fortunato Galtieri recebia uma ovação da multidão acotovelada na Praça de Maio no dia 2 de abril. O motivo da euforia: o desembarque de tropas argentinas na noite do dia 1º de abril de 1982, que no raiar do dia seguinte haviam tomado o controle total das ilhas Malvinas, arquipélago reivindicado pela Argentina desde 1833. A Argentina estava em guerra. A última vez em que o país se envolvera em conflito bélico havia sido na Guerra do Paraguai (1865-70). A única experiência das tropas era o combate à guerrilha e a repressão a civis. De quebra, 70% dos soldados que Galtieri enviava às ilhas eram recrutas do serviço militar.

Mas a multidão, na praça, estava confiante sobre uma eventual vitória na guerra. Os manifestantes, eufóricos, cantavam os versos "*le vamos a quemar, le vamos a quemar toda la flota, y se van a volver a Inglaterra en pelotas*" (vamos queimar, vamos queimar toda a frota, e eles vão voltar à Inglaterra nus").

Nas primeiras semanas de abril, a Junta Militar tentou acenar com a ideia de aplicar o tratado Interamericano de Defesa (TIAR) e esperava o respaldo dos Estados Unidos. Galtieri tinha a certeza de que o presidente Ronald Reagan estava agradecido pelo combate ao comunismo feito pela ditadura argentina.

Os generais argentinos diziam que tinham um grande aliado: o general inverno. Além disso, afirmavam que as tropas inglesas chegariam desgastadas pela viagem.

No dia 20 de abril, a vanguarda da frota britânica recapturou as Geórgias do Sul. No dia 2 de maio, os britânicos começaram o bombardeio das Malvinas com aviões que partiam da ilha de Ascensão.

No dia 1º de maio, o submarino nuclear HMS Conqueror torpedeou o cruzador General Belgrano. Junto com o navio, afogaram-se – ou morreram nas explosões – 323 homens. Outros 700 foram resgatados em meio a uma tempestade no mar. O afundamento teve o efeito de gerar um recuo generalizado da Marinha argentina, que não saiu mais dos portos até o fim do conflito bélico.

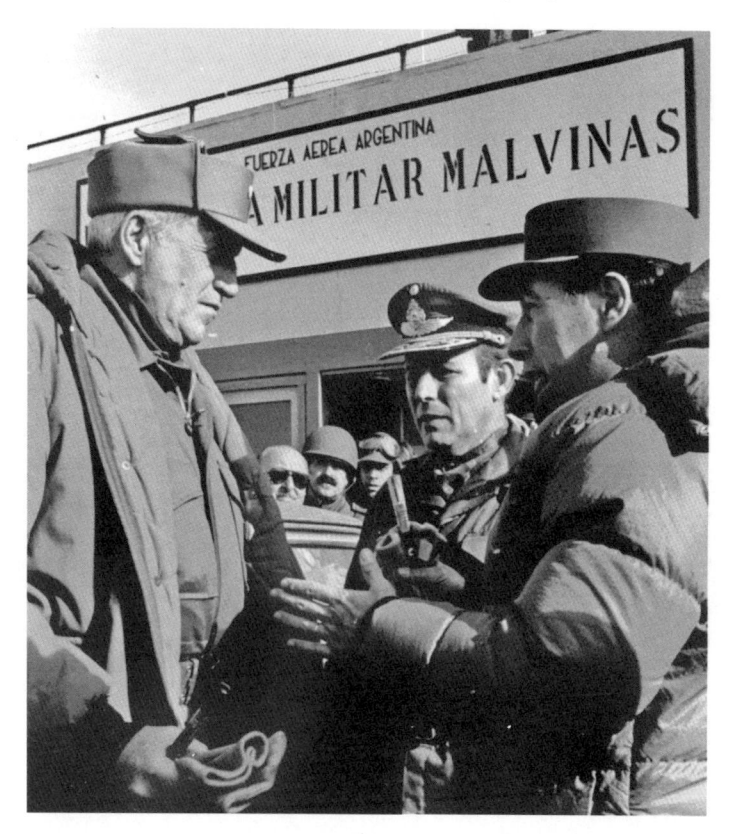

O general Menéndez (à direita) foi o braço direito do ditador Leopoldo Galtieri (à esquerda) na fracassada campanha nas Malvinas.

No dia 4 de maio, foi a vez dos argentinos, que afundaram o HMS Sheffield com um míssil Exocet disparado de um avião Super-Étandard, fato que causou grande impacto no público britânico.

O tom propagandístico da ditadura tornou-se mais religioso, e os militares argentinos alertavam contra o inimigo "ateu, pornográfico e protestante" e evocavam a proteção da Virgem de Luján. Simultaneamente, em um verdadeiro show de travestismo ideológico, a ditadura procurava o respaldo da Líbia de Muamar Kadafi e da URSS e mandava emissários à cúpula de países não alinhados na Cuba de Fidel Castro. Enquanto isso, no Atlântico Sul, os mútuos ataques aeronavais continuavam.

Na noite do dia 21 de maio, os britânicos desembarcaram na área de San Carlos, no noroeste da ilha oriental das Malvinas. A partir dali as tropas enviadas por Thatcher avançaram rapidamente pelo interior da ilha.

Depois de vencer a Batalha de Goose Green (Pradera de Ganso Verde, segundo a nomenclatura argentina), as tropas britânicas avançaram rumo a Stanley. Ali, novos

Enquanto a revista argentina *Gente* diz que o país está ganhando a guerra, o jornal britânico *The Sun* celebra vitória. A mídia argentina mostrava para os civis no continente soldados cantando nas ilhas. Mas a realidade dos recrutas argentinos era dantesca.

combates foram travados em Mount Harrier, Two Sisters e Mount Longdon. Esta última foi considerada a batalha mais dura de toda a guerra. Na sequência, na noite do dia 13 de junho, os argentinos foram derrotados em Mount Tumbledown, última linha de defesa natural para a capital das ilhas.

No 14 de junho, às 21h, o general Mario Menéndez assinou a rendição perante o general Jeremy Moore. Junto com ele, outros 11.300 soldados argentinos depuseram as armas. Foram 649 argentinos que morreram nos campos de batalha em terra e no mar.

OS PRESIDENTES DESDE A VOLTA DA DEMOCRACIA

A ditadura militar argentina iniciou contagem regressiva para seu encerramento, após sete anos de repressão e descalabro econômico. No dia 30 de outubro de 1983, os argentinos foram às urnas pela primeira vez em dez anos (as últimas eleições haviam sido em 1973) para escolher o primeiro presidente civil eleito democraticamente depois do regime militar. Essas eleições foram as que tiveram a menor abstenção de toda a história desde a volta da democracia: 85,61% dos argentinos foram às urnas. O vitorioso foi Raúl Ricardo Alfonsín, da UCR.

Vamos conhecer, a seguir, os presidentes argentinos desde a volta da democracia.

Ricardo Alfonsín, aquele que dançou com a mais feia

"Quando era criança queria ser herói", admitiu uma vez Raúl Ricardo Alfonsín, que nasceu na cidade de Chascomús, no interior da província de Buenos Aires, no dia 12 de março de 1927. Filho de imigrantes espanhóis da região da Galícia, já criança Alfonsín recebeu um apelido que o acompanharia pelo resto da vida: "Gallego Tozudo" (galego teimoso).

Depois de se formar em Direito na Universidade de La Plata, voltou à sua cidade natal, onde foi eleito vereador. Em 1958, foi eleito deputado estadual e, em 1963, deputado federal. Nestes, como em todos os seus cargos futuros, mesmo o de presidente, os militares ou outros eventos drásticos sempre impediriam que completasse seus mandatos.

Em 1971, Alfonsín criou o movimento Renovación y Cambio, que congregava os setores mais à esquerda dentro da UCR. Em 1973, foi pré-candidato presidencial, mas perdeu a convenção para o líder histórico Ricardo Balbín.

Em 1975, fundou a Assembleia Permanente dos Direitos Humanos, para defender intelectuais e políticos da perseguição política exercida por López Rega, eminência parda de Isabelita. Nesse período, Alfonsín defendeu guerrilheiros e denunciou o desaparecimento de pessoas. Em 1976, o golpe cassou Alfonsín, que, apesar da repressão, continuou defendendo os direitos humanos.

Em 1983, o regime militar convocou eleições gerais. Alfonsín foi eleito presidente com 52% dos votos. Era a primeira vez (e a única até o momento) que a UCR derrotava o peronismo em uma eleição presidencial.

Em 1985, reuniu-se com o presidente brasileiro José Sarney, dando o origem ao embrião daquilo que, anos depois, seria o Mercosul.

Conhecido como o "pai da nova democracia argentina", em 1985 tomou uma medida inédita no continente: julgar militares pelos crimes da Ditadura. Muitos militares de diferentes escalões começaram a ser processados. Por esse motivo, em 1987 realizaram a "Rebelião da Semana Santa". Alfonsín conseguiu evitar o golpe, mas teve que pactuar com os rebeldes, o que lhe custou grande parte do prestígio.

No mesmo momento começou a afundar o Plan Austral, criado dois anos antes, e que havia conseguido estabilizar a caótica economia argentina. Como parte do acordo com os militares, Alfonsín precisou implementar a Lei de Ponto Final, que impedia o surgimento de novos processos contra militares além dos que já estavam em andamento, e a Lei de Obediência Devida, que perdoava os militares que reprimiram cumprindo ordens superiores.

Duas novas rebeliões em 1988 causaram maior desestabilização. Em janeiro de 1989, guerrilheiros de esquerda atacaram o quartel de La Tablada, alegando que estavam impedindo um novo golpe militar.

O ataque, somado a treze greves gerais organizadas pela CGT, foi o detonador da inflação. Em maio foram realizadas eleições, e o vencedor foi o peronista Carlos Menem. A hiperinflação chegou a 4.700% e o presidente renunciou, deixando o poder no dia 8 de julho, seis meses antes do previsto pela Constituição.

Amargurado e humilhado, parecia que a carreira política de Alfonsín estava terminada. No entanto, o ex-presidente continuou dominando seu partido, e em 1994, concordou com o controvertido Pacto de Olivos, que reformaria a Constituição. Alfonsín acreditava que o pacto reduziria o poder do peronismo. Mas o tiro saiu pela culatra. O pacto aumentou o desprestígio da UCR, já que permitia a reeleição presidencial (o partido havia estado sempre contra essa possibilidade), entre outras modificações da Carta Magna.

Em 2001, voltou rapidamente ao cenário político ao ser eleito senador pela província de Buenos Aires. Mas em julho de 2002, considerou que estava na hora de dar espaço a lideranças mais jovens, deixou o Senado e preferiu permanecer como o líder "espiritual" da UCR.

Os integrantes das Juntas Militares sentados nos bancos dos réus em Buenos Aires. Este julgamento, inédito na história da América Latina, foi chamado de "O Nuremberg argentino", em alusão ao Julgamento de Nuremberg.

Em 2003, poucos dias antes das celebrações dos 20 anos da volta da democracia, Alfonsín me recebeu para uma entrevista na qual definiu o complicado período em que governou a Argentina recorrendo a uma metáfora de bailes de salão: "foi como dançar com a mais feia".

Morreu no dia 31 de março de 2009, vítima de um câncer de pulmão que tentou combater durante dois anos. Quase 100 mil pessoas foram assistir ao seu funeral. Alfonsín foi enterrado na Recoleta, em Buenos Aires.

Carlos Menem: pizza com champagne

As formas de denominá-lo são tão variadas como as utilizadas para Deus. Ou para Satanás. "El Jefe", "El Turco", "Méndez", "Charly", "Carlitos", "Carlos I" e "El Presi". Um apelido para cada ocasião. Por trás de todos esses nomes está o polêmico Carlos Saúl Menem, presidente da Argentina entre 1989 e 1999. Nascido em 1930, esse *riojano* baixinho, magro e de ombros estreitos devidamente camuflados por seus ternos, com o cabelo tingido de negro azulado durante seu período presidencial, perdia uma hora diária para cuidar da sua cabeleira implantada. Menem não saía de casa – ou não recebia ninguém – se não estivesse devidamente maquiado, para tentar camuflar suas rugas. O então presidente completava sua *mise-en-scène* com sapatos com uma plataforma interna para parecer mais alto.

A estratégia "Dorian Grey" de Menem culminava com a companhia de um grupo de mulheres muito mais jovens do que ele. Enquanto esteve sentado em *"el sillón de Rivadavia"*, Menem desfrutou do poder como poucos presidentes argentinos. "Os outros presidentes gostavam do poder, mas, depois de tê-lo perdido, continuaram suas vidas normalmente. Mas Menem, não. O poder é sua vida. É mais importante que seus filhos, suas esposas", diz a escritora Silvina Walger, autora da crônica mais emblemática do "menenismo", o livro *Pizza com champagne*.

Enquanto foi presidente, Menem aproveitou grande parte do tempo para se divertir. Mulherengo, saía para jantar e dançar com diversas estrelas do teatro de revista e modelos argentinas. Algumas davam risada de serem alvos de galanteios daquele presidente sul-americano tão *sui generis*. Outras não se sentiam bem em sua presença. "Foi terrível ter aquele homem suando e olhando meu decote sem parar", disse Madonna à revista *Vanity Fair*.

Em todas as suas viagens, levava um imenso séquito de mais de 50 pessoas, entre as quais estava seu cabeleireiro pessoal, Tony Cuozzo. O cabeleireiro tinha seu lugar de trabalho dentro do luxuoso avião presidencial, o Tango 01, que contava com uma cadeira de barbearia só para atender aos cabelos presidenciais.

Walger afirma que os pilares do governo Menem foram "o cinismo, a frivolidade e a transgressão". Como em outros governos peronistas anteriores (e posteriores), "houve uma confusão entre a coisa pública e a privada". Um dos casos dessa interseção das duas esferas foi o uso do avião presidencial para transportar como único passageiro, de Buenos Aires até La Rioja, província natal de Menem, um bolo de aniversário para "El Presi".

Para Menem e sua comitiva, "limite" era uma palavra desconhecida. Só por diversão, um de seus principais seguidores, Armando Gostanián, diretor da Casa da Moeda, imprimiu em papel-moeda notas com a efígie de "El Jefe". O custo do desperdício nunca foi levado em conta. Menem sentia-se como um semideus.

O sentimento de divindade esteve presente até em seu último encontro com o papa João Paulo II. Ao despedir-se do Sumo Pontífice, Menem antecipou-se a Wojtyla, e o abençoou.

Deixar o poder foi difícil para Menem, tanto que no último ano de governo tentou modificar a Constituição para poder se candidatar a uma segunda reeleição. Mas seus tempos de popularidade haviam acabado, e a possibilidade de ter mais um período com "El Turco" causou fortes rechaços na sociedade argentina.

Menem tentou ficar na residência oficial de Olivos até o fim. "Tenho o direito de ficar até o último minuto", argumentou, impedindo que a nova família presidencial, os De la Rúa, fizessem sua mudança. Na manhã em que deixaria a presidência da República, saiu de Olivos às 9h30. Passou o poder a Fernando de la Rúa às 11h, na Casa Rosada. Inés Pertiné, a esposa do novo presidente, teve que retirar a decoração deixada por Menem, abundante em cores douradas, e só conseguiu fazer a mudança uma semana depois.

Ao sair da Casa Rosada, depois de ter deixado com De la Rúa a faixa e o bastão presidencial, Menem estava com o olhar perdido no horizonte. "Para ele, o poder era uma festa que havia acabado", indicou Walger.

Menem parecia um leão que havia perdido as garras, a juba e os dentes. Antes controlador de todo o peronismo, aquele que havia sido "El Jefe" passou a congregar somente um punhado de parlamentares.

O ex-primeiro-ministro italiano Bettino Craxi possuía uma frase sarcástica sobre o velho axioma que sustenta que "o poder desgasta": "desgasta principalmente aqueles que não o têm".

Mas Menem pretendia voltar. E entrou em campanha para ser eleito presidente nas eleições de março de 2003. "Só existe um homem que pode salvar a Argentina. E esse homem é Menem", afirmava em terceira pessoa. Ele venceu o primeiro turno nas eleições presidenciais daquele ano com 24% dos votos. Seu rival, Néstor Kirchner, conseguiu 22%. Contudo, o cenário para o segundo turno era muito diferente. As pesquisas davam 70% de intenções para Kirchner – e Menem poderia subir, no máximo, para 26%. Assim, ele desistiu das eleições.

Nos anos seguintes, Menem aparecia raramente no cenário político. Mas, em 2009, começou uma peculiar aproximação com o governo Kirchner, favorecendo com seu voto ou abstenção os projetos do casal presidencial. Coincidentemente, Menem conseguiu salvar-se de uma série de processos na Justiça. Em 2011 declarou seu respaldo enfático à política da presidente Cristina Kirchner. Simultaneamente, conseguiu apoio kirchnerista em La Rioja para conquistar outro mandato como senador.

Desde jovem, Menem foi um místico. Costumava afirmar que havia nascido em Anillaco, ao pé da montanha de El Velazco, carregada de lendas e misticismo. Na verdade, havia nascido na prosaica cidade de La Rioja, capital da província homônima. Ele também insistiu durante muitos anos que havia nascido no dia 9 de julho, data da Independência argentina. No entanto, admitiu mais tarde, nascera no dia 2 de julho.

Com os anos, seus delírios se agravaram. Quando era governador de La Rioja, acreditava que o fantasma de Facundo Quiroga – o caudilho mais emblemático que La Rioja teve – circulava pelo palácio do governador. Depois, começou a acreditar que ele próprio era uma reencarnação de Facundo.

Muçulmano, precisou converter-se ao catolicismo por questões políticas. A Constituição do país estipulava que somente católicos poderiam ocupar *"el sillón de Rivadavia"*. Mas Menem, acima de tudo, era um supersticioso que acreditava em astrólogas e bruxas. Ele começou seu governo com um conselho de uma astróloga. "Não tome posse no dia 9 de julho". Em vez de fazê-lo na histórica data da Independência, tomou posse na véspera, dia 8.

Embora supersticioso, dizia que não temia o fim de sua vida: "a única coisa que pode me vencer, e não sei até que ponto, é a morte", costumava dizer. Mas o que acontecerá quando "El Turco" morrer? Será enterrado ao sopé de El Velazco? Haverá multidões para seguir seu cortejo fúnebre? Menem acredita que no além continuará sendo o chefe. E até faz piada sobre isso: "morro, e parto para o dia do juízo final. Lá, Deus e o Diabo brigam para não ter que me receber. Mas eles fazem uma aposta, e quem perde é o Diabo. Vou para o Inferno e ali começo a organizar greves e manifestações. O Diabo, desesperado, chama Deus e pede, por favor, que leve este sujeito que causa tantos problemas. Deus aceita e me recebe no Céu. Poucos dias depois, curioso pelo que havia acontecido comigo depois da última vez em que me havia visto, o Diabo telefona para São Pedro buscando informações e pede que passe a linha a Deus. São Pedro responde com uma pergunta: *qual Deus, o que estava antes, ou o que está agora?*".

Fernando de la Rúa: esse lentíssimo presidente

Seu primeiro cargo público foi o de presidente do CPE (Caça de Pássaros com Estilingue). Tinha somente 9 anos, mas ao tomar posse redigiu uma declaração de princípios, preparou um estatuto e uma mensalidade a ser paga pelos sócios. Esse era Fernando de la Rúa, nascido em 1937 na cidade de Córdoba, na região central da Argentina.

De la Rúa estudou Direito, formando-se como o melhor da turma. Depois, conseguiu ser designado assessor do então presidente e conterrâneo Arturo Illía. Mas o cargo durou pouco: os militares removeram o velho presidente do posto, e De la Rúa, em vez de voltar à sua cidade, ficou na capital do país. Além de motivos profissionais, possuía razões do coração: havia conhecido Inés, a jovem filha da tradicional família Pertiné, neta de um ministro da Guerra e irmã de um futuro almirante que seria suspeito de ter participado da repressão dos anos 1970.

Seu primeiro encontro foi no "Vômito Negro", restaurante frequentado por políticos. Apesar do nome do local, os dois se apaixonaram e casaram-se em 1970. Três anos depois era eleito senador por Buenos Aires.

Considerado um "bebê" na política, recebeu o apelido de "Chupete" ("chupeta"). O seu sucesso fez com que o líder histórico da UCR, Ricardo Balbín, o convidasse para ser seu candidato a vice, contra Perón, que os derrotou.

Durante a Ditadura não colaborou na defesa dos direitos humanos, ao contrário de vários de seus correligionários. Em 1983, integrante de uma linha conservadora, disputou a candidatura do partido à presidência do país contra Alfonsín, para quem perdeu. Posteriormente foi senador, deputado e, em 1996, tornou-se o primeiro prefeito eleito da capital argentina.

Taciturno, admitia sua falta de carisma em uma publicidade que transformou-se em bordão: "dizem que sou um chato...". A observação ornitológica e a jardinagem são as atividades que mais o divertem.

Eduardo Duhalde, seu rival peronista nas eleições de 1999, afirmou que De la Rúa era "um medíocre com sorte". Para defini-lo, o comentarista político Luis Gruss fez uma analogia com o Brasil: "é meticuloso e sóbrio até causar exasperação. Ele parece Teodoro, o farmacêutico sem graça, marido da Dona Flor de Jorge Amado".

De la Rúa foi um dos mais breves presidentes civis da Argentina. Seu governo, da coalizão UCR-Frepaso, durou dois anos e dez dias. Mas ficou marcado na História como o presidente que levou a Argentina à pior crise social, econômica e política de seus quase 200 anos de vida independente. Na época foi acusado de "relapso" e "esclerosado". Os caricaturistas o retratavam vestido com um pijama.

De la Rúa declarou o *"corralito"* – confisco bancário no dia 1º de dezembro de 2001, com o objetivo de enfrentar a fuga de capitais e a corrida bancária. No entanto, a medida só agravou a crise e desatou rebeliões populares. Ele teve que fugir de helicóptero da Casa Rosada no dia 20 de dezembro.

Desprezado por seu partido, a UCR, abandonado por seus antigos ministros, De la Rúa permaneceu afastado da política. Sua influência política tornou-se nula. Em 2006 – meia década depois da crise –, tornou-se novamente notícia quando lançou o livro *Operação política*, no qual denunciava as supostas manobras da oposição realizadas contra ele. A obra, fracasso de crítica e de público, encalhou nas livrarias.

Em 2012, começou seu julgamento pelo suposto pagamento de propinas a senadores no ano 2000.

Adolfo Rodríguez Saá: o breve presidente provisório do calote

"Caudilho com *pedigree*" é a irônica definição que dão de Adolfo Rodríguez Saá alguns de seus poucos críticos na província de San Luis, onde ele e sua família controlam a mídia, a burocracia provincial, além da Justiça. O *pedigree* refere-se à frequência com a qual os Saá aparecem como governadores nos livros de História nessa província, no centro da Argentina, que durante tantas décadas foi tão pobre que, comentava-se com humor, quando um urubu passava por ali, levava marmita para não passar fome.

Rodríguez Saá governou San Luis entre 1983 e 2001, tornando-se, assim, o governador que mais permaneceu no cargo na segunda metade do século XX. Junto com seu irmão Alberto – definido pelos opositores como o verdadeiro "Maquiavel" por trás de Adolfo –, é acusado de diversos casos de corrupção.

Juntos, os dois irmãos fizeram de San Luis uma das poucas províncias que conseguem manter superávit fiscal. Além disso, exibem elevados índices de industrialização e de investimentos.

Rodríguez Saá diferencia-se dos outros caudilhos mostrando pitadas de modernidade, como estipular que metade dos secretários de Estado do governo provincial serão sempre mulheres. Além disso, tentou legalizar o aborto.

Muitos *puntanos*, como são chamados os habitantes de San Luis, costumam afirmar com ironia que os Rodríguez Saá "roubam, mas fazem", ao contrário de outros caudilhos provinciais argentinos, que somente roubariam.

A queda de De la Rúa levou o país a um beco político. A classe política buscava desesperadamente um sucessor. A saída foi a escolha do governador Rodríguez Saá, que recebeu a faixa e o bastão presidencial no dia 23 de dezembro de 2001.

Minutos depois da posse, Rodríguez Saá anunciou que o governo estava suspendendo os pagamentos da dívida externa pública. Além disso, prometeu a criação imediata de um milhão de empregos e projetou uma "terceira moeda" para o país. Com seu estilo acelerado, mas sempre sorridente, criou expectativas.

Em sua equipe, juntou militantes históricos de defesa dos direitos humanos com fascistas de carteirinha, até contatos com os economistas republicanos americanos Allan Meltzer e Adam Merrick. E planejava ficar mais tempo do que o previsto no cargo. Os outros governadores peronistas não gostaram e, em menos de uma semana, o haviam deixado só. Na véspera de completar uma semana como o novo usuário do *"sillón de Rivadavia"*, Rodríguez Saá deparou-se com sua primeira grande crise, que veio à tona com um panelaço, que atraiu dez mil pessoas à Praça de Maio, na frente da Casa Rosada, a sede do governo, para pedir a renúncia de diversos integrantes do gabinete presidencial.

No dia 30, véspera do Réveillon, Rodríguez Saá pegou o avião presidencial, foi para San Luis e ali renunciou à presidência do país. Rodríguez Saá colocou a culpa de sua saída nos *"lobbies* econômicos".

Eduardo Duhalde: o provisório que tentou pilotar a crise

"Tachuela" (tachinha) é o apelido que os amigos e parentes usam para chamar Eduardo Duhalde por causa de sua baixa estatura e ampla cabeça. Mas, fora desse círculo, a denominação mais frequente e carregada de menos sutilezas é "El Cabezón" (o cabeção), característica que é a delícia dos chargistas argentinos.

Descendente de bascos franceses, Duhalde nasceu em 1941 na cidade de Lomas de Zamora, na Grande Buenos Aires. De família modesta, na juventude trabalhava como salva-vidas em um clube para poder pagar seus estudos. Na piscina, conheceu a miúda e pertinaz Hilde "Chiche" Duhalde, sua futura esposa. O encontro foi peculiar. Ostentando um maiô florido, para atrair sua atenção, "Chiche" fingiu que se afogava. Ela nega essa versão, mas Duhalde a confirma com um sorriso matreiro.

Sua vida política – toda realizada dentro do partido Justicialista (Peronista) – começou como vereador em sua cidade natal, Lomas de Zamora. Em 1983, tornou-se prefeito dessa cidade, uma das maiores da Grande Buenos Aires. Em 1988, o exótico governador da província de La Rioja, Carlos Menem, almejava a presidência do país, mas para isso precisava de um homem forte na Grande Buenos Aires que fosse seu vice. O homem escolhido foi Duhalde, e juntos chegaram ao poder em 1989.

Duhalde ocupou a vice-presidência até 1991, quando deu outro grande passo, o de tornar-se governador da província de Buenos Aires, a maior da Argentina. Nesse posto, teve a comichão de aspirar à presidência do país que quase todos os governadores bonaerenses sentem. Dessa forma, em 1994, Duhalde preparou-se para ser candidato a presidente nas eleições de 1995.

No entanto, em 1994, Menem conseguiu a modificação da Constituição Nacional, o que permitiu sua reeleição. "El Turco" tentou acalmar a irritação de Duhalde, afirmando em 1999 que, "desta vez, sim", o apoiaria para ocupar a Casa Rosada.

No início de 1999, porém, Menem começou a mobilizar-se para alterar a Constituição mais uma vez, com a intenção de ser reeleito pela segunda vez, esquecendo das promessas a Duhalde. Menem não conseguiu modificar a Carta Magna, mas sua aliança estratégica com seu antigo vice estava liquidada. Duhalde começou sua campanha eleitoral, sem apoio de Menem, que o sabotou constantemente.

Sua relação com "El Turco" sempre foi de amor e ódio. Segundo me disse a biógrafa não autorizada de Menem, Olga Wornat, Duhalde admirava Menem e se sentia inferior a ele. "Gostaria de ser assim, como ele, extrovertido. Eu sou assim, sem carisma", confessou na época Duhalde a Wornat.

Sem apoio do próprio chefe do peronismo na época, "El Cabezón" perdeu para Fernando de la Rúa. A derrota de Duhalde foi a pior infligida em uma eleição presidencial ao peronismo em toda a sua história. Assessorado por uma enorme equipe comandada pelo marqueteiro brasileiro Duda Mendonça, Duhalde obteve 38% dos votos, enquanto que De la Rúa conquistou 48%. "Sabia que perderia desde o momento em que comecei a campanha", disse Duhalde.

Diante da decadência acelerada do governo De la Rúa, Duhalde entusiasmou-se, e candidatou-se ao Senado. Em outubro de 2001, obteve uma vitória esmagadora sobre a UCR, e elegeu-se senador.

Seu caminho ao "*sillón de Rivadavia*", que havia sido longo e cheio de obstáculos, encurtou-se rapidamente. Dois meses depois, quando o país estava mergulhado na maior crise de sua história, foi chamado pelo Parlamento para transformar-se em presidente provisório.

Duhalde pilotou a Argentina no turbulento ano e meio que se seguiu. Em 2003, conseguiu transformar seu delfim, o até então desconhecido Néstor Kirchner, em presidente. Duhalde havia se comprometido publicamente a não ser candidato e colocou toda a máquina do Estado a favor de Kirchner para derrotar o rival Menem nas urnas. Mas Kirchner rapidamente se desfez de seu padrinho político.

Néstor Kirchner: "El Pingüino" e o Estilo K

Néstor Carlos Kirchner nasceu em Río Gallegos, capital da província de Santa Cruz, em 1950. Nos anos 1970 estudou Direito em La Plata, província de Buenos Aires. Ali conheceu a estudante Cristina Fernández, que se tornaria sua namorada e esposa. Juntos militavam na Juventude Peronista, embora sem grande protagonismo. Mas, com o golpe de Estado de 1976, o casal, já formado, preferiu deixar a militância de lado e mudou-se para Río Gallegos. Enquanto grande parte de seus colegas de militância partia para o exílio – ou morria nos cárceres da ditadura –, os Kirchner prosperaram trabalhando como advogados especializados na execução de hipotecas.

Kirchner foi eleito prefeito de Río Gallegos em 1987. Em 1991, foi eleito governador de Santa Cruz. Ao longo da maior parte dos anos 1990, Kirchner respaldou ativamente as privatizações do governo do então presidente Carlos Menem.

As ambições de Kirchner encontraram uma possibilidade de êxito no final de 2002 quando o então presidente Duhalde, desesperado para encontrar um candidato que pudesse enfrentar seu arqui-inimigo Carlos Menem nas urnas, optou pelo governador patagônio.

Desconhecido até o momento, Kirchner não era nada carismático. Desajeitado, vestia-se mal, era estrábico, tinha língua presa e um protuberante nariz.

Em 2003, Kirchner foi às urnas no primeiro turno das eleições presidenciais e ficou em segundo lugar, com 22% dos votos. Seu rival Menem ficou em primeiro, com 24%. Como vimos, no entanto, Menem desistiu da segunda fase eleitoral. Dessa forma, com menos de um quarto dos votos, Kirchner foi empossado presidente. Ele foi o presidente menos votado de toda a história argentina.

Tudo indicava que Kirchner seria um presidente fraco, sem poder próprio, que dependeria de seu padrinho Duhalde. No entanto, no primeiro ano e meio de seu governo conseguiu desvencilhar-se da imagem de "marionete" ao criar uma esfera própria de poder.

Simultaneamente, conseguiu recuperar a economia argentina, que cresceu de forma exponencial, reduzindo a pobreza e o desemprego até 2007. Mas em 2008, primeiro ano do governo de sua sucessora e mulher, começariam os problemas, quando a política econômica a curto prazo acabou trazendo à tona novamente os conflitos sociais, a redução de investimentos e a intensificação da fuga de divisas.

"Terminéstor" foi um dos apelidos que o irascível, temperamental e imprevisível Kirchner recebeu nos primeiros anos de governo. Motivos não faltavam para a irônica alusão ao filme *Terminator* (*O exterminador do futuro*), de Arnold Schwarzenegger, no qual o ator austro-americano interpreta um androide de pavio curto que para matar um piolho seria capaz de detonar uma granada.

Camelô vende "Alfajores Kirchner" durante comício do então presidente na Praça de Maio em 2006.

"Terminéstor" não levava desaforo para a Casa Rosada e era capaz de reações extremas mesmo diante de uma pequena provocação. Além disso, tal como o androide supracitado, preocupava-se pouco com formalidades. Era capaz de deixar de atender os principais empresários do planeta ou deixar esperando o presidente da Rússia. Assim era Kirchner: "grosseiro" para uns, "transgressor" segundo outros.

A forma de Kirchner comportar-se, além da modalidade de falar sem papas na língua, junto com a estratégia de "bater primeiro para depois conversar", foi batizada com o nome de "Estilo K".

A hegemonia kirchnerista foi acompanhada de uma miríade de escândalos de corrupção. Kirchner foi acusado de enriquecimento ilícito, de favorecer empresários amigos e de fazer negócios obscuros com o governo do presidente venezuelano Hugo

Chávez. Facilmente irritável com os grupos não alinhados com seu governo, Kirchner aplicou fortes pressões contra a mídia que criticava sua gestão.

Em 2007, "El Pingüino" (O Pinguim), como também era chamado, estava no pináculo de seu poder e tomou a decisão inédita de colocar sua própria esposa como candidata à sucessão presidencial. Com seu respaldo e toda a máquina do governo, elegeu Cristina Kirchner.

Em 2004, Kirchner havia sido internado às pressas por uma grave hemorragia gastrointestinal que o colocou à beira da morte. O então presidente ficou em repouso somente duas semanas e voltou à frenética atividade política. Nos anos seguintes, Kirchner teve que manter uma rigorosa dieta de arroz, verduras e frango.

Em fevereiro de 2011, Kirchner foi internado para uma cirurgia de obstrução da carótida. Apenas três dias depois – ignorando recomendações médicas –, mantinha reuniões em seu quarto de hospital com os ministros de sua esposa, dando ordens sobre como governar. Os médicos pediram a Kirchner que suavizasse seu ritmo de trabalho. Kirchner respondeu aos pedidos com piadas.

Em setembro desse ano Kirchner foi novamente internado, desta vez para uma angioplastia. Entrou na sala de operações de madrugada e no mesmo dia, à noite, recebeu a alta. Trinta e sete horas depois participava de um comício ao lado de sua esposa Cristina no Luna Park, em pleno centro portenho. Na época, a queda de sua imagem e as fraturas crescentes nas fileiras kirchneristas indicavam que Kirchner teria graves problemas para conseguir a vitória nas urnas em 2011 e assim prolongar a permanência do casal no poder.

Todas as especulações dos analistas sobre as chances que o ex-presidente teria nas urnas foram arquivadas com sua morte, ocorrida doze meses antes das eleições presidenciais.

Cristina Kirchner: a milionária presidente que prega o "nacional e popular"

"Um espelho! Quero um espelho!" O pedido desesperado – em tom de exigência – foi pronunciado em julho de 1982 por Cristina Elisabet Fernández de Kirchner. Ela havia acabado de acordar no hospital de Río Gallegos, capital da província de Santa Cruz, na Patagônia. Uma hora antes havia sofrido um grave acidente de carro do qual se salvou da morte por um triz. Coberta de sangue, logo que recuperou a consciência, sua primeira preocupação foi seu estado estético. Os médicos e enfermeiras estavam estupefatos.

Quase três décadas depois do acidente, as pessoas que a conheceram na época indicavam que esse "causo" ilustra bem seu caráter: "vaidosa" e "autoritária". Assim é Cristina Kirchner, capaz de ter um acesso de fúria por uma marca errada de água mineral colocada em cima de sua mesa ou por uma crítica da imprensa, inclusive com uma caricatura que destaque seus lábios – supostamente – recheados de botox. Os humoristas deliciam-se em ilustrá-la como uma *shopaholic*.

Cristina, a segunda presidente mais rica da América do Sul, com US$ 17 milhões – segundo a declaração oficial de bens em 2010, basicamente investidos em imóveis e aplicações financeiras –, é uma declarada admiradora de Evita Perón, a "mãe dos humildes". Cristina, cuja fortuna aumentou 930% entre 2003 e 2010, define sua política como "nacional e popular", mais conhecida pela abreviatura "nac e pop".

Em abril de 2003, pouco após o primeiro turno presidencial, Cristina e seu marido, Néstor Kirchner, me receberam para uma entrevista em seu apartamento no elegante bairro da Recoleta. Ali admitiram que nunca haviam estado no Brasil, a não ser no aeroporto de Cumbica como escala para viagens às americanas Nova York e Miami, únicas cidades que conheciam fora da Argentina. Mas, ao chegar ao poder, Cristina e seu marido transformaram-se em enfáticos defensores da unidade sul-americana e visitaram os países que antes não conheciam.

Cristina nasceu em 1953 na cidade de La Plata, província de Buenos Aires, quando esta ainda era chamada Ciudad Eva Perón. Sua mãe, Ofélia Wilhelm, era uma militante sindical peronista que trabalhava na Receita Federal. Seu pai, Eduardo Fernández, era um motorista de ônibus visceralmente antiperonista.

A jovem Cristina entrou na Universidade de La Plata em 1970. Fez um ano de Psicologia e depois passou para o Direito. Ali, em 1974, conheceu um desajeitado estudante veterano, proveniente da província de Santa Cruz, que possuía um senso de humor que lhe chamou a atenção. O jovem, Néstor Kirchner, se tornaria seu marido menos de dois anos depois.

O casal tinha uma militância política mínima em La Plata. Mas, por precaução, para evitar eventuais detenções por parte dos militares, os jovens Néstor e Cristina decidiram mudar-se para Río Gallegos, Santa Cruz, nos confins meridionais da Argentina, onde a repressão da ditadura era suave. Ali, durante o regime militar, enriqueceram executando hipotecas de pessoas que haviam falido por causa da política econômica do ministro José Alfredo Martinez de Hoz. "Para fazer política, é necessário primeiro juntar dinheiro", dizia o casal aos amigos.

Em 1987, Kirchner foi eleito prefeito de Río Gallegos. Em 1989 Cristina foi eleita deputada estadual. Em 1991 seu marido foi eleito governador. Em 1995, enquanto Kirchner era reeleito para o governo, Cristina – representando sua província "adotiva", Santa Cruz – entrou no Senado.

Em 2003, Kirchner foi empossado presidente e Cristina tornou-se primeira-dama, embora fizesse questão de ser chamada "primeira-cidadã". Quatro anos depois, Kirchner decidiu que sua mulher o sucederia na presidência.

Cristina foi eleita com 45% dos votos em 2007. A opinião pública e os analistas afirmavam que ocorreria uma "presidência bicéfala", com o casal dividindo o poder. No entanto, rapidamente ficou claro que Kirchner era o verdadeiro poder no governo de sua mulher.

Nos três anos seguintes, tudo indicava que o candidato à sucessão em 2011 seria Kirchner. Mas, com sua morte, a presidente, viúva, tornou-se candidata de si própria à sucessão e venceu com 54,11% dos votos. Os analistas afirmam que com essa eleição começava uma fase de "hiperpresidencialismo".

Neste novo mandato, pela primeira vez em sua vida, Cristina teve que fazer carreira solo. Em dezembro de 2011, poucos dias após tomar posse, o governo anunciou que Cristina tinha um câncer na tireoide. A doença fez a popularidade da presidente disparar. "Efeito compaixão", sustentaram os analistas. Mas, em janeiro de 2012, três dias após a operação, realizada no hospital Austral, administrado pela Opus Dei, os médicos admitiram que a presidente não havia tido câncer. Em Buenos Aires, o ácido humor portenho batizou o caso de "o não câncer" de Cristina.

A ESQUIZOFRÊNICA ECONOMIA

A economia argentina, desde a Independência do país, alternou momentos de total abertura importadora, protecionismo extremo, interferência do Estado nos mais diversos graus, redução drástica da presença estatal, privatizações, reestatizações, confiscos bancários, falências de entidades financeiras e desvalorizações precipitadas.

Dificilmente um governo seguiu o plano econômico do antecessor. Ao contrário, vários governos deram drásticas guinadas, mudando de políticas econômicas dentro de um mesmo mandato presidencial.

Diferentemente do Brasil, onde – a partir dos anos 1980 – as crises políticas não necessariamente causavam problemas econômicos, na Argentina a política e a economia caminharam fortemente unidas, como se fossem irmãs siamesas. Aliás, esquizofrênicas siamesas.

No período que vai desde 1975 – ano do primeiro grande ajuste argentino – até 2012, o país teve uma grave crise econômica a cada sete anos. Em 1982, a Guerra das Malvinas gerou um descalabro financeiro que levou à uma nova crise que afundou o país em uma inflação de mais de 300%.

A seguinte grande crise ocorreu em 1989, com a hiperinflação do final do governo do presidente Raúl Alfonsín, de quase 5.000%. A pobreza disparou, junto com saques em massa a comércios. Quase sete anos mais tarde, em 1995, o país foi duramente afetado pela crise mexicana, enquanto tentava manter a conversibilidade econômica. Esta levou à crise seguinte, de 2001-2002, quando o governo do presidente Fernando de la Rúa caiu no meio do caos social e financeiro. A pobreza, que estava na faixa dos 28%, disparou a 57%. O desemprego, de 17% subiu para 28%. O PIB em 2002 despencou 11%.

O país encontrou novamente problemas em 2008, meses antes da crise mundial. O estopim, dessa vez, foi o confronto do governo com o setor ruralista, o crescimento do gasto público, a escalada inflacionária e a retomada do aumento da pobreza, que passou de 20% da população em 2006 para – segundo estimativas de ONGs, economistas e da Igreja Católica – uma faixa de 30% a 40%.

Não à toa, em 1969, o economista americano Simon Kusnetz (1901-85) disse que "existiam três tipos de países nos mundo. Os normais. O Japão [na época da frase, uma potência capitalista com forte interferência do Estado]. E a Argentina".

EL RODRIGAZO, O COMEÇO DOS AJUSTES E DESCALABROS ECONÔMICOS

Na noite do dia 4 de junho de 1975, o então ministro da Economia, Celestino Rodrigo, anunciou um pacote de medidas que causou o primeiro grande colapso econômico e financeiro sofrido desde a crise mundial de 1929. O pacote – El Rodrigazo – implicou uma desvalorização de 100% da moeda, aumentos de 175% nos combustíveis, 76% na energia elétrica e de 120% nos transportes públicos, entre outros aumentos. Vários setores da classe média entraram em bancarrota.

Nunca antes na história da Argentina o país havia tido tal ajuste econômico. A recessão que iniciou naquele ano encerrou 11 anos contínuos de crescimento do PIB.

Um mês e meio depois, Celestino Rodrigo teve que renunciar. Em seis meses, a inflação escalou 183%, enquanto protestos sociais, sindicais e políticos alastravam-se. A presidente Isabelita Perón perdeu respaldo.

No dia 16 de fevereiro de 1976, as diversas associações empresariais do país realizaram uma greve. A paralisação dos empresários foi um sinal aos militares – que já estavam preparando o golpe – de que eles não estavam sozinhos.

Isabelita foi derrubada oito meses depois de El Rodrigazo e um mês depois do *lockout* empresarial.

LA PLATA *DULCE* MILITAR

Uma semana depois do golpe militar de 24 de março de 1976, o novo ministro da Economia, José Alfredo Martinez de Hoz, anunciava um programa econômico com o qual, supostamente, a inflação seria domada, além de deter a fuga de capitais. Entre o golpe e o anúncio do programa econômico do ditador Jorge Rafael Videla, o Fundo Monetário Internacional (FMI) aprovou um crédito de mais de US$ 100 milhões – prometido há tempos, mas que ainda não havia sido concretizado – para que a Argentina pudesse estabilizar sua situação cambial. Na sequência, um grupo de bancos aprovou mais US$ 300 milhões de empréstimos, além de US$ 350 milhões para renovar vencimentos da dívida. Em agosto, o FMI aprovou um novo crédito – o maior já concedido na história da América Latina até aquele ano – de US$ 260 milhões. E um mês depois, o Banco Interamericano de Desenvolvimento (BID) forneceu um empréstimo de US$ 750 milhões. A Argentina endividava-se de forma galopante nos primeiros seis meses do regime militar.

Martinez de Hoz congelou os salários, eliminou os controles de preços, desvalorizou o peso, além de suprimir as atividades sindicais e o direito à greve. O salário real teve uma queda de 30%.

Um ano depois, o ministro, chamado ironicamente de "O Mágico de Hoz" (em alusão ao filme *O Mágico de Oz*), deslanchou uma reforma financeira que permitiu a abertura fácil de novos bancos. De 119 entidades financeiras em 1977 em todo o país, a Argentina passaria a 219 em 1980. Os novos bancos disputavam os clientes oferecendo maiores taxas de juros por suas aplicações. Os capitais especulativos entravam no país para aproveitar a maré especulativa favorável, enquanto a economia entrava na recessão. Tudo isso embalado pelo crescente endividamento da Argentina.

A crise financeira foi o golpe mortal para o programa de Martinez de Hoz. Entre 1975 e 1982, a dívida externa saltou de US$ 8 bilhões para US$ 43 bilhões. Só os juros da dívida equivaliam a 10% do PIB. Em 1982, a queda do PIB foi de 10%.

Naquele ano, para complicar o cenário, o então presidente do Banco Central, Domingo Cavallo, fez com que o Estado argentino assumisse as dívidas das empresas privadas. A operação, que fez o endividamento do país disparar, ficou conhecida como "a estatização da dívida privada". O déficit fiscal do governo militar entrou em escalada, chegando a 15% do PIB. A saída suicida da ditadura foi emitir mais pesos, causando mais inflação, além de contrair mais dívidas no exterior.

INFLAÇÕES E HIPERINFLAÇÕES

Os economistas ressaltam que entre 1890 (quando foi instituído o "peso nacional"), até o "peso lei" do final dos anos 1960, a Argentina teve estabilidade financeira. Mas, em 1969, o então presidente e ditador, o general Juan Carlos Onganía, decretou a primeira lei que eliminou zeros das notas de pesos, com o intuito de dissimular a escalada inflacionária. De lá até a edição deste livro, as notas argentinas perderam 13 zeros. Nestas últimas décadas e meia, o país foi assolado de forma persistente pelo fantasma da inflação, contra o qual tentaram lutar, com escassos resultados, os 20 presidentes que passaram pela Casa Rosada e os 44 ministros da Economia que ocuparam a pasta nesse período.

Raúl Alfonsín (1983-89), o primeiro presidente civil eleito com a volta da democracia, herdou dos militares uma pesada inflação. Seis meses antes de sua posse, os militares haviam cortado quatro zeros do peso (cada peso novo equivalia a 10 mil pesos prévios). No início, Alfonsín tentou um plano keynesiano, elaborado por seu ministro da Economia, Bernardo Grispún, que pretendia declarar a dívida externa contraída durante a ditadura como "dívida odiosa". Essa política colocou o governo em confronto com os bancos, enquanto a inflação continuava sua escalada. Em junho de 1985, Alfonsín implementou o Plano Austral, que cortou três zeros do peso, criando uma nova moeda, o austral. Cada austral equivalia a 1.000 pesos prévios. O plano foi um predecessor do Plano Cruzado brasileiro e contou com a concordância do FMI, que, pela única vez na história, aceitou um plano heterodoxo na América Latina. Problemas financeiros externos e políticos internos colocaram o plano em risco. Em 1988, o governo Alfonsín tentou salvar o austral com o Plano Primavera. Mas o desejo de levar o governo até as eleições presidenciais de 1989 com a economia mais ou menos equilibrada também fracassou.

Em 1989, a Argentina teve sua primeira hiperinflação, que chegou a 4.923,6%. A espiral inflacionária levou os argentinos à pobreza. O Partido Peronista, de oposição, aumentou as pressões sobre Alfonsín, cujo candidato perdeu as eleições presidenciais. Ele renunciou seis meses antes do fim programado de seu mandato.

Seu sucessor, Carlos Menem (1989-99), tentou de forma errática diversas fórmulas econômicas. O resultado foi um segundo período hiperinflacionário, que chegou a 1.343,9% em 1990.

Nos anos 1990, a conversibilidade econômica – que estabelecia a paridade um a um entre o dólar e o peso –, apesar dos problemas que trazia em seu bojo, foi respaldada com entusiasmo pelos argentinos, que depois de décadas viam finalmente um período de inflação zero (e até de deflação).

Mas a conversibilidade naufragou em dezembro de 2001. A inflação só não voltou a galopar de forma imediata porque a economia estava estancada e o poder de compra era quase nulo. No entanto, a economia recuperou-se a partir de 2003. E a inflação voltou a aparecer.

As lideranças da oposição, associações de consumidores e sindicatos de esquerda acusam o governo de manipular o índice de inflação desde dezembro de 2006, quando o antecessor e marido da presidente Cristina, o então presidente Néstor

Kirchner (2003-7), ordenou a intervenção do Instituto Nacional de Estatísticas e Censos (Indec). O organismo começou a "maquiar" o índice de inflação, de forma a exibir marcas mais baixas que a realidade. Os analistas ressaltam que Kirchner adotou essa medida por causa do fracasso da política de congelamento de preços em 2006.

Além do congelamento, o governo Kirchner também tentou conter a inflação por meio de outras controvertidas medidas, entre elas, as limitações às exportações de diversos produtos, como o trigo e a carne bovina, de forma a redirecioná-los para o mercado interno e, assim, forçar a baixa de seus preços.

Em sarcástica alusão à persistência da inflação na economia argentina, Roberto Dvoskin, professor da Universidade de San Andrés e ex-secretário de Comércio, afirma: "a Argentina é alcoólica em relação à inflação. E o alcoolismo não se cura... administra-se!".

AS PRIVATIZAÇÕES MENEMISTAS

O presidente Carlos Menem abandonou a política estatizante, protecionista e assistencialista estabelecida pelo fundador do peronismo, o general Juan Domingo Perón, em 1946. Menem vendeu todas as grandes empresas no início dos anos 1990, adiantando-se à onda privatizacionista que atingiria os países da região anos depois. "Farei uma cirurgia grande sem anestesia", disse sem sutilezas na época.

Por um lado, as privatizações implementadas por Menem melhoraram temporariamente os serviços públicos (as modernizações feitas em alguns setores no início não foram atualizadas posteriormente) e os investimentos externos fizeram a economia argentina crescer nominalmente de forma significativa.

Além disso, durante uma década, graças à lei de conversibilidade econômica, que estabelecia a paridade um a um entre o dólar e o peso, a inflação desapareceu e o país até teve anos de deflação (no entanto, a conversibilidade implicaria o colapso da economia argentina poucos anos depois).

Mas, simultaneamente à Argentina próspera e esbanjadora, uma outra Argentina surgiu, onde os mendigos – antes em pequeno número – tornaram-se multidões pelas ruas da capital do país: o índice de desemprego passou de 8% para 14%. Somado ao desemprego, o subemprego passou de 19% para 27%. Na conclusão de seu mandato, em 1999, 13 milhões de argentinos eram pobres (36% da população). Diversas províncias do interior possuíam uma qualidade de vida tão ruim como a de países africanos.

Dirigida pelo então fiel escudeiro de Menem, o ministro da Economia Domingo Cavallo, a onda de privatização levou o Estado argentino a vender suas principais empresas. Aeroportos, empresas aéreas, marinha mercante, empresas petrolíferas, hotéis, estradas, ferrovias, empresas de serviços públicos: tudo passou à propriedade ou administração privada.

Quase 80% do total das privatizações foram feitas entre 1990 e 1992. A rapidez, afirmam os analistas, fez que fossem cometidos vários erros. Segundo eles, as privatizações argentinas foram uma experiência piloto na região para as quais não havia interessados. Os espanhóis (que entraram nas privatizações da empresa telefônica e aérea), por questões culturais, conheciam melhor o país e decidiram arriscar-se.

Na virada do século, o economista e ex-vice-ministro da Economia, Eduardo Curia, me disse que as privatizações "que deixaram mais a desejar foram as primeiras" e citou o caso da Aerolíneas Argentinas e da empresa telefônica Entel.

Apesar de o governo do presidente Carlos Menem ter arrecadado quase US$ 30 bilhões com as privatizações, Curia afirma que, "mesmo assim, a dívida externa cresceu terrivelmente, passando de US$ 60 bilhões em 1991, chegando a US$ 130 bilhões em 1999".

O que mais chama a atenção, segundo o economista, é que, para reduzir a dívida pública na Argentina, uma parte do dinheiro conseguido com as privatizações "foi utilizado para capitalizar dívida, inclusive comprando títulos de volta". Os resultados, no entanto, não foram visíveis. Curia considera que "o uso dos fundos com as privatizações foi péssimo".

O ex-vice-ministro também considera que grande parte da prosperidade argentina dos primeiros anos do Plano de Conversibilidade Econômica, que se iniciou em 1991, deveu-se ao dinheiro das privatizações. Segundo analistas esse dinheiro não foi utilizado nem para o pagamento da dívida, e muito menos para obras públicas ou sociais.

Na época em que a Argentina sofria os efeitos da crise mexicana, que abalaram o país nos anos 1995 e começo de 1996, o que restava desses fundos serviu em parte para manter o sistema bancário argentino, que permaneceu praticamente incólume.

Nos últimos três anos do governo Menem, as privatizações eram "residuais", embora ainda de porte significativo, como parte das ações da empresa petrolífera YPF, que foi uma das primeiras a ser privatizadas, mas onde o Estado manteve inicialmente 20,3% das ações. O dinheiro arrecadado com essas vendas tinha um destino fixo: ajudar a cumprir as metas combinadas com o FMI.

"Venderam as joias da vovó", diziam os críticos das privatizações na Argentina no início dos anos 1990. "E agora, estão vendendo suas bijuterias", costumavam acrescentar no final da década, para referir-se às derradeiras privatizações.

"Argentina, levanta-te e anda!", exortou Menem ao tomar posse. Uma década depois, a Argentina estava de muletas.

"EL COLAPSO"

A economia argentina ia aos trancos e barrancos desde que a crise mexicana de 1994 atingiu o país. Em dezembro 1999, na época da posse do presidente Fernando de la Rúa, a Argentina começava a sair da recessão. Mas uma alta generalizada dos impostos aplicada pelo então ministro da Economia, José Luis Machinea, em janeiro de 2000, colocou essa incipiente recuperação a pique e retraiu o consumo que estava voltando a crescer. Em junho daquele ano, o governo aplicou um ajuste econômico com a redução de salários dos funcionários públicos. Em agosto, começou a crise causada pelo escândalo dos subornos no Senado (que consistiu na denúncia do pagamento de propinas a senadores para aprovar uma impopular lei trabalhista). Em outubro, o vice-presidente Carlos "Chacho" Álvarez renuncia. No entanto, continua respaldando o governo, bem como seu partido, que continua dentro da coalizão Aliança UCR-Frepaso. Mas as dúvidas sobre a eventual partida do Frepaso da Aliança (partida que nunca ocorreu) provocou desconfianças sobre a ingovernabilidade da administração De la Rúa e a taxa de risco do país dispara. Em novembro daquele ano, ficam fortes os rumores de *default*. Para evitar o calote, em dezembro, De la Rúa consegue uma "blindagem" de US$ 39 bilhões do FMI, bancos internacionais e governos estrangeiros, principalmente o espanhol.

Em fevereiro, fica claro que a blindagem não conseguiu o impacto positivo necessário, já que os mercados continuam desconfiados. Para complicar, aparecem cálculos de que o déficit fiscal seria maior que o previsto. Em março, o ministro Machinea cai. Sobe o economista ortodoxo Ricardo López Murphy, que cai duas semanas depois, basicamente por protestos de estudantes universitários que não queriam que a universidade pública tivesse alguma espécie de custo (que era o plano de López Murphy, apelidado de "O Buldogue"). O ex-ministro da Economia Domingo Cavallo é convocado às pressas, com respaldo do ex-vice Chacho Álvarez.

A conversibilidade entra em colapso e o governo faz o possível para mantê-la. Alguns economistas avaliam uma eventual saída gradual e parcimoniosa desse rígido "espartilho" do um a um. Surge o bordão popular de que "só quem inventou a conversibilidade pode retirar-nos da conversibilidade". Isto é, Cavallo.

O ex-ministro aceita. As pesquisas indicam que a população respira aliviada, pois teria desembarcado o "Salvador da Pátria".

Em abril daquele ano, Cavallo obtém superpoderes ministeriais. Ele negocia a troca de bônus da dívida pública. Surgem os primeiro rumores de renúncia do presidente De la Rúa. Em maio, ocorre a realização da megatroca e a criação de planos pró-competitivos. Os mercados continuam reagindo negativamente. Os desempregados fazem piquetes nas estradas. Em junho diversas empresas multinacionais ameaçam deixar o país. Em julho, surgem novos rumores de renúncia de Fernando de la Rúa, junto com boatos sobre sua saúde (entre esses comentários, os rumores de que estaria esclerosado). Começam os boatos sobre a renúncia de Cavallo. O governo De la Rúa entra em crise com os governadores da oposição. Em outubro, o governo perde as eleições parlamentares para o peronismo, que assume maioria na Câmara de Deputados e no Senado.

Falidas, 14 das 24 províncias argentinas – em rebelião aberta com o governo federal – começaram a emitir "moedas paralelas", sem lastro, para poder pagar funcionários públicos e fornecedores.

O governo do presidente Fernando de la Rúa, atingido por fuga de divisas e uma corrida bancária, desesperado em conter a conversibilidade econômica (que determinava a paridade um a um entre o dólar e o peso), decretou o *corralito*, denominação do megaconfisco bancário implementado no dia 1º de dezembro de 2001.

A medida, em vez de acalmar os ânimos, levou milhões de argentinos às ruas para protestar contra o governo. No dia 20 de dezembro daquele ano, milhares de pessoas – aos gritos – pediram a renúncia de De la Rúa, que deixou o governo na mesma noite.

Nas portas dos bancos – todos os dias, durante meses –, centenas de milhares de correntistas batiam panelas para exigir a devolução de seu dinheiro. Apesar da recuperação da economia, os argentinos nunca mais voltaram a confiar plenamente nos bancos e nos governos.

As violentas manifestações de 2001-2002 – cujo principal *modus operandi* eram os piquetes – não ocorrem mais. Mas os piquetes, embora pacíficos, consagraram-se como forma de expressão social dos argentinos.

O PAÍS DAS 16 MOEDAS

Durante quase três anos – de 2001 a 2003, no meio da pior crise financeira, social e econômica da Argentina –, o país teve 14 "moedas paralelas", ou "pseudomoedas", além do próprio peso, a moeda nacional (e, de quebra, o dólar, cujo intenso uso transformou a Argentina no país com maior número de dólares nas mãos da população depois dos EUA e da Rússia...). Isto é, um total de 16 moedas.

Emitidas pelos governos provinciais, eram usadas como se fossem dinheiro normal. Elas foram a alternativa encontrada pelas províncias para poder escapar da falência total em que estavam mergulhadas.

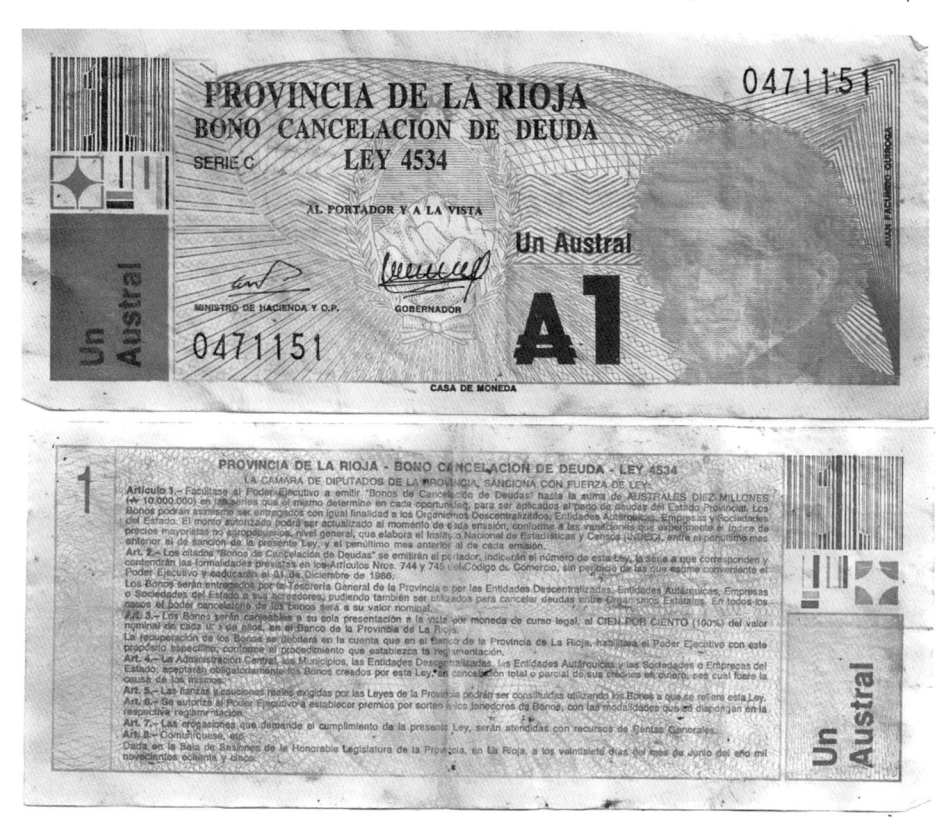

As moedas paralelas começaram a surgir no final dos anos 1980, mas elas só tiveram papel de destaque durante a crise argentina de 2001-2002. No alto, frente e verso de uma nota emitida pelo então governador de La Rioja, Carlos Menem. Logo abaixo, o patacón.

As moedas paralelas são personagens antigas no cenário argentino. Nos anos 1980, Carlos Menem, na época governador da província de La Rioja, emitiu bônus com a efígie do cruel caudilho Facundo Quiroga, a quem admirava.

No entanto, esse tipo de emissão monetária provincial somente adquiriu proporções fora do costumeiro quando, em meados de 2001 – no meio da falência generalizada –, mais da metade das províncias começaram a imprimir suas próprias moedas. Geralmente, não contavam com respaldo financeiro algum.

Na época, além dos pesos oficiais, até o governo federal teve que emitir uma moeda paralela própria, o denominado "lecop", com o qual pagava os funcionários públicos federais, os fornecedores do Estado, além de realizar envios de fundos às províncias.

Rapidamente, as "moedas paralelas" tornaram-se mais de um terço do total de circulante monetário na Argentina. Várias delas eram aceitas em todo o território argentino, principalmente o "patacón" (da província de Buenos Aires) e o "lecor" (de Córdoba).

O FMI foi um feroz crítico das "pseudomoedas", alegando que as províncias estavam se esquivando da realização dos ajustes fiscais que o organismo financeiro exigia. No final de 2001, elas constituíam 15,8% do circulante monetário na Argentina. Ao longo do ano de 2002, apesar das pressões do FMI, essas emissões continuaram se espalhando. A meados desse ano, representavam 38% do circulante. Em 2003, elas equivaliam 31% do total.

Muitas delas, emitidas por governos sem credibilidade, valiam até 50% menos do que sua denominação numérica. Os "patacones", graças ao peso que a província de Buenos Aires possuía na economia nacional, conseguiram manter uma paridade de um a um com o peso.

As emissões dos bonaerenses "patacones" chegaram a um valor equivalente a US$ 900 milhões.

Córdoba emitiu os "lecors" em dezembro de 2001. A moeda circulou até 2003, quando foi resgatada pelo governo provincial. Ao longo de dois anos, circularam "lecors" com valor equivalente a US$ 300 milhões.

No entanto, os "cecacors", da empobrecida província de Corrientes, não chegavam à metade de seu valor numérico. Um funcionário público provincial que ganhasse 1.000 "cecacors" mensais, na verdade, tinha nas mãos pouco mais que 450 pesos.

A própria União, falida, teve que emitir os "lecops". O total dessa moeda paralela equivaleu a US$ 1,06 bilhão.

Em 2003, o governo do então presidente Eduardo Duhalde implementou o Programa de Unificação Monetária, que realizou o resgate das pseudomoedas. Dessa forma, o peso voltou a ser a única moeda em circulação no país.

O desprezado "patacón", no entanto, tornou-se logo após o "*corralito*" e o "*corralón*" a nova diva do circulante monetário argentino. O motivo para esta mudança de *status quo* foi o congelamento dos depósitos bancários, que deixou fora do páreo cotidiano uma ampla circulação de pesos e dólares, as moedas fortes do país.

Na categoria de "pseudomoedas", os bônus não entraram no confisco, já que somente podiam ser "custodiados", e não "depositados" nos bancos. O resultado foi que na província de Buenos Aires a cotação do "patacón" subiu para 1,10 peso. E diversos comércios anunciavam descontos para quem pagasse em "patacones".

Esses bônus circularam com maior liberdade que os movimentos realizados através de cartões de crédito, cheques ou cartões eletrônicos de débito. Sua vantagem era que os "patacones" estavam isentos de impostos, algo que não ocorria com os cheques.

No entanto, os "patacones" estiveram sempre à beira do precipício. A segunda emissão de notas – a série B – tinha qualidade menor de papel e de tinta, fato que desagradava os argentinos, já que parecia "menos dinheiro" do que já era. Uma terceira emissão de "patacones" esteve a ponto de ser lançada em meados de 2002. O governo bonaerense havia anunciado que, por falta de dinheiro, somente poderia imprimir um lado da nota. Mas, perante a reação negativa que gerou, o projeto foi arquivado.

O calote recorde

Vinte e três dias depois do "*corralito*" – quando tomou posse o terceiro sucessor de De la Rúa, o presidente provisório Adolfo Rodríguez Saá – a Argentina passou por uma nova guinada: após jurar a Constituição Nacional no plenário da Câmara de Deputados, e com os gritos de "Argentina, Argentina!" de fundo sonoro, Rodríguez Saá começou seus primeiros minutos de mandato anunciando que o governo estava suspendendo os pagamentos da dívida externa pública. Rodríguez Saá, que tomou posse como presidente provisório com o plano inicial de realizar eleições presidenciais diretas de março de 2002 (ele durou apenas uma semana no posto), definiu a dívida pública como "a maior negociata da história do país".

O novo presidente criticou a forma como foram realizadas as negociações sobre a dívida e sustentou que haviam sido realizadas "sem levar em conta os interesses nacionais". "Vamos, Adolfo!", gritavam seus colegas do Partido Peronista. Entusiasmado, este ex-governador da pequena província de San Luis afirmou que iria dialogar com os organismos financeiros internacionais e que as negociações seriam feitas levando em conta "a justiça social". Com uma metáfora, arrematou: "vamos pegar o touro pelos chifres".

No entanto, o novo presidente moderou seu tom, que parecia radical, e explicou: "isto não significa o repúdio da dívida, não é uma atitude fundamentalista. Vamos dar o tratamento correto à dívida. Os organismos financeiros vão compreender". Por via das dúvidas, no meio do discurso, pediu a bênção do "*Cristo de la quebrada*", uma devoção local de sua província.

O senador peronista Oscar Lamberto, contador público de profissão, que seria o encarregado de negociar a dívida (mas também só durou uma semana), afirmou que a situação argentina em relação à dívida externa "havia chegado a um limite, com altíssimas taxas de juros que sufocaram a economia. É preciso que o mundo compreenda a Argentina, que acabou de passar maus momentos". Lamberto negou que essa moratória fosse similar à realizada no Peru, a meados dos anos 1980, durante o governo do então presidente Alan García, e justificou o calote argentino: "os banqueiros irresponsáveis emprestam com elevadas taxas de juros, e devem suportar as consequências".

"Demagogia, populismo", disparou no dia seguinte o economista da Fundação de Investigações Econômicas Latino-americanas (Fiel) e ex-secretário da Fazenda, o ultraortodoxo Manuel Solanet, sobre a decisão de *default*: "Voltamos a um peronismo demagógico e populista. Não há seriedade. Me parece lamentável que uma declaração de moratória seja apresentada como uma coisa positiva".

"A realidade vai triturá-lo em pouco tempo", categorizou horas depois o economista Jorge Ávila, do Centro de Estudos Macroeconômicos da Argentina (Cema). Ávila, um economista neoliberal, definiu que a declaração de calote foi "revestida de populismo, para ter aceitação".

A Argentina, além de arruinada, protagonizava o maior calote da história mundial e tornava-se pária dos mercados internacionais de crédito.

Nos meses seguintes, o país passou por momentos inacreditáveis, entre os quais o dia em que a província de San Luis especulou declarar a Independência para livrar-se dos problemas nacionais argentinos. Na mesma época, credores japoneses pediram a representantes do ministério da Economia que a Argentina vendesse parte da Patagônia para pagar as dívidas.

A fome: gato com alho

"Fica melhor se condimentado com alho." Este foi o comentário gastronômico que ouvi nos primeiros dias de maio de 2002 na periferia da cidade de Quilmes sobre a forma de tornar a carne de gato mais saborosa. Além disso, recomendaram que a carne felina ficasse uma hora em fogo baixo para tornar-se "mastigável". Nas favelas dessa cidade, na zona sul da Grande Buenos Aires, os habitantes chegaram ao ponto de caçar ratos para alimentação. Para evitar doenças, os roedores eram lavados com água sanitária.

Na mesma semana, a 400 km dali, na cidade de Rosário, um caminhão capotou com um carregamento de vacas. A população de uma recém-criada favela – a maioria ex-integrantes da classe média – atacou o caminhão, esquartejando as reses no lugar. A Argentina, país que outrora havia sido caracterizado pela opulência alimentícia, estava arruinada. Sua população – que havia integrado o antigamente denominado "paraíso da classe média latino-americana" – estava empobrecida. Naquela crise, o PIB despencou 10%.

Milhões de pessoas perderam seus empregos. Centenas de milhares de argentinos dependiam da caridade de amigos ou da ajuda de parentes. Dezenas de milhares de pessoas perderam suas casas e foram morar nas ruas.

Os modestos avós aposentados subitamente tiveram uma melhora de seu *status* familiar: filhos e netos pediam para morar com eles, já que possuíam a única fonte de receita assegurada, a salvo do desemprego.

Foto de um sem-teto, na Praça do Congresso. O homem, que perdeu tudo na crise de 2001-2002, mora em uma espécie de barraco.

Pela primeira vez em décadas era fácil atravessar a cidade sem problemas de trânsito. Grande parte dos carros privados, por falta de dinheiro para o combustível, havia deixado de circular. As filas de espera nos restaurantes também acabaram. As lojas, sem consumidores, faziam liquidações. Mas, mesmo assim, ninguém entrava para comprar. As lojas fechavam.

Para um estrangeiro, subitamente, a outrora cara cidade de Buenos Aires havia se transformado em um lugar barato. Os turistas de classe média provenientes do exterior, que um ano antes teriam pensado duas vezes antes de entrar em uma churrascaria de Puerto Madero, agora podiam pagar – e deixar uma generosa gorjeta – no restaurante do elegante Hotel Alvear.

Em meados de 2001, a proporção de pobres atingia 35,9% da população. Mas, em dezembro daquele ano, com o confisco bancário do governo De la Rúa, a pobreza disparou. Em poucas semanas dentistas, historiadores, engenheiros, e outros profissionais liberais repentinamente despencaram de classe social, transformando-se em mendigos e catadores de papel. Com a crise, em 2002, a pobreza chegou a 53%.

Francisco Meléndez, um especialista em máquinas de impressão gráfica, havia perdido tudo e dormia na esquina da avenida de Mayo e a rua Santiago del Estero, no centro portenho. Quando o conheci, lhe dei comida e dinheiro. Ele me respondeu: "Obrigado por isto. Mas poderia me trazer um livro para ler? Assim me sentiria de novo um ser humano".

OS ÊXODOS ECONÔMICOS ARGENTINOS

Ao longo das últimas quatro décadas do século XX, a Argentina, país que havia sido um grande centro de recepção de imigrantes europeus entre 1880 e 1950, começou a sofrer uma série de êxodos de seus próprios habitantes. Os argentinos partiram em massa para países desenvolvidos – como os EUA, a França e a Itália – ou os emergentes, entre eles, o Brasil.

Ao contrário de outros países latino-americanos, que expulsavam operários e lavradores, a Argentina caracterizou-se por sofrer uma sangria de profissionais qualificados.

O primeiro grande êxodo de argentinos ocorreu em 1967, quando o governo do então ditador Juan Carlos Onganía expulsou quase 30 mil professores universitários e técnicos de seus postos de trabalho. Esse fluxo foi seguido de outro, a partir de 1974, por pessoas que deixaram o país pelas tensões políticas que tomavam conta do último governo de Juan Domingo Perón. Dois anos depois, o golpe militar de 1976 e a feroz repressão desatada sobre os civis geraram um novo grande fluxo de argentinos para o exterior.

Durante a democracia, a hiperinflação de 1989 provocou mais um êxodo. A recessão que se iniciou em 1998 e que se agravou com a crise de 2001-2002 gerou uma gigantesca leva de imigrantes argentinos para o exterior. Segundo um relatório da

Organização Internacional sobre Migrações (OIM), 806 mil argentinos abandonaram o país entre 2001 e 2009. As estimativas indicam que 77% desses emigrantes tinham graduação universitária.

O volume de argentinos que partiu desde 2001 – especialmente nos dois primeiros anos – equivalia a 2,1% do total da população do país na época. A pesquisadora Susana Novick, no livro *Norte-sul, estudos sobre a emigração recente dos argentinos*, afirma que esse êxodo iniciado em 2001 "trata-se da maior onda migratória dos últimos cem anos".

Entre 2001 e 2007, as remessas que os argentinos que estavam no exterior enviaram a parentes no país passaram de US$ 100 milhões para US$ 920 milhões. Isso equivalia a 0,4% do PIB argentino.

PEQUENO GLOSSÁRIO DA CRISE DE 2001-2002

Corralito: Literalmente, "curralzinho", expressão também usada para o cercadinho de bebês. Denominação irônica do congelamento de depósitos bancários implantado em dezembro de 2001 pelo governo De la Rúa. O *"corralito"* desatou a fúria dos argentinos com o governo e os bancos.

Corralón: Confisco dos depósitos a prazo fixo e cadernetas de poupança em dólares. Foi implementado pelo presidente Eduardo Duhalde em janeiro de 2002.

Escracho: É um protesto personalizado, realizado na frente das residências das pessoas-alvo da manifestação. A modalidade, além de incluir gritos contra as pessoas "escrachadas", se completa com o arremesso de objetos contundentes sobre a residência da pessoa. Ou, em uma versão mais *light*, o arremesso de tinta ou lama contra as janelas e paredes da residência. Os alvos dos escrachos em 2001 e 2002 eram primordialmente os integrantes da equipe econômica, governadores, prefeitos e parlamentares.

Panelaço: O *cacerolazo* (panelaço) é uma barulhenta modalidade de protesto que embalou as manifestações populares em 2001, 2002, 2008 e 2012 nas principais cidades do país. O protesto consiste em bater de forma rítmica utensílios metálicos de cozinha, principalmente as *cacerolas* (panelas). No início de 2002, um inventor portenho criou a "máquina de panelaço", que consistia em uma panela com uma manivela que na ponta tinha a tampa do utensílio doméstico. Ao girar a manivela, a tampa batia na panela ritmicamente, propiciando um menor esforço por parte do *cacerolero* (panelaceiro). Na ocasião, vendeu várias centenas de unidades. Mas a recuperação econômica de meados de 2002 acabou com seu incipiente negócio. Na mesma época, embora com um sucesso um pouco mais prolongado, o empresário Gustavo Federico Gómez lançou no mercado o jogo *Cacerolazo*, que consistia em conseguir as melhores condições de vida para a população de uma província. No meio do tabuleiro do estilo do "Banco Imobiliário", existiam obstáculos como os sindicatos, empresas, o governo federal, partidos políticos, o FMI, bancos, a polícia, o jornalismo, a igreja. Se uma das cartas indicava tempos ruins pela frente, o jogador podia revidar acudindo a um panelaço de protesto.

Piquete: Bloqueio de avenidas, ruas e estradas por grupo de pessoas como *modus operandi* de protesto. No início, quando eram poucos, os piqueteiros bloqueavam com pneus em chamas e escombros. Atualmente, com excedente de manifestantes, os bloqueios são feitos com "barreiras humanas". Acessórios dos piqueteiros: lenços cobrindo parte do rosto, que podem ser úteis na hora do gás lacrimogêneo (e também para proteger sua identidade das forças policiais). Há dez anos, eram comuns varas de madeira, barras de ferro, canos de PVC com cimento dentro, utilizados tanto para a defesa pessoal, para o ataque, ou simplesmente para intimidar. No interior

do país eram frequentes os estilingues. Mas, atualmente, são raras as manifestações com esses objetos. Os piquetes possuem o acompanhamento musical dos bumbos (instrumento originário das mobilizações do Peronismo).

Planos trabalhar: Denominação genérica dos subsídios-desemprego fornecidos pelos governos Duhalde e do casal Kirchner. Os planos foram utilizados pelo governo também para conseguir favores políticos.

Trueque: Os *clubs del trueque* (clubes de escambo) foram em 2002 o âmbito onde os falidos argentinos trocavam produtos ou serviços por outros objetos. Dessa forma, uma cabeleireira cortava o cabelo do farmacêutico em troca de determinado remédio. Os clubes surgiram primeiro na periferia. Mas, no meio da crise, o escambo desembarcou até no antes seleto bairro da Recoleta.

A recuperação econômica e a volta das crises

A recuperação econômica argentina começou no final de 2002, ainda no governo do presidente provisório Eduardo Duhalde, que, depois de um início de administração embalado pela disparada da pobreza e os conflitos sociais, conseguiu mudar o cenário. Duhalde aplicou leis que dificultavam as demissões (a implantação da dupla indenização) e lançou os "planos trabalhar" (subsídios para desempregados).

Duhalde conseguiu eleger seu sucessor, Néstor Kirchner, que aproveitou a conjuntura internacional de preços altos de *commodities* – entre eles a soja – e acelerou a recuperação. Sem o peso da dívida, o governo conseguiu recompor seu caixa. O capital estrangeiro interessou-se na compra das baratas empresas argentinas.

Em 2005, o presidente Néstor Kirchner e seu ministro da Economia, Roberto Lavagna, realizaram o processo de reestruturação da dívida pública. O governo se ofereceu a pagar apenas uma parte do total do valor da dívida.

Em maio de 2005, Kirchner abriu a reestruturação dos títulos da dívida que estavam em estado de calote desde dezembro de 2001. Com essa operação do governo Kirchner, os títulos sofreram uma perda do valor nominal que ia – dependendo de cada caso – de 0% a 60%. Essa dívida, reestruturada (incluindo juros e capital), só terminará de ser paga em 2047.

Ainda assim, para quem havia esperado até aquele momento (e não vendera seus bônus), os novos títulos acabaram tendo valores reais maiores do que na véspera do calote em 2001, quando não valiam quase nada.

Em 2005, ficaram de fora da reestruturação da dívida uns 25% dos credores, que não aceitaram a proposta de Kirchner. Esses credores acumulavam títulos com valor nominal de US$ 18,3 bilhões (que seriam US$ 30 bilhões, incluindo os juros acumulados).

Kirchner dizia que a reestruturação dos títulos estava fechada definitivamente. E afirmava que quem não havia aceitado a reestruturação ficaria fora de qualquer pagamento "para sempre".

O governo até havia aprovado uma lei determinando que a reestruturação não seria mais reaberta, a Lei Cerrojo (Lei Ferrolho). Isso, para o caso de que outro governo, no futuro, tentasse reabrir a troca de títulos (o que aconteceria no governo da próxima Kirchner, Cristina).

Os credores que ficaram de fora, os *holdouts*, sempre pesaram negativamente na imagem da Argentina nos mercados. Por isso, o governo voltou atrás em suas promessas e reabriu a reestruturação da dívida em 2010. Nessa segunda operação, o governo obteve uma adesão de 66% dos *holdouts*. Dessa forma, do total de US$ 18,3 bilhões em títulos que ainda estavam em estado de calote – decorrente do *megadefault* argentino de dezembro de 2001 – foram trocados títulos com valor de US$ 12,06 bilhões.

Entre uma reestruturação e outra o governo Kirchner também pagou suas dívidas com o FMI.

Mas o gasto público, que no início do governo Kirchner havia sido moderado, começou a subir gradualmente, de forma persistente. Após a eleição de Cristina em 2007, o gasto disparou, principalmente em planos clientelistas em províncias de aliados políticos.

Durante os primeiros oito anos dos governos de Néstor e Cristina Kirchner, a Argentina exibiu um período contínuo, inédito na história do país, de crescimento do PIB a "taxas chinesas" (em média, 8% anual). Mas, ao mesmo tempo, o país padecia de uma série de problemas cujas soluções foram adiadas pela administração Kirchner, entre elas a escalada inflacionária, a persistência da pobreza, a dependência de subsídios estatais por parte de diversos setores empresariais privados e a dificuldade da Argentina em voltar aos mercados internacionais de crédito – fato que levou o país a contrair dívidas com a Venezuela de Hugo Chávez.

A dívida pública, que após o calote e a reestruturação dos títulos argentinos alcançava US$ 144 bilhões em 2007, pulou para US$ 173 bilhões em 2011, segundo a Secretaria de Finanças. No entanto, o governo argumentava que o peso da dívida, que era de 64,9% do PIB em 2007, caiu para 37,9% em 2011.

De quebra, em meio à crise internacional de 2011 e 2012, a redução do crescimento da economia do Brasil, cujo mercado absorvia grande parte dos produtos industrializados argentinos, esfriava a atividade de diversos setores do país, entre eles, os das montadoras (que destinam ao mercado brasileiro quase 60% da produção automotiva local) e fábricas de autopeças.

Enquanto em várias partes do planeta os países preparavam-se para a crise em 2011, o governo Kirchner fazia de conta que o problema não era seu e afirmava que o país estava "blindado". "O governo empurrou muitos problemas para debaixo do tapete, deixando muita tarefa para depois das eleições presidenciais", me disse em dezembro de 2011 o economista e ex-secretário de Comércio Exterior Raúl Ochoa.

Acusada pela oposição de manipulação das estatísticas oficiais, o governo afirmava que a pobreza, que chegou ao pico histórico de 53% durante a crise econômica e social de 2001-2002, havia caído para 23,4% em 2007, ano da posse da presidente Cristina.

De lá para cá, os números divergem, já que segundo o governo Kirchner, a pobreza teria continuado sua queda e atingiria atualmente apenas 8,3% da população. No entanto, a consultoria Equis, comandada pelo sociólogo Artemio López – um declarado kirchnerista, embora com posições críticas –, sustentava em 2011 que a pobreza atingia 20,7% dos argentinos.

Economistas independentes, a Igreja Católica e os sindicatos não alinhados com o governo Kirchner consideravam que a situação era mais grave. Eles sustentavam que a pobreza voltou a crescer após a queda registrada em 2007 e que estaria entre 27% e 35% nos meses seguintes à reeleição de Cristina.

Em 1991, o desemprego estava em 5%. Ao longo da década foi subindo gradualmente. Na véspera da crise, em outubro de 2001, 18% dos argentinos não tinham trabalho. Mas, com o colapso, disparou para 24% em 2002. Em 2011, estava em 7%.

O casal Kirchner restituiu o poder da figura do presidente da República, debilitada na época da queda de Fernando de la Rúa. Mas, ao mesmo tempo, as instituições ficaram abaladas pela crescente corrupção, que afugentava investidores internacionais.

A credibilidade das instituições também foi abalada, no que concerne às estatísticas, já que o governo deslanchou um festival de manipulação dos índices, especialmente o da inflação.

A inflação também gerou tensões com o poderoso Hugo Moyano, líder da Confederação Geral do Trabalho (CGT), que começou a exigir reajustes salariais acima de 30%.

Moyano, aliado dos Kirchner desde 2003, iniciou em 2011 um gradual afastamento da presidente Cristina, que em 2012 passou para o desafio aberto.

Até 2011, o governo havia conseguido controlar turbulências sociais com a distribuição de diversos tipos de subsídio social a 12 milhões de pessoas. Mas em 2012 ressurgiram gradualmente protestos de setor pobres da sociedade, especialmente na Grande Buenos Aires e nas províncias empobrecidas do norte da Argentina, além da Patagônia.

DÓLAR, OBSESSÃO ARGENTINA

Em 1953, perante uma multidão acotovelada na Praça de Maio, o general e presidente Juan Domingo Perón, da sacada da Casa Rosada, o palácio presidencial, fez uma pergunta em tom de desafio: "quem aí viu um dólar de perto?". Perón tentava minimizar a crescente importância da moeda americana no pós-guerra, já que esta começava a despertar o interesse dos argentinos, cansados dos constantes altos e baixos da economia local.

Nas quase seis décadas seguintes, o *frisson* dos argentinos pelo dólar continuou crescendo e transformou-se em parte da cultura local, ao ponto de gerar um vocabulário próprio. Motivos havia de sobra, já que nesse período a Argentina passou por diversas graves crises econômicas (com desvalorizações repentinas, confiscos bancários, recessão e hiperinflação) que levaram os habitantes do país a buscar a segurança da moeda americana.

Ao contrário dos brasileiros, cuja economia nunca foi dolarizada, os argentinos refugiaram-se no dólar mesmo durante a conversibilidade econômica, quando o governo garantia a paridade entre as moedas dos EUA e da Argentina.

Segundo autoridades americanas, os argentinos são o segundo povo estrangeiro mais dolarizado no mundo, atrás – obviamente – dos Estados Unidos. Os russos estão em terceiro lugar no *ranking*.

Do total de dólares vendidos ao público argentino em 2011, 80% foram comprados por pequenos e médios poupadores. Os analistas destacam que o dólar é refúgio tradicional das classes médias perante a variação de preços, enquanto as elites possuem ferramentas mais "sofisticadas", como ações e outras aplicações.

No final de 2011, após ser reeleita, a presidente Cristina Kirchner desferiu uma inédita cruzada antidólar, aplicando uma série de restrições aos argentinos para compra da divisa americana. Os argentinos, em 2012, foram proibidos de comprar dólares para economizar, fato que causou o ressurgimento do dólar paralelo. A restrição sobre o dólar também foi um dos motivos dos panelaços realizados pela classe média nesse ano.

O dólar tem importância tão grande no dia a dia do argentino que já há um dicionário informal.

PEQUENO GUIA INFORMAL DO DÓLAR

Arbolito: O termo, que significa "arvorezinha", designa os homens que, nos anos 1970, ficavam em pé, imóveis, tais como os arbustos, no meio do calçadão da rua Florida. Eles sussurravam, como o barulho do vento nas folhas: "dólar, dólar...". O uso do termo posteriormente ampliou-se e é utilizado atualmente para todos os cambistas ilegais, estejam nas ruas ou em escritórios. O termo também é aplicado aos doleiros que entregam o dinheiro em casa.

Blue: Dólar no paralelo.

Corralito verde: Denominação da série de medidas aplicadas pelo governo da presidente Cristina sobre a compra e venda dos dólares desde novembro de 2011.

Cueva: "Caverna". O termo designa os escritórios no centro de Buenos Aires onde as operações de compra e venda da moeda americana são de volume substancial.

Luca verde: Mil dólares. Uma *luca*, na gíria portenha, equivale a mil.

Palo verde: Um milhão de dólares. Um *palo* equivale a um milhão.

FRASES DOS GOVERNOS
SOBRE O DÓLAR

"Quem aposta no dólar perde": Frase de Lorenzo Sigaut, ministro da economia da Argentina em 1981. Uma semana depois da frase, a cotação do dólar aumentou em 35%, contrariando as previsões do ministro.

"Quem depositou dólares receberá dólares": Frase do presidente provisório Eduardo Duhalde em plena crise em janeiro de 2002. Mas, dias depois, implantou o *"corralón"* (confisco das contas em dólares).

"Acostumem-se à ideia de que a Argentina terá que pensar em pesos": Frase do senador kirchnerista Aníbal Fernández, em maio de 2012.

O COLCHÃO: ETERNO REFÚGIO DOS DESCONFIADOS

Os colchões – este magnífico invento do Neolítico, brilhantemente aperfeiçoado pelos árabes antes das Cruzadas – são o símbolo do dinheiro em lugar seguro. Eles foram um dos diversos esconderijos que os argentinos utilizaram ao longo das últimas décadas para resguardar suas economias. Desconfiados dos governos de plantão (que volta e meia realizavam confiscos) e dos bancos instalados no país (que volta e meia fechavam suas portas, deixando os correntistas na mão), os argentinos acumularam grande parte do dinheiro não somente nos colchões, mas também em caixas de segurança, latas de conservas, interior de livros (entre várias outras modalidades de esconderijos caseiros), além de instituições financeiras no exterior.

A Argentina contava em 2011 com 67 bancos em todo o território nacional. Desse total, 12 bancos são públicos, enquanto que os outros 55 são particulares. O sistema financeiro argentino possui 4.065 filiais bancárias, com apenas 10.700 caixas eletrônicos. Segundo estimativas da *city* financeira portenha, os cidadãos argentinos são os que possuem um dos índices mais baixos de contas bancárias no Ocidente. O volume de créditos representa somente 14,7% do PIB (enquanto que a média da América Latina é de 33%). A desconfiança no sistema financeiro é evidenciada por este dado: 53% das famílias do país não operam com banco algum.

Dados do Instituto de Estatísticas e Censos (Indec) indicaram em 2012 que os argentinos possuíam US$ 168,85 bilhões dentro do colchão, em caixas de segurança no país ou em contas bancárias no exterior. O volume demonstra um aumento de US$ 15,77 bilhões fora do sistema em comparação com 2011.

Uma das alternativas dos argentinos é colocar o dinheiro em bancos no Uruguai (país que também foi o tradicional ponto de refúgio de exilados políticos ao longo de quase dois séculos, que ali buscavam a segurança que não obtinham em seu país). Para fazer isso, as pessoas que moram em Buenos Aires ou sua área metropolitana só precisam pegar um avião e estão em meia hora em Montevidéu. Ou tomar o barco no porto de Buenos Aires e desembarcar uma hora depois na cidade uruguaia de Colônia, onde os bancos estão especialmente abertos aos sábados, para atender os argentinos.

Em 2011, segundo dados do Banco Central do Uruguai, os bancos uruguaios contavam com US$ 2,85 bilhões de depósitos de cidadãos argentinos. Isso equivalia a 15% do total dos depósitos do sistema financeiro uruguaio.

Embora o ato de colocar o dinheiro fora do país e nos colchões seja um clássico há tempos, essa tendência acentuou-se desde a crise de 2001. Na época, os argentinos tinham um total de US$ 81,87 bilhões fora do sistema.

Diversos economistas sustentam que a crise só não foi mais dantesca graças ao dinheiro que os argentinos tinham fora do alcance do governo nos esconderijos caseiros e no exterior. O dinheiro de vastos setores da classe média, resguardados em bancos uruguaios, retornou gradualmente ao país, permitindo a injeção de capital na colapsada economia argentina da época.

POLÍTICOS, PIQUETEIROS E OUTROS PODERES

POLÍTICOS, SISTEMA ELEITORAL E PARTIDOS

Como vimos, a Argentina começa sua história pós-colonial de forma *sui generis* ao ter duas datas nacionais: o 25 de maio de 1810 – dia da Revolução de Maio, que deu início ao processo de Independência – e o 9 de julho de 1816, quando a Independência em si foi proclamada. No entanto, o país – ou o rejuntado de províncias existentes na época – só teve um presidente da República formal em 1826, com a designação de Bernardino Rivadavia como "presidente das Províncias Unidas do Rio da Prata". Em 1827, ele renunciou e foi substituído por Vicente López y Planes, que ficou na presidência por apenas 42 dias. Vicente López sequer é recordado como ex-presidente, já que pesou mais em sua fama póstuma o fato de ter sido o autor da letra do Hino Nacional.

Na sequência, passaram mais de duas décadas até 1853, quando o país contou novamente com um presidente, Justo José de Urquiza. O primeiro presidente constitucional governou uma Argentina não unificada: a província de Buenos Aires ficou de fora. Em 1862, foi eleito o primeiro presidente da Argentina unificada, Bartolomé Mitre.

O primeiro presidente eleito sem fraude e pelo sufrágio universal e secreto viria muito depois. Foi Hipólito Yrigoyen, em 1916.

Governar a Argentina nunca foi fácil. Menos de um terço dos presidentes conseguiu completar o período no mandato estipulado pela Constituição. A maioria foi derrubada, renunciou ou morreu no posto.

Do total de 52 presidentes argentinos até 2012, 4 ficaram doentes enquanto governavam e morreram no cargo (Quintana, Roque Sáenz Peña, Ortiz e Perón). Outros 19 deixaram de governar quando ainda faltava tempo para concluir os mandatos.

Desses, 7 caíram por crises políticas geradas por problemas econômicos (Rivadavia, Derqui, Juarez Celman, Luis Sáenz Peña, Raúl Alfonsín, De la Rúa e Rodríguez Saá). Outros 6 foram depostos por golpes militares (Yrigoyen, Castillo, Perón, Frondizi, Íllia e Isabelita Perón). Os outros 6 presidentes eram militares que foram derrubados por seus próprios colegas de quartel (Ramírez, Lonardi, Onganía, Levingston, Viola e Galtieri). Além desses, um presidente militar foi derrubado antes mesmo de prestar juramento como presidente (Rawson).

Esse cenário histórico, afirma o jornalista Pablo Mendelevich – autor de *O final*, obra que relata como costumam terminar os presidentes argentinos –, explica que "na agitada memória genética da nação, ou, poderíamos dizer, no inconsciente coletivo, a agitada instabilidade é muito mais esperada do que a rotina com parcimônia".

De quebra, colaborou para a instabilidade o predomínio de caudilhos na política argentina. A morte de um caudilho sempre gerou turbulências por sua sucessão. Além disso, sem a figura do líder único, os partidos entraram várias vezes em profundas crises (tal como o peronismo, desde a morte de Perón até a eleição de Menem).

Desde 1930 até 2012 somente quatro presidentes civis eleitos democraticamente conseguiram completar seus mandatos. O primeiro, Juan Domingo Perón, eleito em 1946, concluiu seu primeiro mandato em 1952. No entanto, foi derrubado em 1955, no meio de seu segundo mandato, que iniciou em 1952 e teria terminado em 1958.

Passaram quatro décadas para que outro presidente completasse seu mandato, com Carlos Menem, eleito pela primeira vez em 1989 e reeleito em 1995. Seu segundo mandato foi de quatro anos, isto é, dois anos mais curto que o primeiro, por causa da reforma constitucional de 1994. Menem governou por dez anos e meio. Os seis meses extras foram "herança" do mandato inacabado de Raúl Alfonsín (1983-1989), que renunciou um semestre antes da conclusão de seu período.

O presidente seguinte que concluiu seu mandato foi Néstor Kirchner, que governou o país durante quatro anos e meio (de maio de 2003 a dezembro de 2007). Nesse caso, os seis meses extras foram herdados de seu antecessor, o presidente provisório Eduardo Duhalde, que devia completar o mandato inacabado de De la Rúa, mas optou encolher o período em seis meses para driblar uma série de problemas políticos gerados pela tensão social.

Na sequência, pela primeira vez desde os anos 1920, um presidente que havia completado o mandato passava o poder ao sucessor, que também concluiu seu período. Esse foi o caso de Néstor Kirchner e Cristina Kirchner, ambos do Partido Peronista.

Se observarmos com mais cuidado, veremos que nunca, em mais de um século, um presidente de um partido concluiu seu mandato e passou o poder a um presidente representante de outro grupo político (com esse sucessor completando seu mandato). O único caso foi o de Victorino de la Plaza, do Partido Autonomista Nacional, que passou a presidência a Hipólito Yrigoyen, da União Cívica Radical em 1916. No entanto, mesmo esse caso não seria perfeito, já que De la Plaza estava completando o mandato do presidente Roque Sáenz Peña, que havia falecido em 1914 e do qual era seu vice.

A maior sequência de presidentes que se sucederam em ordem, sem renúncias, mortes nem golpes militares ou renúncias, foi de quatro homens, ainda no século XIX. No período entre 1862 e 1886, o país foi conduzido por Bartolomé Mitre, Domingo Faustino Sarmiento, Nicolas Avellaneda e Julio Argentino Roca.

Os mandatos presidenciais argentinos duraram oficialmente seis anos ao longo da maior parte da história do país. Mas a reforma constitucional de 1994, que permitiu a reeleição presidencial, reduziu o mandato para quatro anos.

Essa não era a primeira vez que a reeleição fora permitida. Perón, que havia sido eleito em 1946, mudou a Carta Magna para permitir sua reeleição em 1952. Mas os militares que o derrubaram em 1955 acabaram com as reeleições presidenciais. Os deputados possuem mandato de quatro anos. Os senadores, de seis anos.

No dia das eleições presidenciais, os eleitores também votam na renovação do Parlamento. No meio de cada mandato presidencial ocorre uma eleição parlamentar. No caso da Câmara, implica a renovação de metade dos deputados. No caso do Senado, há uma renovação de um terço a cada eleição.

O vice-presidente da República é também o presidente do Senado. Ele não pode discutir ou debater sobre o assunto que está sendo tratado no plenário. No entanto, pode desempatar uma votação com seu voto de Minerva.

Ao contrário do Brasil, onde no dia da eleição presidencial são realizadas as eleições de governadores de todos os estados simultaneamente, na Argentina algumas províncias podem votar para governador, ao passo que outras não. Isso decorre da prerrogativa que cada província tem para estipular uma data das eleições locais. Dessa forma, em 2011, metade das províncias argentinas já haviam escolhido seus governadores nos meses anteriores às eleições presidenciais.

O mecanismo de eleições presidenciais na Argentina conta com dois turnos, tal como no Brasil e outros países. No entanto, o segundo turno na Argentina possui peculiaridades que o tornam único no mundo. Ao contrário da maioria dos países, onde é necessário ter 50% mais um dos votos para vencer em um primeiro turno, no sistema argentino vence automaticamente o candidato que possui 45% mais um dos votos.

Ou, como alternativa, vence também quem tiver pelo menos 40% mais um dos votos, sempre que o segundo colocado estiver pelo menos 10 pontos percentuais atrás. Isto é, se alguém conseguir 42% dos votos, e o segundo colocado tiver 32%, vence o primeiro colocado, sem necessidade de um segundo turno.

Esse sistema foi criado pelo presidente Menem na reforma constitucional de 1994, resultado do denominado Pacto de Olivos. Com essa mudança, Menem concebeu um formato eleitoral que lhe permitiria vencer, apesar de problemas de popularidade, enquanto tirava proveito da fragmentação da oposição.

Desde que Juan Domingo Perón e o Partido Justicialista (PJ, conhecido também como Peronista) venceram as eleições presidenciais de 1946 até 2011 transcorreram 65 anos. Nesse período, o peronismo governou a Argentina durante a metade do tempo. A outra metade foi repartida pelos militares, que administraram o país ao longo de 18 anos, pela União Cívica Radical (UCR), que governou durante dez anos e meio e pela União Cívica Radical Intransigente (UCRI) pelo período de quatro anos.

O general e presidente Perón, o fundador, colocou sob sua égide grupos que iam da extrema-direita à extrema-esquerda, integrantes da elite econômica e sindicalistas, intelectuais de vanguarda e o mais ranço caudilhismo do interior do país. Nas décadas seguintes à morte de Perón, todos os setores internos do peronismo afirmaram que eram os verdadeiros representantes do pensamento do general. Em diversas ocasiões, ao longo das últimas seis décadas, recorreram inclusive a assassinatos para eliminar seus rivais internos.

O próprio Perón explicava com uma metáfora felina as divisões internas: "quando ouvem os peronistas gritando entre eles não é que estamos brigando... estamos nos reproduzindo, como os gatos".

Em 2011, o peronismo dividia-se entre "kirchneristas", "duhaldistas", "peronistas federais", "peronistas dissidentes", "montoneros" e "cristinistas". No entanto, circunstancialmente um setor respalda o outro, sem que nada impeça que um dissidente tenha uma adesão enfática ao kirchnerismo.

Carlos Reymundo Roberts, colunista do jornal *La Nación* e autor do livro *Aguanten los K* ("K, vão fundo!" em uma tradução livre) sobre as contradições do kirchnerismo, ironiza sobre a coesão que existe graças à força aglutinadora da *griffe* PJ afirmando que esta "é a força beatífica da doutrina comum" de Perón.

Perante os imbróglios ideológicos do peronismo, o escritor Jorge Luis Borges – um visceral antiperonista – afirmava categórico: "os peronistas não são bons nem ruins... são incorrigíveis!".

CORRUPÇÃO

"A economia da Argentina só cresce porque de noite os políticos e empresários estão dormindo e não podem roubar. E enquanto isso, à noite o trigo cresce e a vacas

A estátua presente no prédio do Ministério da Ação Social é conhecida informalmente como Monumento à Propina, porque está com a mão discretamente estendida para um lado, enquanto o corpo está direcionado para o outro, como se estivesse esperando alguém colocar nela o dinheiro da propina.

fornicam com luxúria". A sarcástica frase, pronunciada pelo estadista francês Georges Clemenceau, após sua visita a Buenos Aires em 1910, é recordada com frequência mais de um século depois pelos analistas políticos que avaliam o impacto da elevada corrupção que existe no país.

Vinte anos antes da visita de Clemenceau, em 1890, o então presidente Miguel Juárez Celman teve que renunciar, pressionado por uma série de escândalos de corrupção que haviam provocado protestos da oposição.

Anos depois, entre 1930 e 1943, o período de governos formados à base de fraude eleitoral – que foi tumultuado por retumbantes casos de corrupção – foi denominado pelos historiadores como "A Década Infame".

Durante o governo de Juan Domingo Perón, o presidente descobriu que seu próprio cunhado, Juan Duarte, estava envolvido em negociatas relacionadas ao comércio de carne. O resultado: Juancito, como era chamado o irmão de Eva Duarte de Perón, apareceu morto, supostamente um suicídio.

"Infelizmente, a corrupção tornou-se um elemento a mais na política do governo", me disse o jornalista e escritor Luis Majul, autor de vários livros de investigação sobre a corrupção dos governos do ex-presidente Néstor Kirchner e da presidente Cristina Kirchner, entre os quais dois *best-sellers*: *O dono* (sobre as supostas negociatas do ex-presidente Kirchner com empresários amigos) e *Ele e ela* (sobre a relação de poder entre os dois integrantes do casal presidencial).

Segundo empresários e analistas consultados, desde a volta da democracia, em 1983, a porcentagem das propinas exigidas pelos funcionários públicos cresceu sem parar, indo de uma faixa de 6% a 7% nos anos 1980, para 10% nos anos 1990 (essa porcentagem era ironicamente chamada de "Diego", em alusão à camisa número 10 de Maradona). Desde 2003, ano da posse de Kirchner, a proporção continuou sua escalada.

Em 2009, a consultoria internacional KPMG emitiu um relatório no qual indicava que a porcentagem das propinas exigidas pelos funcionários públicos argentinos, segundo empresários entrevistados, havia subido de 15% em 2003 para 20% em 2009. Daniel Santoro, jornalista que investigou escândalos de desvios de fundos do governo do ex-presidente Carlos Menem (1989-99), afirma que

> a corrupção no período menemista aconteceu por intermédio das privatizações ou concessões das empresas do Estado argentino. Eram as "joias da vovó", mas com um governo de poucos ingressos e em uma época de vacas magras. No entanto, a corrupção do kirchnerismo foi a dos milionários contratos de obras públicas em uma época de vacas gordas.

O colossal edifício que nos anos 1940 abrigou o antigo Ministério de Obras Públicas – e que atualmente é a sede da pasta de Ação Social – ostenta o único "Monumento à Propina" conhecido no planeta.

Na ponta que olha para o norte, do lado direito do edifício *art-déco* – para quem entra no Ministério –, está a estátua de um homem que, com pouca sutileza, coloca os dedos abertos estrategicamente para o lado, na espera de uma "molhada de mão". A estátua está na artéria mais movimentada do centro de Buenos Aires: avenida 9 de Julho, 1.925.

PEQUENO GLOSSÁRIO POLÍTICO ARGENTINO

Coima: Suborno preparado, organizado.

Entorno: O grupo de pessoas que gravita em torno de um líder político.

Esquema: Uma arquitetura de interesses transversais entre políticos, empresários e funcionários do governo. É uma *runfla* em um grau superior. Na *runfla* são todos iguais. No *esquema* convivem de maneira puramente circunstancial políticos, empresários, militares, clero. O *esquema* é uma máquina que conecta *runflas*.

Estilo K: É o estilo de falar sem papas na língua, peculiar a Néstor Kirchner. Exemplo: logo após assinar um acordo com o FMI, Kirchner referiu-se à diretora-gerente interina do Fundo, Anne Krueger, como "a responsável pela decadência argentina". O estilo K também é a expressão corporal que Kirchner adotava diante de outros chefes de Estado: ele colocou a mão em uma perna do presidente George W. Bush, durante uma conversa em Washington e, para frisar um ponto, a apertou, para desespero do ocupante da Casa Branca. Além disso, apoiou a cabeça, em público, no ombro do rei Juan Carlos da Espanha, como se estivesse tirando uma soneca. Cristina Kirchner aplica um "estilo K" mais *light*.

Garca: Abreviação de oligarca. Usado para designar uma pessoa má, que possui atitudes prepotentes, explorador, embusteiro. Com conotações de posições políticas de direita.

Interna: Nome de qualquer briga interna de um grupo ou partido. Exemplo: aquela matéria publicada naquele jornal é na verdade uma *operação* decorrente de uma *interna*. A expressão também é usada para denominar as convenções partidárias.

Laderos: Políticos que agem como virtuais "mordomos", fazendo tudo para seus chefes. São os mais fanáticos.

Operador: O termo *operador*, no início da década de 1990, tinha conotações pejorativas. Hoje, é uma "virtude" no âmbito político. Usa-se para designar as pessoas que "operam" para alguém. Ou seja, os encarregados de preparar armações, reuniões políticas em nome de um político de peso. No caso de possuir um cargo oficial, suas funções são encobertas. Suas ferramentas: telefone, papel e caneta.

Piantavotos: Seria como "afugenta-votos". Aplicado a políticos que, por determinado problema, ou em estado de decadência (ou no meio de um escândalo), afastam os eleitores em vez de aproximá-los.

Puntero: É o cabo eleitoral. Um trabalhador artesanal da política.

Rosca: A *rosca* é a atividade do *operador*. A armação de reuniões que não se fazem em âmbitos institucionalizados. Elas ocorrem em corredores e bares. As *roscas* também podem ser organizadas por pessoas que normalmente não são *operadoras*.

Runfla: Um grupo de *rosqueros*, aqueles fazem roscas. Juntos, vários rosqueros podem organizar a queda de um governo.

Zurdo: A palavra, formalmente, refere-se à pessoa canhota. Mas, no *lunfardo* (gíria) significa "esquerdista". Exemplo: "Juan era *zurdo* en los años 1970. Pero hoy es un *garca*" (João era um esquerdista nos anos 1970. Mas hoje é um *garca*).

APELIDOS PRESIDENCIAIS: DE "A RAPOSA" A "PINGUIM-FÊMEA"

Quase todo político de peso na Argentina possui um apelido. Em diversos casos, até mais de um. As denominações podem referir-se a características físicas, da personalidade ou sobre a forma como governam. Os apelidos podem ser elogiosos, mas muitas vezes são cruéis, e em mais de uma ocasião colaboraram para a queda de um presidente.

O ex-presidente Carlos Menem é o campeão de apelidos. Para parte da população foi "El Turco" ("O Turco"), por causa de suas origens sírias (isto é, dos tempos em que os sírios integravam o Império Otomano, ou Turco). Os argentinos que o apreciavam nos anos 1990 o chamam de "Carlitos" (Carlinhos).

Quando anunciou que disputaria sua primeira reeleição, em 1995, começou a ser chamado de "Carlos I". Em 1998, quando indicou que tentaria reinterpretar a Constituição, de forma a permitir um segunda reeleição, foi chamado de "Carlos II".

Em seu primeiro governo, "El Turco" frequentava o leito de diversas modelos, vedetes do Teatro de Revista, mulheres parlamentares e secretárias de Estado. Por ter à sua disposição um verdadeiro "harém", foi chamado de "Charly" por alusão à série de TV *Charlie's Angels* (*As Panteras*), no qual o chefe, Charlie, estava constantemente em uma piscina, rodeado de curvilíneas garotas vestidas com minúsculos biquínis.

Para seus subordinados e seguidores políticos, Menem era simplesmente "El Jefe" ("O Chefe").

Muitos argentinos consideram que pronunciar o sobrenome do ex-presidente dá azar, e da mesma forma como no Brasil diversas pessoas referem-se ao Diabo como "O Demo" ou "O Tinhoso", Menem na Argentina acabou se tornando "Méndez".

O sucessor de Menem, o sonolento e hesitante Fernando de la Rúa (1999-2001), transformou-se em "Frenando de la Duda" ("Brecando da Dúvida"), apelido criado pelo cartunista Nik, que se tornou popular rapidamente e colaborou na queda de sua imagem.

De la Rúa foi sucedido pelo presidente provisório Eduardo Duhalde (2002-3), batizado de "El Cabezón" ("O Cabeção") por causa de seu proeminente crânio.

Baixinho e cabeçudo, ele era chamado de "Tachuela" ("Tachinha") por seus co-laboradores mais antigos. Esse apelido era usado somente para denominá-lo quando não estava por perto.

Néstor Kirchner, seu sucessor, era chamado pela mídia da província de Santa Cruz de "Lupín", nome de um personagem de uma popular tirinha em quadrinhos, com o qual se parecia, pelo narigão e olhos arregalados.

No entanto, Kirchner foi imediatamente chamado de "El Pingüino" ("O Pin-guim") pelos jornalistas, em alusão à sua região natal, a gélida Patagônia. Sua esposa e sucessora, a presidente Cristina Fernández de Kirchner, por sua pose de diva e tom

A Cadeira de Rivadavia é a cadeira presidencial. O nome é uma referência a Bernardino Rivadavia, primeiro presidente argentino.

autoritário, é chamada "La Reina Cristina" ("A rainha Cristina"), em alusão ao filme protagonizado por Greta Garbo nos anos 1930, no qual interpretava a absolutista e vaidosa rainha Cristina da Suécia. Os assessores e biógrafos não autorizados afirmam que ela adora ser chamada de "rainha". Ocasionalmente também é chamada de "La Pingüina" ("A Pinguim-Fêmea").

A moda dos apelidos data de fins do século XIX. Na época, o maquiavélico presidente Julio A. Roca era chamado "El Zorro" ("A Raposa").

Décadas mais tarde, o presidente Hipólito Yrigoyen (1916-22 e 1928-30) fez sua carreira política com o nome de "El Peludo" ("O Tatu"), já que seu rosto tosco e sua personalidade inescrutável recordavam esse subterrâneo mamífero.

O presidente Arturo Íllia (1963-66) foi batizado por caricaturistas de "La Tortuga" ("A Tartaruga"). A imagem de que era extremamente lento nas decisões popularizou-se e colaborou para a perda de respaldo popular e político e levou à queda de seu governo.

Quem o derrubou, o general Juan Carlos Onganía, foi chamado de "La Morsa" ("A Morsa"), por causa de seu bigode-escovão e dos grandes caninos que recordavam o obeso mamífero de águas frias.

O general e ditador Jorge Rafael Videla (1976-81), que governou o país no primeiro período do último regime militar, era chamado de "La Pantera Rosa" ("A Pantera Cor-de-Rosa"), por causa da similitude de seu caminhar ondulante e de sua magreza. Além disso, Videla ganhou o apelido por sua sorte em escapar de atentados, tal como a Pantera se salvava de pianos que caíam de cima dos prédios ou de rochas de uma avalanche.

Além de apelidar pessoas, a mídia também se refere aos centros do poder por vias indiretas. Esse é o caso da Casa Rosada, chamada de "Balcarce, 50" por causa do seu endereço. *Mutatis mutandis*, uma espécie de Downing Street 10 portenho.

Outro exemplo, já citado, é o "*sillón* de Rivadavia" (a poltrona de Rivadavia), denominação da cadeira presidencial feita de madeira e folheada a ouro e veludo carmesim. Este *sillón* é praticamente sinônimo de "presidência da República".

No entanto, ao contrário do que o apelido indica, esta não é a poltrona de Bernardino Rivadavia, o primeiro presidente argentino, que governou na década de 1820. Desgastada pelos cupins e pelo tempo, hoje está em um museu. Ela foi substituída por outra cerca de 70 anos depois, durante o governo de Roca. O *sillón*, na verdade, é de "El Zorro".

SÍMBOLOS PRESIDENCIAIS E A CASA ROSADA

Ao tomar posse, os presidentes argentinos recebem uma faixa presidencial que consiste na reprodução da bandeira nacional argentina. Recebem, também, um bastão presidencial. Cada presidente recebe um novo bastão, que ocasionalmente pode ter alguma marca pessoal.

Estátua equestre de Manuel Belgrano, autor da bandeira argentina, em frente à Casa Rosada.

Às vezes, por situações *sui generis*, os presidentes tiveram que recorrer a bastões guardados no museu da Casa Rosada. Esse foi o caso de Menem, que havia brigado com sua esposa, Zulema Yoma, que estava entrincheirada na residência oficial de Olivos, onde estava seu bastão, o qual não pretendia entregar.

Mas Menem precisava do bastão, já que devia comparecer ao *Te Deum* na catedral portenha para a data nacional do 25 de Maio com os devidos paramentos. A saída foi buscar um bastão de um ex-presidente no acervo da Casa Rosada.

A casa presidencial, por sinal, não deve sua cor à união do vermelho e branco, cores respectivamente dos unitários e federalistas, dois grupos que protagonizaram as violentas guerras civis argentinas do século XIX. Esse mito, espalhado por guias turísticos, defende que o rosa seria a união de ambas as cores, de forma a mostrar a "conciliação nacional". Mas a realidade é muito mais prosaica.

O lugar passou por várias transformações. Primeiro foi a fortaleza da cidade. Depois, transformou-se na sede administrativa do Vice-Reinado do Rio do Prata (e fortaleza, simultaneamente). Mais tarde, após a Independência, já consolidado como palácio presidencial, na segunda metade do século XIX, juntou-se a um prédio vizinho – um prédio gêmeo, o dos Correios. Unidos, formam até hoje o conjunto da Casa Rosada (o arco que serve de portão à atual Casa Rosada foi construído para unir ambos os prédios). E foi no governo do presidente Domingo Faustino Sarmiento (1868-74) que o edifício ganhou o cor-de-rosa para suas paredes externas (dentro, há paredes cor de creme, além de rosadas).

A explicação mais rigorosa sobre o tom rosado é que a pintura foi realizada com cal e gordura, junto com sangue de boi, quadrúpede que abundava (e continua abundando) nos pampas argentinos. Mas o motivo principal para sua tonalidade cromática, sem vínculos com questões políticas, era que o rosa estava na moda na arquitetura italiana da época, muito apreciada por Sarmiento.

O PODER SINDICAL: FRACIONADO, MAS INFLUENTE

O movimento operário argentino iniciou-se com a chegada dos primeiros anarquistas à Argentina, provenientes da Europa. O primeiro sindicato de sucesso foi a União Tipográfica, que em 1879 realizou a primeira greve da América do Sul, organizada por um grupo de sindicalistas.

Nas primeiras décadas do século XX, os sindicatos eram liderados por anarquistas e socialistas. Mas a partir da chegada do coronel Juan Domingo Perón à secretaria de Trabalho em 1943, e da transformação desse militar em presidente da República em 1946, cria-se um novo cenário: surgem os sindicatos peronistas.

Parte dos comunistas, socialistas e anarquistas são absorvidos pelo novo movimento, que passa a dominar o sindicalismo argentino. A Confederação Geral do Trabalho (CGT), criada em 1930, passa à órbita do governo peronista. A partir do governo de Perón, a simbiose entre o peronismo e o sindicalismo argentino passa a ser quase que total.

Um dos sinais da relação intensa entre o sindicalismo e o peronismo é a ausência quase total de greves durante a presidência de um peronista. Na contramão, quando os governos não foram peronistas, a CGT realizou inúmeras greves gerais e localizadas, muitas vezes paralisando o país completamente.

No final da primeira década do século XXI, as centrais sindicais foram afetadas por diversas divisões internas. Em 2012, a Argentina contava com três CGTs e duas versões da Central dos Trabalhadores Argentinos (CTA, de tendências mais à esquerda).

No entanto, a divisão não eliminou seu poder de fogo. Os políticos argentinos sabem que, sem satisfazer os blocos sindicais, governar é uma profissão de risco na Argentina.

A IGREJA CATÓLICA: UM DECLÍNIO PERSISTENTE

A Igreja Católica teve altos e baixos no país. Enquanto nos primeiros anos da independência teve pouco poder, entre 1830 e 1852, durante o governo de Juan Manuel de Rosas, conseguiu grande espaço (trabalhando ativamente com o ditador). Mais tarde declinou e sofreu um duro golpe no final do século XIX com a lei de ensino público laico e o casamento civil. Voltou a ter influência a partir do golpe de Estado de 1930. Dali para a frente, até o fim da última ditadura, exerceu grande influência nos governos.

O envolvimento ativo de parte do clero com a ditadura propiciou uma crescente redução do poder da Igreja com a volta da democracia. Em 2010, a Igreja protestou contra o projeto de lei de casamento entre pessoas do mesmo sexo. Mas a maior manifestação que organizou não levou mais de 10 mil pessoas às ruas. A classe política aprovou a lei, sem temer eventuais críticas do clero.

Segundo pesquisas realizadas em 2009 e 2010 pelo governo federal, 76% dos argentinos foram originalmente batizados como católicos. Mas constituiriam uma maioria puramente formal, já que apenas de 6% a 9% do total seriam católicos praticantes. Enquanto isso, a totalidade das igrejas evangélicas não reúne mais de 10% da população. Mas, ao contrário dos católicos, o grupo evangélico é totalmente praticante. Os ateus, no entanto, ultrapassam católicos e evangélicos praticantes, representando 11,3% da população. O crescimento é impressionante: no censo nacional realizado em 1960, a proporção de ateus era de apenas 1,7%.

Este cenário começou a mudar em 2013, com a eleição do papa Francisco, que gerou um ressurgimento inesperado do catolicismo no país.

Sumo pontífice e fã de Dostoievski

"*Low profile*", "sóbrio" e "frugal" são adjetivos usados para definir Jorge Mario Bergoglio, portenho do bairro de Flores, que em 2013 transformou-se no primeiro papa latino-americano. Esse homem afável, mas de poucas – embora certeiras – palavras, mostra intensa paixão quando fala de Fiodor Dostoievski, seu escritor preferido. É fã declarado de Jorge Luis Borges. Outra paixão é o futebol: torce para o San Lorenzo.

"É jesuíta até a medula. Fala pouco. Ouve o dobro do que fala. Pensa o triplo do que ouve", me disse em 2005 um ex-embaixador argentino. O diplomata explicou com ironia: "jamais desejaria Bergoglio como inimigo. Quem vive, como ele, só à base de frango cozido e verduras, só pode ser um cara perigoso...".

Filho de imigrantes italianos, Bergoglio nasceu no dia 17 de dezembro de 1936. Após se formar como técnico químico entrou para a Companhia de Jesus. Ordenado aos 33 anos, aos 36 já era o comandante dos jesuítas na Argentina. Nos anos seguintes paira uma nebulosa sobre sua vida. O jornalista Horacio Verbitsky sustenta que ele colaborou com a ditadura, delatando dois jovens sacerdotes, que foram torturados. Bergoglio nega.

O Nobel da paz argentino Adolfo Pérez Esquivel e o brasileiro frei Leonardo Boff o defendem, argumentando que não colaborou com a ditadura. Ao contrário, dizem, discretamente salvou pessoas de serem presas pelo regime.

Em 2002 mobilizou a Igreja para alimentar em refeitórios populares os portenhos assolados pela fome causada pela crise. Em 2005 ficou em segundo lugar no conclave. Foi superado por Joseph Ratzinger, entronizado Bento XVI.

Conservador moderado, Bergoglio desconcertava a esquerda quando fazia furiosos ataques ao neoliberalismo. Como cardeal, pegava todos os dias o metrô portenho. Tal como fazia desde que era criança.

No ano 2001 participei de um café da manhã com ele na sede do Freedom Forum em Buenos Aires. Bergoglio falou sobre a crise. Tomou café com leite e comeu uma *medialuna de grasa*. Seis anos depois, minha mulher e eu caminhávamos por uma rua do bairro de Monserrat quando ao virar a esquina vimos o cardeal. Vestindo o *clergyman*, Bergoglio caminhava sozinho, carregando uma valise. Nós o cumprimentamos e conversamos durante um quarteirão e meio. Bergoglio se despediu amavelmente e entrou na estação do metrô Moreno, na avenida Nueve de Julio. O futuro papa pegaria uma das mais congestionadas linhas do "*subte*" de Buenos Aires.

PODER MILITAR: UM PÁLIDO REFLEXO DO PASSADO

Quase quatro décadas depois do último golpe, nada restou do poder militar. Desmoralizadas, desestimuladas, sobrevivendo espartanamente, com salários encolhidos, orçamentos reduzidos e equipamento sucateado, as forças armadas são um pálido reflexo do brilho que ostentaram durante a ditadura. Elas não possuem influência política nem respaldo popular. Nos dias de hoje, seria materialmente impossível a implementação de um golpe.

Almirante Massera, general Videla e brigadeiro Agosti. Poderosas no período da ditadura, as forças armadas hoje perderam prestígio e não possuem influência política nem respaldo popular.

Na noite do dia 19 de dezembro de 2001, véspera da queda do governo de Fernando de la Rúa, quando uma onda de saques aos comércios se espalhava perigosamente pelo país e o toque de recolher não era respeitado, um diplomata brasileiro perguntou a um colega argentino se era possível um golpe militar. O argentino respondeu com ironia: "desta vez, os militares não vão aparecer. Não têm diesel para os tanques. E mesmo que chegassem até a Praça de Maio empurrando os velhos blindados, não teriam balas".

Diversas pesquisas indicam que somente entre 5% e 7% dos argentinos sentem saudade do regime militar ou prefeririam uma nova ditadura dos quartéis.

Em 2010, existia 1,8 militar para cada 1.000 habitantes. Durante a ditadura, o número era muito superior: 5,5. A participação militar no orçamento nacional durante a ditadura era de 17% em média. Atualmente é de 7%. Há 30 anos, um general ganhava o mesmo que um juiz federal. Hoje, recebe um terço.

Em 2011, o ex-ministro da Defesa, Horacio Jaunarena, alertou: "o equipamento do exército tem em média mais de 40 anos". Cálculos de especialistas no setor afirmavam, na época, que a Argentina contava com munição para um conflito de apenas duas horas de duração.

Ser militar na Argentina, hoje em dia, não implica exercer uma profissão que entusiasme. Os jovens militares, que iniciaram as carreiras na democracia, melindram-se de serem englobados na mesma categoria de "assassinos" dos velhos oficiais da ditadura. Eles frustram-se ao ver que pilotos uruguaios possuem mais horas de treinamento, ou que os chilenos adquirem modernos tanques e que os brasileiros desenvolvem submarinos próprios.

Uma das válvulas de escape para a frustração foram as missões de Paz da ONU, das quais participaram mais de 40% dos oficiais e suboficiais desde o início dos anos 1990. Essas missões também permitiram que se abrissem a novas culturas, o que iniciou um processo de modernização da mentalidade militar. As missões também permitiram driblar problemas salariais, pois os militares eram mais bem pagos nessas estadias no exterior.

NOVOS PROTAGONISTAS POLÍTICOS: PIQUETEIROS E RURALISTAS

O ano de 1996 foi o primeiro em que os portenhos começaram a ver pela TV milhares de desempregados no empobrecido interior do país bloqueando estradas com escombros e pneus em chamas. Chamados inicialmente de *fogoneros*, estes manifestantes foram imediatamente rebatizados como "piqueteiros", por causa dos piquetes que realizavam nas estradas das províncias de Salta e Jujuy – no norte da Argentina – e em Neuquén, no sul.

Os piqueteiros pediam comida e trabalho. Eles eram ex-integrantes da classe média das pequenas cidades do interior que dependiam das grandes estatais como a petrolífera YPF ou as Ferrovias Argentinas. Mas as privatizações da primeira metade dos anos 1990 deixaram grande parte dessas pessoas sem trabalho.

Com a fome assolando as arruinadas cidades do interior, começaram a surgir protestos espontâneos de desempregados, que, como *modus operandi* para pressionar o governo, bloqueavam estradas.

A repressão realizada pelo governo de Carlos Menem (1989-99) só aumentou a persistência dos piqueteiros, que deixaram de ser um fenômeno espontâneo para passar a formar grupos altamente organizados.

Durante o governo de Fernando de la Rúa (1999-2001), o fenômeno cresceu. Com a recessão agravando-se e a pobreza se alastrando cada vez mais, os piqueteiros espalharam-se pelos arruinados municípios da Grande Buenos Aires. O fenômeno havia deixado de ser um "problema" apenas do interior. Os piquetes começaram a ocorrer a poucos metros da Casa Rosada.

Em 2001, fizeram a vida de De la Rúa impossível. A queda do governo, no meio de grande turbulência social, em dezembro desse ano, é atribuída em grande parte à mobilização dos piqueteiros, que levaram milhares de pessoas para enfrentar a polícia em pleno centro portenho.

No meio da pior crise social e financeira da história argentina, Eduardo Duhalde tomou posse em janeiro de 2002. Para apaziguar os piqueteiros, criou um programa de subsídio aos desempregados, que beneficiou 2,2 milhões de pessoas. Destes, ao redor de 250 mil subsídios ficaram sob o controle de grupos piqueteiros.

O apaziguamento durou pouco. Em meados de 2002, o assassinato de dois piqueteiros por parte da polícia obrigou Duhalde a antecipar o fim de seu mandato provisório em seis meses. Seu sucessor, Néstor Kirchner, que tomou posse em maio, teve uma convivência pacífica nos primeiros meses de governo conseguindo dividir o movimento piqueteiro ao "seduzir" vários grupos, que passaram a manifestar-se com frequência a favor do governo.

Nos anos seguintes, a modalidade do piquete deixou de ser exclusiva dos desempregados e foi absorvida por sindicalistas, integrantes da classe média e ruralistas, entre outros grupos.

Em 2006 e 2007, diversas organizações ruralistas argentinas – a Sociedade Rural, as Confederações Rurais Argentinas, a Federação Agrária e a Confederação Intercooperativa Agropecuária (Coninagro) – realizaram protestos contra a política econômica do governo separadamente umas das outras, sem conseguir pressionar a Casa Rosada. Mas, em 2008, o anúncio do governo da presidente Cristina Kirchner de criar um "impostaço" agrário provocou – pela primeira vez na história do país – ações de protesto coordenadas entre essas organizações e seus participantes.

Na ocasião, os ruralistas – em pé de "rebelião fiscal" – deslancharam uma série de locautes agrícolas que provocaram o desabastecimento de alimentos, dispararam a inflação e infligiram ao governo uma dura queda da arrecadação tributária.

Em maio de 2008, os ruralistas realizaram uma manifestação que reuniu de 250 mil a 300 mil pessoas, o que constituiu a maior concentração popular realizada contra um governo desde a volta da democracia, em 1983.

Os ruralistas transformaram-se no primeiro setor econômico a desafiar o governo do casal Kirchner. Furiosa com os agricultores – a maioria formada por pequenos e médios produtores –, Cristina os acusou de protagonizar uma tentativa de golpe de Estado em aliança com setores da oposição e empresas de mídia.

Os ruralistas continuaram nos anos seguintes a protestar de forma intermitente contra limitações aplicadas às vendas de carne bovina ao exterior, contra os impostos aplicados aos cereais e oleaginosas, contra as restrições que o governo impôs às exportações de trigo e devido à falta de respaldos financeiros para enfrentar secas ou inundações.

Apesar das especulações sobre o eventual sucesso que poderia ter um "partido ruralista", os diversos setores (entre os quais existiam pessoas de diferentes posições ideológicas) nunca iniciaram negociações para formalizar uma união política, optando por alianças circunstanciais como a de 2008.

O REICH NA ARGENTINA

Na Segunda Guerra Mundial, a Argentina manteve-se neutra quase até o fim, enquanto o Brasil de Getúlio Vargas apoiou os Aliados e mandou tropas à Europa. Essa oposição fica clara na declaração do coronel Juan Domingo Perón no dia 3 de maio de 1943:

> A luta de Hitler na paz e na guerra nos servirá de guia. As alianças serão o primeiro passo. Temos o Paraguai, temos a Bolívia e o Chile. Com a Argentina, Paraguai, Bolívia e Chile será fácil pressionar o Uruguai. Logo, os cinco países unidos vão atrair facilmente o Brasil devido a sua forma de governo e suas grandes comunidades alemãs. Quando o Brasil cair, o continente americano será nosso.

Perón, com essa declaração, indicava que pretendia conseguir aliados brasileiros para derrubar o próprio governo do Brasil e, assim, tornar a Argentina a líder na América do Sul. Naquele momento, a Alemanha nazista e seus aliados do Eixo estavam no apogeu de seu poderio, dominando a maioria da Europa, dos Pirineus até as estepes ucranianas, do deserto da África até os fiordes noruegueses. Hitler e seus assessores já pensavam na extensão de seu domínio ou influência na América do Sul, para distrair as forças dos EUA que começavam a chegar à Europa e atrapalhavam os planos do Japão no oceano Pacífico.

Seu instrumento seria Perón, na época secretário de Guerra e eminência parda do poder na Argentina. Perón, que não era nem um pouco tonto, também utilizou os nazistas como instrumento e, no pós-guerra, serviu-se de centenas deles, que na Argentina trabalharam em âmbitos variados: desde técnicos para fábricas militares, físicos nucleares e até torturadores e especialistas em propaganda política.

O então coronel Perón já vinha estabelecendo contatos e colaborações com o Terceiro Reich desde o início da Segunda Guerra Mundial. Ele liderava o Grupo Oficiales Unidos (GOU), uma agrupação de oficiais que em 1943 realizaria um golpe de Estado vitorioso. A estada de Perón na Itália de Benito Mussollini em 1940 – onde havia visto multidões frenéticas na Piazza Venezia dar vivas ao Duce –, além de sua visita a Paris ocupada pelo Terceiro Reich, deixaram o futuro presidente argentino inspirado.

Além disso, o clima na Argentina para ideias nazistas, fascistas ou similares, era favorável.

Em 1937, quando Adolf Hitler controlava a Alemanha e despertava temor e idolatria em várias partes do planeta, era criado na Argentina um partido nazista local, que, segundo especialistas, contou com mais de 60 mil seguidores, número que o transformou no maior grupo nazista organizado da América Latina, além de ser o mais ativo. Dois anos depois, no dia 9 de março 1939, Hitler protagonizava o Anchluss (anexação da Áustria). Um mês depois, no dia 10 de abril, os nazistas argentinos realizaram um comício no estádio coberto do Luna Park, em pleno centro portenho, onde reuniram mais de 20 mil pessoas para celebrar a Gross Deutschland (Grande Alemanha).

"Não diria que Perón era um nazista", me explicou o jornalista e historiador norte-americano-argentino Uki Goñi, autor do livro *Perón e os alemães*, no qual traz à tona uma série de documentos sobre os vínculos do general argentino com o Terceiro Reich. "Neste tema, as ideologias ou religiões não possuem nenhuma importância. A única coisa que importa é o poder. Nazistas são os que enchiam os estádios por Hitler. Peronistas são os que enchiam a Praça de Maio." Goñi diz, no entanto, que "Perón admitia sua admiração pelas ideias do fascismo, e muito depois, nos anos 1970, ainda criticava o Julgamento de Nuremberg, que definia como uma infâmia. Dizia que havia tentado resgatar o máximo de alemães de Nuremberg. E o conseguiu".

A espionagem alemã na Argentina estava constituída principalmente pela Sicherheitsdienst (SD). A Argentina, que se manteve neutra até semanas antes da vitória dos Aliados, foi o principal centro da espionagem alemã na América do Sul, e grande parte da informação sobre os EUA passava por Buenos Aires. Com a ajuda discreta do GOU, a espionagem alemã no país manteve-se praticamente intacta até o fim da guerra.

O principal laço entre a Argentina e o Terceiro Reich foi Juan Carlos Goyeneche, líder dos nacionalistas católicos, que viajou dezenas de vezes à Alemanha, onde se reuniu com o chanceler Joachin von Ribbentrop, o líder das SS Heinrich Himmler, e outros líderes fascistas europeus como Mussolini, Franco, Salazar. Goyeneche também teve dois encontros com o papa Pio XII. Sua capacidade de contatos surpreende até hoje: ainda se correspondia com Himmler em março de 1945, um mês e meio antes da derrota nazista. Nas décadas posteriores, divertiu seus amigos contando características pessoais dos ministros de Hitler. No entanto, era um laço informal.

Goñi considera que "a história da região poderia ter sido diferente se Osmar Hellmuth não tivesse sido capturado pelos ingleses". Hellmuth, ao contrário de Goyeneche, era um germano-argentino, colaborador da SD, e enviado como emissário especial por Perón para negociar com Hitler um apoio argentino em troca de armas.

No entanto, Hellmuth foi preso pelos britânicos no meio do caminho e permaneceu preso até o fim da guerra, impedindo as conversações oficiais para uma possível aliança argentino-germânica.

"Duvido que os alemães considerassem seriamente uma invasão da América do Sul, mas fizeram o possível para estimular o surgimento de governos favoráveis ao Reich, de forma a incomodar os EUA", afirma o pesquisador.

Goñi relata a surpresa de um chefe da seção latino-americana da Chancelaria do Reich que em agosto de 1944, após o desembarque aliado na Normandia e com Berlim sob constante bombardeio, recebeu um telegrama de Perón dizendo que ainda acreditava na vitória alemã. "Na verdade, os militares argentinos não acreditavam na vitória nazista, mas consideravam que Hitler poderia obter uma paz separada com os EUA e a Grã-Bretanha e ter as mãos livres para continuar a guerra com a URSS." Segundo Goñi, Perón acreditava que era possível uma paz condicional, e que a Argentina e o Vaticano poderiam ser os mediadores.

Durante a guerra, Perón planejava criar uma faixa de proteção à Argentina, constituída por países como a Bolívia e o Paraguai. Este foi um dos primeiros alvos de Perón: em 1943, tentou seduzir o general Higino Morígiño, presidente paraguaio, com aparatosa recepção em Buenos Aires. O mordaz jornalista Ray Joseph, do *The Buenos Aires Herald*, descreveu a visita de Higino Morígiño como a "dessas boas-vindas que Mussolini costumava dar a Hitler". Segundo Joseph, os muros portenhos foram cobertos com cartazes com a imagem de Morígiño, "uma imagem tão hollywoodiana que duvido que o próprio pudesse se reconhecer nelas". No entanto, apesar das lisonjas, o paraguaio ficou do lado dos EUA, que lhe tinham oferecido armas. Perón dedicou-se imediatamente a outro alvo: a Bolívia.

Este país recebeu atenção especial de Perón. Ali, o GOU e a SD articularam um golpe que derrubou o governo do general Enrique Peñaranda em dezembro de 1943. No seu lugar, com apoio do magnata do estanho, o germano-bolivano Gustav Eickenberg, foi colocado o general Gualberto Villarroel. Em troca, a Argentina prometeu ajuda econômica e a construção de uma ferrovia. Mas a armação do golpe foi descoberta pelos EUA, e o governo boliviano precisou manter um *low profile* até o fim da Guerra. Victor Paz Estenssoro, que mais tarde seria presidente da Bolívia em três ocasiões, também foi um dos conspiradores e, durante o governo de Villarroel, foi ministro da Fazenda.

Villarroel ficou no poder até 1946. No pós-guerra, foi derrubado em uma sangrenta revolução. Como Mussolini, foi assassinado e seu corpo pendurado de um poste.

O Brasil era o alvo seguinte. Perón assustava-se com a construção de bases aeronavais no Brasil e no Uruguai, de onde poderiam bombardear Buenos Aires. Junto com a SD, Perón decidiu agir, tentando fortalecer o Partido Integralista brasileiro, de Plínio Salgado, líder que estava exilado em Lisboa. Integralistas foram enviados a Buenos Aires, onde foram convencidos de que o Brasil precisava aderir à política de neutralidade aplicada pela Argentina.

Os integralistas Vicente Caruso e Jayr Tavares reuniram-se com Guillermo Lasserre Mármol, o nexo de Perón com a SD, para lhe dizer que esperavam contar com o apoio argentino para realizar um levante cívico-militar que derrubasse Getúlio Vargas e promover uma aliança com a Argentina. Posteriormente, um dos líderes integralistas, Rodrigues Contreras, foi a Buenos Aires e passou aos argentinos uma informação valiosa sobre as bases americanas no Brasil.

Buenos Aires havia se transformado em um verdadeiro centro de peregrinação para os integralistas. O major Jaime Ferreira da Silva, professor da Escola Militar, foi à cidade e alertou sobre a possibilidade de um choque militar entre o Brasil e a Argentina estimulado pelos EUA. Dessa visita ficou combinado que o integralismo realizaria uma vasta campanha propagandística a favor da Argentina dentro do Brasil, além da instalação de uma rede de colaboração de espiões. No entanto, apesar dos projetos, os avanços na colaboração entre Perón e os integralistas foram lentos, e, pouco depois, a guerra terminou.

NAZISTAS REFUGIADOS

No dia 8 de maio de 1945, quando o almirante Karl Dönitz assinava a rendição incondicional do Terceiro Reich perante os representantes aliados, milhares de criminosos de guerra nazistas procuravam desesperadamente uma via de fuga para países onde pudessem se esconder. Um desses países – onde um coronel com potencial de ser presidente tinha forte influência – prometia ser um paraíso para os refugiados. O país em questão era a Argentina, e o coronel era Juan Domingo Perón.

As tropas alemãs remanescentes espalhadas por toda a Europa que ainda não haviam deposto armas entregaram-se aos Aliados. Os submarinos do Reich renderam-se às forças aliadas em diversos portos do mundo.

Porém, dois meses e dois dias depois da rendição, em 10 de julho de 1945, o capitão de corveta Ramón Sayús, da base de Mar del Plata, não podia acreditar no que seus olhos viam, quando, às 7h30 da manhã, um sinal luminoso vindo do mar anunciava: *"german submarine"*. Um submarino alemão e sua tripulação completa entregavam-se às autoridades argentinas.

Mar del Plata seria palco de outra impressionante surpresa em 17 de agosto, quando um novo submarino chegou às costas argentinas. Em ambos, não havia políticos ou militares alemães de nome. Mas nos mesmos dias, em diversas praias da região foram encontrados botes e caixas vazias flutuando com a suástica pintada. Ali começou a suspeita de que homens e dinheiro do regime nazista estariam desembarcando na Argentina.

Outro submarino talvez não tenha conseguido realizar seu desembarque: desde 1945 está submerso nas águas da Patagônia, próximo à costa. Os moradores da região sustentam o contrário. "Afundaram a nave e depois fugiram para lá", afirmam, apontando para o inóspito interior.

O processo de chegada dos refugiados acelerou-se quando Perón passou a ostentar o poder total em 1946. Ele e sua esposa, Eva Perón, abrigaram milhares de nazistas, aos quais entregaram passaportes forjados por intermédio das embaixadas da Argentina na Europa.

Entre os refugiados, segundo a sede latino-americana do Centro Simon Wiesenthal, situada em Buenos Aires, não menos de 300 criminosos de guerra, entre alemães, franceses, belgas, croatas e diversas outras nacionalidades de aliados do Reich. Adolf Eichmann, Josef Mengele, Klaus Barbie, Gustav Franz Wagner, Franz Stangl estiveram entre os principais "hóspedes" de Perón (e dos governos seguintes).

Mengele, conhecido pelo apelido de "Doutor Morte" por suas cruéis experiências com crianças (especialmente gêmeos) e mulheres no campo de concentração de Auschwitz, chegou ao país em 1949. Posteriormente, mudou-se para o Paraguai e o Brasil (onde morreu).

Perón utilizou o principal criminoso de guerra croata, Ante Pavelic, como chefe de sua guarda especial. Pavelic, líder do movimento croata Ustacha, responsável por massacres na Segunda Guerra Mundial contra sérvios, bósnios e judeus, trouxe à Argentina *know-how* sobre tortura e espionagem. O presidente argentino forneceu a Pavelic 34 mil vistos para croatas simpatizantes que fugiam da Iugoslávia do general Tito.

Quando Perón foi derrubado, quase uma década depois, os croatas foram leais até o final, pois constituíram um dos poucos grupos a resistir ao golpe. Pavelic caiu em desgraça com o novo regime. Em 1957, foi alvo de um atentado. Depois, fugiu para o Paraguai do general Alfredo Stroessner e, na sequência, para a Espanha, onde teve a proteção do generalíssimo Francisco Franco.

Desde o início dos anos 1990, foram localizados e extraditados para julgamento na Europa quase uma dezena de criminosos, entre eles Erich Priebke (que, ao embarcar para a Itália, onde seria julgado, foi saudado efusivamente por integrantes da Polícia Federal, força conhecida por ter tido tendências antissemitas no passado), Walter Kutschmann e o Dinko Sakic.

Também chegaram à Argentina os propagandistas, como o colaboracionista francês Jacques de Mahieu. Ele é um exemplo de como a "imigração nazista" teve uma influência durável na vida política da Argentina, e que não morreu junto com os "imigrantes". Quarenta anos depois de terminada a guerra, Mahieu gozava de grande prestígio na direita peronista. Inspirado em suas ideias, foi criado o grupo Tacuara, que realizou ataques antissemitas nos anos 1960. Em 1997, contudo, o então ministro da Justiça de Carlos Menem, Rodolfo Barra, teve que renunciar quando veio à tona seu passado de "tacuara".

"Não duvido que Martin Bormann tenha passado por aqui. Há muitas pistas sobre isso. Sei que encontraram o crânio dele em Berlim, mas não seria estranho que tivesse sido levado daqui para lá para forjar sua morte como se tivesse ocorrido em 1945", diz Goñi. Segundo o autor,

> Vieram enormes quantidades de oficiais da SS, cujos nomes não aparecem em nenhuma lista de processos. Comenta-se que entraram 50 mil alemães e austríacos depois da Guerra. Suspeito que entre eles estavam criminosos de guerra, incluindo também croatas, húngaros, franceses e belgas.

Calcula-se que no pós-guerra, sob o governo do populista general Juan Domingo Perón, mais de 1.300 criminosos de guerra passaram pela Argentina, muitos dos quais acabaram residindo no país.

Quando Adolf Eichmann foi enforcado em 1962, em Israel, após ter sido sequestrado em Buenos Aires por um comando israelense, um grupo peronista planejou explodir a embaixada de Israel na cidade, em retaliação. O plano foi abandonado, mas exatamente 30 anos depois, um carro-bomba destruiu a mesma embaixada. Mahieu também influenciou o violento líder montonero Rodolfo Galimberti, que em meados dos anos 1970 confidenciou a um colega, orgulhoso: "Mahieu disse que poderei ser o próximo Führer".

Em *Os cientistas nazistas na Argentina*, o pesquisador e jornalista Carlos de Nápoli relata a ida de físicos, químicos e biólogos do Terceiro Reich para o país. Segundo De Nápoli, a maioria dos cientistas que desembarcaram na Argentina eram de segunda categoria. Mas, havia exceções de destaque, entre eles Friedrich Bergius, Prêmio Nobel da Química de 1931, inventor do petróleo sintetizado a partir do carvão (invento que permitiu prolongar o esforço de guerra alemão por vários anos).

Bergius, que segundo De Nápoli foi um dos autores do Primeiro Plano Quinquenal do governo Perón, morreu em Buenos Aires em 1949. O Nobel está enterrado no cemitério de La Chacarita.

Outro inventor alemão que se refugiou na Argentina (mas que passou despercebido) foi Reimar Horten, o criador da "asa voadora" alemã, base para posteriores e revolucionários bombardeios americanos, como o Nothrop N-9M.

Maior protagonismo teve o engenheiro Kurt Tank, que projetou o Pulqui, o primeiro avião a jato da América Latina. Dessa forma, graças a um de seus cientistas alemães, Perón conseguiu tornar a Argentina o terceiro país no mundo a contar com jatos.

No entanto, Perón também foi enganado. Esse foi o caso de Hans Richter, amigo de Tank, que convenceu o general a montar para ele um laboratório em Bariloche onde – prometeu – realizaria a fusão nuclear. Depois de meses sem resultados – e de ter gastado, segundo De Nápoli, dezenas de milhões de dólares –, Richter comunicou que havia conseguido realizar a fusão a frio. Perón, transbordando de alegria, fez um anúncio oficial.

Os cientistas argentinos duvidavam dessa descoberta do nazista, principalmente porque Richter recusava-se a abrir seu laboratório para estranhos. A queda de Perón em 1955 também foi a queda de Richter e a descoberta de que as pesquisas do nazista não passavam de uma cara falcatrua. O fiasco, porém, serviu para estimular a criação de um comitê que tornou o país, nos anos 1960, o primeiro da América Latina a controlar a fusão nuclear.

Os nazistas na Argentina publicaram obras próprias, defendendo o Terceiro Reich, e reeditaram *Mein Kampf* (Minha Luta). Alguns integraram-se totalmente, como é o caso do colaboracionista francês Henri Queyratt (adotou o nome em espanhol de "Enrique"), que se tornou um dos principais enólogos do país nos anos 1970 – e publicou o *best-seller Os bons vinhos argentinos*. Wilfred von Oven, antigo assessor de imprensa do ministro Joseph Goebbels, publicou *Quem era Goebbels?*, uma longa e enfática defesa de seu defunto chefe.

Existem grandes suspeitas de que o Perón e Evita tenham depositado na Suíça dinheiro recebido em troca de proteção para os refugiados nazistas que chegavam às centenas em Buenos Aires. Depois de 1947, na cidade de Buenos Aires apareceram nas salas de colecionadores particulares obras de arte roubadas da Europa durante a guerra. A maioria entrou na Argentina através da Galeria Internacional Wildenstein, que teve escritórios em Buenos Aires até poucos anos atrás.

A pista suíça se baseia na viagem realizada por Evita em agosto de 1947, quando a primeira-dama argentina reuniu-se em Zurique com banqueiros e depositou uma caixa de segurança em nome de seu irmão, Juan Duarte, na Union de Banques Suisses.

O MINISTRO ARGENTINO DE HITLER

A Argentina forneceu ao Terceiro Reich um punhado de nazistas nativos, a maioria de pouca relevância na Alemanha de Adolf Hitler. No entanto, um deles, Ricardo Walter Oscar Darré, teve intensa influência no regime da "Nova Ordem" teutônica. O portenho Darré foi um dos principais teóricos da doutrina do "Blut und Boden" (Sangue e Solo), que deu origem às leis raciais da Alemanha nazista. As máximas dessa obra são citadas atualmente nos sites de *skinheads* e grupos afins. A frase mais conhecida é aquela na qual Darré indica que os alemães não são uma raça: "a palavra 'espécie' é que seria mais adequada para nós".

Filho de alemães, Darré – que posteriormente germanizou seu Ricardo para "Richard" – nasceu na rua 11 de Setembro, n. 769, no bairro de Belgrano, em Buenos Aires, no dia 14 de julho de 1895 (no terreno de sua casa de infância agora existe uma quadra de tênis de uma escola religiosa). Foi batizado na Igreja da Congregação Evangélica Alemã da rua Esmeralda, n. 162. Fez a escola primária no Colégio Alemão Superior Belgrano.

Aos 14 anos foi estudar na Alemanha. Lutou na Primeira Guerra Mundial (1914-18), na qual foi ferido levemente em várias ocasiões. Quando o conflito bélico terminou, Darré começou a planejar sua volta à Argentina para dedicar-se à vida agropecuária. Mas a falência de sua família nos anos 1920 na Alemanha, para onde quase todos os parentes tinham voltado, colocou esses planos a pique.

Darré continuou na Alemanha, onde retornou aos estudos de Agronomia, especializando-se em cruzamento de animais. Posteriormente, transferiu as ideias de conseguir animais "puros" aos seres humanos. Entrou no Partido Nazista, onde formulou a teoria do "Blut und Boden".

Junto com Alfred Rosemberg, redigiu as Leis Raciais de Nuremberg, que condenaram à segregação e à morte milhões de judeus. Ele influenciou o chefe da SS, Heinrich Himmler, a tentar criar uma aristocracia racial alemã baseada no cruzamento seletivo.

Darré foi o Ministro da Agricultura de Hitler entre 1933 e 1942, além de diretor do Departamento de Raça e Reassentamento, uma das entidades mais fanaticamente racistas e antissemitas da Alemanha da época. No comando desse departamento, conhecido pela sigla RuSHA (Rasse-und Siedlungshauptamt), Darré propôs "restringir a proliferação de seres inferiores".

Fascinado por sua experiência bovina, afirmava em seus livros que era necessária "a reconstituição da Raça no homem, utilizando as mesmas normas que servem de base para a criação de animais". O RuSHA era o organismo encarregado de emitir os certificados de "pureza racial" que diferenciavam os integrantes da "Nova Alemanha" das pessoas condenadas aos campos de concentração.

Em 1936, durante as Olimpíadas de Berlim, Darré visitou a sede da delegação olímpica argentina e informou aos atletas que, atendendo ao pedido dos argentinos, liberaria a entrada de quatro toneladas de carne, destinadas à dieta da equipe. Mas o carregamento foi escasso para a fome dos argentinos, que encomendaram outro carregamento, desta vez de quinze toneladas, as quais chegaram quando as Olimpíadas estavam a ponto de terminar. Dessa forma, a carne argentina foi doada aos hospitais públicos da capital do Terceiro Reich.

Walter Darré, o ministro argentino de Hitler, autor de leis antijudaicas. Ele era especialista em cruzamento de vacas e tornou-se uma das principais autoridades raciais do Terceiro Reich.

No meio da guerra, Darré perdeu sua influência e foi substituído por um parente do marechal Hermann Göring, um dos principais homens do Führer. Nessa época, Darré mostrava sinais de estar psicologicamente desequilibrado (mais que a média dos já desequilibrados integrantes da cúpula nazista).

Darré foi um dos vários integrantes da equipe de Adolf Hilter que não haviam nascido dentro das fronteiras da Alemanha. Rudolf Hess nasceu no Egito. Alfred Rosenberg havia nascido na Lituânia (parte da Rússia na época de seu nascimento). O próprio Hitler nasceu em Brannau, Áustria. Para o nazismo, não importava onde o representante ariano tivesse nascido. O importante era ser um "puro germânico". O sobrenome Darré, na realidade, é basco-francês. Seu pai argumentava que era "um basco-francês de origem germânica". Como um legítimo nazista, ele afirmava:

> Vamos criar uma nova aristocracia germânica das reservas humanas da SS. Vamos fazer de forma sistemática e com base na ciência e no conhecimento biológico aquilo que o velho sangue aristocrático dos dias de antigamente fazia por instinto.

Darré não foi julgado em Nuremberg (onde esteve toda a cúpula do Terceiro Reich). Ele foi levado ao banco dos réus no Julgamento de Wilhelmstrasse, no qual foram julgados 21 nazistas de segundo escalão, entre eles funcionários civis e banqueiros. Mas, quando os julgamentos de Wilhelmstrasse acabaram, em 1949, os EUA já estavam concentrados na Guerra Fria contra a URSS e as sentenças para essa última leva de nazistas processados foram mais leves.

Darré foi condenado a sete anos de prisão. No entanto, foi solto antes do fim previsto de sua pena, em 1950. Na época surgiram diversos rumores de que ele havia retornado à Argentina e que estava organizando a rede de fuga de nazistas para a América do Sul. Além disso, os boatos indicavam que Darré havia levado para a Argentina o ouro roubado de países ocupados pelo Terceiro Reich na Europa durante a guerra para financiar a rede nazista no Cone Sul.

Mais boatos afirmavam que havia falecido em um acidente de carro na Alemanha. Outra informação sustentava que Darré havia morrido em circunstâncias "amorosas" na Côte d'Azur.

Em 1997, o famoso caçador de nazistas Simon Wiesenthal afirmou que Darré – que apreciava de forma intensa bebidas destiladas e fermentadas – morrera de cirrose em 1953.

Seu irmão, Alan Darré, que tinha 89 anos em 1997, e que residia na Alemanha, disse que Ricardo Oscar havia morrido em 1954. Segundo ele, estava enterrado no cemitério de Munique. Mas nesse cemitério não há registros de seu túmulo.

O ANTISSEMITISMO

Uma pesquisa elaborada em 2011 pela Delegação das Associações Israelitas Argentinas (DAIA) – a Liga Antidifamação e o Instituto Gino Germani da Universidade de Buenos Aires – revelou a presença de um forte antissemitismo na Argentina, país que conta com a maior comunidade judaica da América Latina e a sétima em todo o mundo. Segundo o relatório "Atitudes perante os judeus na Argentina", persiste a existência ostensiva dos estereótipos e preconceitos sobre a comunidade judaica. Um dos pontos que mais chamaram a atenção dos pesquisadores foi a proporção de 45% dos argentinos que sustentam que não se casariam jamais com uma pessoa da comunidade judaica

Além disso, a pesquisa revelou que ainda é persistente a milenar acusação de que os judeus são os "responsáveis pela morte de Cristo" (23%). Outros 49% afirmam que os judeus "falam demais sobre o Holocausto", e 29% dos pesquisados sustentam que não morariam jamais em um bairro com forte presença judaica. Buenos Aires possui vários bairros com presença histórica de judeus, entre os quais Villa Crespo, Balvanera (informalmente conhecido como "Once") e Abasto (onde reside a maior parte dos ortodoxos).

A capital argentina abriga a maior concentração judaica do país, com 244 mil integrantes da comunidade, isto é, 8% da população total portenha. No total, a comunidade judaica Argentina contaria com 300 mil integrantes, embora cálculos extraoficiais elevem o número para 500 mil.

Vista da fachada da principal sinagoga da Argentina, a sinagoga da Praça Lavalle, em Buenos Aires.

Até 1994, ano em que foi reformada, a Constituição Nacional argentina impedia que um presidente pudesse tomar posse caso não fosse "católico apostólico romano". Apesar das mudanças legislativas, a pesquisa mostra que atualmente 39% dos entrevistados consideram "negativa" a presença de judeus na política argentina.

Mesmo depois da reforma da Constituição Nacional, diversas províncias continuaram aplicando regras antiquadas nas cartas magnas provinciais. Dessa forma, os integrantes da comunidade judaica estavam limitados em suas carreiras políticas e deviam resignar-se a um futuro de parlamentares e ministros.

Uma das vítimas dessas normas foi José Alperovich, eleito em 2003 governador de Tucumán. Em pleno século XXI, a Constituição Provincial estipulava que o governador, na posse, deveria prestar juramento sobre a Bíblia. O caso provocou reboliço (vários setores queriam impedir que fosse empossado), até que a Corte Suprema garantiu sua posse.

Além disso, nas forças armadas, embora não existam leis escritas, jamais um judeu chegou ao posto de general. Segundo Alfredo Neuberger, assessor político da DAIA, os oficiais judeus que começavam a subir na hierarquia sempre encontravam um "teto", além do qual nunca passavam.

A pesquisa "Atitudes perante os judeus na Argentina" sustenta que persistem no país estereótipos que datam da Idade Média, os quais vinculam a comunidade judaica com a usura, já que 80% dos argentinos consideram que a principal prioridade dos judeus é "ganhar dinheiro". O relatório também sustenta que, do total de pesquisados, 53% acreditam que os judeus são mais leais a Israel do que à Argentina.

Em 2011, o presidente da DAIA, Aldo Donzis, concluiu sobre os preconceitos contra judeus: "é ignorância". Segundo Donzis, "ninguém faz objeções se um argentino tem vínculos fortes com a Espanha. Mas não permitem que um argentino judeu possa ter laços com Israel".

A pesquisa também mostra que 14% dos entrevistados consideram que os judeus, embora nascidos na Argentina, "não são argentinos".

Segundo o vice-presidente da DAIA, Angel Schindel, "a Argentina, talvez seja o país de toda a América Latina no qual o antissemitismo é o mais virulento". Schindel ressaltou que

> o antissemitismo é camuflado. Não é exibido de forma aberta. Mas está encapsulado na população. As situações de antissemitismo com relação aos judeus argentinos cresceram durante a Guerra do Líbano e o ataque de Israel à Faixa de Gaza como represália pela atividade do Hamas. Por esse motivo, rapidamente qualquer situação externa é o estopim desse antissemitismo.

Publicações antissemitas são vendidas em bancas de jornais do centro portenho, e "são cada vez mais virulentas, principalmente desde o conflito entre Israel e o Hizbollah", afirmam na DAIA. Entre as publicações antijudaicas está a revista mensal *Cabildo*, que existe de forma intermitente desde os anos 1970.

Além disso, o número de pichações com dizeres como "Viva, Hitler!" e "Judeus sabonete" (em alusão à utilização das cinzas dos corpos dos judeus para a fabricação de sabonetes nos campos de concentração nazistas) aumentaram ao longo da primeira década deste século. Simultaneamente, houve uma expansão de bandeiras que exibem suásticas nos estádios de futebol, além de cânticos antissemitas por parte das torcidas.

A perseguição a judeus no país é antiga. Em 1918, Buenos Aires foi o cenário do primeiro e último *pogrom* (movimento organizado visando ao extermínio de comunidades judaicas), realizado em terras latino-americanas. Na ocasião, 179 judeus, a maioria de origem russa, foram massacrados por grupos nacionalistas argentinos de extrema-direita nos bairros de Once e Villa Crespo, segundo denunciou na época o embaixador dos EUA. Durante os anos 1930, o Partido Nacional-Socialista Alemão da Argentina, o maior da América Latina, realizava sem qualquer tipo de restrição manifestações na via pública.

O antissemitismo também foi marcante durante a ditadura militar argentina (1976-83), quando os prisioneiros políticos judeus foram alvo de torturas mais ferozes que aquelas aplicadas aos não judeus. Os torturadores gravavam suásticas à ponta de faca nas testas e costas dos prisioneiros. No caso das mulheres, marcavam a cruz nazista entre os seios.

O regime ditatorial vivia assolado pela paranoia do "Plano Andinia", uma mirabolante suposta conquista "sionista" da Patagônia, onde Israel instalaria *kibutzim* socialistas.

A comunidade judaica nos anos 1970 era de 290 mil pessoas, equivalente a 1,2% da população total. No entanto, o número de judeus mortos pela Ditadura é de 2 mil pessoas, o que os transforma em 6,33% dos desaparecidos.

Além disso, a comunidade judaica argentina também foi o alvo dos dois maiores atentados terroristas realizados na região. O primeiro deles, em 1992, destruiu a embaixada de Israel, matando 30 pessoas e ferindo outras 200. Em 1994, um carro-bomba arrasou a sede da associação beneficente judaica AMIA, provocando a morte de 85 pessoas e ferindo e mutilando outras 300. Nenhum grupo terrorista atribuiu-se a autoria do atentado. As principais pistas indicam que por trás do ataque estaria o grupo fundamentalista muçulmano Hezbollah, em parceria com o governo do Irã. Outras pistas indicam o governo sírio.

Mas em ambos os casos existem fortes suspeitas sobre uma "conexão argentina", supostamente composta por integrantes de grupos de extrema-direita, como os militares "cara pintadas".

Desde os anos 1980 surgiram diversos pequenos grupos neonazistas argentinos. Os principais foram o Partido Nova Ordem Social Patriótico (PNOSP) e o Partido Novo Triunfo (PNT). Este último utilizava toda a parafernália nazista, desde os uniformes com as camisas pardas até as bandeiras com cruzes similares às suásticas. Em várias ocasiões tentou obter sua legalização. O pedido sempre foi bloqueado pela Justiça.

Os vários grupos neonazistas – marcados por profundas rivalidades entre si – são integrados quase que totalmente por rapazes morenos de cabeça raspada sem um gota sequer de sangue ariano. Os militantes sonham com uma "Grande Argentina", que anexaria Uruguai, Paraguai, Chile e Bolívia. Nessa Argentina "pura" não existe lugar para judeus e indígenas, muito menos para os imigrantes dos países vizinhos.

Ao longo das últimas décadas, os neonazistas argentinos envolveram-se em diversas pancadarias com jovens da comunidade judaica, realizaram pichações nazistas e profanaram cemitérios judeus.

Entre os neonazistas nativos existe a lenda de que Adolf Hitler, quando estava morrendo em Berlim, em maio de 1945, teria tido forças para apontar, com o dedo trêmulo, um ponto em um mapa-múndi. Murmurando, teria dito: "daqui virá o novo líder". Seu dedo estava sobre Buenos Aires.

O GRAF SPEE: QUANDO A SEGUNDA GUERRA CHEGOU AO RIO DA PRATA

Em 1930, no meio da via fluvial mais larga do mundo, o rio da Prata, uma massa de aço de 186 metros de comprimento, pesando quase 16 mil toneladas, afundou depois de duas fortes explosões. No lamacento fundo do rio que separa o Uruguai da Argentina, ficou imobilizado para sempre o poderoso encouraçado "de bolso" da Kriegsmarine – a Marinha de Guerra alemã –, o Admiral Graf Spee.

Depois de ter protagonizado uma das últimas batalhas navais clássicas da história (sem a presença de aviões ou porta-aviões), o Graf Spee foi afundado por Hans Langdorff, seu próprio capitão. O motivo: evitar que a tecnologia naval alemã – na época, uma das mais avançadas do mundo – caísse nas mãos da inimiga marinha britânica, que a esperava na foz do rio da Prata.

O Graf Spee era um dos orgulhos da frota do Terceiro Reich. No dia 3 de setembro de 1939, dois dias após o início da Segunda Guerra, começou sua tarefa: afundar todos os navios mercantes possíveis no Atlântico Sul, como forma de estrangular a economia e o abastecimento dos Aliados.

Em cem dias de atividade frenética, comandado pelo astuto capitão Langsdorff, o Graf Spee colocou a pique nove mercantes (sem causar a morte de nenhum dos tripulantes das embarcações inimigas) e distraiu a atenção de dezenas de navios de guerra ingleses e franceses do principal cenário de guerra, o Atlântico Norte.

Quando navegava perto da costa uruguaia, entrou em combate com três navios britânicos, ação que entrou para a História com o nome de Batalha do Rio da Prata. Langsdorff conseguiu atingi-los duramente. No entanto, teve que se retirar para consertar os danos sofridos pelo Graf Spee, e seguiu para o porto neutro de Montevidéu (que, embora neutro, não era amigável com os alemães, mas sim com os ingleses).

O embate levou dezenas de milhares de pessoas em Montevidéu e em Buenos Aires às respectivas avenidas beira-rio, para aguardar a aproximação dos navios com a esperança de assistir de "camarote" ao duelo entre as mais poderosas marinhas de

O cruzador Graf Spee conseguiu atrapalhar a
navegação aliada nos primeiros meses da guerra

guerra do mundo. Durante dias, a Segunda Guerra Mundial esteve presente neste
recanto longínquo da América.

Finalmente, depois de ouvir os rumores de que mais navios britânicos se aproxima-
vam do rio da Prata, Langsdorff percebeu que o lugar era um beco sem saída. E desistiu.

Após enterrar 36 marinheiros no cemitério da capital uruguaia, zarpou do porto.
A sete quilômetros de distância da costa, ordenou que os marinheiros abandonassem
o navio. Cargas explosivas detonaram no fundo do encouraçado, que afundou.

A tripulação alemã refugiou-se em Buenos Aires, porto neutro (mas amigável
com o Reich). Posteriormente, grande parte dos marinheiros foram para província de
Córdoba. Outra parte retornou à Alemanha para continuar a guerra.

No entanto, Langsdorff não retornou à Alemanha. Em seu quarto do City Hotel,
ao lado da Praça de Maio, o capitão deitou na cama. Enrolado na bandeira alemã –
não a nazista com a suástica, mas sim a velha insígnia imperial, já que ele próprio não
se considerava um nazista –, suicidou-se com um tiro.

Nos anos seguintes, os capitães aliados – seus inimigos – foram unânimes em defini-lo como "um cavalheiro".

Langsdorff foi enterrado no setor alemão do cemitério de La Chacarita, em Buenos Aires.

OS EUA PLANEJARAM BOMBARDEAR BUENOS AIRES EM 1940

O ano era 1940. As tropas nazistas acabavam de ocupar a França, e tudo indicava que a qualquer momento poderiam tentar a invasão da Grã-Bretanha. Praticamente sozinho no mundo contra o Terceiro Reich, o governo de Winston Churchill tentava conseguir a adesão dos Estados Unidos, que ainda permanecia neutro. Nesse ano de incertezas, a inteligência britânica armou uma manobra delirante para convencer os EUA da ameaça nazista mundial, e escolheu o Uruguai como cenário de sua trama. Londres fez com que o governo norte-americano acreditasse que o pequeno e desprotegido país sul-americano poderia ser tomado por forças nazistas espalhadas dentro do Uruguai, a modo de quinta-coluna, e também por tropas vindas de fora.

Segundo os documentos que os britânicos divulgaram na época, a base nazista serviria de trampolim para invasões posteriores da Argentina e do Brasil. Os americanos convenceram-se de que essa ameaça era possível, mas não da forma planejada pelos britânicos: a intenção original era causar temor nos EUA, e então oferecer a base naval que possuíam nas ilhas Malvinas como ponto de operações no Atlântico Sul. Em troca dessa base e outras na Guiana, no Caribe e em Terranova, Churchil pretendia conseguir navios de guerra norte-americanos que fortalecessem as defesas britânicas contra os ataques alemães.

Mas em lugar de pensar na utilização das bases britânicas, os EUA prepararam planos para instalar uma base no próprio Uruguai, perto de Punta del Este, de onde um milhar de hidroaviões poderiam combater os nazistas no rio da Prata, e, se fosse preciso, bombardear Buenos Aires – na época já conhecida como centro de atividades pró-nazistas na América do Sul.

Uma investigação sobre o caso foi realizada em 2005 pelo uruguaio Antonio Mercader, ex-embaixador de seu país na OEA e ex-ministro da Educação do governo do presidente Jorge Batlle (2000-2005). Antonio, parente de Ramón Mercader, que assassinou Leon Trotsky em 1938, descobriu que, influenciados pelo rumor britânico, os EUA começaram a planejar um ataque preventivo que impedisse a ameaça nazista. Um relatório do FBI fazia assustadoras comparações: as forças armadas uruguaias não ultrapassavam 25 mil homens, ao passo que "a população do Eixo" no Uruguai chegava a 216 mil pessoas, a maioria composta por italianos, alguns poucos milhares de alemães, incluindo também ínfimos 250 japoneses.

O suposto complô nazista teve suas trapalhadas: o serviço secreto dos EUA indicou cinco cidadãos alemães residentes em Montevidéu como espiões nazistas, e mais tarde descobriu que quatro deles eram judeus alemães, evidentemente antinazistas. Segundo Mercader, as confusões sobre aquelas longínquas paragens da América do Sul faziam com que o secretário de Estado dos EUA, Cordell Hull, trocasse com frequência "Paraguai" por "Uruguai".

Os especialistas norte-americanos concluíram que o lugar adequado para montar uma base que impedisse ou pelo menos bloqueasse o avanço nazista na região seria o vilarejo de Laguna Sauce, próximo ao balneário de Punta del Este, que contava com uma lagoa única na região como base para hidroaviões. No total, os norte-americanos planejavam utilizar mil hidroaviões. O plano foi elaborado pelos oficiais da Marinha Albert Benjamin e William Brereton, que nunca chegaram a explicar de onde os EUA tirariam tal frota desses aparelhos. A ideia da base não foi abandonada, e em 1942, com um governo argentino que pouco discretamente colaborava com o Terceiro Reich, os EUA especularam mais uma vez controlar o tráfego de navios pelo rio da Prata, e se fosse o caso, bombardear Buenos Aires, a partir da base de Laguna Sauce. No entanto, a Argentina nunca entrou na guerra ao lado do Terceiro Reich e o bombardeio da cidade foi engavetado.

GUIA HITLERIANO DE BARILOCHE

"Daqui vocês podem ver a cordilheira dos Andes, o lago Nahuel Huapi e ali, no meio do bosque, a última residência de Adolf Hitler e Eva Braun." A insólita frase é pronunciada ocasionalmente por guias aos turistas que visitam a cidade de Bariloche, na Patagônia, no sul da Argentina. Ali, segundo um polêmico livro, teria se refugiado o tenebroso Führer do Terceiro Reich após o fim da Segunda Guerra Mundial, em 1945.

A obra é *Bariloche Nazi: lugares históricos relacionados com o nacional-socialismo*, do jornalista e escritor Abel Basti. Trata-se de um guia turístico para percorrer o "lado nazista" dessa cidade com arquitetura bávara no sopé dos Andes.

Além da fantasiosa última residência de Hitler, o guia mostra com detalhes as casas e os lugares onde passeavam e se reuniam dezenas de criminosos de guerra – como Erich Priebke e Reinhard Koops –, que nos anos 1940 e 1950 se esconderam nessa cidade. Outros nazistas, como Walter Kutschmann, Josef Schwammberger e Abraham Kipp, também teriam passado pelo lugar.

Na época, Bariloche não passava de um vilarejo afastado da civilização, a 13.500 quilômetros das fumegantes ruínas de Berlim. Ali se esconderam nazistas alemães e austríacos, bem como croatas "ustaschas", belgas, fascistas italianos e colaboracionistas franceses. "Não estou reivindicando ideologia alguma", explica o autor do excêntrico *city guide*. Basti me explicou que o livro convida o turista a percorrer Bariloche em uma perspectiva "diferente", "alternativa" à tradicional. "É para que o leitor conheça como e onde viveram estes sombrios personagens."

A polêmica do guia começa pela capa, na qual – por meio de uma fotomontagem – aparece uma estátua de Hitler no centro de Bariloche. Dentro, um mapa exibe o "*tour* nazista", tal como em Hollywood os mapas mostram as casas das estrelas do *show business*.

Diversos comerciantes e políticos locais protestaram contra o livro, já que não querem que Bariloche tenha a imagem de uma cidade nazista, nem que atraia hordas de militantes de extrema-direita de todo o mundo. A comunidade judaica também protestou.

Um dos principais protagonistas do nazi-guia é o alemão Erich Priebke, oficial da SS responsável, em 1944, pelo Massacre das Fossas Ardeatinas, em Roma, onde ordenou o assassinato de 345 civis. Priebke fugiu para a Argentina logo após a guerra, instalando-se em Bariloche. Ali viveu tranquilamente, sem modificar seu nome, tornando-se uma das pessoas mais "respeitadas" e com grande influência na cidade através da presidência da Associação Cultural Germano-Argentina.

No entanto, uma equipe jornalística o retirou do esquecimento mundial no início dos anos 1990. Em 1995, foi extraditado para a Itália, onde está preso. Sua casa e os lugares que frequentava são um dos pontos de interesse do guia.

Segundo o autor, passaram por Bariloche figuras sinistras do Terceiro Reich, como o médico Joseph Mengele; o "cérebro" do Holocausto, Adolf Eichmann, e até o braço-direito dos últimos anos de Hitler, Martin Bormann.

Entre as peculiaridades do livro, Basti mostra fotos de um suposto *bunker* de nazistas no meio dos bosques, que foi misteriosamente dinamitado pelo exército argentino décadas após o fim da Segunda Guerra.

Perto de Bariloche, está o "Berghof" – uma residência no sopé da cordilheira, no município de Villa La Angostura –, que tem o mesmo nome da casa que Hitler tinha nos Alpes da Baviera. Ali, segundo Basti, teriam se refugiado o Führer e sua esposa. Contrariando a maioria dos historiadores, o escritor argentino afirma que o casal não se suicidou em Berlim e que teria fugido para a Patagônia em um submarino.

O TANGO, "UMA FORMA DE CAMINHAR PELA VIDA"

Para o escritor Jorge Luis Borges, o tango era "uma forma de caminhar pela vida". Para o poeta Enrique Santos Discépolo, "um pensamento triste que pode ser dançado". No exterior, o tango é a música emblemática que representa a Argentina, embora o mesmo gênero musical também seja símbolo do vizinho do outro lado do rio da Prata, o Uruguai. Os argentinos se ufanam da definição dada pelo filósofo americano Waldo Frank, que sustentou que o tango é "a dança popular mais profunda do mundo".

A palavra tango talvez seja a mais associada à Argentina em todo o planeta. A crise econômica de dezembro de 2001 foi chamada de "efeito tango" pela imprensa mundial. O caráter fatalista e pessimista que muitos argentinos exercem diariamente sobre a política, a economia e suas próprias vidas pessoais também é apontado como "um tango".

Mais do que triste, o tango é introvertido e introspectivo, ao contrário de outras danças populares que são extrovertidas e eufóricas. Para o escritor Ernesto Sábato, "somente um gringo pode fazer a palhaçada de aproveitar um tango para conversar e se divertir". Segundo o autor, "um napolitano dança a tarantela para se divertir. O portenho dança um tango para meditar em seu destino".

O tango é multifacetado. Suas letras falam da mãe "santa", da turma de amigos, das ruas do bairro e da pérfida – e perdida – mulher que os abandonou. Mas, além disso, o tango também fala do hedonismo e da aparência, das divisões sociais e dos picaretas. Ele também é frequentemente satírico, com letras que disparam ácidas farpas contra tudo e contra todos.

ORIGENS AFRICANAS DO TANGO

Mais do que argentino, o tango é portenho, já que o interior da Argentina seria mais bem representado por outros ritmos, como o chamamé, o malambo e a zamba.

O bairro de La Boca não foi o berço do tango, ao contrário do que indicam certas lendas. O tango surgiu por volta de 1877 no bairro de Montserrat, situado entre a Casa Rosada e o atual Congresso Nacional. Na época, ali residiam os descendentes dos escravos negros que haviam sido libertos em 1813.

Em Montserrat, também chamado de "*barrio del Mondongo*", os afro-argentinos organizaram-se em associações beneficentes, que de noite – em barracos de sapé – preparavam festas para angariar fundos.

Nesses eventos, tocavam batucadas lânguidas, que para os escandalizados vizinhos brancos da área eram acompanhadas de danças "luxuriantes" e "indecentes" na coreografia. As reuniões em Monserrat-Mondongo muitas vezes acabavam subitamente com a intervenção da polícia, que aparecia para "colocar ordem" no lugar.

Na época de Carnaval, as associações de afro-argentinos saíam às ruas para dançar ao som da batucada, denominada na região do rio da Prata como candombe. A rivalidade dos grupos – cada um queria mostrar que era melhor na coreografia – provocava confrontos sangrentos nas ruas. Por esse motivo, depois de anos de incidentes, o governo ordenou a dissolução das associações.

Sem poder sair às ruas, os afro-portenhos organizaram lugares exclusivos de dança, os *tambos*. Com essa palavra começa a polêmica sobre a origem do tango. Para alguns "tangólogos", "tango" viria de "*tambo*". Mas algumas etnias do Congo dizem "tangó" para referir-se a "espaço fechado" ou "círculo" nos quais, para entrar, é preciso pedir licença. Os traficantes espanhóis de escravos denominavam "tangó" o lugar onde prendiam os escravos. Para outros, vem de "Xango" ou "Xangô", deus africano da guerra.

A própria palavra "tango", com essa grafia, aparece em 1836 no *Diccionario Provincial de Voces Cubanas*. O livro define "tango" como "a reunião de negros para dançar ao som de seus tambores ou atabaques". Outra teoria indica que "tango" vem de "tambor".

A polêmica e a discussão são elementos altamente cotados na mesa dos argentinos. Portanto, abundam versões sobre o assunto. Uma corrente indica que "tango" vem de "*tang*", palavra pertencente a um dialeto africano que poderia ser traduzida como "aproximar-se, tocar". Curiosamente, outra versão sustenta que a palavra vem do latim *tangere*, que também significa "tocar". No espanhol antigo, *tangir* equivale a tocar um instrumento.

Casal exibe destreza nos difíceis passos do tango nas ruas de Buenos Aires.

Para complicar, no século XIX existia na Espanha um "tango andaluz". E no México, no século XVIII, uma dança com o mesmo nome.

Mas o fato é que em 1866 é a primeira vez que a palavra "tango" foi usada para designar esse novo ritmo, em um jornal argentino para referir-se à canção "La Coqueta". Dez anos depois, um tango-candombe intitulado "El merenguengué", que se tornou muito popular, era tocado com violão, violino, flauta e tambores afro-argentinos.

Nenhuma das teorias etimológicas (há muitas outras) foi comprovada. Os argentinos continuam dançando este gênero sem se preocupar com isso.

Dessa forma, os afro-portenhos tiveram que resignar-se a ficar dentro de seus *tambos*, dançando o embrião daquilo que em poucas décadas seria o tango tal como o conhecemos hoje em dia. O seu modo de dançar era – de certa forma – similar ao samba brasileiro atual: dança solta, eventualmente segurando o/a parceiro/a, além de muito requebro.

Neste momento, ocorre uma guinada que seria fundamental para o desenvolvimento do tango: o surgimento do *compadrito* nos *tambos*.

O PÁRIA COMPADRITO

"*Dos hombres llegan / son dos rivales / en el duelo criollo / resolverán / que el brazo diga / quién tiene más derecho / a disfrutar los besos / de la mujer fatal*".

O poema, de Martinelli Mazza, ilustra o *compadrito*: um homem disposto a matar outro pelo amor de uma mulher. E, muitas vezes, apenas pelo prazer de matar, de ver o sangue correr, de ter uma épica pessoal para contar na hora de beber a aguardente no bar com amigos e desconhecidos.

Como no caso do *majo* espanhol, morrer, para o *compadrito*, não era um drama. Para saciar o acentuado gosto pela morte, tanto fazia ser o instrumento ou a vítima do óbito de alguém.

Compadrito é um diminutivo pejorativo de *compadre*, palavra usada na Espanha e na Argentina para designar um tipo de homem semiurbano. Na Argentina do século XIX, havia dois tipos de pessoa: o homem urbano e o *gaucho*, o homem do campo livre ou peão que trabalhava nas planícies do Pampa.

O *compadrito* não era nenhum dos dois. Vivia de biscates na periferia das cidades, sem ousar entrar nelas nem pensar em voltar ao campo. Trabalhava ocasionalmente como vaqueiro levando o gado ao porto ou carneando as reses.

Nas horas livres – que eram muitas – dedicava-se ao jogo, a tocar o violão, além de cuspir entre os dentes com inigualável destreza. Na hora da conversa, "*compadreava*".

Ou seja, fanfarronava. O costume de lavar a honra com profusão de sangue alheio teve no *compadrito* o último representante em solo argentino.

O *compadrito* seria a temática principal dos tangos das primeiras décadas, com letras que relatavam os duelos e seu comportamento briguento e passional. Mas antes de ser assunto de letras de tangos, ele mudou a forma de tocar e dançar esse gênero.

Tanto o *compadrito* como o descendente de escravos eram párias da sociedade. Os afro-portenhos tinham seu lugar de divertimento, os *tambos*. Os *compadritos*, nada. Portanto, começaram a frequentar o lugar de batuque dos negros da cidade. Dali, levaram o ritmo dos tambores a seu bairro, o Corrales Viejos, onde estavam os currais do gado. Hoje, ali está o bairro de Parque de los Patricios, ou, simplesmente, Parque Patricios.

Em seus lugares de festa, os *compadritos* acrescentaram o violão ao batuque. Os tambores foram eliminados rapidamente. Mas a herança negra ficou através dos trejeitos e do compasso na hora de dançar.

Antes de entrar em contato com os negros portenhos, o *compadrito* dançava a milonga, a polca, a mazurca e a quadrilha. Depois, continuou dançando os mesmos gêneros. Mas a forma de dançar mudou. O *compadrito* as havia desafricanizado.

Para um dos maiores "tangólogos" da Argentina, José Gobello, o tango não seria uma nova dança (em sua origem), mas uma nova forma de dançar aquilo que já se dançava na época.

A nova forma era gozadora, irreverente, descontraída. Mas, ao contrário dos afro-portenhos, o *compadrito* dançava colado à sua parceira. O animado jeito africano cedeu terreno a uma elegância hispana.

O principal lugar de dança dos *compadritos* eram as "academias", cafés misto de bordéis. Além desses lugares onde se consumiam mulheres e bebidas, existiam os *peringundines*, lugares exclusivos para a prática do sexo pago. Em ambos havia o tango, dança excessivamente lasciva para os padrões da época. Mulheres "decentes" não o dançariam. As únicas que aceitavam fazê-lo eram as prostitutas.

O escritor espanhol Rafael Salillas descreveu o tango em 1898 como "uma dança que não é dorsal como o flamenco. O tango é postero-pélvico... sua representação é um simulacro erótico". Depois de explicar detalhadamente os movimentos do ventre e o "jogo de quadril", faz um esclarecimento: "dança-se entre casais, mas sem cópula".

O tom sexual da dança era tão acentuado que se tornava praticamente impossível encontrar mulheres disponíveis. Mas a vontade de dançar do *compadrito* era frequentemente impossível de deter. Por esse motivo, sem grau algum de misoginia, para matar a vontade, dançava com um colega homem, em via pública, diante de todos. Alguns analistas do tango consideram que isso indicaria uma raiz gay nesse gênero de dança.

No entanto, a maioria sustenta que dançar com outro homem é coisa costumeira em diversas danças em todo o mundo.

Depois dos *compadritos* foi a vez de os imigrantes italianos – que chegaram em massa na década de 1880 – darem sua contribuição. Eles acrescentaram a flauta, o bandolim e o realejo como instrumentos. Além disso, muitas prostitutas italianas – que vinham fazer a América – "amaciaram" a forma excessivamente lasciva de dançar o tango.

A italianização do tango – um período de transição – começou nos cabarés da avenida Corrientes, na esquina da rua Uruguai. Mas esses "antros" tiveram vida curta e, por causa das pressões da polícia, precisaram emigrar para áreas mais afastadas do centro. Nos novos estabelecimentos, o tango recebeu uma nova guinada, com a chegada dos *cajetillas*.

OS *CAJETILLAS*: OS FILHINHOS DE PAPAI

Os *cajetillas* eram os rapazes da abastada classe alta portenha. Para divertir-se (como muitos jovens fazem atualmente) imitavam o malandro da época, neste caso, o *compadrito*. Falavam com o palavreado do compadrito e tentavam ser rudes. E, de quebra, queriam dançar as mesmas músicas.

Para mostrar que eram valentes, frequentavam os lugares dos *compadritos*. Ali, dançavam o tango com as prostitutas.

No entanto, o escasso conforto dos bordéis da periferia de Buenos Aires – e a clientela pouco amável para com os garotos mimados da aristocracia – cansou os *cajetillas*. Assim, eles levaram o tango para suas próprias *garçonnières*. Nesses apartamentos, o tango ficou mais refinado com a contribuição de músicos profissionais, que acrescentaram violino, piano e bandoneón. Esse gênero servia de fundo musical para os encontros amorosos.

Nesta etapa – que começa quatro décadas após o surgimento dos *tambos* –, o tango dependerá intensamente dos prostíbulos portenhos. A cidade estava cheia deles. Em menos de meio século, a capital argentina havia deixado de ser um simples e poeirento vilarejo à beira do rio da Prata, nos confins da América do Sul, para ser uma metrópole de 1,5 milhão de habitantes em 1913.

Desses, segundo o censo, 850 mil eram homens, ao passo que 726 mil eram mulheres. Ou seja, 124 mil homens – a maioria jovens imigrantes – estavam sem companhia feminina.

Dessa forma, prosperaram os bordéis. Dois deles tornaram-se emblemáticos para o tango: a casa de María, "La Vasca", e a de Laura. A clientela era seleta: advogados, médicos, *playboys*, atores, funcionários públicos, fazendeiros, banqueiros. Tanto Laura como María sabiam do alto padrão de exigência de seus clientes e colocavam músicos de primeira linha para tocar o tango.

O primeiro grande grupo de tango tinha dois afro-argentinos, "El Negro" Casimiro Alcorta, no violino, e "El Mulato" Sinforoso no clarinete.

O primeiro tango gravado por uma orquestra – a de Vicente Greco – foi "Don Juan", do compositor Ernesto Ponzio, em 1898.

Neste ponto, na segunda metade da década de 1890, o tango chega a uma bifurcação. Por um lado, começa a ser mais conhecido na classe baixa e passa a ser frequente nos teatros populares. As partituras de tangos começam a circular. E, de quebra, uma jogada de marketing: o realejo – com sua aparência ingênua – começa a espalhar esse som por toda a cidade. Por outro lado, os *cajetillas* levam o tango a Paris.

LE TANGÓ

No início do século XX, a capital francesa era o centro da moda e da diversão mundial. Mais ainda para os argentinos, que até hoje – por causa de sua paixão pela Cidade-Luz – definem Buenos Aires como a "Paris da América do Sul". Fazer a *grand tournée* em terras gaulesas era uma questão de honra. Não ir a Paris uma vez por ano era mostrar falta de refinamento, ou, pior, falta de dinheiro.

Para essa metrópole, os *cajetillas* levaram partituras, músicos protegidos e até suas amantes, que começaram a espalhar rapidamente o tango nessa cidade. As prostitutas francesas – com abastados clientes portenhos – se esforçaram para aprender o ritmo. Por tabela, seus clientes locais – entre os quais estavam representantes da aristocracia parisiense e europeia, diplomatas e empresários – fascinaram-se pelo tango.

Dessa forma, o tango espalhou-se na principal metrópole europeia, saindo dos bordéis de luxo para os salões mais respeitados, causando *frisson*. O ritmo argentino era dançado pela princesa herdeira da Romênia e o infante Dom Luís de Orleáns.

Era um paradoxo. O tango triunfava na Europa, enquanto na Argentina ainda era considerado uma coisa de malandros, prostitutas e ralé.

Em 1913, a revista portenha *PBT* publicou um artigo com o título "Tangomania em Paris", no qual explicava que esse gênero musical era uma "verdadeira obsessão" na capital francesa e que todos nessa cidade falavam sobre o assunto: "cada pessoa tem uma opinião sobre o tango. Quem não a tem, finge tê-la, pois caso contrário se desqualificaria, passando por ignorante, distraído ou desatualizado".

O momento de glória do tango na França ocorreu em outubro de 1913, quando, na reunião anual do Institut de France, foram realizadas seis conferências. Uma delas, a de Jean Richepin, foi a respeito do tango. Na época, os críticos de arte até discutiram sobre as possibilidades escultóricas dessa dança.

Dessa forma, carregado de honrarias e glórias, o tango deixaria as margens do Sena e voltaria às ribeiras do rio da Prata. Mas o tango que voltaria ao Hemisfério Sul já não era o mesmo. Ele estava voltando mais elegante, desprovido do lado mais "sexual" de sua forma de dançar. Sua passagem em Paris o havia "sensualizado".

BÊNÇÃO PAPAL

"Demasiado sensual!". "Obsceno!". "Satânico!". Essas eram algumas das duras expressões emitidas pelos bispos franceses ao referir-se ao ritmo sul-americano em 1913, quando este arrasava nos salões da burguesia parisiense. Os arcebispos de Paris, Cambray e Sens, junto como o bispo de Poitiers, atacaram ferozmente esse ritmo "pecaminoso" de seus púlpitos, pedindo que a Santa Congregação da Disciplina dos Sacramentos analisasse o caso e considerasse sua proibição.

Diante da polêmica que ameaçava tornar o tango alvo de uma proibição da Igreja Católica, a embaixada argentina em Roma decidiu demonstrar ao papa Pio X (1903-14) que a dança de forma alguma ameaçava os bons costumes cristãos. Os diplomatas argentinos estavam respaldados por diversos jovens da aristocracia italiana, ansiosos por dançar o tango no Carnaval de 1914. Tudo indicava que se a Igreja o proibisse, as forças armadas da Itália impediriam que seus oficiais o dançassem nos elegantes bailes que estavam sendo preparados para essa festividade.

Poucas semanas antes do Carnaval, em fevereiro daquele ano, o Sumo Pontífice encarregou-se de julgar, pessoalmente, os eventuais "perigos" do tango. Os encarregados de defender o ritmo perante o supremo chefe da cristandade foi um casal de irmãos da aristocracia italiana. Os jovens "enganaram" o papa Pio X, dançando uma versão *light*, que fosse o suficientemente "inofensiva" para os padrões morais do Santo Padre.

O cuidado dos dançarinos em evitar qualquer tipo de "obscenidade" obteve resultados exagerados. Pio X, após a exibição do tango no Vaticano, ironizou sobre essa moda proveniente da Argentina: "ela obriga seus escravos (os dançarinos) a dançar um baile tão pouco divertido". O papa aproveitou a ocasião para recomendar a "furlana", dança camponesa do século XIX, que considerava mais "animada".

Com o prestígio obtido nos salões da aristocracia europeia e certa neutralidade papal, o caminho estava aberto para que o tango voltasse a Buenos Aires. Não sendo mais visto como um ritmo do lúmpen, conquistou a classe média e expandiu-se, permitindo, dessa forma, o sucesso de cantores como Carlos Gardel. O tango começava a conquistar os corações e mentes dos argentinos.

Mas a má fama do tango ainda permaneceu pairando sobre a Europa em certos setores da sociedade. Uma década depois, no dia 1º de fevereiro de 1924, outro papa, neste caso, Pio XI (1922-39), quis analisar pessoalmente aquilo que Pio X havia autorizado.

Nesta ocasião, o tango foi dançado – novamente em versão *light* – pelo bailarino argentino Casimiro Aín. A melodia escolhida foi um raro tango com nome religioso, o "Ave María", do compositor Francisco Canaro. Para conquistar o coração do papa, Aín fez um malabarismo no fim do tango que o deixou em posição de genuflexão diante do Sumo Pontífice. Pio XI retirou-se do salão em silêncio. A reação papal foi interpretada como um sinal de aprovação. Nunca mais o tango teve que passar pelo crivo da Santa Sé.

A ERA DOS POETAS

Dois grandes poetas do tango – Homero Manzi e Enrique Santos Discépolo – debutam praticamente ao mesmo tempo, em 1926. Manzi retrata seres humanos desprezados e humildes. Suas letras apelam para a compaixão do público. Manzi também transformou a temática do "bairro" em uma constante do tango. Esse é o caso do bairro de Pompeya, entre outros, que foram descritos por ele em tangos como "Barrio de Tango" e "Sur".

Além disso, Manzi cria um certo "surrealismo popular" que será desenvolvido posteriormente por Homero Expósito e Horacio Ferrer (poeta preferido de Piazzolla).

No tango "Malena" Manzi diz: "*a yuyo de subúrbio tu voz perfuma*" (matinhos de subúrbio tua voz perfuma). Ele também indica que ela fala "com voz de sombra" e que seus olhos "são escuros como o esquecimento". De quebra, sustenta que por suas veias "corre sangue de bandoneón". Com este tango acaba a velha retórica e inicia uma poesia mais refinada.

Segundo José Gobello, na *Crônica geral do tango*, graças a Manzi, outros poetas poderão arriscar-se a versos diferentes dos tradicionais. Homero Expósito falará em "tranças da cor de mate amargo"; Catulo Castillo citará a "lágrima de rum que leva ao *bas-fond*". Ou, Horacio Ferrer, que poderá colocar "uma andorinha no motor superesporte" de "Balada para um louco".

Discépolo, que nasceu em 1901 e morreu em 1954, tinha o pessimismo como característica principal e tendência a julgar tudo por seus aspectos mais negativos. Em seus versos, Discépolo (ou "Discepolín", como era chamado carinhosamente por seus amigos) tem a certeza absoluta de que "o mundo foi e será uma porcaria", de que "a vida é um inferno", que a pessoa honrada "vive entre lágrimas" e que, de quebra, "vale o mesmo um burro ou um grande professor".

Depois de observar o mundo que o rodeia, o poeta começa a olhar para dentro de si próprio e esquadrinhar sua angústia. Em "Uno", um de seus tangos mais famosos, Discépolo diz: "pura como és, terias salvado minha esperança com teu amor".

O público adorou o que Discépolo dizia. Os tangólogos consideram que o poeta elaborava versos com reclamações sociais e éticas. Com Discépolo surge o tango introspectivo.

A pergunta que aparece nesse cenário é: "mas é possível dançar os tangos com estas letras quase psicanalíticas?". Sem dúvida. Os argentinos dançaram as melodias, independentemente das letras que continham. E o próprio Discépolo afirmou que "o tango argentino é um pensamento triste que pode ser dançado".

A ERA DAS GRANDES ORQUESTRAS

Nos anos 1930 e 1940, a Argentina teve a era das grandes orquestras do tango, para os mais diversos gostos e classes sociais. Foi a "era de ouro" do tango. O músico Juan D'Arienzo foi o responsável por recuperar o tango depois do período de letargia no qual havia entrado após a morte de Carlos Gardel. D'Arienzo torna-se um músico popular, levando o tango novamente a seu original compasso do dois por quatro, mais rápido. Ele fez seus intérpretes cantarem nesse compasso. Assim, o cantor, no esquema de D'Arienzo, era um instrumento a mais na orquestra. "Coloquei a orquestra em primeiro plano e o cantor em seu devido lugar. Além disso, tentei restituir ao tango seu tom varonil, que havia perdido", relatava o tangueiro em uma entrevista em 1949.

D'Arienzo cultivava um estilo diferente de Francisco Canaro, que tinha um toque mais marcial; ou de Julio De Caro, que tinha pretensões sinfônicas em suas composições. Gobello sustenta que D'Arienzo trouxe ar fresco e juvenil ao tango.

> A dança havia sido substituída pela letra e pelos cantores, além do arranjo. Mas D'Arienzo chegou para deixar claro que aquele pensamento triste que podia ser dançado também poderia ser uma dança alegre que pode ser pensada. Dessa forma, os jovens interessaram-se novamente pelo tango.

A era das grandes orquestras, que levou a população novamente em massa aos salões de tango, também gerou uma série de músicos que oscilavam entre o tradicionalismo e o vanguardismo. Esse é o caso de Osvaldo Pugliese. Uma de suas composições foi precursora da vanguarda que se iniciaria nos anos 1950: "La Yumba". Além dele, foi crucial nesse período Aníbal Troilo, um virtuoso do bandoneón que montou uma orquestra com um time de músicos de primeira (entre eles, o jovem Astor Piazzolla). Carismático, tocava o bandoneón com carinho, fato que o tornou querido pelo grande público e pela crítica.

No final dessa era, diversos músicos tentaram dar um tom de "hierarquia" ao tango. Mas as tentativas geraram híbridos que não tiveram sucesso de público e crítica, como criar um tango sinfônico e apresentá-lo no elegante Teatro Ópera de Buenos Aires com uma soprano que era obrigada a cantar em *lunfardo* (gíria). Ou, em outros casos, dar tons de Frédéric Chopin à introdução de vários tangos. Essa tentativa de procurar um novo caminho mais "elevado" para o tango não deu certo. A renovação tangueira viria com um bandoneonista de 30 e poucos anos: Astor Pantaleón Piazzolla.

A REVOLUÇÃO PIAZZOLLIANA

Em 1992, Astor Piazzolla morria em um hospital portenho, vítima de uma agonia de dois anos provocada por trombose. Sua partida interrompeu os planos de uma ópera tango-rock e uma missa solene tangueira.

Ele, que foi o grande compositor argentino do século XX, continuou sendo a principal referência na primeira década do século XXI para os novos compositores.

Piazzolla misturou a síncope do jazz, a percussão, a guitarra elétrica, o violoncelo e orquestras sinfônicas. A forma de tocar o bandoneón, em pé, apoiado em apenas um joelho, era considerada "herética" pelos tradicionalistas, que diziam que o bandoneón tinha que ser tocado sentado.

Os tradicionalistas também implicavam com sua barba. Depois, implicaram com seu cavanhaque. E até implicaram com sua "mosca" (o minicavanhaque).

Piazzolla cruzou a linguagem popular e culta. Não é à toa que na loja eletrônica Amazon.com este compositor argentino está simultaneamente nas categorias de tango, jazz, música clássica e *world music*. Piazzolla revolucionou o tango a partir dos anos 1960. Seu estilo predominou durante três décadas, até sua morte. Entre suas composições mais famosas estão o "Adiós Nonino" e "Balada para um louco".

A influência do estilo piazzolliano foi tão grande que a nova fase do tango argentino só foi possível mais de uma década após sua morte, com o tango techno.

Gardel e o garoto Astor

Carlos Gardel estava protagonizando mais um filme em Nova York pela Paramount em 1934 quando um garoto de 13 anos, Astor, foi conhecê-lo. O garoto levava um presente do pai para Gardel, que consistia em uma figura de um homem tocando violão (o instrumento que Gardel tocava) esculpida em madeira e um convite para comer raviólis em sua casa.

Astor morava em Nova York desde que tinha 4 anos de idade (ali residiria até os 16) e tocava o bandoneón, instrumento que seu pai havia lhe dado de presente quando fez 9 anos. Os Piazzolla moravam em um modesto apartamento na rua St. Marks Place, atualmente no bairro boêmio do Village.

Gardel ficou fascinado pelo garoto que falava perfeitamente inglês e espanhol e o convidou a fazer uma ponta no filme *El dia que me quieras* como *canillita* (jornaleiro) em uma rua portenha (na realidade, filmado em um estúdio em Manhattan).

Astor tornou-se seu guia e tradutor em Nova York, especialmente pelo bairro italiano, onde Gardel – bom garfo – gostava de conhecer as cantinas. Ocasionalmente, Gardel comia raviólis de ricota na casa dos Piazzolla.

Um dia Piazzolla foi ao apartamento de Gardel para mostrar como tocava o bandoneón. "Senta aí tranquilo, bebe o leite e toca algo no *bandoneón*."

Carlos Gardel tocando violão, seu instrumento favorito.

Astor tocou umas valsinhas, umas rancheras, e finalmente um tango.

"Pibe, você toca o bandoneón como um galego!" (sinédoque usada na Argentina para indicar um espanhol), disse brincando Gardel. E falou que o garoto tinha que dar um toque mais argentino em seu jeito de tocar o instrumento. Até então, Piazzolla tivera aulas de piano com o húngaro Bela Wilda, um discípulo de George Gershwin, e tocava com os amigos judeus nova-iorquinos nas festas do bairro.

Meses depois, Gardel convidou Astor para participar de sua trupe, que ia fazer uma turnê pela América Central e Colômbia. O pai de Astor, Vicente (chamado de Nonino), achou que ele era muito novo, que seu filho não podia deixar a escola, e disse que desta vez não viajaria.

Gardel partiu. Quase no final da viagem, em Medellín, o cantor e todos que estavam junto com ele morreram em um acidente de avião.

Astor Piazzolla ficou com os pais mais alguns anos em Nova York e depois voltaram para a Argentina.

Apesar dessa convivência, a pessoa crucial para que Astor virasse Piazzolla foi a pianista Nadia Boulanger, sua professora em Paris nos anos 1950, época em que ele queria ser um compositor clássico.

Um dia, cansada das tentativas eruditas de seu aluno, perguntou se havia composto algo de sua terra. "Um tango", disse ele. E tocou o tango "Triunfal". Boulanger pegou as duas mãos de Piazzolla e disse, olhando fixo em seus olhos: "é isto o que você tem que fazer".

Alguns tangólogos afirmam que ele foi uma espécie de George Gershwin argentino.

Outra pessoa crucial na vida de Piazzolla foi o poeta uruguaio Horacio Ferrer. Juntos, fizeram tangos como "Balada para um louco", composição que levou o tango mais além do lamento e da nostalgia e de chorar a partida da mulher para entrar no surrealismo.

Esta peça – uma "valsinha tangueira" – foi imortalizada no dia 15 de novembro de 1969 no Luna Park, em pleno centro portenho, onde transcorria o encerramento do Festival Ibero-americano de Dança e Canção.

Piazzolla havia iniciado a parceria com Ferrer pouco tempo antes, quando o poeta havia renunciado a um posto que tinha na Universidade da República, em Montevidéu, Uruguai.

Piazzolla, ao ler seus poemas, lhe disse: "isso que você faz na poesia, eu faço com a música. Larga tudo e vem trabalhar comigo".

A nova dupla começou a preparar a ópera-tango "María de Buenos Aires". Mas entre uma pausa e outra, foram assistir no cinema a *Rey por inconveniência* (cujo título no original era *Le Roi de Coeur*, o "Rei de Coração"), de 1966, do diretor Philippe de Broca, que trata de um soldado britânico (interpretado pelo genial Alan Bates) que chega em um vilarejo francês após o final da Primeira Guerra Mundial. Ali só estão os loucos que fugiram do manicômio local.

Ferrer, ao ver o filme, ficou fascinado: "o soldado viu que os loucos tinham um enfoque da vida melhor que os outros". Isso o inspirou para a figura do louco, protagonista da balada.

Os dois amigos atarefaram-se na composição da obra, concluída no apartamento que Piazzolla tinha na avenida Libertador. No dia "D", Ferrer levou a letra de "Balada para um louco". Piazzolla, fascinado, tocou uma melodia. Parecia que estava em transe.

Mas Ferrer não gostou. "Não tinha o lado romântico e boêmio que a letra requeria", explicou anos depois. Piazzolla tentou uma segunda melodia.

Mas, desta vez, foi o próprio Piazzolla que não gostou daquilo que ele próprio havia composto. "Não, não... parece um tango plagiado de Mariano Mores [um tangueiro de fama nos anos 1940 e 1950, na ativa até hoje]."

Depois, na terceira tentativa, começou colocando alguns acordes de "Adiós Nonino", e finalmente, com essa base, construiu "Balada para um louco".

Ferrer começou a recitar seu poema. Emocionado, quando Ferrer terminou de ler o poema e a melodia foi encerrada, Piazzolla disse com os olhos marejados: "Horacio, temos um míssil em nossas mãos!". Finalmente, na noite do festival, Amelita Baltar, uma jovem cantora, preparava-se para entoar a canção. O público estava impaciente. "Vai lavar pratos!", gritavam alguns espectadores enquanto a cantora tremia, nervosa, segundo confessou anos depois.

O impaciente público sequer ficou em silêncio quando a jovem cantora – que se tornaria uma das várias esposas de Piazzolla – começou a pronunciar os primeiros versos do recitativo.

"Las tardecitas de Buenos Aires tienen esse que sé yo, viste? Salgo de casa por Arenales, lo de siempre en la calle y en mí, cuando de repente…".

Quando terminou, foi ovacionada longamente. Mas os fãs dos grupos musicais rivais jogaram moedas sobre o palco.

Naquela noite, Amelita estava tão nervosa enquanto cantava, com tal dificuldade para respirar, que, em um momento, respirou fundo (muito fundo)... e o vestido rasgou nas costas. Quando terminou, enquanto era aplaudida, teve que caminhar para trás, até sair do palco.

O festival premiaria naquele dia três categorias: música internacional, música tradicional e tango.

Durante a apresentação, havia um homem na plateia que gritava "que filho da p..., que filho da p...!!". Piazzolla, irritado com a fala, evitava olhar para o público. Quando terminou, foi para o camarim. Minutos depois, entrou o dono da voz, que mais uma vez, gritava: "que filho da mãe! Que filho da mãe pode fazer uma música fantástica dessas!". Era Vinicius de Moraes. Ele fazia parte do júri, composto por eminências internacionais da música da época. A poeta e cantora peruana Chabuca Granda e o argentino e tangueiro Armando Garrido eram outros integrantes do tribunal que votou a favor de Piazzolla-Baltar-Ferrer.

Mas o júri popular convocado pelos organizadores do festival optou pelo tango tradicional "Até o último trem", de Julio Ahumada e Julio Camillioni.

A obra era interpretada pelo tangueiro com um impressionante registro de barítono, Jorge Sobral.

"Balada para um louco" não venceu o festival. Mas, na semana seguinte, o disco com a canção foi lançado e vendeu 200 mil cópias. Imediatamente, o cantor Roberto Goyeneche, encantado com a obra, também a gravou. E a partir dali, ficou famosa em todo o mundo.

O compositor Astor Piazzolla durante um ensaio no Teatro Guaíra, em meados dos anos 1980, observa a partitura de seu tango "Fracanapa" na companhia de seu pianista. Na ocasião, ele disse que o tango, música da cidade de Buenos Aires, não era algo fossilizado: "os portenhos mudam e o tango muda com eles".

Alfajores, Borges e o tango

No verão de 1986, eu tinha 19 anos e era estudante de jornalismo na Universidade Estadual de Londrina. Meus pais moravam em Curitiba, e, durante as férias de verão, coincidiu que Piazzolla apresentava-se no Teatro Guaíra. Levei uma caixa de alfajores feitos por meus pais e um disco para ele autografar. Cheguei ao hotel onde ele se hospedou, na frente da Praça Santos Andrade, mas o porteiro me avisou: "ele saiu para dar uma caminhada". Dez minutos depois, ele entrou e eu me apresentei. Quando lhe dei a caixa de alfajores, ele arregalou os olhos: "Alfajores! Mas como você conseguiu alfajores aqui no Brasil?". Respondi: "meus pais fazem". E ele: "Teus pais fazem?? Em Curitiba??".

Na sequência, me disse, apontando para o *long-play*: "Esse disco é meu?". Eu o mostrei. "Você vai querer um autógrafo, não é?". Respondi: "Claro!". Ele autografou meu disco, comeu um dos alfajores e me perguntou o que ia fazer depois. "Nada, ia voltar para casa…". E ele: "nada disso, você vai ser meu tradutor… Tenho que dar uma entrevista para a revista *Veja* e não entendo nada do que o repórter diz".

Resultado: durante uma hora e meia fui tradutor de Piazzolla no salão do último andar do Mabú Hotel (nesse intervalo, Piazzolla havia comido outros dois alfajores).

Aproveitei, no final, para fazer umas perguntas.

> O escritor Jorge Luis Borges (ainda vivo naquele início de 1986) dizia que o tango só foi "tango" até Carlos Gardel "afeminar" esse gênero musical. Mas, paradoxalmente, Borges fez letras para tangos "modernos" e "afeminados" seus. Como conseguiu convencê-lo a escrever essas letras para o senhor?

Piazzolla sorriu e respondeu rindo: "Borges é um *hinchapelotas* [chato de galochas]… nem ficou sabendo que essas letras eram para essas músicas".

E agora vamos para a parte mais importante: no final, quando estávamos nos levantando da mesa, perguntei se ele achava que sua música era mesmo tango, já que muitos tangueiros tradicionais diziam que era outra coisa, que poderia ser jazz até.

Piazzolla me disse: "A música de Buenos Aires é o tango. E se hoje a música de Buenos Aires é minha música… logo, minha música é tango".

Na sequência, me convidou para ir ao Guaira. Não para ver seu show da noite seguinte, mas sim para ter o privilégio de ver o ensaio com seu grupo durante a tarde. E, assim, pude ver como o mestre preparava sua apresentação.

Meia década depois, voltando da casa de um amigo ao qual havia emprestado o disco do Piazzolla, passei na frente da livraria Ghignone, na rua XV, em Curitiba. Vi um alvoroço. "Quem está ali?", perguntei. Um amigo apareceu e me disse: "Uau! É o Carlos Zéfiro!". Entrei rapidamente e consegui me aproximar do desenhista emblema do erotismo brasileiro. Pedi um autógrafo a Zéfiro. Mas percebi que não tinha um papel. Nesse momento ele perguntou: "De quem é esse disco?". "Piazzolla", disse eu. "Ah, o dos tangos modernos... eu fiz uns tangos para a orquestra Tabajara".

Na sequência, pegou o disco e assinou ao lado do autógrafo do Piazzolla.

Assim, *Don Astor* e *seu* Zéfiro estão unidos na capa de um disco que há anos está na casa de meus pais. Coincidentemente, Zéfiro faleceu um dia depois de Piazzolla, em 5 de julho de 1992.

TANGO TECHNO, TANGO ELETRÔNICO, A JOVEM GUARDA

Os primeiros sinais do tango techno e o tango eletrônico surgiram em meados dos anos 1990. No entanto, o *boom* desses estilos, que empapava o tango com o ritmo do rock techno (e em alguns casos, com o heavy metal e o jazz), começou no meio da crise econômica, social e financeira argentina de 2001-2, quando os paradigmas culturais dos argentinos sofreram algumas reviravoltas. A crise foi a oportunidade para emplacar o novo estilo, que dez anos antes teria gerado repulsa do público.

Entre os grupos de tango techno que mais se destacaram estava o Gotan Project (uma banda de tango eletrônico de Paris, integrada

O tango é uma mania mundial. Nos concursos realizados anualmente em Buenos Aires também participam dançarinos de tango de países asiáticos.

por franceses, suíços e um argentino), o Bajofondo (grupo de Buenos Aires cuja estrela é Gustavo Santaolalla, vencedor de dois Oscar de melhor trilha sonora) e o Tanghetto.

Além do tango techno-eletrônico, diversas orquestras de tango constituídas por jovens tocam o tango tradicional, recuperando velhas canções. No entanto, boa parte desses grupos exibem um visual alternativo, distante do *smoking* ou terno e gravata dos sisudos grupos tradicionais. Alguns músicos da orquestra Fernández Fierro, por exemplo, usam camisetas e *dreadlocks*.

Dessa forma, somente os mais ortodoxos ainda tentam enquadrar o tango dentro de uma estrutura rígida: alguns dizem que o tango é apenas o tango do compasso 2 por 4 (o 4 por 8, mais lento e elegante não seria tango, afirmam); outros, que o tango é tango quando pode ser dançado. Existe um grupo (um de seus integrantes era Borges) que afirma que o tango são aquelas canções fortemente compassadas cujas letras evocam a memória de bravuras e brigas... uma espécie de demonstração de virilidade. Outro setor acredita que a questão é cronológica. Isto é, o tango seria tango até a morte de Gardel, até o surgimento da orquestra de Horácio Salgán ou até Piazzolla.

Mas existe um denominador comum no tango do início do século XX e do XXI? O denominador comum do tango argentino seria o lugar onde ele nasceu e onde teve a maior parte de seu desenvolvimento, isto é, a cidade de Buenos Aires. Mas, evidentemente, esse denominador não é uma constante... ele é variável porque a cidade cresceu, se desenvolveu industrial, arquitetônica e etnicamente. Buenos Aires incorporou novos elementos culturais. E, como o tango é a música dessa cidade em permanente mutação, não poderia deixar de ser influenciado pelas mudanças.

O próprio portenho de 1870 – *criollo* ou negro – não é o mesmo de 1910, italiano e judeu. Muito menos o portenho de 2010, com forte presença de pessoas do interior do país e imigrantes peruanos, paraguaios e bolivianos. Os *compadritos* do início do século XX se *descompadrizaram* com o surgimento de uma forte classe média e a escola pública e gratuita.

O filósofo grego Heráclito afirmava que o homem é como um rio. A cada minuto se transforma. A água de um rio que passa em determinado ponto nunca retornará. O portenho também. Está em um contínuo devir. O tango também.

E se o tango passa por crises, é porque o portenho passa por crises de identidade. José Gobello, o autor de *Crônica geral do tango* e presidente da Academia do Lunfardo, me disse anos atrás: "se a gente quer um tango eterno, é preciso admitir a fatalidade de não se banhar duas vezes no mesmo tango... tal como o tango deve admitir a fatalidade de não expressar duas vezes o mesmo portenho...".

TEMÁTICAS DO TANGO

Alguns temas são emblemáticos. Vejamos a seguir:

- *Buenos Aires* – A cidade onde nasceu o tango argentino é referência de centenas de tangos. Suas ruas, praças, bairros e até as luminárias das ruas (*farolitos*) estão presentes nas letras. O mais famoso é "Mi Buenos Aires querido", de Carlos Gardel e Alfredo Le Pera. Não existem tangos famosos falando de Córdoba, Rosário, Mar del Plata ou mesmo da uruguaia Montevidéu (terra que compartilha o tango com Buenos Aires).

- *Paris* – Esta é a segunda cidade mais citada nos tangos argentinos. A capital francesa era o cenário de tangos como "Anclao en Paris" (Ancorado em Paris), na qual o intérprete vê como a neve cai sobre o *boulevard* através da janela, entre outros. Além disso, dezenas de francesas foram imortalizadas nos tangos portenhos, entre elas "Mimi Pinsón", "Madame Ivonne" e "Griseta".

- *O bairro* – Um tango denominado "Cien barrios porteños" (Cem bairros porteños) criou o mito de que a cidade continha uma centena de bairros. No entanto, Buenos Aires possui menos da metade desse número: 48, no total. Mas muitos bairros foram imortalizados em tangos, como "Barrio de tango", que retrata Pompeya, na zona sul da cidade. Ou "Sur" (Sul), que ilustra os bairros de Boedo e Pompeya. E quando o bairro não é o tema principal de um tango, existem inúmeras referência secundárias a essas áreas da cidade de Buenos Aires, especialmente com alusões ao bairro da juventude do protagonista do tango. Evidentemente, com abundância de alusões nostálgicas. Dentro desses bairros, existem subtemas, como as esquinas (que é o lugar onde os amigos se encontram) e o *farolito* (a luminária antiga da cidade de Buenos Aires).

- *A mãe* – As mulheres são um assunto constante nos tangos. Mas, entre todas, a única 100% reverenciada – sem exceção – é a mãe. Ela é chamada de *mamá* (mamãe) ou *vieja* (velha, no sentido carinhoso). Ou ainda, *viejita* (velhinha, mais carinhoso ainda). Se na vida real as mães são sagradas, nos tangos elas também são dignas de merecer templos de idolatria.
  A mãe é o porto seguro dos protagonistas dos tangos nos momentos de angústia. Ou, quando o protagonista, arrependido de sua vida, busca o perdão. "Só uma mãe nos perdoa nesta vida, é a única verdade, é mentira todo o resto", diz a letra de "La casita de mis viejos". Nesse caso, também existe uma subdivisão, a da casa materna, abundante nos tangos.

Em meados dos anos 1960, um jornalista perguntou a Aníbal Troilo qual era o motivo da existência de tantas mães nos tangos. Troilo respondeu perplexo: "Onde você queria que elas estivessem???".

A mãe é um dos temas recorrentes do tango. Nas letras ela sempre é santificada. Ao lado, Gardel admira foto da mãe.

- *Os amigos* – O tango "Adiós muchachos" (Adeus, rapazes) é o mais emblemático das composições que fazem alusão à *barra* (turma) de amigos. E, em plena conexão com a temática do "bairro", os amigos geralmente são amigos desde a infância no querido bairro. Eles, eventualmente, "salvam" o protagonista das desventuras do amor e da falência.

- *Os cafés e bares* – Os cafés eram o ponto de encontro dos portenhos há 100 anos. E um século depois, continuam sendo *o lugar*. Sobretudo de namorados – e o cenário de rompimentos amorosos –, o lugar de filosóficas conversas sobre a vida, além de ser uma espécie de quartel-general dos solitários que observam o transcorrer da vida pelos janelões dos cafés. Um dos mais famosos tangos que transcorre em um café é o "Cafetín de Buenos Aires" (Cafezinho de Buenos Aires), no qual o protagonista explica que ali aprendeu sobre o jogo, o amor e a amizade, além de ser o lugar onde fumou o primeiro cigarro. "Como poderia te esquecer neste lamento, *cafetín* de Buenos Aires, se você é a única coisa na vida que se pareceu à minha mãe?"

- *O Tango* – Neste caso, casa de ferreiro... espeto de ferro. A partir dos anos 1930, muitos tangos fazem referência ao próprio gênero musical do tango. Essa autorreferência pode ser vista em tangos como "Alguien le dice al tango" (Alguém diz ao tango), que descreve algumas características do tango. Mas, o "metatango" tornou-se uma obsessão e praticamente um beco sem saída. Também existem tangos como "Fueye" (Fole), "Che Bandoneón" e "Alma de Bandoneón", entre outros, que se referem ao instrumento-emblema do tango, o bandoneón.

- *Queixas* – Os tangos são nostálgicos, geralmente. Nesses casos, o protagonista tem saudade do passado, da mulher que o deixou, do bairro da infância, da mãe que já morreu. Há também queixas por perceber que a cidade e suas pessoas mudaram, reclamações pela inflação e a pobreza. Esses são os casos de tangos como "Donde hay un mango" (Onde há uma grana). Ou o caso de tangos nos quais o protagonista lamenta sobre a disparada da corrupção e da falta de ética, como "Cambalache". Em "Uno", o cantor diz que ele sabe que "a luta é cruel e é muita (luta)".

- *A mulher* – O *metejón* (o sentimento passional que vai do carinho à paixão descontrolada) é mais comum no tango do que o amor tranquilo. Com frequência, o protagonista está apaixonado por uma *mina* (mulher) que não lhe dá a menor bola (como em "Yo no sé porque te quiero", isto é, Eu não sei por que te quero). Ou, se a mulher lhe deu bola alguma vez, já o deixou por outro. Inclusive, as prostitutas deixam seus cafetões por outros homens. Além disso, estão as mulheres puras que prometem ser a redenção dos protagonistas pecadores, como o tango "Tú" (Tu). Mas, possivelmente em 99% dos tangos, quem termina a relação amorosa (quando ela começa ou existe de verdade) é ela. Isso ocorre em "Mano a mano" (Estamos quites) e "Amargura" (na qual o protagonista vai encher a cara). Em alguns casos, depois de ser abandonado pela mulher, os amigos também deixam o protagonista. E, em "La Cumparsita", além das amizades, o cachorro também deixa o dono.

Existem raros tangos nos quais a mulher volta, arrependida. E raríssimos tangos em que o homem festeja a partida da mulher. Esse é o caso de "Victoria", a história de um sujeito que celebra porque a mulher o deixou por outro. Nesse caso, ele indica que em poucos dias o outro homem percebeu que essa mulher é mais intragável que a "Emulsão de Scott", o óleo de fígado de bacalhau.

LITERATURA, MÚSICA, CINEMA E QUADRINHOS

LITERATURA

A literatura argentina começa durante o período de conquista e colonização espanhola. As primeiras crônicas sobre a região são de autoria do alemão Ulrico Schmiedl, que acompanhou a primeira tentativa de fundação de Buenos Aires (para logo em seguida voltar à Europa), e do explorador Alvar Núñez Cabeza de Vaca ("Comentários"). Mas o primeiro autor residente no território da futura Argentina foi o poeta e militar espanhol Luis Pardo. Ele chegou à cidade de Santiago del Estero em 1581 e recebeu elogios do poeta e dramaturgo Lope de Vega. Pardo teria passado primeiro pelo Paraguai e depois morado no norte da Argentina. Anos mais tarde voltou à Espanha. No entanto, nenhuma de suas obras sobreviveu.

Em 1602 foi publicado na Espanha o poema épico "La Argentina e conquista do rio da Prata", escrito pelo poeta espanhol Martín Del Barco Centenera. Essa é a primeira menção ao nome "Argentina" para designar a região que atualmente constitui o país.

A fundação da Universidade de Córdoba, em 1613, transformou a cidade em um centro cultural. Mas a produção literária ainda engatinhava nos séculos XVII e XVIII. As influências estrangeiras em novas correntes eram limitadas, já que a Coroa espanhola impunha uma dura restrição à divulgação das notícias provenientes da Europa, além de uma censura sobre a venda de livros suspeitos de heresia ou de crítica à família real e às instituições monárquicas.

A Revolução de Maio (1810) – que culminaria na Independência argentina – acabou com as restrições impostas por Madri. Dessa forma, em 1812 foi inaugurada a primeira biblioteca pública de Buenos Aires. A ideia, proposta por um dos líderes da revolução, Mariano Moreno, teve imediato sucesso, conseguindo dos portenhos a doação de 2 mil livros no primeiro mês de funcionamento. Um volume considerável, se levarmos em conta que naquela época Buenos Aires tinha 30 mil habitantes.

Como a Independência era recente, os sentimentos "hispânicos" ainda eram fortes na sociedade. Por outro lado, alguns setores admiravam a França e tentavam copiar a cultura francesa. O resultado foi uma paradoxal reação "espanholista" na cultura local.

Na primeira década do século XIX, surge o primeiro escritor de peso considerado 100% argentino, e com uma temática puramente local: Esteban Echeverría (1805-51), um militante liberal com estilo romântico que foi um dos expoentes da denominada "Geração de 1837" (geração de intelectuais e políticos que eram jovens nesse ano e que marcariam a cultura argentina em meados do século).

Echeverría publicou *O matadouro*, que, embora descreva a forma de matar gado na Buenos Aires da época nos matadouros, é uma metáfora – com um cru e duro estilo realista – sobre a política de repressão do caudilho Juan Manuel de Rosas. Na sequência, surge Estanislao del Campo, que teve sucesso com *Fausto*, uma paródia gauchesca ao *Fausto* de Wolfgang Goethe.

Na mesma época, inicia-se uma literatura de estilo e temática gauchesca, cujo ponto culminante será o *Martín Fierro*, do escritor José Hernández (1834-86). O livro – que em forma de poema exibe um panorama sociológico da época em que foi publicado, 1872 – transformou-se no equivalente argentino à obra portuguesa *Os lusíadas*. O texto relata as aventuras do corajoso gaucho Martín Fierro, um homem honesto de vida dura que se revolta contra as autoridades. E teve grande sucesso no interior do país, onde as pessoas identificavam-se com as vicissitudes de Martín Fierro

Livro escolar, foi a obra que o nacionalismo argentino adotou como própria, em contraposição aos escritores com influências europeias que surgiram depois. Paradoxalmente, foi o livro preferido dos governos autoritários, embora o *gaucho* Fierro seja um rebelde. No século XX, o poeta nacionalista de extrema-direita Leopoldo Lugones (1874-1938) sustentou que *Martín Fierro* era o mais emblemático livro nacional argentino. O fora da lei Fierro transformava-se em um herói nacional daqueles que pregavam "ordem".

Lugones abre espaço para a poesia argentina, marcada na época por elaborada retórica suntuosa. Mas, no início do século, surgem poetas que pregam um estilo mais simples, entre os quais Baldomero Fernández Moreno e Evaristo Carriego.

Os *gauchos* continuam aparecendo como forte temática entre os escritores da primeira metade do século XX, entre eles Ricardo Guiraldes, que escreve *Don Segundo Sombra*, publicado em 1927. A obra destacou os regionalismos argentinos, embalados por uma linguagem culta.

Nos anos 1920, surgiram dois grupos literários, que aglutinavam a vanguarda literária: Florida e Boedo. A primeira reúne jovens da elite vanguardistas e cosmopolitas, enquanto o segundo concentra intelectuais de classe média que tinham textos de forte crítica social.

Na mesma época, começam a aparecer uma série de escritores jovens que teriam grande sucesso até o final do século XX, entre os quais Jorge Luis Borges, Leopoldo Marechal, Adolfo Bioy Casares, Ernesto Sábato, Julio Cortázar, Manuel Mujica Láinez, entre muitos outros. Vários desses jovens autores foram influenciados pelo autor Roberto Arlt, que era o escritor-estrela na época. Borges, Bioy Casares, Sábato e Cortázar seriam classificados como os expoentes do realismo fantástico argentino. Esses e outros escritores teriam como mecenas e divulgadora a milionária Victoria Ocampo, descendente de uma das mais ricas famílias da Argentina, que colocaria sua fortuna pessoal à disposição de uma revista que seria crucial para o desenvolvimento das letras latino-americanas em meados do século: *Sur*.

Borges, dono de um elegante estilo nos contos (jamais escreveu uma novela), poemas e ensaios, seria o mais conhecido no exterior, além de influenciar escritores e intelectuais na Europa e nos Estados Unidos. Suas principais obras são *O Aleph*, *Ficções* e *O informe de Brodie*. Borges e Bioy Casares conceberiam vários contos detetivescos satíricos em dupla.

Jorge Luis Borges sentado à tumba do escritor norte-americano Edgar Allan Poe.

Barraquinha de livros usados exibe todo tipo de títulos
na feira do Parque Rivadavia, em Buenos Aires.

Nos anos 1950, as pressões políticas e a censura do governo peronista levaram escritores ao exílio. Cortázar (autor de *O jogo da amarelinha* e *História de cronópios e famas*) mudou-se para a França, onde fez grande sucesso. Vários de seus contos foram transpostos para o cinema, como *Blow-up*, de Michelangelo Antonioni.

Nos anos 1960 e 1970, os diversos governos militares também provocaram o exílio de milhares de intelectuais. Alguns ficaram, como Sábato (autor de "O túnel"), mas paralisaram sua produção literária.

A volta da democracia, em 1983, provocou um florescimento das letras (cujas obras teriam como uma temática recorrente os anos da ditadura). Os nomes destacados a partir dali são Ricardo Piglia, Tomás Eloy Martínez, Antonio Di Benedetto, Rodolfo Fogwill e Hector Tizón e Cesar Aira.

Nos anos 1990, floresceriam autores como Martín Caparrós, Guillermo Martínez e Rodrigo Fresán. Na primeira década do século XXI, surgiram os nomes de Martín

Kohan e Samanta Schweblin, entre outros que integrariam a denominada "Jovem Guarda" ou "Nova Narrativa Argentina", que se desprenderam da temática da ditadura militar da geração anterior.

Boa parte dos jovens autores possui características do realismo fantástico que marcou a literatura argentina na maior parte do século XX.

MÚSICA

A música que serve de emblema da Argentina no exterior é o tango. No entanto, somente um em cada quatro argentinos consome regularmente esse estilo musical. O cotidiano dos habitantes desse país está também embalado pelo rock, a música folclórica e a *cumbia* argentinizada. Vejamos como os argentinos convivem com os principais estilos de música.

Um dos redutos da música erudita é a Orquestra Filarmônica de Buenos Aires, fundada em 1946, cuja sede está no Teatro Colón, a principal sala de concertos, balé e ópera do país.

O Teatro Colón é considerado o templo das artes musicais argentinas. Foi ao longo do século XX uma das principais casas de ópera do mundo.

Nos séculos XIX e XX, o país teve poucos nomes de peso como compositores de música erudita, como Alberto Williams e Alberto Ginastera. Mas conta com um significativo contingente de intérpretes de peso internacional, entre os quais os pianistas Daniel Barenboim e Marta Argerich.

Argerich tornou-se desde os anos 1970 em uma das principais intérpretes, preferidas pelos grandes regentes da Europa. Barenboim, depois de ter feito sucesso como pianista, tornou-se regente da Filarmônica de Berlim, entre outras grandes orquestras do mundo. Nascido na Argentina, filho de judeus emigrados da Europa, Barenboim mudou-se para Israel quando era criança. Ali ele criou uma orquestra mista de jovens músicos judeus e palestinos, a Orquestra Divan, com a qual tenta fazer uma aproximação cultural entre os dois povos.

A denominada "música folclórica argentina" abrange um amplíssimo leque de estilos cujo ponto em comum é a herança espanhola dos tempos da colônia, misturado com ritmos indígenas remanescentes locais. A marca indígena fica evidente no uso da *quena* (flauta incaica) ou do *charango* (instrumento que vagamente recorda o cavaquinho) e o bumbo.

O *folklore*, com características diferentes em cada região argentina, começou a tornar-se nacionalmente conhecido quando massas de imigrantes do interior começaram a ir a Buenos Aires nos anos 1930 e 1940. Nos anos 1950, o *folklore* teve seu *boom*, servindo de contraponto ao urbano tango.

Nos anos 1960, os subestilos do *folklore*, entre os quais estão o *chamamé*, o *gato*, o *malambo*, a *cueca* e vários outros, incluíram letras de reivindicação social. O *folklore* tornou famosos na Argentina e no resto do mundo intérpretes como Mercedes Sosa e Atahualpa Yupanqui.

O *folklore* estava perdendo força nos anos 1990, pois seus principais intérpretes continuavam sendo os mesmos das décadas anteriores, muitos dos quais estavam morrendo. De quebra, enfrentava a concorrência dos ritmos "bailanteros", entre eles, a *cumbia*. Mas, no final dessa década, surgiu uma jovem de 18 anos, Soledad Pastorutti, que deu um novo tom ao folclore, incorporando um estilo de show que recordava os roqueiros. Dessa forma, Soledad conseguiu atrair novamente os jovens para o *folklore*.

Outro estilo é a *cumbia* colombiana – ritmo caribenho, que desceu ao longo da América do Sul, passando pelo Peru e pela Bolívia, até chegar à região central da Argentina, para dali alcançar Buenos Aires. Modificada drasticamente nesse trajeto rumo às terras meridionais – além de sofrer acréscimos da música mexicana –, a *cumbia* argentina transformou-se em um subgênero da *cumbia* colombiana.

Da mesma forma que a música sertaneja no Brasil incorporou novos instrumentos (metais e eletrônicos) e aplicou um ritmo mais comercial à antiga música caipira, a

Mercedes Sosa, a cantora mais famosa da Argentina. Suas músicas, politizadas, embalaram as manifestações argentinas durante décadas.

cumbia argentina tornou-se sucesso nos anos 1990 com um estilo marcado pela repetição para consumo da classe trabalhadora, com temáticas dos subúrbios, corações partidos, drogas e letras sexualmente picantes. O ritmo é compassado, repetitivo e quase lânguido.

Além do público inicial dos imigrantes, a *cumbia* atraiu os habitantes argentinos das *villas miseria* (favelas), criando um subgênero – a *cumbia villera* – com letras que retratam a criminalidade.

De forma paralela, mas com influências mútuas, consolidou-se, especialmente na cidade de Córdoba, o *cuarteto*, um acelerado ritmo cujo expoente, no final do século XX e começo do século XXI, era o cantor La Mona Gimenez.

Na virada do século, na época da crise, a *cumbia* também incorporou elementos rítmicos do hip-hop, funk e rap.

No início da segunda década do século XXI, a *cumbia* era o ritmo mais popular da Argentina, embora não tivesse o respaldo das grandes redes de TV e dos meios de comunicação, que tendiam a considerá-lo um gênero de baixa categoria.

No entanto, os grupos de *cumbia* faziam grande sucesso e expandiam-se por todo o país nas classes baixa, média baixa e média média. A expansão também se devia ao fato de que os grupos não combatiam a pirataria de seus CDs, já que sua principal receita provinha dos grandes shows que realizavam com entrada a preços baixos, reunindo milhares de pessoas.

Esse estilo musical é também genericamente chamado de *bailanta*. No entanto, *bailanta*, rigorosamente falando, é o lugar de dança deste ritmo. Isto é, as discotecas ou baladas da *cumbia* argentina.

O rock argentino sofria uma forte concorrência do tango e da música folclórica, que nos anos 1960 e 1970, no apogeu de tendências de nacionalismo de esquerda, havia aglutinado as reivindicações por mudanças sociais no país. O rock era visto como algo frívolo, importado. Na época faziam sucesso os equivalentes argentinos à Jovem Guarda: Sandro e Ramón "Palito" Ortega.

Alguns roqueiros contestadores tentavam encontrar um espaço no mercado, mas com sucesso relativo. Quando começou a ditadura militar em 1976, os jovens roqueiros sofreram restrições (ao mesmo tempo que havia proibição total para as músicas de tom social do *folklore*).

No entanto, o mercado ficou aberto para o rock em inglês, um idioma que a maioria não compreendia, embora ouvisse. Portanto, não incomodava os militares. Mas isso mudou em 1982, com a Guerra das Malvinas, contra a Grã-Bretanha. Nesse momento, tudo o que era inglês passou a ser proibido. Entre eles, o rock britânico, banido da rádio e da TV na Argentina, com a acusação de ser "degenerado" e "incentivador da homossexualidade e do consumo de drogas".

Os militares decidiram convocar os roqueiros argentinos, que aproveitaram a brecha inesperada para crescer e criticar a Inglaterra de Margareth Thatcher... e indiretamente, com metáforas, também criticar a ditadura argentina. Uma delas era o irônico rock "Não bombardeiem Buenos Aires". O fato de o rock ter sido favorecido por uma ditadura que estava perdendo uma guerra é um fenômeno *sui generis* no mundo.

Os expoentes de 1982, entre os quais Fito Paez e Charly García, ainda fazem sucesso na segunda década do século XXI. O rock argentino teve uma grande influência temática do tango. As letras dos tangos, em sua maior parte, lamentam o fim de um amor, algumas falam da dependência da bebida e de drogas. Além disso, fazem críticas sociais. Tudo isso pode-se encontrar também no rock do país.

Os críticos musicais afirmam que a "lírica urbana" do tango e do rock argentino é praticamente a mesma. Esse é o caso de um dos principais poetas vivos do tango, Horário Ferrer, que compôs com Astor Piazzolla o "Balada para um louco". Ferrer me disse em entrevista que considera que o tango do futuro possa beber amplamente na fonte do rock e vice-versa. Segundo Ferrer, "os roqueiros argentinos estão feitos da mesma substância, da mesma boemia, da mesma linguagem... a longo prazo, o rock desse país irá se tanguificando".

CINEMA

O cinema argentino deu seus primeiros passos em 1897 com o francês naturalizado argentino Eugenio Py, que filmou a bandeira argentina movendo-se ao sabor do vento na Praça de Maio. O filme tem 17 metros de fotogramas. Três anos depois, fez o primeiro filme cujos protagonistas são pessoas: *Viaje a Buenos Aires* (Viagem a Buenos Aires). O protagonista é o presidente brasileiro Manuel Ferraz de Campos Salles, que visitou naquele ano a capital argentina. Campos Salles coprotagoniza o filme documentário com seu anfitrião, o presidente Julio A. Roca.

O primeiro filme com uma trama foi *El fuzilamiento de Dorrego* (O fuzilamento de Dorrego) de 1908, de Mario Gallo, sobre o primeiro assassinato político do país. Assim, o cinema argentino iniciava, tal como outras artes, marcado pela política.

Em 1917, seria realizado *El Apóstol* (O Apóstolo), um desenho animado que ironizava a carreira do presidente Hipólito Yrigoyen. Foi o primeiro longa-metragem de desenho animado da história mundial.

Nos anos 1930 – com o surgimento do cinema sonoro –, diversos atores argentinos passaram pela experiência de filmar com a Paramount em Nova York graças aos filmes que essa empresa americana fazia com o cantor de tangos Carlos Gardel para o mercado latino-americano.

Os anos 1930 marcam o início da produção cinematográfica argentina em massa, que viveria um *boom* nos anos 1940 e 1950, considerados "os anos dourados" do cinema nacional, coincidindo com o período de prosperidade do país e a ampliação da classe média, a grande consumidora dos filmes.

Nesse período, tornam-se famosos diretores como Mario Soffici e Leopoldo Torres Rios, além de Lucas Demare. Comédias de costumes, dramas românticos e policiais foram a marca da época.

No final dos anos 1950 e início dos 1960, aparece uma nova geração, que começa a participar de festivais internacionais graças à união da capacidade técnica com o refinamento estético. Surgem os nomes de Leopoldo Torres Nilsson e Fernando Ayala. No final dos 1960 e início dos conturbados 1970, apareceram Fernando Solanas e Leonardo Favio, que fazem um cinema engajado. É o "Novo Cinema Argentino", coincidindo com o "Cinema Novo" brasileiro ou a *Nouvelle Vague* francesa. Em 1975, Favio teria o recorde de bilheteria, ainda imbatível, com *Nazareno Cruz e o lobo*, um drama romântico que envolve um jovem apaixonado que corre o risco de virar lobisomem e o demônio, com 3,4 milhões de espectadores.

O golpe militar de 1976 mudaria o cenário criativo, levando centenas de pessoas da indústria cinematográfica à prisão (e em vários casos, à morte) ou ao exílio.

Com o fim do regime, acabou a censura. Os horrores do período militar marcaram a temática – durante mais de uma década – da indústria cinematográfica argentina.

Neste contexto, *A História Oficial*, de Luis Puenzo, um relato de um casal que tem como filha adotiva uma criança cujos pais foram sequestrados pela ditadura, marca o tom daqueles anos. O filme obteve o Oscar de melhor filme estrangeiro em 1985.

Nos anos 1990, surgiu o segundo "Novo Cinema Argentino", feito por diretores com produções independentes, cujo precursor foi Martín Rejtman em 1991 com *Rapado*. Mas o primeiro filme que teve impacto na opinião pública foi *Pizza, cerveja, cigarro*, de Bruno Stagnaro e do uruguaio Adrian Caetano, de 1998. Na sequência surgiram os diretores Pablo Trapero, que rodou *Do outro lado da lei*, Lucrecia Martel, autora de *O pântano* – entre outros. Os filmes, embora não tenham sido sucesso de bilheteria, tiveram excelentes críticas e foram premiados em festivais internacionais.

A crise de 2001-2 mudou novamente os paradigmas culturais argentinos, que passaram a dar mais atenção à produção nacional. Dessa forma, apesar da crise financeira, a produção cinematográfica teve um novo estouro.

Este foi o caso dos filmes de Juan José Campanella, como *O filho da noiva* (2001). Ou, ainda, *Clube da Lua* (2004), que trata da tentativa de um grupo de moradores de manter a sobrevivência de um clube de bairro, que acumula os sonhos de várias gerações, contra outros, que pretendem ganhar dinheiro fácil com ele. Este filme consolidou a fama do ator Ricardo Darín no exterior.

Outros filmes, naquela década, retrataram a grave crise social, mas com irônico humor urbano, tornando-se um marca do cinema argentino dessa nova etapa. Mais uma vez, o cinema argentino obteve um Oscar de melhor filme estrangeiro com *O segredo de teus olhos* em 2010 (nenhum outro país latino-americano conta com dois Oscar de melhor filme estrangeiro). O filme, que em 2009 teve a segunda maior bilheteria da história do cinema argentino, com 2,5 milhões de espectadores (em uma população, na época, de 37 milhões de habitantes), foi dirigido por Campanella e protagonizado por Darín.

O ator Ricardo Darín, sucesso de crítica e de bilheteria, ilustra o cartaz do filme *Um conto chinês*.

QUADRINHOS

As primeiras histórias em quadrinhos da Argentina surgem no final do século XIX na revista *Caras e Caretas*, em 1898. Nos anos precedentes haviam surgido revistas com grande espaço para as caricaturas, como *El Mosquito*, publicada entre 1863 e 1893, ou *Don Quijote*, que circulou de 1884 a 1905. Basicamente, eram publicações satíricas. *Caras e Caretas* tinha caráter informativo, mas, além de charges e notícias, também publicou as primeiras historinhas infantis em uma revista de grande circulação. Pouco depois surgiu *PBT*, que rivalizava com *Caras e Caretas*.

Caras e Caretas publicou a primeira tira com personagens fixos, continuidade e balões de diálogo: "Viruta y Chicharrón". Sobre a autoria dessas tirinhas existe grande polêmica, já que não há certezas categóricas sobre quem as desenhava.

Em 1919 surgiu *Billiken*, a primeira revista infantil a incluir historinhas, que quase um século depois ainda é publicada. Fundada por Constancio Vigil, foi a primeira revista a publicar *Superman* na Argentina.

Em 1928 aparece um dos mais importantes personagens da HQ na Argentina: o índio *Patoruzú*, proveniente da Patagônia, que, além de milionário, tinha uma força quase sobre-humana. Ele terá aventuras com Isidoro, seu amigo e irresponsável *playboy* portenho, que retratará fielmente a elite portenha. Seu autor, Dante Quinterno, terá mais de meio século de sucesso com esse personagem.

Nos anos 1930, o cartunista Lino Palácios lança *Ramona* e *Don Fulgencio*, personagens que deliciarão os leitores de jornais durante decênios.

Entre 1940 e 1960, o país vive a era dourada, com grandes tiragens das revistas e diversificação dos personagens. Nesse período terá sucesso nacional – e influência na região – o desenhista Guillermo Di Vito com sua revista *Rico Tipo*, em que desenha curvilíneas garotas, além de retratar a sociedade argentina da época com sarcasmo.

Nos anos 1950, surgem as HQs de mistério e detetivescas, para as quais começam a colaborar o italiano Hugo Pratt e o uruguaio Alberto Brecia, em alguns casos, com a companhia do roteirista de quadrinhos argentino Hector Oesterheld.

Em 1958 surge *El Eternauta*, uma HQ de ficção científica cuja trama central era uma invasão alienígena que, ao contrário das historinhas tradicionais, não começava nos EUA, mas sim em Buenos Aires. A história seria posteriormente assumida pela esquerda argentina como uma metáfora da resistência contra as ditaduras militares. O próprio Oesterheld, militante da esquerda, seria sequestrado e assassinado pela última ditadura.

Nos anos 1960, a concorrência da TV e a partida de muitos desenhistas argentinos para a Europa (em parte decorrente das perseguições e censuras dos vários governos militares) provocam um lento declínio dos quadrinhos argentinos.

Mas, nesse mesmo período, surgem importantes desenhistas argentinos no mercado internacional. Esse é o caso de Joaquin Lavado, mais conhecido como Quino, autor de *Mafalda*, a menina-filósofa que com seu grupo de amiguinhos disseca o comportamento dos adultos e, especialmente, dos políticos. Outra figura que teve sucesso mundial foi Mordillo, que, tal como Quino, reside na Europa há décadas.

Nos anos 1960, teve grande sucesso a revista *Tia Vicenta*, do cartunista Landrú, que, sob uma aparência ingênua, fazia uma forte sátira política. Nos anos 1970 e 1980 a crítica política esteve nas mãos da revista *Satiricón*, e, posteriormente, da *Humor Registrado*, que além de novos cartunistas também foi uma grande incubadora de roteiristas humorísticos.

Aqui vivió Mafalda, célebre personaje y
Patrimonio Cultural de la Ciudad
Creado por Joaquín Salvador Lavado, "Quino"
Homenaje de la Legislatura de la Ciudad Autónoma de Buenos Aires
2007

A menina Mafalda, com sua precoce sabedoria e espírito crítico invejável, é popular até hoje.

Nos anos 1980 e 1990 e no começo deste século tiveram grande peso cartunistas com um humor tipicamente argentino, de difícil exportação, como Caloi, autor de *Clemente*, uma espécie de pato com corpo listrado como uma abelha, que voa mas não tem asas e joga futebol. Ou o caso do reverenciado Fontanarrosa, autor de *Inodoro Pereyra*, um azarado *gaucho* acompanhado por seu cão Mendieta.

No final dos anos 1990 e na primeira década do século XXI também fizeram sucesso nacional e internacional a desenhista Maitena, cujas historinhas retratam a vida das mulheres modernas, suas contradições e o confronto com o machismo. Outro quadrinista de grande quilate é o autor da surrealista tirinha *Macanudo*, o desenhista Liniers.

Em 2012, os desenhistas argentinos ganharam um espaço especial com a inauguração do Museu do Humor, na avenida Costanera Sul, no bairro de Puerto Madero.

OS ARGENTINOS À MESA

O ano é 1879. Nas redondezas da cidade de Reconquista, no norte da província de Santa Fé, na recém-fundada cidade de Presidente Nicolas Avellaneda, o coronel Manuel Obligado convocou os imigrantes italianos da região de Friuli – cuja gastronomia tinha a carne de leitão como epicentro – que haviam acabado de se instalar na área como colonos. O militar cumprimentou todos com um forte aperto de mãos. Depois, subiu em uma caixa de querosene, olhou para o grupo e exclamou: "agora vocês começarão a transformar-se em argentinos!".

O teste, ele revelou, era o de comer, junto com os soldados, três grandes novilhos, que seriam assados dentro do couro durante mais de 12 horas em buracos cavados na terra. Meio dia depois, os imigrantes começaram a comer o carnívoro – e opíparo – repasto. E continuaram comendo carne. E não deixaram sobrar sequer um resto dos bovinos. Obligado sorria feliz: os imigrantes recém-chegados já eram argentinos.

A carne – tal como comentamos no capítulo "Afinal, quem são esses argentinos?" – é o quitute preferido dos argentinos, que na época de Obligado comiam, *per capita*, cerca de 180 quilos anualmente.

PRATOS BÁSICOS – E OUTROS NEM TANTO

Além dos bifes tradicionais, os argentinos possuem um leque pequeno de pratos – mas que são obsessões nacionais – que contém carne. Vamos a eles:

- **Milanesas:** As *milanesas* são a *pièce de résistance* das refeições das famílias argentinas. Além disso, em Buenos Aires foi criada uma variedade desse prato, a "milanesa à napolitana", que, apesar da referência à cidade no sopé do Vesúvio, surgiu no restaurante Nápoli, na frente do Luna Park, o estádio coberto onde se realizavam as principais lutas de boxe do país.
- **Pastel de papas:** Equivalente argentino ao escondidinho, prato preferido do general Perón.

- **Empanadas:** Contribuição gastronômica dos andaluzes, que, por seu lado, haviam herdado o conceito geral da empanada dos árabes. A mesma ideia básica de uma massa que, fechada sobre si, contém um recheio composto de carne, entre outros produtos; também deu origem ao *calzone* italiano, aos *cornish pastries* britânicos e às esfirras árabes. Na Argentina, as empanadas – feitas com massa de farinha de trigo – tornaram-se populares nos tempos do ditador Juan Manuel de Rosas, na terceira e quarta década do século XIX. Diversas províncias disputam a elaboração das melhores empanadas do país. As variações sobre o tema da empanada giram sobre os restantes integrantes do recheio: diversos tipos de verdura (ou não), ovo, passas e azeitonas (em alguns casos) e até pequenos cubos de batata e milho.

O quitute – que também é consumido como *fast-food* – passou por uma "modernização" desde os anos 1980 e atualmente conta com recheios protagonizados pelo queijo roquefort, molho branco e xerez, entre outras combinações.

Há dois outros pratos que são símbolos gastronômicos nacionais, mas não fazem parte do consumo cotidiano:

- **Locro:** A palavra, que provém do quichia *luqru*, designa um suculento cozido feito com abóbora, milho e feijão. Além desta base vegetal, o prato inclui carne fresca ou charque. Em algumas regiões, o *locro* também conta com miúdos bovinos (especialmente o intestino delgado), além de pedaços de carne suína (patas, rabo, orelha). É consumido sobretudo nos meses de inverno, já que é bastante calórico. Tradicionalmente, muitos argentinos comem *locro* no dia 25 de maio, data da Revolução de Maio de 1810.
- **Puchero:** Um tradicional cozido com abundantes vegetais e carnes dos mais diversos animais (basicamente galinha, leitão e boi). Hoje em dia, alguns restaurantes servem o prato uma vez por semana. O destino do *puchero* – que ostenta uma imagem de ser um "prato nacional" – foi similar ao da feijoada no Brasil, um prato ocasional. Carrega um simbolismo de ser um "prato-síntese" da gastronomia nacional, mas não é mais um elemento do cotidiano.

Além do sucesso entre o público nativo, os bifes dos quadrúpedes que pastam pelo Pampa fizeram a Argentina famosa no exterior, junto com o tango e o futebol. No entanto, a gastronomia cotidiana dos argentinos vai além dos produtos derivados de bois e vacas. Longe de um suposto "carnecentrismo", na mesa dos argentinos um estrangeiro poderá ver que existe uma caótica variedade de pratos de culturas diferentes, como as pizzas (italianas), junto com o mate (chimarrão, bebida indígena), entre outras.

Segundo o *Grande livro da cozinha argentina*, de 1991, a culinária do país é pouco uniforme, pois surgiu da fusão da cozinha espanhola com a indígena, além dos acréscimos de um imenso volume de imigrantes europeus.

Visitantes estrangeiros, em diversas ocasiões, acusaram a mesa argentina de contar com "pouca criação 100% nacional".

O cardápio básico semanal dos argentinos é composto pelo bife com salada, com purê ou "a cavalo" (com ovos fritos em cima); bifes à milanesa com batatas fritas; massas (um amplo leque), pizza e empanadas. De sobremesa, o flan com doce de leite, panquecas com doce de leite, sorvetes ou o *queso y dulce*. Os argentinos também gostam de *picadas*: entrada de queijos, frios, azeitonas, entre outros, que precede um churrasco ou uma refeição. Também são consumidas durante uma cerveja entre amigos em um bar ou em suas respectivas casas. O conceito é similar ao das *tapas* espanholas e da *tavola fredda* italiana.

Ao contrário dos imigrantes que vinham da Europa na primeira metade do século XX, as novas gerações de argentinos deixaram o consumo de peixe de lado. "O peixe é visto como comida de doentes, e de quebra, possui espinhas, coisa que dão pânico ao 'criollo'", diz o sociólogo Eduardo Archetti. O consumo de peixe na Argentina é baixo, apesar do longo litoral marítimo (onde abunda a merluza) e dos grandes rios, como o Paraná, o Uruguai e o Paraguai (nos quais nadam o surubi e o pacu).

Na mesa dos argentinos é ostensiva a presença das massas italianas, cuja variedade local deixaria no chinelo outros países da região. Um amplo leque de *pastasciutta*, com os talharins no topo, complementa-se com a massa fresca. Esta, por seu lado, tem os raviólis (de ricota, frango ou verdura) como estrelas. Os argentinos, ao longo dos últimos 130 anos, inventaram uma série de molhos locais para acompanhar a massa, que – tal como disse a jornalista gastronômica Carina Perticone – "fariam que os compatriotas de Dante Alighieri ou qualquer defensor das tradições italianas cortasse as veias com um CD do Rossini".

O mesmo cenário aplica-se às pizzas elaboradas no país, com uma massa muito mais grossa (e com ingredientes inimagináveis para um autêntico *pizzaiolo* napolitano, tal como ocorre no Brasil) do que a original feita na Itália.

As principais heranças italianas na mesa argentina são:

- **Raviólis:** Este prato – comum em todas as classes sociais – é praticamente um sinônimo de "domingo", já que é indispensável nas mesas dos almoços familiares dominicais. Os raviólis eram o centro da mesa em torno da qual girava o enredo da série de TV *Los Campanelli*. A trama desse sucesso argentino nos anos 1960 e 1970, com *remakes* nos 1980, era protagonizada por uma família de origem italiana, os Campanelli, que se envolviam em maracutaias, brigas familiares, paixões, divergências de gerações. Mas todas as diferenças terminavam quando o patriarca, com forte sotaque e misturando os idiomas, fazia o brinde e exclamava "*no hay nada má' lindo que la família unita!*" (não há nada mais bonito do que a família unida).

- **Nhoques:** *Gnocchis* para os italianos, *ñoquis* para os argentinos, protagonizam um ritual específico no dia 29 de cada mês. Deve-se à superstição que indica que comer essa massa nesse dia traz sorte. Mas, para ter sorte, além de comer os nhoques, deve-se colocar uma nota embaixo do prato. E, como toda superstição tem seus detalhes, esta não podia deixar de ter os seus: a nota deve estar dobrada.
- **Sorrentinos:** Uma espécie de ravioles com formato circular, apesar do nome-referência à cidade italiana de Sorrento, é uma criação argentina, da cidade de Mar del Plata.
- **Pizzas:** Sucesso nas mesas das residências argentinas e nos restaurantes. Muitas vezes são acompanhadas com a *fainá*, um triângulo de massa de farinha de grão-de-bico que tem a consistência de uma polenta dura. Várias casas de pizza têm balcões para comer as porções em pé, que são denominadas "*pizza al paso*".

Mas nem só de salgados vivem os argentinos. Além do delicioso *alfajor*, do qual falaremos mais para frente, duas sobremesas se destacam. O *queso y dulce* consiste em uma fatia de queijo fresco com uma fatia de doce de batata-doce (o *fresco y batata*) ou de doce de marmelo (chamado de *vigilante*). Outra boa pedida é o *quesillo* de cabra com mel de cana-de-açúcar ou doce de cayote (fruta que lembra vagamente a melancia), sobremesa típica do oeste e noroeste da Argentina.

E, como diz o ditado, "os argentinos são italianos que falam espanhol e pensam que são ingleses". A contribuição britânica, embora em menor escala, é também evidente, em especial na hora das sobremesas e o chá. Esse é o caso das panquecas, acompanhadas pelo doce de leite supostamente inventado na Argentina. A influência britânica também pode ser percebida pelo consumo de *scons* (pãozinho de origem escocesa) na hora do chá.

O orgulho nacional também se reflete na mesa (ou no copo): na primeira década deste século, a Secretaria de Cultura da Nação determinou que o vinho Malbec, o mate (e a erva-mate), o doce de leite, a empanada e o churrasco são "patrimônio cultural alimentício gastronômico argentino", já que se tratam de produtos tipicamente argentinos e de consumo generalizado em todo o país. Além deles, os argentinos pregam que são responsáveis por alguns inventos na área gastronômica.

O *revuelto gramajo* é considerado o único prato de sucesso 100% puramente argentino. Trata-se de uma mistura de omelete com batatas fritas e uma miríade de outros comestíveis criado pelo coronel Artemio Gramajo na década de 1870. Já a *salsa Golf* (ou molho Golf) foi criada por um futuro prêmio Nobel de Química, Federico Leloir, em 1920 (meio século antes de ser agraciado com o prêmio).

Leloir, no Golf Club de Mar del Plata, cansado de sempre comer camarões com maionese, pediu ao garçom que trouxesse diversos condimentos. E assim surgiu a *salsa Golf*, resultado da mistura da maionese com o ketchup. Leloir nunca patenteou sua criação. Décadas depois, brincou sobre sua atitude: "se tivesse patenteado o molho, teria ganhado muito mais dinheiro do que como cientista".

O QUE (E COMO) ELES BEBEM

"O vinho argentino é um honorável embaixador no mundo e causa orgulho nos argentinos que bebem no mercado doméstico os mesmos vinhos que exportam e que prestigiam o país em todos os continentes." Com essa frase, em um decreto presidencial assinado por Néstor Kirchner, o vinho feito no país tornou-se "bebida nacional". A Argentina é o maior produtor vinícola da América Latina, com quase 1,5 bilhão de litros por ano. O país conta com mais de 1.500 adegas dos mais diversos tamanhos, que exploram uma área de 217 mil hectares de vinhedos (2,73% da área mundial).

Ao contrário do vizinho Chile – que exporta a maior parte da produção nacional –, o mercado interno argentino absorve a maior parte do vinho elaborado no país. Assim, apesar de ser o quinto maior produtor mundial de vinho, a Argentina ocupa o décimo terceiro posto de exportações do produto.

No entanto, o consumo de vinho por parte dos argentinos caiu com o passar do tempo. Segundo dados da consultoria Aceceb, dos 54,5 litros *per capita* em 1990, o consumo, em 2010, havia caído para 25,1 litros. Ambos os números estão distantes do pico do consumo do vinho na Argentina, de 91,79 litros em 1970. O consumo atual coloca a Argentina no nono posto de consumidores mundiais de vinho.

Os especialistas afirmam que o consumo era mais elevado antigamente graças ao costume dos imigrantes europeus, que bebiam vinho em grandes quantidades. Para as novas gerações, há outras opções, como refrigerante e cerveja. De forma geral, os argentinos não eram grandes bebedores de cerveja. Em 2010 consumiram 49 litros anuais por pessoa, menos que os 54 litros no Brasil. Mas mais do que o dobro do que vinte anos antes, em 1990, quando o consumo era de apenas 18,9 litros. Em geral, eles consomem a cerveja em casa, e não em bares ou restaurantes.

Há uma variação do vinho que pode soar como uma blasfêmia etílica: o *vino con soda* (vinho com água com muito gás). Os argentinos – que geralmente usam vinhos mais baratos para esta mistura (e, primordialmente, os tintos) – se defendem, argumentando que o quentão e similares europeus (como o Glogg e o Vin Chaud) também podem parecer heréticos, bem como a sangria ibérica. O *vino con soda* não se bebe em taça, mas sim em um copo alto, carregado de soda de sifão. Dentro da própria cultura argentina, a mistura é tida como "brega", mas a queda do consumo do vinho está levando as adegas a encará-la com mais benevolência.

A origem da produção de vinho na Argentina data dos tempos dos primeiros colonizadores espanhóis, que introduziram os vinhedos na região, especialmente nas províncias de Mendoza, San Juan, La Rioja e Salta, onde a altitude (as províncias estão no sopé da cordilheira dos Andes) e a baixa umidade propiciavam o clima ideal. No entanto, também existe produção de vinho no sul da província de Buenos Aires, nas patagônicas províncias de Rio Negro e Neuquén.

A uva Malbec foi parcialmente devastada por geadas há seis décadas na França – sua pátria-mãe –, sobreviveu e espalhou-se na Argentina. Dessa forma, desde os anos 1990, o Malbec tornou-se "vinho nacional" e a Argentina tornou-se conhecida no mundo como o "país do Malbec".

Atualmente, adegas francesas – inclusive as de Cahors, região original desta uva na França – importam esse vinho da Argentina, considerado pelos enólogos o melhor Malbec do mundo. Em 2010, do total de vinho exportado pela Argentina, 47% correspondiam às vendas de Malbec. O país produz em grande escala também Cabernet Sauvignon, Bonarda, Syrah e Torrontés. Esta última variedade é a especialidade da região de La Rioja. La Rioja argentina, ressalte-se, e não a espanhola. O caso dos nomes idênticos foi parar nos tribunais.

Naquela manhã ensolarada de 20 de maio de 1591, ao fundar um vilarejo como o nome de Todos los Santos de La Nueva Rioja, Juan Ramírez de Velazco não imaginou que estava colocando a semente de uma disputa feroz entre a La Rioja argentina e sua homônima na Espanha, a quem o conquistador quis homenagear. Mais de quatro séculos depois, as duas La Rioja disputaram ferozmente no âmbito diplomático e na Justiça a denominação de origem de seus respectivos vinhos.

La Rioja espanhola argumentou que ela é a única que pode utilizar a denominação de origem "La Rioja". Mas ao longo da prolongada briga, deslanchada em 1976, a xará argentina defendeu-se afirmando que foi o próprio Estado espanhol dos tempos coloniais que colocou esse nome na versão sul-americana da província, e que, por isso, os espanhóis deveriam se resignar.

A região de Cafayate, na província de Salta, concentra dezenas de adegas que produzem variedades de vinhos.

Além disso, os argentinos afirmam que utilizam a denominação "La Rioja argentina" para diferenciar-se da homônima na península ibérica. De quebra, sustentam que os vinhos das La Rioja são diferentes, já que na Rioja espanhola a variedade principal é o Tempranillo, ao passo que na província argentina o vinho mais famoso é o Torrontés, além do Bonarda.

Em 2010, o Tribunal de Justiça Administrativa Federal de Buenos Aires rejeitou a demanda do Conselho de Denominação de Origem Qualificada Rioja da Espanha contra os produtores vinícolas de La Rioja da Argentina.

Os copos e as taças argentinas conhecem, ainda, variados líquidos. O país é o maior consumidor mundial de fernet, uma bebida amarga feita com 50 tipos diferentes de erva, originária da Itália. É a terceira bebida alcoólica mais consumida da Argentina, atrás da cerveja e do vinho. Na província de Córdoba, na região central do país, existe até sorvete de fernet.

A bebida, consumida pelos imigrantes depois do jantar, como digestivo, foi adotada pelos adolescentes como a bebida das festas. O fernet conquistou os jovens a partir da Guerra das Malvinas, já que os estudantes universitários cordobeses deslancharam uma campanha de boicote contra o uísque, a bebida do "inimigo" (isto é, a Grã-Bretanha), que foi substituído por esse líquido amargo. Paradoxalmente, a bebida é consumida na maior parte das vezes misturada com a doce Coca-Cola.

A marca mais consumida é a italiana Fratelli Branca, que domina mais da metade do mercado. Já a *ginebra* é a denominação na Argentina para o gim, bebida criada na Holanda no século XVII que se tornou popular na Inglaterra nos séculos seguintes. Entre os argentinos, a *ginebra* tornou-se a bebida típica das *pulperías* (vendas) no interior do país, frequentadas pelos *gauchos*.

CAFÉS DE BUENOS AIRES

Buenos Aires possui 12.500 quarteirões. E 8.970 bares e cafés. Ou seja, a cada quatro quarteirões existem três bares, o que constitui um índice ilustrativo de como o café é um elemento fundamental na vida dos portenhos. É ponto de encontro, de paquera, de reuniões de negócios e debates políticos. E também de estudo: diariamente, podem-se ver milhares de estudantes mergulhados em seus livros e anotações enquanto bebem um único café ou refrigerante ao longo de toda uma tarde. Com um detalhe: não são expulsos pelos garçons. Essa é uma regra de ouro em Buenos Aires: o cliente pode ficar o tempo que quiser em sua mesa, mesmo que consuma somente uma água mineral.

Os cafés abrem muito cedo, atendendo os principais pedidos de seus clientes: *medialunas* (*croissants*) ou *tostados* (sanduíche quente de miga) e café com leite. Quase sempre o pedido vem acompanhado de um copo d'água, um copinho de suco de laranja (grande parte das vezes, artificial) e uns dois biscoitinhos ou um pequeno chocolate. Tudo vem "de brinde", pelo preço do pedido inicial.

Além disso, o cliente do café pode ler o jornal que o local coloca à sua disposição. Nos bares mais sofisticados, há diversos exemplares de diferentes jornais e revistas estrangeiras. Nos mais modestos, às vezes só há um jornal, que é sempre disputado. Mas quase sempre há algo para ler.

O cardápio é variado. As *medialunas* são um clássico no café da manhã e podem ser salgadas (ou de *grasa*, palavra que designa "banha", já que antigamente eram feitas com esse produto) ou doces (de *manteca*). Os dois tipos de croissant carregam uma imagem social: a de *grasa* era a mais consumida pelos operários, enquanto que a de *manteca* era mais refinada.

No passado, nos cafés e bares dos bairros mais pobres somente encontravam-se *medialunas* de *grasa*, enquanto nas áreas da classe média alta e alta, apenas vendiam-se as de *manteca*. Apesar da conotação de cada uma, o preço é o mesmo há pelo menos três décadas.

Medialunas, uma versão local dos *croissants*. São presença indefectível no café da manhã.

O *choripán* é o *fast-food* popular por excelência. E também é o lanche dos comícios políticos.

O sanduíche de miga é composto por finas fatias (aproximadamente 3 milímetros de espessura) de pão branco (e também sua variedade em pão de centeio, conhecido na Argentina como *pan negro* ou *pan de salvado*), sem casca. Dentro, uma variedade inimaginável de recheios. Aquilo que os brasileiros fizeram com a pizza (em relação a aplicar-lhe os mais variados – e inesperados – complementos), os argentinos fizeram com o sanduíche de miga. Ele pode ser *simples* (duas fatias de pão, separadas pelo recheio) ou *triple* (três fatias separadas por dois espaços com os ingredientes). E há a variação quente, o *tostado*. Junto com o *choripán* e o *sandwich de milanesa*, integra o trio supremo dos sanduíches consumidos na Argentina.

A grafia da palavra sanduíche pelos cafés portenhos, por sinal, é variada, indo do mais britânico *sandwich* ao aportenhado *sángüich* ou o aportenhadíssimo (na classe baixa) *sánguche*.

Quanto ao café propriamente dito, costuma vir do Brasil ou da Colômbia. O café brasileiro é conhecido pelo sabor, e o colombiano, pelo aroma. Os portenhos tomam o café com leite, como no Brasil, em xícaras normais. Existe a versão portenha do "pingado", que é o *cortado*: café com um jorrinho de leite. Além disso, pode-se pedir simplesmente "café", que vem em uma xícara maior que a do "cafezinho" brasileiro, e um café *corto* ou *chico*, que seria o equivalente ao cafezinho. Também existe a *lágrima*, que é uma xícara de leite com um pingo de café.

Os cafés portenhos mais emblemáticos são:

- **Gran Café Tortoni** – A primeira palavra do próprio nome – "Gran" – já indica um grau superior de aristocracia. Além de ser o mais velho dos cafés portenhos, é também o maior em tamanho e o mais famoso. É considerado o café por excelência da cidade, e ponto de referência obrigatório para muitos intelectuais.

  Se um dia for criada uma religião que tenha os cafés como templos, o Tortoni, com certeza seria sua catedral em Buenos Aires. No entanto, como ocorre em todo o mundo, nem sempre o bispo dá os melhores sermões da cidade, nem a catedral é o templo mais bonito. Com o Tortoni ocorre o mesmo. Seu nome consagrado pelos anos e pelos frequentadores que teve ao longo de sua história é um currículo mais do que suficiente. Mas não deixe se impressionar pelo *pedigree*. O adjetivo aplicado à comida do Tortoni é "regular", e muitas vezes, ao olhar o ambiente, decepciona-se com o que o garçom lhe serve. E também com a lentidão do atendimento no lugar. Mesmo assim, a visita ao Tortoni é imprescindível.

  A *leche merengada* (leite merengado) é a taça tradicional do Tortoni que consiste em um sorvete com creme, claras de ovo batidas e canela. No inverno, uma combinação emblemática da cidade: chocolate com churros, servidos em uma tradicional jarra de cobre.

  Fundado em 1858 por um imigrante francês de sobrenome Touan, o Tortoni recebeu esse nome em homenagem ao homônimo de Paris. Sua primeira localização foi na esquina das ruas Esmeralda e Rivadavia. Em 1880, mudou-se ao prédio atual. Mas a entrada principal, em vez de ser como hoje, pela avenida de Mayo, era pela rua paralela, a Rivadavia, n. 826. Na época, os homens não podiam sentar-se sozinhos, já que era um "salão para famílias".

Quando em 1894 foi inaugurada a avenida de Mayo, o Tortoni abriu uma porta por essa avenida. Por isso, ainda hoje, possui uma entrada pela Rivadavia, e a principal, pela avenida de Mayo.

Nessa época, o dono do Tortoni havia mudado, era então o argentino Celestino Curuchet, que começou a dar espaço para os intelectuais e artistas, como forma de marketing: "eles gastam pouco, mas dão um fama e um colorido especial ao café", dizia. A partir desse momento, o Tortoni transformou-se em um centro de produção cultural, que, ao longo do século, foi escolhido como um lugar neutro: vanguardistas e conservadores, socialistas e direitistas reuniram-se em paz nesse lugar.

O café era também frequentado por presidentes, especialmente Marcelo T. de Alvear, que, quando encerrava seu expediente na Casa Rosada, caminhava até o Tortoni. No entanto, agora são poucos os políticos que passam por seu amplo salão. O cantor Carlos Gardel também se apresentou diversas vezes no café, e o poeta espanhol Federico García Lorca foi um *habitué* durante o período em que morou em Buenos Aires. (Endereço: avenida de Mayo, 829)

- **Confitería Ideal** – A Ideal não mantém seu esplendor de outras épocas, como o Tortoni ainda o faz. Relativamente esquecida pelos turistas e pelos próprios portenhos, a Ideal costuma ser o lugar de reunião de aposentados que vão ali para desfrutar de um impressionante silêncio. Fundada em 1912 pelo espanhol Manuel Rosendo Fernández, foi o café preferido pela comunidade britânica de Buenos Aires durante décadas. Luxuosa, a cafeteria foi montada com poltronas de Praga, vitrais italianos, *boiseries* de carvalho da Eslavônia. O presidente Hipólito Yrigoyen era fanático por um doce dali, as *palmeritas* (que no Brasil é conhecido como palmier), das quais diariamente encomendava uma generosa bandeja para degustar enquanto trabalhava na Casa Rosada.

  A Ideal é utilizada frequentemente como cenário para filmes de época. Em 1996, no térreo, foi filmada a cena de *Evita* em que Madonna dança com Antonio Banderas. (Endereço: rua Suipacha, 384)

- **Florida Garden** – Durante a Guerra das Malvinas foi um dos principais pontos de trocas de informações entre espiões argentinos, russos, norte-americanos, chilenos e britânicos. O lugar possui um estilo moderno argentino costumeiro do fim dos anos 1960. Alguns ex-espiões continuam reunindo-se no lugar, na esperança de que alguém acredite em suas delirantes conspirações. (Endereço: esquina das ruas Florida e Paraguai)

- **Clasica y Moderna** – Livros e café convivendo harmoniosamente. O estabelecimento é uma junção de um café com uma livraria. O café foi fundado em 1988, mas o setor da livraria já passou por diversas gerações da família Poblet desde 1938. É um dos pontos preferidos para o lançamento de novos autores e novas obras. (Endereço: rua Callao, 892)
- **Confitería Las Violetas** – Inaugurada em 1884, foi remodelada na década de 1920. É famosa por seus vitrais de 1828. Essa confeitaria era o ponto de encontro de famílias de classe média dos bairros fora do centro, como Almagro, Caballito e Palermo. As avós da Praça de Maio aproveitavam clandestinamente o clima familiar do lugar para ali reunir-se durante a ditadura militar, simulando que festejavam o aniversário de alguma das integrantes. (Endereço: esquina da avenida Rivadavia e a rua Medrano)
- **El Gato Negro** – Fundada em 1929, a tradicional casa de especiarias incorporou nos anos 1990 um café que não alterou o ar pitoresco da casa. Nas estantes que chegam até o teto, o Gato Negro guarda as especiarias que a transformaram na loja mais famosa do gênero em Buenos Aires. (Endereço: Corrientes, 1699)
- **La Puerto Rico** – Fundada em 1887, mudou para o atual local em 1925. A vitrine, que possui diversos elementos antigos para a preparação da bebida, é um chamariz para entrar e bebericar um cafezinho. A decoração do piso e das mesas é de 1930 e diversas palmeiras nos elementos do café justificam seu o nome. (Endereço: Alsina, 420)
- **Bar Británico** – Criado em 1928, seu nome deve-se à enorme clientela britânica que o bar possuía no início. Durante a Guerra das Malvinas (março-junho de 1982), por prudência e para não ter suas vidraças quebradas pelos mais nacionalistas, apagaram a primeira sílaba, transformando-se em Bar Tánico. Depois da Guerra, voltou ao nome original. O bar não fecha nunca. (Endereço: esquina das ruas Brasil e Defensa)
- **La Biela** – Território político neutro *par excellence* de Buenos Aires, o café La Biela é o centro de reuniões importantes, embora rápidas. O lugar é utilizado para encontros formais ou "casuais" (alguns vão com os filhos ou esposas para disfarçar reuniões políticas). Ali também se encontram velhos "dinossauros" da política e ministros das décadas passadas. Outros *habitués* são diplomatas e empresários. (Endereço: esquina da avenida Quintana e da rua Presidente Ortiz)

O MATE, A INFUSÃO NÚMERO 1

O costume de beber chimarrão existe na Argentina há quatro séculos. O hábito cresceu ainda mais com a crise econômica, já que a erva-mate é muito mais barata do que o café ou o chá. Até 2001, o consumo estava presente em 90% dos lares argentinos. Em 2002, passou para 97,5% e a partir dali manteve-se estável. Cada argentino consome anualmente seis quilos de erva-mate, fato que a coloca no primeiro lugar do pódio das infusões na Argentina. Segundo a consultoria Claves, o mate tem 68,4% do mercado, enquanto que o chá ocupa 19,93%. O café, importado em sua totalidade, 10,32% do total.

Ao contrário do Brasil, onde o mate é basicamente consumido no sul do país e em algumas comunidades com influências gaúchas do centro-oeste, na Argentina essa bebida é consumida em todo o território nacional.

Beber mate era puramente doméstico até poucos anos atrás. Mas, atualmente, também é *"cool"* e *"fashion"*. O chimarrão tornou-se o foco central de dezenas de bares e restaurantes em Buenos Aires. Alguns desses lugares, no bairro de Palermo, já estão sendo chamados de *materías* (por *mate*, nome em espanhol para o chimarrão). Em bares como o Cumaná, em pleno bairro da Recoleta, há um *happy hour gauchesco* com chimarrão.

Os argentinos costumam dizer que o *mate* possui uma série de requerimentos, entre os quais, que seja feito com água muito quente... mas não fervente. O *mate*, afirmam, não pode ficar frio. Portanto, é preciso recarregar constantemente a cuia. Caso o bebedor não esteja sozinho, precisa passar a cuia, recarregada de água, para as outras pessoas a seu redor, sempre no sentido horário. Além disso, a erva deve ser trocada sempre que ficar "lavada" (isto é, sem sabor, depois de muitas infusões). O *mate* "verdadeiro", afirmam, não tem açúcar. No entanto, parte substancial dos consumidores do *mate* misturam açúcar na bebida. Outra opção é a de colocar lascas de casca de laranja no mate.

As inovações, porém, param por aí. Na terra do chimarrão, os argentinos colocaram o polegar para baixo para o Nativa, o refrigerante feito à base de erva-mate produzido pela Coca-Cola exclusivamente para o mercado local. Os consumidores não foram seduzidos pela fórmula heterodoxa do consumo de erva-mate gelada, açucarada e com gás carbônico.

Nativa, que pretendeu conquistar os pampas, nasceu no verão de 2003 com a ambição de conquistar 1% do mercado argentino de refrigerantes, o equivalente a 4 milhões de litros. A empresa apostava que o novo refrigerante pegaria carona no "nacionalismo" argentino, que ressurgiu com força desde a crise financeira de 2001-2 e que influenciou intensamente o consumo. O slogan da Nativa foi "refresque seu dia com um sabor que é muito nosso".

As pesquisas, que prometiam uma intenção de compra de 87% do mercado, bateram de frente com a realidade do mercado: a bebida não emplacou. Durou poucos meses no mercado. "Era excessivamente enjoativa", exclamaram contumazes consumidores de refrigerantes que consultei na época.

Essa não foi a primeira vez que alguém na Argentina tentava ter sucesso com a fórmula do "chimarrão com bolhinhas de gás". Houve experiências anteriores nos anos 1960. Entre elas, a "Ricky" e a "Che mate". Mas todas fracassaram estrepitosamente na Argentina.

O ONIPRESENTE *DULCE DE LECHE*

Dentro dos *alfajores*, acompanhando o pudim de leite, em cima das panquecas, ao lado (e dentro) dos *croissants*, como recheio de bolos, sobre o pão (deslocando a manteiga dos cafés da manhã das crianças), em forma de bala, como barrinhas, dando sabor ao iogurte e ao leite, com mingau ou devorado a colheradas diretamente do pote. O doce de leite é onipresente. Na área das fantasias sexuais, esqueçam o chantilly. Na Argentina, vale mais o *dulce de leche*.

O doce de leite é uma obsessão nacional. Cada habitante come – em média – três quilos por ano. Essa marca transforma os argentinos nos segundos maiores consumidores de doce de leite do planeta, atrás dos uruguaios, que ingerem quase quatro quilos anualmente. E o consumo cresce de forma persistente a cada década. Enquanto nos anos 1980 era de 2,1 quilos *per capita*, nos anos 1990 subiu para 2,8 quilos.

Declarado patrimônio cultural gastronômico pelo governo argentino, este quitute é considerado pelos especialistas o único alimento puramente nacional.

Foi criado – como muitas invenções – por acaso, segundo os argentinos, no dia 24 de junho de 1829, na fazenda La Caledonia, perto da cidade de Cañuelas, província de Buenos Aires.

Na sede da fazenda, uma criada negra do ditador Juan Manuel de Rosas estava preparando a *lechada* – que consistia em leite quente açucarado – que o homem mais poderoso da Argentina utilizava para misturar em seu chimarrão. Naquele dia, Rosas tinha uma delicada reunião marcada com o general Juan Lavalle, comandante do exército dos Unitários, que estavam no meio de uma sanguinária e interminável guerra civil com o ditador, líder dos Federalistas.

O general Lavalle chegou cedo à sede da fazenda e, cansado pela longa viagem, deitou-se em sua cama, para uma *siesta*, enquanto esperava Rosas.

A criada de Rosas, ao ver Lavalle na cama – em vez de seu patrão –, saiu gritando, chamando os guardas. Pouco depois, quando o mal-entendido foi explicado, a criada voltou à cozinha. Mas a *lechada* – que havia continuado fervendo, sem mexer – transformara-se em algo espesso, que, ao ser experimentado por Rosas, foi aprovado, tornando-se um *frisson* nacional.

Dessa forma, mais uma vez a conturbada política argentina gerou efeitos inesperados, neste caso, na culinária nacional.

Por esse motivo, o 24 de junho é celebrado como "O Dia da Criação do Doce de Leite". Em Cañuelas, realiza-se todos os anos a Festa do Doce de Leite.

O flan, sobremesa fundamental na mesa dos argentinos, vem sempre acompanhado de doce de leite. O general Lavalle, inimigo de Rosas, foi um dos protagonistas involuntários da gênese (na versão argentina) do doce de leite.

Os argentinos rejeitam as "heresias" que indicam que a patriótica iguaria teria sido criada além das fronteiras, em países como o Uruguai, o Chile ou a Bolívia. Diversas teorias históricas defendem que sua criação ocorreu no Peru (onde se chama *manjar blanco*) ou no México (ali denominado de *cajeta*).

Outra versão atribui a invenção à França, já que o *confiture de lait* é similar. A versão francesa dessa criação indica que teria ocorrido no meio de um incidente semelhante entre oficiais do exército de Napoleão I.

Nos EUA, nos últimos anos, a denominação em espanhol-argentino/uruguaio de *dulce de leche* para uma série de produtos (sorvetes, quadrados de *cheesecake*) serviu de argumento adicional para os defensores da teoria argentina da criação do quitute.

A obsessão argentina com o doce de leite chega até os produtos de beleza. A empresa VM Beauty lançou na virada do século um brilho para lábios com sabor doce de leite, além de um gel de banho do mesmo sabor e cheiro. Dessa forma, um amante poderia sentir nos lábios e no corpo de sua amada o sabor e cheiro do doce típico da Argentina. Em Buenos Aires também podem ser encontradas velas aromáticas com cheiro do emblemático doce.

ALFAJOR, UM RARO CONSENSO

A sociedade argentina é plena de antagonismos. Um dos poucos consensos existentes é o *alfajor*, quitute de origem árabe (o *al-hasú*) com um toque espanhol que se transformou no principal doce de consumo dos argentinos. Segundo pesquisas, um quarto da população come *alfajores* todos os dias. O resto dos argentinos os degusta eventualmente. A cada dia, 9 milhões de *alfajores* são devorados pelos argentinos. Metade do chocolate e do doce de leite elaborado e consumido no país é destinado aos *alfajores*.

A unanimidade argentina acerca do *alfajor*, no entanto, somente predomina sobre seu conceito geral. Na hora de discutir as nuances, os argentinos voltam aos antagonismos. Há uma miríade de subespécies de *alfajores*, que vão desde a cobertura de chocolate negro, passando pelo branco, açúcar de confeiteiro e o *alfajor* de maisena.

O *alfajor* standard – bomba calórica (de 250 a 500 calorias) que em média tem 50 gramas – consiste em duas bolachas de amêndoas, mel, farinha de trigo e manteiga unidas por um denso doce de leite e cobertas com chocolate.

Existem marcas produzidas por grandes indústrias, pequenas e médias, além de *alfajores* artesanais, que em vez do recheio de doce de leite optam por doces de frutas da Patagônia e de outras regiões do país. A ampla variedade dos tipos desse quitute também incluiu o surgimento de alguns *alfajores* quadrados (para horror dos conservadores).

Além do *alfajor* de chocolate, que impera em grande parte do país, também existem *alfajores* regionais. A província de Córdoba orgulha-se de seus *alfajores* sem chocolate e sem doce de leite (no lugar deste, doce de marmelo). Em Santa Fé, as bolachas do *alfajor* são de massa folheada (geralmente, três bolachas de massa folheada coladas entre si com generoso doce de leite). Esse conjunto é coberto de glacê.

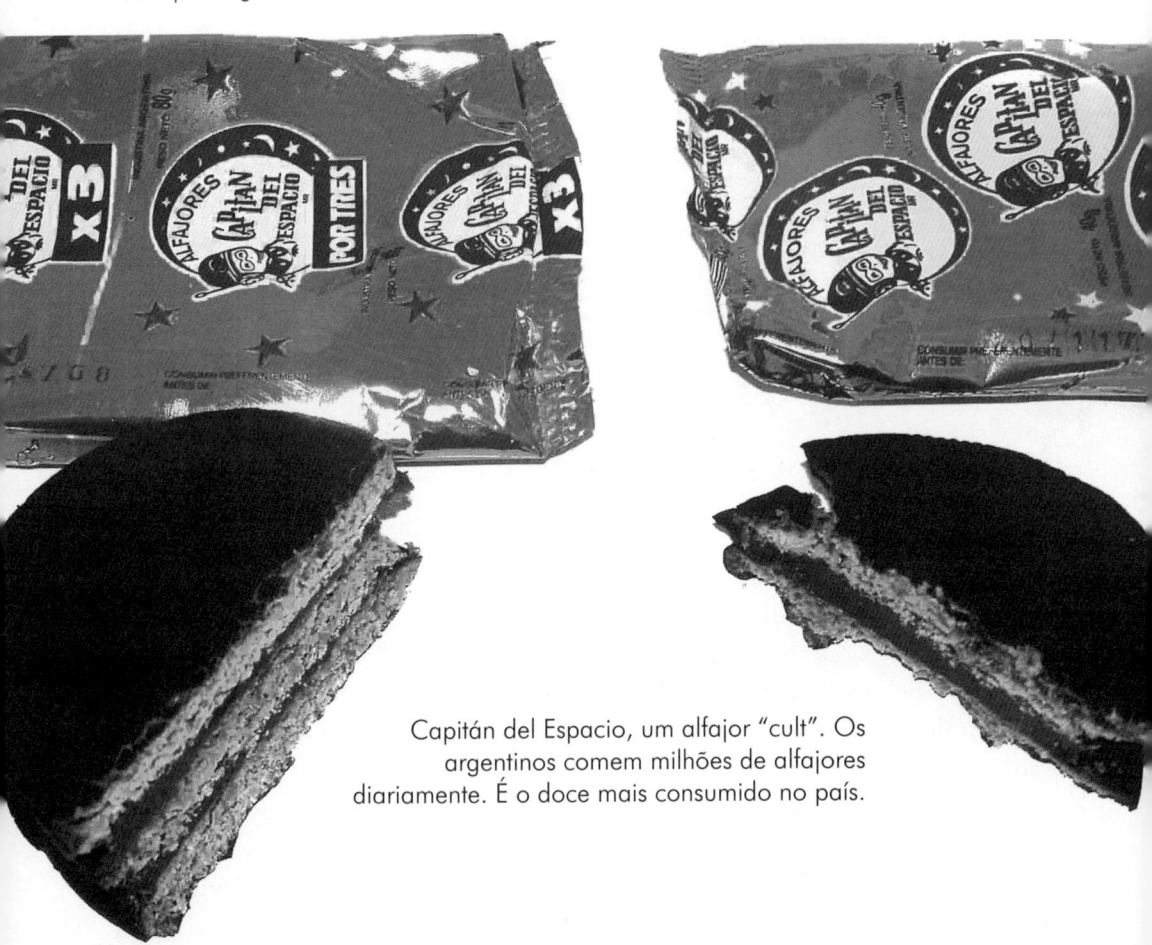

Capitán del Espacio, um alfajor "cult". Os argentinos comem milhões de alfajores diariamente. É o doce mais consumido no país.

O "príncipe dos *alfajores*" é o Havanna – que também é o mais caro –, criado em 1948 na cidade de Mar del Plata. Segundo o quituteirólogo inglês Neville Reid, "se algum dia você for para o céu, com certeza haverá *alfajores* Havanna lá". A empresa expandiu-se para o restante da América do Sul. Mas desde a virada do século enfrenta a crescente concorrência do Cachafaz, que emula seu estilo. Jorgito, Guaymallén e Terrabusi são há décadas os *alfajores* mais populares, de menor custo.

O *alfajor* "cult" é o *low profile* Capitán del Espacio, vencedor em 2006 do Campeonato Mundial dos Alfajores, organizado por blogueiros argentinos. Produzido no município de Quilmes, na zona sul Grande Buenos Aires, é um bastião do antimarketing, já que os donos dessa empresa não trocam sua embalagem desde que foi lançado no mercado há mais de 40 anos e dispensam publicitários, assessores de imprensa e mesmo pedidos de entrevistas. Site de internet? Nem pensar.

Os "alfajorólogos" afirmam que o sucesso desse anti-herói dos *alfajores* é que, ao contrário de outras marcas que ao longo do tempo modificaram seus ingredientes por similares mais baratos – e de menor qualidade –, o Capitán del Espacio mantém o mesmo sabor desde seu surgimento.

Embora seja famoso na cidade de Buenos Aires, poucos portenhos o experimentaram. Isso elevou o Capitán del Espacio à categoria de "lenda urbana", pois muitas pessoas em Buenos Aires acreditam que tal *alfajor* – alvo de inúmeras enfáticas apologias – simplesmente não existe.

Diversos blogs na internet dedicam a este mítico *alfajor* os mais exaltados elogios.

A COMIDA NO VOCABULÁRIO

O *lunfardo* portenho (gíria) possui uma longa série de palavras para referir-se à comida e à bebida. Além disso, o *lunfardo* usa o nome de alimentos para designar características de pessoas. Um *papa frita* (batata frita), por exemplo, é um "otário" ou "bobo". A palavra "salame" tem idêntica utilização. "Zapallo" (abóbora) designa alguém tonto e cabeça-dura.

Enquanto no Brasil alguém que empresta ingenuamente seu nome para outra pessoa que o usa em uma negociata é um "laranja", na Argentina é um *perejil* (salsinha). Vejamos outros exemplos:

- **La verdad de la milanesa:** "A verdade da milanesa" é a expressão usada quando alguém quer fazer uma afirmação enfática que confirma a veracidade de um fato. A origem da expressão provém da desconfiança sobre a carne que se usa para *milanesas*, geralmente de categoria inferior e coberta pela farinha de rosca. Por isso, refere-se ao "cerne" de um assunto.
- **Morfar:** Comer. Comer para valer, com voracidade pantagruélica. Exemplo: *"me morfé tres platos de ñoquis!"* (comi – para valer – três pratos de nhoque). A palavra origina-se do termo *morfellier* que no *argot* (a gíria francesa) do final do século XIX e começo do XX significava "comer". François Rabelais, o autor de *Pantagruel*, o antianoréxico personagem, usava o verbo *morfiailler* em suas obras. Por extensão, o glutão é *morfón*.
- **Zapán:** "Pança", mas ao contrário. É um exemplo do *vesre*, a forma do *lunfardo* de falar ao contrário usada com muita frequência na Argentina. Os parisienses possuem uma forma equivalente, o *verlan* (o contrário de *l'envers*, "o contrário", em francês).
- **Chupar:** Beber abundantemente. Álcool, evidentemente. Entornar. Quem *chupa* muito fica *mamado* ou *curda* (bêbado).

- **Escabio:** Bebida alcoólica. Vem de uma antiga palavra italiana, *scabi*, usada para referir-se ao vinho. Por extensão, *escabiar* é ingerir generosas quantias de destilados e fermentados.
- **Morfi y chupi:** Forma ligeiramente abreviada para referir-se ao conjunto de "comida" e "bebida". Exemplo: "*Vamos a la fiesta de Cacho! Hay morfi y chupi!*" (Vamos à festa do Cacho! Há comes e bebes!)
- **Ñoquis:** Do italiano *gnocchi*, nhoque. Lembremos que os argentinos têm o hábito de comer nhoques uma vez por mês (no dia 29). O termo passou a significar, a partir dos anos 1980, "marajá", isto é, funcionário público que não trabalha e que só aparece na repartição para receber seu salário. Esse funcionário "fantasma", "marajá", só aparece no fim do mês. Ou seja, tal como os nhoques.
- **Busarda:** Barriga. Pança. É aquela barriga que desponta desafiante entre a beirada inferior da camiseta e o nível do cinto da calça.

ARGENTINOS E ARGENTINAS – DA CAMA AO PASSEIO COM CACHORROS

COSTUMES FAMILIARES E SOCIAIS

"Lo primero es la família" ("A primeira coisa é a família") é uma frase comum nas pesquisas de opinião pública quando perguntam aos argentinos qual é o elemento mais importante de suas vidas. Segundo a jornalista Maria Seoane, no livro *Nosotros* (Nós), o fator mais importante na vida de um argentino é "ter a família perto". "Eles estão bem somente se seus seres queridos estão bem. Os jovens apreciam a importância da família e dos amigos acima de atividades políticas ou religiosas. Desconfiam de quase todas as instituições, menos da família".

Não é à toa que a série de maior sucesso nos anos 1960 e 1970 (com *remakes* nos 80) foi *Los Campanelli*, uma típica família ítalo-argentina que reunia-se aos domingos para comer raviólis, churrasco ou a macarronada feita pela *nonna* (avó), como vimos no capítulo "Os argentinos à mesa". Os almoços dominicais sempre terminavam em discussões intensas entre os diversos filhos e sobrinhos, genros e noras. Cada personagem representava alguns dos "tipos" argentinos (ou, mais especificamente, portenhos), entre os quais o filho folgado, outro que era funcionário público, o vizinho herdeiro que esperava a fortuna, a doméstica intrometida, o solteirão, o mulherengo, o pessimista, entre outros.

Mas as divergências eram suspensas (pelo menos, oficialmente) pelo patriarca, "Don" Carmelo, que – com forte acento ítalo-argentino – impunha silêncio. "Não quero ouvir nem uma mosca!", afirmava categórico. Depois, sorria e pronunciava o bordão da série: "que bonitos são os domingos... não há nada mais bonito do que a família unida". E nesse momento encerrava-se o capítulo, que era transmitido, impreterivelmente, aos domingos na hora do almoço.

Segundo Seoane, os dois principais fatores para que os argentinos se reúnam são a família e os eventos esportivos.

A influência da cultura italiana na sociedade argentina (em tal grau que só encontra paralelo no mundo – além da própria Itália – em outro país de fortíssima influência italiana, o Uruguai) gerou um clima familiar intenso. Por esse motivo, é comum que os filhos saiam das casas dos pais muito mais tarde do que fariam no Brasil (embora não tão tarde como na Itália).

Nas letras do tango, fica evidente o peso dos pais, especialmente da mãe, figura que é o foco de centenas de canções populares. Na virada do século XX para o XXI, 80% dos jovens argentinos entre os 18 e 24 anos residiam com seus pais. Para isso, dois fatores pesaram: a questão cultural e as crises econômicas.

Segundo diversos levantamentos, na Argentina, as mulheres com segundo grau completo geralmente casam ao redor dos 25 anos, enquanto as universitárias casam entre os 27 e 29 anos. Os homens, aos 27-28, quando possuem segundo grau. E 30 a 31 anos quando são universitários.

Essa é a média nacional. Mas, na cidade de Buenos Aires, a média é mais tarde, pois elas se casam com 31 anos, ao passo que eles formalizam as uniões aos 32-33.

Ficaram para trás os costumes de casar cedo, tal como em 1930, quando as mulheres casavam-se aos 20 anos e os homens, aos 24.

Um tango da época, o "Nunca tuvo novio" ("Nunca teve namorado"), música de Agustín Bardi, letra de Enrique Cadícamo – um dos principais poetas do tango –, ilustra a forma como as solteiras eram encaradas com pena. Seu primeiro verso diz: "Pobre solteirona, você ficou sem sonhos, sem fé/ teu coração de angústias adoeceu, crepúsculo de sol é hoje tua vida truncada...".

Depois, vai mais longe: "em teu quarto de solteira está a dor, triste realidade, é o fim de tua jornada sem amor". E ainda lamenta com pena: "Nunca teve namorado, coitadinha". Mas, no final, o cantor que fala da solteirona também admite que ele próprio está sozinho e que "carrega essa cruz" da solteirice.

A união amorosa também mudou: na geração que nasceu entre 1940 e 1949, 9 de cada 10 argentinas e argentinos começaram sua vida de casal pelo casamento. Mas entre os nascidos entre 1970 e 1979, 7 de cada 10 pessoas optam pelo concubinato em vez do casamento no registro civil.

Entre os anos 1900 e 2000, a expectativa de vida aumentou de 40 anos para 75. Simultaneamente, no mesmo período, o tamanho médio de uma família caiu de 6,5 para 2,5 filhos, explica a socióloga Susana Torrado.

Os argentinos mudam-se pouco dentro do país, se comparados com os brasileiros ou os habitantes dos Estados Unidos. A cidade de Buenos Aires e sua região metropolitana costumam focalizar a maior parte dos movimentos migratórios. Não existem em grande escala dentro da Argentina fenômenos equivalentes aos gaúchos, paranaenses e catarinenses que migram para o centro-oeste. Ou os profissionais de São Paulo rumo às mais diversas regiões do país. Ou, ainda, os mineiros rumo ao Rio de Janeiro.

Ao contrário do Brasil, onde há mais de um século não haviam sido fundadas ainda cidades como Londrina, Maringá, Rondonópolis, além da própria Brasília e Palmas, não existe nenhuma cidade de porte médio ou grande na Argentina que não existia havia cem anos. Assim, ao olhar um mapa da Argentina em 1930, o país parece quase igual ao atual.

A cidade de Buenos Aires, inclusive, "encolheu". De 3,2 milhões em 1945, passou para 2,7 milhões em 2010. Isso se deveu à menor taxa de crescimento demográfico e à mudança de muitos portenhos para os municípios mais baratos das zonas sul e oeste da Grande Buenos Aires. Parte da elite transferiu-se para os *"countries"*, os condomínios fechados localizados principalmente na região noroeste da área metropolitana.

O brasileiro que visitar o vizinho no fim do ano pode se decepcionar.

Natal e Réveillon são eventos primordialmente familiares. Ao contrário do Brasil, não ocorrem na Argentina grandes eventos públicos para a chegada do ano-novo. Por esse motivo, a maior parte dos restaurantes fecham na passagem do ano. E uma parte significativa também no Natal.

Levando em conta que o país é cada vez mais laico, as festividades com origem religiosa como o Natal e a Páscoa incitam o consumismo. No entanto, o "clima" natalino ou pasqualino é sentido somente em cima da hora. Enquanto no Brasil a decoração natalina começa a aparecer nos *shopping centers* no final de outubro, na Argentina só inicia na segunda semana de dezembro.

Em relação aos cumprimentos, os argentinos podem ser considerados beijoqueiros. O costume de beijar, que só ocorria dentro da família – um costume intensamente italiano –, ampliou-se para toda a sociedade nos anos 1960 e 1970. Nos 1980, já era comum. É normal ver um presidente beijar o vice-presidente. Ou um deputado um senador. Ou o chefe do Estado-Maior das Forças Armadas beijar o ministro. Os homens argentinos, ao cumprimentar-se – se forem amigos, parentes ou amigos de amigos –, beijam-se no rosto. Sem querer generalizar, em quase sua totalidade os pais beijam os filhos (ao contrário do Brasil), os irmãos homens beijam-se entre si, o rapaz beija o namorado de sua irmã, o sogro beija o genro, o genro beija o amigo da esposa, e assim por diante.

Ninguém interpreta isso como uma atitude homossexual. No entanto, um homem não deve (segundo os padrões locais) dar uma batidinha com a mão aberta na barriga de outro homem a modo de comprimento, tal como ocorre no Brasil. O abraço é na altura dos ombros. Isto é, as mãos, na hora da clássica espalmada nas costas, concentram-se nas omoplatas.

A Argentina é um país beijoqueiro. É comum, ao chegar no escritório para o trabalho, beijar todos aqueles que ali estão – homens e mulheres – a modo de bom-dia.

Os apertos de mão também são usados. Mas principalmente quando a relação é distante ou quando a pessoa é totalmente desconhecida.

Familiarmente cálidos, socialmente mornos. Pelo menos, se comparados com o Brasil. As longas mesas com dez ou quinze pessoas em um bar nas cidades brasileiras são pouco frequentes na Argentina, onde as reuniões costumam ser a dois, ou, no máximo, cinco ou seis pessoas.

Os argentinos gostam de conversar. E, especialmente, discutir e polemizar. Portanto, evitam-se os grandes grupos, já que ali o debate se dilui em diversos minidebates ou conversas. Há outras diferenças. Os argentinos acham peculiar o costume brasileiro de dizer "passa lá em casa", sem definir dia e hora ou dar o endereço. No entanto, dizem "nos vemos", embora – muitas vezes – essa seja apenas uma formalidade. Mais do que receber em casa, os argentinos preferem encontrar os amigos nos cafés e bares.

O país, por sinal, está longe de ter a mítica pontualidade londrina. Os atrasos ocorrem. Mas são tolerados dentro de uma média de 10 a 15 minutos. Um atraso de meia hora, só se for um grande amigo. Em relação às formas de tratamento, o equivalente às expressões "o senhor" ou "a senhora", usadas formalmente no Brasil, ou, inclusive, para que os filhos se dirijam aos pais (embora o "você" seja cada vez mais comum), na Argentina é a expressão *usted*. No que concerne ao tratamento familiar, os filhos argentinos não se referem aos pais como *usted* há mais de 80 anos. O *vos* (equivalente ao "você") é o termo usado de forma geral.

O modo de falar revela muito sobre os argentinos. Em Buenos Aires é possível detectar, *grosso modo*, quem é de classe baixa ou alta dessa forma. A modalidade da classe alta, especialmente dos bairros da Recoleta, Belgrano e nos municípios ricos da zona norte da Grande Buenos Aires, falam – segundo a expressão popular – "com uma batata na boca" (imagine que está falando com esse tubérculo na boca).

No entanto, várias pessoas de classe média ou baixa imitam a forma de falar da classe alta portenha. Um dos casos é o da presidente Cristina Kirchner, originária de uma família de classe média baixa de La Plata, que fala "com a batata na boca".

Outra forma de detectar a origem social é pelo vocabulário. A classe alta faz questão de usar as palavras "*mi mujer*" (minha mulher) para referir-se à cônjuge de um homem. "*Tu señora*" (tua senhora) é costumeiramente usado pela classe média, enquanto "*tu esposa*" (tua esposa) é mais frequente na classe baixa.

Além disso, a cor vermelha é dita nas duas formas aceitas pelo castelhano: "*rojo*" e "*colorado*". No entanto, enquanto que a classe alta usa o "*colorado*", a classe baixa refere-se à cor como "*rojo*".

CARNAVAL: FESTA DEPOIS DO LUTO E PERSEGUIÇÕES

Nas grandes cidades argentinas, o Carnaval está em processo de ressurreição, após décadas de repressão e censura. O formato carnavalesco argentino, durante a primeira metade do século XX, foi mais similar aos festejos realizados na época na Europa, com muitos carros alegóricos e disfarces de pierrôs, colombinas e piratas.

O Carnaval recebeu seu primeiro duro golpe com a morte de Evita em 1952. Todos os dias, na mesma hora em que havia falecido, os locutores de rádio recordavam que naquele instante – pouco tempo atrás – havia falecido a "mãe dos trabalhadores", a "líder dos descamisados", a "protetora dos pobres". O clima de luto perdurou durante meses, e causou a suspensão do Carnaval de 1953 e dos dois anos posteriores.

Em 1955, após a queda do governo do viúvo de Evita, o presidente Juan Domingo Perón, com o fim do luto oficial (o novo governo execrava Perón e Evita e tentava apagar qualquer registro sobre o polêmico casal), o Carnaval recuperou-se. Mas, no fim dos anos 1960, as fantasias foram proibidas, porque os governos militares consideravam que os guerrilheiros urbanos poderiam esconder-se sob as máscaras carnavalescas.

A guerrilha intensificou-se no início dos anos 1970. Junto com ela, os ataques de grupos clandestinos de extrema-direita. A última ditadura militar (1976-83) deu o golpe final no Carnaval: eliminou definitivamente o feriado e proibiu reuniões públicas, acabando com os blocos.

Com a volta da democracia, em 1983, o Carnaval ressuscitou lentamente. Ao mesmo tempo, ao longo dos anos 1980, milhões de turistas argentinos começaram a ir ao Brasil de férias, onde – ao ver o exuberante Carnaval do Rio e Salvador – recuperaram o sabor pelas festividades.

Assim, em meados dos anos 1980 surgiram as *murgas* (blocos) em diversos bairros de Buenos Aires. Os integrantes das *murgas* dançam ao som do *candombe*, um ritmo de origem africana (remanescente dos tempos em que havia escravos em Buenos Aires) com intensos requebros.

Nos anos 1980 existiam somente 15 murgas. Mas na virada do século XXI o número havia subido para mais de 100, compostos por dez mil "murgueros". Em 2010 existiam mais de 200 murgas.

As *murgas* concentram-se nos bairros de classe média baixa. Os bailes possuem pequenas dimensões em Buenos Aires, comparado com o Brasil, já que participam poucas centenas de pessoas. Para aumentar a participação, a prefeitura de Buenos Aires projeta recuperar o carnaval de salão, esquecido há décadas, além de outras festividades populares.

Os carnavalescos só podiam protagonizar os festejos de Momo nos fins de semana, devido à inexistência do feriado de Carnaval. No entanto, no final de 2010, a presidente Cristina Kirchner decretou a reinstauração do feriado. O anúncio foi realizado na Casa Rosada, enquanto diversas *murgas* embalavam o discurso ao som da marcha "Los muchachos peronistas" em ritmo carnavalesco.

O Carnaval tem toques próprios em diferentes localidades. Muito antes de o Mercosul integrar as economias do Brasil e da Argentina, os habitantes da cidade de Gualeguaychú, na província de Entre Ríos, importaram a festa brasileira. Desde os anos 1960, os foliões argentinos dessa região vestem-se com as plumas e lantejoulas típicas das festividades de Momo no Brasil e desfilam em carros alegóricos.

Os próprios entre-rianos admitem que, embora não haja mestres-salas nem porta-bandeira, e sequer a música seja o samba, o Carnaval de Gualeguaychú é uma espécie de "irmão caçula" do Carnaval carioca. Mas também contra-argumentam, defendendo seu "plágio" adaptado: "aqui ao lado, no Rio Grande do Sul, os gaúchos copiaram nosso costume de beber chimarrão, além da música com a sanfona".

O Carnaval de Gualeguaychú tornou-se um furor nacional desde o final dos anos 1990, e é assistido por políticos e atores. As *comparsas* (as "escolas" locais) aproveitaram o sucesso para convidar estrelas da TV, modelos ou cantores para destacar-se. Há um lugar para o desfile, inspirado no sambódromo, que denomina-se *corsódromo*, em alusão a *corso*, denominação argentina para o desfile ou parada de Carnaval.

Nas últimas décadas, a febre do Carnaval inspirado no brasileiro se espalhou pelas pequenas cidades da região: Santa Elena, Concepción, Chajarí e Gualeguay. A preparação das fantasias e dos enredos leva todo o ano.

O lado físico também conta: para estar com os corpos malhados, florescem as academias de ginástica, que são escassas no resto do país, mesmo em Buenos Aires (comparado com o imenso volume de academias existentes em São Paulo ou no Rio de Janeiro).

No norte da Argentina também se comemora o Carnaval, mas com tons indígenas: na região da Puna, na fronteira com a Bolívia, o centro da festa é o "Pujillay", isto é, o "diabo carnavalesco", personagem da mitologia local, derivada dos incas. Sepultado desde o final do Carnaval do ano anterior, o diabo é desenterrado, dando início às festas, com músicas indígenas e coloridos desfiles pelos vilarejos da região. Nessas festas, os participantes mascam folhas de coca e ingerem bebidas feitas com essa planta.

O SEXO: HOJE, ONTEM E SEMPRE

"*Telo*", no *lunfardo* (gíria) portenho, significa "motel". É derivado de "hotel".

A forma oficial para referir-se aos motéis é a de *"hoteles alojamiento"* (hotéis alojamento, literalmente) ou *"albergue transitorio"* (pela transitoriedade da estadia no estabelecimento). Em Buenos Aires, os motéis costumam ser "urbanos", isto é, estão mais concentrados no centro da cidade e nos bairros residenciais do que na periferia ou nas estradas que saem da cidade, como costuma ser primordialmente no Brasil. Por esse motivo, os motéis são geralmente "verticais", isto é, prédios de vários andares.

Segundo a Câmara de Proprietários de Alojamentos (Capral), entidade que reúne os motéis portenhos, existem 176 estabelecimentos do gênero só na capital argentina. Esses edifícios convivem com prédios vizinhos residenciais ou de escritórios. Ocasionalmente, os moradores desses prédios – dependendo da largura das paredes que separam as construções – podem perceber determinados gemidos, expressões de estímulo, entre outros sons, provenientes do estabelecimento destinado à atividade sexual.

O formato de motéis verticais nas transitadas ruas portenhas requereu uma forma pitoresca de ocultar a entrada nesses estabelecimentos (grande parte da clientela dos motéis é pedestre, pois vastos setores da classe média portenha, ao contrário da brasileira, não possuem automóveis, seguindo o padrão europeu).

Assim, nos motéis portenhos, o casal vem caminhando pela rua e, para dissimular a entrada, repentinamente ingressa no estabelecimento. Para ter uma entrada minima-

Entrada de motel portenho no bairro da Recoleta é "camuflada" por arbustos.

mente "discreta" e não tão acelerada, os motéis contam com providenciais arvorezinhas instaladas na frente das portas dos estabelecimentos (cobrindo, evidentemente, uns metros mais do que a largura da porta).

Os arbustos tentam ocultar da vista dos carros que passam pela rua (ou dos pedestres da calçada da frente) a entrada pretensamente sigilosa do casal. No outono, essa proteção fica parcialmente reduzida por causa do efeito climático desfolhante dessa estação do ano.

Diversos motéis em Buenos Aires localizam-se na parte posterior do cemitério da Recoleta, na rua Azcuénaga. As janelas dos estabelecimentos têm vista para as imponentes cúpulas dos mausoléus dessa histórica "cidade dos mortos".

"Desde a época da conquista espanhola, passando pelos tempos da colônia, da Independência, o centenário da Independência e o bicentenário da mesma, o sexo tem sido objeto de duplo discurso." Com essas palavras, o escritor Federico Andahazi, autor da série *História sexual dos argentinos*, explica sua visão da sexualidade em terras argentinas ao longo dos últimos quatro séculos e meio. Segundo ele, "não é possível compreender a história de uma nação se não se conhece a história de sua sexualidade. De fato, os países são os filhos de uma vasta rede de relações sexuais".

Segundo o escritor, ao longo da história argentina, existiram vários momentos que foram divisores de águas.

> A primeira política que a Coroa espanhola estabeleceu na América na época da conquista foi uma legislação eminentemente sexual: a mestiçagem, que consistiu na violação sistemática das mulheres indígenas por parte dos conquistadores para estender os sobrenomes e o sangue espanhol.

Problemas derivados do sexo marcaram a primeira fundação de Buenos Aires, já que o conquistador espanhol, Pedro de Mendoza, sofria de sífilis em estado terminal. Sem capacidade mental – e saúde física – para comandar o primeiro núcleo urbano da futura Argentina, Mendoza protagonizou uma caótica liderança que acabou com cidade cercada pelos índios. Como vimos no capítulo "História de um país periférico marcado pela instabilidade", o conquistador decidiu abandonar a primeira Buenos Aires, que foi queimada pelos índios, enquanto Mendoza, no navio rumo de volta à Espanha, falecia a bordo.

Nos primeiros anos da Argentina independente, segundo Andahazi, o país entrou em um período de moral sexual "intensamente repressiva" durante os anos do governo do caudilho Juan Manuel de Rosas, que tinha excelente relação com a Igreja Católica e mantinha um Estado semipolicial. Um dos momentos mais tensos para a sexualidade na época foi quando a jovem Camila O'Gorman, uma representante da aristocracia portenha, solteira, foi fuzilada após as autoridades descobrirem que ela tinha um caso com o padre Ladislau, que também foi executado.

Andahazi sustenta que a segunda metade do século XIX foi mais "permissiva". O escritor cita o caso do presidente Domingo Faustino Sarmiento, que, quando ainda era embaixador, publicou seus gastos em orgias na Europa, além de descrever seus inflamados impulsos sexuais. Sarmiento foi o responsável pela instalação de um sistema modelo de educação pública na América Latina na época. Quando concluiu seu governo, a cidade de Buenos Aires tinha 240 escolas. Mas, simultaneamente, possuía 6 mil prostíbulos. Isto é, 25 bordéis por cada escola.

Segundo Andahazi, "as épocas mais nefastas em matéria sexual, política e social foram as ditaduras de 1930 e a de 1976". O escritor também considera que os momentos mais importantes desde a recuperação da democracia, em 1983, foi a aprovação da lei do divórcio, de 1987, e a de casamento entre pessoas do mesmo sexo, de 2010.

Por questões socioeconômicas, a crise financeira de 2001-2, a pior da história da Argentina, que levou a pobreza a patamares nunca antes vistos no país, além de uma escalada do desemprego, colocou a sexualidade argentina em xeque. Uma pesquisa feita na época pela consultoria de opinião pública D'Alessio Irol indicou que a crise econômica havia afetado 64% das pessoas acima de 26 anos de idade.

Desde o final da crise, segundo os analistas da área, a vida sexual dos argentinos iniciou um rápido processo de recuperação.

"O sexo dos argentinos parece muito com o tango: sensual, mas enrolado... ardente, embora conflitivo e bastante machista", afirma Andahazi.

A respeitada consultora Paola Kullock, diretora da primeira Escola de Sexo da Argentina, explicou, em entrevista, que "os argentinos possuem uma moral tripla, pois pensam uma coisa, dizem outra e fazem outra totalmente diferente".

Tal como em outros países sul-americanos, a valorização da virgindade feminina prevaleceu ao longo dos últimos séculos, enquanto o homem, antes do casamento, estava destinado às práticas sexuais nos prostíbulos.

O cenário foi mudando nas grandes cidades nos anos 1940 e 1950, quando se iniciou um período de gradual e persistente liberação feminina. No entanto, a ditadura de 1976-83 interrompeu um processo de abertura sexual, que só foi retomado, aos poucos, a partir da volta da democracia. Nos anos 1990, a sexualidade já era um assunto discutido livremente nos canais de TV.

Grosso modo, os homens argentinos possuem fama de "mulherengos", ao passo que as mulheres ostentam reputação de "histéricas", palavra que os habitantes desse país utilizam para designar alguém que provoca sexualmente, mas não concretiza o ato.

As mulheres protestam contra o costume de seus compatriotas de tentarem insistentemente relações extraconjugais. Na contramão, os argentinos, em geral, protestam contra a pouca abertura sexual de suas compatriotas no primeiro encontro. Segundo eles, é preciso *remar mucho* (remar muito, expressão utilizada para indicar grande e persistente esforço) para conseguir sexo com uma argentina.

Nesse contexto, as mulheres brasileiras são vistas pelos argentinos como "vulcões sexuais". Já os homens brasileiros são encarados como "saidinhos demais" por parte das argentinas.

Coincidentemente, a maior parte dos casais binacionais é integrada por homens argentinos (que se fascinam com o jeito "doce" e "sensual" das brasileiras) e mulheres brasileiras (que indicam que os argentinos são mais "românticos" e "cavalheiros"). São poucos os casos de brasileiros com argentinas.

Políticos e o sexo

"A outra viúva de Kirchner" foi a denominação aplicada em 2011 a Miriam Quiroga, secretária durante 11 anos do ex-governador de Santa Cruz, ex-presidente da República e ex-presidente do Partido Peronista, Néstor Kirchner. "Era *vox populi* que eu era amante de Néstor", disse Miriam a *Notícias*, a revista de informação semanal de maior circulação na Argentina. "Tive uma união muito forte com ele. Deixei tudo para vir com ele desde o sul. Deixei minha família", declarou Miriam, que autodefine o trabalho que realizou com Kirchner como o de uma "secretária pau para toda obra".

Miriam – na época com 50 anos, simples na forma de vestir, embora com mais curvas do que a presidente – afirmou que três meses depois da morte de Kirchner, o secretário-geral da presidência, Oscar Parrilli, lhe comunicou que estava despedida, já que Cristina Kirchner desejava colocar outra pessoa no posto que ocupava formalmente, o de diretora do Centro de Documentação Presidencial.

Em meio a um delicado ano de eleições presidenciais, a notícia poderia abalar a própria imagem da viúva oficial, a presidente Cristina, já que evidenciaria que ela hipoteticamente sabia e resignava-se sobre a existência da relação de Miriam com seu marido. No entanto, a partir do momento da morte de Kirchner, vítima de um ataque cardíaco fulminante em outubro de 2010, Cristina não teria tido mais obstáculos para a demissão sumária da secretária.

Na época, analistas me comentaram que o sucesso da "sociedade" política (funcionaram como dupla política com uma interação não vista desde Perón e Evita) e financeira (possuíam vários empreendimentos imobiliários e de hotelaria em nome dos dois) de Néstor e Cristina teria impedido a separação formal do casal.

"Temos que pegar essa informação com pinças", explicou-me em *off* uma famosa "kirchneróloga". "Não sei se ela foi amante de Kirchner durante uma década. Talvez

LA CGT SE DESBOCA Y CLARÍN DIVIDE AL ESTABLISHMENT ENTRE OPOSITORES Y OFICIALISTAS

MOYANO Y MAGNETTO: DOBLE JAQUE A LA ECONOMÍA

Noticias

EXCLUSIVO

LA OTRA 'VIUDA' de Kirchner

Miriam Quiroga (50) conoció al ex presidente y sus secretos como pocos en el Gobierno. Fue su mano derecha hasta el último día. Cristina la hizo echar el 5 de enero. Quién es la mujer que puede convertirse en una amenaza para la Casa Rosada. Sus duras críticas a Zannini, Parrilli, La Cámpora y a la propia Jefa del Estado: "Con ella se perdieron la mística y el legado de Néstor".

MARTES 1 de febrero, a las 15.30, en el barrio porteño de Montserrat.

– ¿Por qué la echaron?
– Algunos decían que yo era la amante de Kirchner. Cristina debe haber escuchado eso.
– ¿Y qué hay de cierto?
– Lo conocía desde hace años (sonríe). Es vox populi que yo era la amante de Kirchner.

De Punta a Miami, el reposo de Susana en pantuflas

Miriam Quiroga, que se declarava amante de Kirchner, estampa capa de revista.

tenha sido uma amante ocasional. Minhas pistas apontavam para outra mulher, que era empresária na província de Santa Cruz, não esta aqui".

Enquanto isso, Miriam aproveita a polêmica suscitada e nega que sua filha de 11 anos seja fruto da suposta relação amorosa entre ambos. Segundo ela afirma, o pai foi um "namorado fugaz".

Ao longo da história argentina, a existência de amantes presidenciais foi farta e variada. Carlos Menem (1989-99) era famoso por seus *affaires* quando ainda era governador de La Rioja. Na presidência, intensificou seus contatos extramatrimoniais, fato que causou a ira de sua mulher, Zulema Yoma, que em vingança entrincheirou-se na residência oficial de Olivos e confiscou a faixa e o bastão presidencial. O casal – que também tinha abundantes diferenças políticas – separou-se oficialmente na sequência.

Menem já havia tido aventuras extramatrimoniais em 1981, época em que passou meses em prisão aberta no vilarejo de Las Lomitas, Formosa, por ordem do regime militar, que o havia detido.

Ali, conheceu a jovem Marta Meza – filha de um caudilho local –, que ficaria grávida. Menem, na época, era casado. Mas prometeu a Marta que reconheceria o menino, Carlos Nair.

Os anos passaram e a promessa não se cumpria. Em 1989, Menem foi eleito. Nesta ocasião, prometeu que reconheceria seu filho quando deixasse o poder. Essa promessa tampouco foi cumprida. Nesse intervalo, a mãe de Carlos Nair foi eleita deputada federal.

No ano 2003, Marta Meza suicidou-se em circunstâncias misteriosas (bebendo herbicidas). Carlos Nair foi vítima de atentados e de ameaças que lhe indicavam que deixasse de insistir com seu pedido de reconhecimento.

Em 1996, a revista *Notícias* publicou as fotos de Menem com seu filho ilegítimo na residência presidencial de Olivos. Após o escândalo, Menem evitou o garoto durante anos. Carlos Nair, após a maioridade, começou a exigir que seu pai o reconhecesse. Menem continuava recusando-se. Mas, em 2005, o juiz Francisco Orella determinou que o jovem era filho do ex-presidente. A determinação baseou-se nas fotografias que provam o vínculo e a negativa de Menem em submeter-se ao exame de DNA.

Em meados de 2008, sua fama de *latin lover* septuagenário (agora ele é octogenário) foi abalada pelas aventuras amorosas da chilena Cecilia Bolocco, com a qual havia se casado em 2001 (que tinha metade de sua idade).

Cecilia, uma ex-miss Universo, cansada da intensa dedicação de Menem aos jogos de golfe na Argentina (enquanto ela residia com o filho de ambos em Santiago do Chile), começou a ter um tórrido *affaire* com um *playboy* italiano em Miami. O resultado foi o divórcio para o casal e fama de "homem traído" para Menem.

O ex-presidente só conseguiu um pouco mais de protagonismo quando, semanas depois do escândalo de Bolocco, seu filho ilegítimo, Carlos Nair, apareceu em *Gran Hermano*, a versão argentina do *Big Brother*.

O jovem tornou-se celebridade nacional quando, no meio do programa, os integrantes descobriram que o filho do ex-presidente possuía um aparelho reprodutor de consideráveis dimensões. As participantes femininas proferiram frases apologéticas sobre o diâmetro e comprimento do supracitado. Os participantes masculinos que também ali estavam exclamaram expressões de inveja. Dessa forma, Carlos Nair tornou-se famoso em toda a Argentina com o apelido de *"La Anaconda"*, em alusão à gigantesca cobra amazônica.

Menem não perdeu tempo e reconheceu oficialmente seu filho ilegítimo, algo que não havia feito em 27 anos. "Só podia ser filho meu", afirmou Menem na época. No entanto, a vedete do teatro de revista Moria Casán – ex-amante de "El Turco" nos anos 1980 –, com ironia, sugeriu que as proporções substanciais da genitália de Carlos Nair não necessariamente tinham correlação com seu genitor, o qual conhecia bem de antanho.

Dizem que as cadeiras presidenciais costumam ser afrodisíacas. No dia 20 de dezembro de 2001, o então presidente Fernando de la Rúa (1999-2001) estava a ponto de renunciar e escapar em um helicóptero do teto da Casa Rosada, a sede do governo. Nas horas anteriores, uma multidão enfurecida com a crise econômica – e especialmente o *"corralito"* (denominação do megaconfisco bancário) – manifestava-se na Praça de Maio para exigir sua renúncia.

As forças de segurança reprimiriam a multidão e mataram cinco manifestantes a poucos metros das janelas presidenciais (no restante da cidade houve mais mortos).

Após renunciar, De la Rúa passou pela sala onde estava seu escritório para pegar os objetos pessoais.

A foto feita na ocasião pelo fotógrafo oficial da presidência, Victor Budge, mostra o pacato e sonolento ex-presidente abrindo uma gaveta. Era a última foto de De la Rúa na Casa Rosada.

Um ano depois, em janeiro de 2003, a *Gente*, tradicional revista de fofocas, publicou a mesma foto, embora ampliada. O detalhe mostrava que De la Rúa retirava da gaveta da escrivaninha duas caixas – amostra grátis – de um vigorizante sexual de nome Optimina Plus, recomendado para casos de impotência.

A foto de De la Rúa recolhendo seus objetos havia sido publicada várias vezes ao longo de 2002. No entanto, ninguém havia reparado no detalhe das caixinhas, até que um leitor de *Gente*, curioso em saber o que havia na gaveta presidencial, e munido de uma lupa de aumento, reconheceu o remédio.

As caixas de Optimina Plus ostentam na embalagem uma picaresca sequência de gnomos cuja ponta dos gorros vai ficando ereta gradualmente, em uma analogia aos efeitos que o remédio causaria no órgão reprodutor masculino, neste caso, o órgão presidencial (que a partir desse momento era ex-presidencial).

A revelação de que De la Rúa consumia abundantes doses de Optimina foi na ocasião o principal tema de piadas em Buenos Aires.

De la Rúa, até a época, era visto como um homem assexuado, tímido, dominado pela ambiciosa então primeira-dama, Inés Pertiné, com a qual padecia de problemas conjugais. No entanto, nos últimos anos haviam circulado rumores de que teria tido *affaires* com duas de suas assessoras na época, que nunca foram confirmados.

Adolfo Rodríguez Saá, que seria presidente durante uma semana no tumultuado dezembro de 2001, era governador da província de San Luis em outubro de 1993. Na ocasião, protagonizou um escândalo sexual *sui generis*. Subitamente, uma tarde, Rodríguez Saá apareceu nos aparelhos de TV dos argentinos para explicar que havia sido sequestrado e colocado no motel de nome "*Y... no c*" (jogo de palavras equivalente a 'E... não sei') junto com "La Turca", nome de guerra de Esther Sesín, que havia sido sua amante.

O próprio Rodríguez Saá explicou que, em meio ao sequestro, havia sofrido um grave abuso sexual. Segundo ele, um grupo de pessoas estava tentando extorqui-lo, pois haviam gravado cenas de conteúdo *hardcore*. Os sequestradores o deixaram em uma estrada de terra, espancado e com a ameaça de divulgar o vídeo caso ele não pagasse US$ 3 milhões. No entanto, a Polícia de San Luis imediatamente encontrou e deteve "La Turca" e seu namorado, Alejandro Salgado, mentor do sequestro.

Quem viu o vídeo, de circulação altamente estrita, afirma que no meio do suposto "abuso" o casal estava utilizando um avantajado vibrador. E não era "La Turca" – na época uma quarentona de curvas abundantes – que estava usufruindo do aparelho em questão. Mas não existem confirmações oficiais sobre o assunto.

A história argentina, pródiga em reviravoltas, deu mais um exemplo disso no dia 23 de dezembro de 2001, quando Rodríguez Saá foi designado presidente provisório da Argentina em meio ao caos econômico e social. Atualmente é senador. Nunca mais protagonizou escândalos sexuais.

Mais recentemente, em janeiro de 2009, a presidente Cristina Kirchner, que ainda não era viúva, fez referências sobre sua vida sexual (nunca antes, em 200 anos transcorridos desde a Independência da Argentina, um presidente da República havia feito alusões sobre sua vida sexual em público, e muito menos realizado referências sobre afrodisíacos químicos e naturais).

Na ocasião, Cristina exaltou as propriedades afrodisíacas da carne de leitão. Além da carne suína, a presidente – famosa por preocupar-se com a "linha" – também exaltou as propriedades da carne de frango para emagrecer.

Tudo começou quando a presidente Cristina, ao vivo pela TV, durante uma cerimônia com produtores suínos, anunciou que havia sido informada dos poderes afrodisíacos do leitão. Segundo ela, valia mais a pena um "porquinho na grelha do que tomar Viagra".

Além disso, ressaltou que havia ingerido significativas porções de um saboroso suíno no fim de semana prévio, e que o sábado e o domingo transcorridos na companhia de seu marido e ex-presidente Néstor Kirchner haviam confirmado empiricamente os efeitos do leitão consumido.

Um dia depois, a presidente exaltou a qualidade da carne de frango como alimento "para fazer dieta". A mídia deleitou-se com as frases da presidente, definindo Cristina Kirchner como "guru sexual e nutricionista".

Glúteos argentinos ganham o mundo

Em fevereiro de 2012, a revista britânica *Zoo* lançou seu *ranking* dos melhores bumbuns femininos do planeta. Na lista, entre as 10 melhores, por incrível que pareça, nenhuma brasileira. No entanto, aparecia uma argentina (a solitária sul-americana da lista) que ficou em oitavo lugar: ela é Keyra Agustina (pseudônimo, soube-se há pouco tempo, de Julieta Machado, uma estudante universitária portenha) que, em meados da década passada, foi a anônima "rainha glútea" da internet.

Keyra ou Keyra Agustina é a dona de uma esférica retaguarda que desde 2004 tornou-se furor na internet. Em 2006 foi declarada "a bunda perfeita do ano" ("*the perfect ass of the year*") por Howard Stern, um dos mais famosos apresentadores da rádio e TV dos EUA.

O frequentadíssimo site ibérico *Super-tangas,* de alta popularidade na Espanha e no mundo latino-americano, a entronizou como a preferida ao longo de vários anos. Os motivos para o sucesso de Keyra seriam os seguintes:

1) Ela não era previamente famosa (isto é, não era cantora, atriz de novela, namorada de jogador de futebol, nem amante de político, jogadora de vôlei ou tenista, menos ainda participante de *reality show*). Se levarmos em conta que Keyra está presente na internet sem marketing, de forma "autônoma", temos que admitir que possui maiores méritos que os glúteos de modelos, cantoras e similares. São glúteos "antissistema".

2) Durante vários anos jamais mostrou a cara, fato que aumentava o mistério.

3) Suas fotos foram feitas de forma caseira, longe das produções em Bora-Bora da *Playboy* ou o cetim/rendas/colares de pérolas da *Penthouse*. Ao contrário: são fotos feitas em um cantinho prosaico da casa. Isto é: sem retoque em Photoshop.

A figura de Keyra foi divulgada pelos fãs e hoje está estampada virtualmente em quase 700 mil sites na web nos quais entusiastas internautas tecem cantos de louvor à sua retaguarda, que há poucos anos era uma ilustre desconhecida.

Habitante do bairro de Palermo, alcançou fama mundial quando seu namorado a fotografou e distribuiu as fotos pela internet. A partir dali a coisa foi viral.

Keyra nunca ganhou dinheiro com isso: ela recusou ofertas para ser a estrela de programa de TV na Espanha e convites de diversas revistas masculinas internacionais. Keyra só posou para uma revista, argentina, uma única vez e de graça (a *Maxim*). Seu único interesse seria o de inspirar milhões de homens em todo o mundo.

Keyra Agustina tornou-se o *frisson* argentino e internacional na internet por seu bumbum espontâneo.

Para horror dos setores mais nacionalistas brasileiros, que fazem da rivalidade com a Argentina uma razão de viver, Keyra é argentina, nacionalidade da qual jamais poderíamos ter esperado tal concorrência.

No entanto, o apreço pelas formas dessa jovem deusa calipígica liquida eventuais chauvinismos territoriais, já que a exaltação dos glúteos de Keyra chegou até o Brasil. No país, existem centenas de sites com cantos de louvor aos quadris da vizinha do Mercosul.

No Orkut e em outras redes sociais, as rivalidades no futebol e no comércio bilateral foram deixadas de lado, já que diversas comunidades dedicam-se ao intercâmbio de opiniões, análises e dados sobre como conseguir novas fotos da ídola argentina. Uma das comunidades, a "Keyra Agustina Brasil", destaca que a jovem é "quase perfeita", já que seu único defeito é "ser argentina, e não brasileira".

O ensaísta argentino Martín Caparrós defende que "A bunda argentina é mais 'contida', enquanto que a brasileira é 'expansiva'".

Germán Pitelli, chefe de redação da edição argentina da revista *Maxim* na época da publicação das fotos da musa da web, sustenta que Keyra, "como boa exibicionista, gosta que seu traseiro seja admirado por todo o mundo". Do alto de sua vasta experiência, Pitelli afirma que "nunca" viu alguém posar com "tanta naturalidade" como Keyra.

O colombiano Raúl Trujillo, especialista em pesquisa de grupos de consumo e sociologia da moda, afirma que a anônima e caseira Keyra simboliza a derrota da indústria da comunicação, que tenta impor atrizes e modelos famosas como *sex symbols*. Trujillo sustenta que "o público agora não quer mais a pessoa famosa... ele quer a cotidianidade!".

Ao contrário do Brasil, onde o apreço pelos glúteos femininos sempre imperou culturalmente sobre os seios (e já dizia o poeta Carlos Drummond de Andrade: "Existe algo mais? Talvez os seios/ Ora – murmura a bunda – esses garotos/ ainda lhes falta muito que estudar"), durante décadas as divas sexuais argentinas conseguiam seu sucesso por intermédio do busto. Dessa forma, atrizes como Isabel Sarli ou vedetes do Teatro de Revista como Moria Casán – donas de ostensivos seios – tornaram-se *sex symbols*.

No entanto, desde a virada do século, coincidindo com a crise de 2001-2, o foco dos homens argentinos deslocou-se. Em 2008, o subeditor da revista *Hombre*, uma publicação erótica mensal argentina, indicava que "uma capa com uma bunda vende mais do que uma capa com seios".

O surgimento de uma das *sex symbols* argentinas da primeira década do século XXI, Luciana Salazar, coincidiu com a mudança: quando iniciou sua carreira, ficou famosa por seu busto. Dois anos depois, ela somente posava exibindo os glúteos.

O publicitário e filósofo Omar Bello resume a mudança de paradigma erótico entre os argentinos: "ganhamos em contundência, mas perdemos em imaginação".

Sociólogos, especialistas em mídia e feministas condenam aquilo que consideram como "obsessão" pela retaguarda das mulheres e na virada da década cunharam uma palavra para designar o império dos glúteos: *culocracia* (bundocracia).

GLOSSÁRIO SEXUAL

Acabar: Cuidado ao utilizar esse verbo na Argentina, já que é um sinônimo frequente de "ejacular". Ou, no caso das mulheres, de chegar ao orgasmo. Para indicar o "acabar" nosso é mais adequado a utilização de "terminar". Ou "concluir".

Bulo: Equivalente a uma *garçonnière*. Apartamento de pessoa solteira (ou casada com tempo para aventuras extramatrimoniais) primordialmente destinado para a atividade sexual (mais do que para moradia). *Bulo* provém de uma palavra do *lunfardo* mais utilizada no passado (e nos tangos): *bulín*. *Bulín*, por seu lado, provém do francês *boulin*, que designa o buraco ou marquise nas paredes onde as pombas fazem ninhos. A palavra atualmente é praticamente desconhecida da maioria dos franceses, a não ser os columbófilos.

Cabarulo: Refere-se aos cabarés e, em Buenos Aires, a palavra é aplicada para casas de *strip-tease* e também, ocasionalmente, para bordéis.

Cafishio: O gigolô.

Coger: Verbo que indica o ato sexual completo. O verbo, na Espanha e em outros países de idioma castelhano, é primordialmente utilizado para "pegar" ou "colher" (como "colher algo do chão"). Assim, *"coger el autobús"* significa *"pegar o ônibus"*. Na Argentina, porém, equivaleria a dizer que teria um coito com o veículo de transporte coletivo (e não dentro de tal veículo). Não é uma forma polida de referir-se ao ato sexual. Por extensão, *cogida* é o coito.

Empomar: Verbo que se refere a *pomo*, isto é, o equivalente a "bisnaga" Ergo, indica o membro viril. Dessa forma, *empomar* é o verbo utilizado para referir-se à penetração.

Fiesta: Orgia. Uma *fiestita* (festinha) seria uma orgia com poucos participantes. Inclusive, pode referir-se a um encontro sexual entre duas pessoas, mas carregada de alta voltagem.

Franeleo: Uma versão local da "transa". *Franela* é "flanela", produto utilizado para passar – e esfregar – sobre um automóvel ou um móvel. No contexto sexual, uma *franela* seria o ato intenso de fricção de epidermes de duas pessoas.

Garchar: Verbo que designa o ato de copular de forma bastante chula. *Coger*, perto de *garchar*, acaba parecendo uma forma elegante. Por extensão, *garche* é a cópula.

Partusa: Orgia para valer. O termo é uma ironia com o inglês *party* (festa).

Pisito: Diminutivo de *"piso"* (andar). Usado como equivalente à *garçonnière* ou o apartamento de uma trabalhadora do sexo autônoma.

Poronga: Forma pouco polida de referir-se ao membro viril. Provém do araucano *purunko*. Esta palavra, por seu lado, origina-se no quéchua *purunkko*. Originalmente se refere à abóbora de formato oblongo.

Privado: Prostíbulo instalado em um apartamento.

Trampa: Literalmente, "trapaça". Quando uma pessoa está *"de trampa"* é que está casada, mas tendo (ou tentando ter) um encontro sexual com outra pessoa que não o(a) cônjuge. Quem pratica *trampa* é *pirata*.

Transar: O verbo foi recolhido pelos turistas argentinos que foram ao Brasil nos anos 1980. Não se refere ao ato em si, mas aos beijos e carícias. Preliminares sexuais com abundante produção hormonal, mas sem a cópula em si.

Traviessa: Literalmente, "travessa". Mas refere-se ao "travesti".

Tuje: Proveniente do antigo iídiche *tuches*, utilizado com frequência para indicar os glúteos. Traseiro. Bumbum.

Vacunar: Vacinar. Refere-se ao ato de penetrar alguém.

Verso: Galanteio semipicareta. Afirmação – ou conjunto de afirmações – geralmente sem base concreta ("se você quiser conhecer meu iate...") destinados à conquista-sedução de alguém. O praticante do *verso* é *versero(a)*.

A ARGENTINA GAY

Desde a crise financeira de 2001-2, a capital argentina deixou de lado o machismo imortalizado nas letras do tango e transformou-se na Meca do turismo gay na América Latina, deslocando do pódio – segundo especialistas e agentes de viagens – a própria Rio de Janeiro. Desde a virada do século, a cidade ficou repleta de bares, restaurantes, hostels, butiques e discotecas gays.

Os especialistas sustentam que vários fatores confluíram nesse fenômeno. Por um lado, a liberalização dos costumes da sociedade, que gradualmente passaram a aceitar os homossexuais, com menos preconceitos do que no passado recente. Por outro lado, Buenos Aires, na primeira década do século, tornou-se atraente ao turismo gay graças à desvalorização da moeda (ocorrida em 2002) e ao glamour que a cidade ostenta, propiciado pela arquitetura europeia do início do século XX, quando a capital argentina era uma das mais elegantes do planeta.

Além disso, Buenos Aires é a cidade onde viveu e morreu Evita Perón, ícone do mundo gay – para profunda irritação do Peronismo ortodoxo –, tal como Marilyn Monroe e Madonna.

O histórico bairro de San Telmo tornou-se a área *gay friendly* da capital por excelência, embora não seja um "gueto gay". Essa foi a área privilegiada para a instalação de boates gays e tornou-se um dos pontos preferidos para moradia dessa comunidade (pelos baixos custos e o charme decadente dos velhos edifícios). Bandeiras com as cores do arco-íris são hasteadas na frente de dezenas de comércios, indicando que os lugares são amigáveis para com a comunidade gay.

Buenos Aires também conta com o Queer Tango Festival, um evento anual que cada vez incomoda menos os tangueiros ortodoxos. Ao longo do ano, o público gay também pode desfrutar do tango em várias tanguerías especializadas para esse público, além de dezenas de cursos especializados nesse tipo de dança.

Os comércios portenhos celebram a afluência do denominado *pink money*, já que os turistas gays estrangeiros gastam 25% a mais do que os turistas heterossexuais que passeiam por Buenos Aires.

No início da primeira década deste século, a maior parte da clientela gay estrangeira que visitava Buenos Aires era composta por jovens europeus e americanos. Mas, nos últimos anos, começaram a desembarcar ostensivos contingentes de brasileiros, colombianos e mexicanos.

Os gays portenhos, com seu satírico humor, indicam que a cidade sempre fora *gay friendly*, mas ninguém havia percebido: "temos um monumento, o Obelisco, que é uma exaltação fálica de 67 metros de altura e, além disso, é só ver que o palácio presidencial é a Casa Rosada!". Estimativas de 2010 apontam para um total de 3 milhões gays e lésbicas argentinos.

"Belgrano era gay?" Esta é a pergunta mais comum entre estudantes do segundo grau nas aulas de História argentina. O alvo do inquérito é o criador da bandeira do país, o general Manuel de Belgrano, cujo jeito delicado, bons modos, olhos azuis e voz fina faziam com que seus contemporâneos disparassem rumores e ironias sobre sua sexualidade. Belgrano, que pertencia ao setor mais revolucionário dos líderes que protagonizavam a Independência argentina, "poderia ter sido alvo de uma campanha de desprestígio por parte de seus rivais", afirma o jornalista Osvaldo Bazán, autor do livro *História da homossexualidade na Argentina*.

Belgrano, que morreu em 1820, e comandou violentas batalhas na fronteira com o Paraguai e no norte da Argentina, teria tido dois filhos ilegítimos, que nunca reconheceu. No entanto, seus descendentes ainda hoje ostentam seu sobrenome.

Oito décadas depois, na virada do século, a política higienista transformou aqueles denominados "invertidos" em "pederastas". Os homossexuais, quando descobertos, eram enviados ao "Depósito 24 de Novembro", localizado na rua do mesmo nome, que era uma prisão onde também eram colocados outros tidos como "pervertidos": anarquistas, prostitutas, bissexuais, entre outros "párias" da sociedade.

Naquela época, os homossexuais encontravam-se furtivamente na área da Praça Roma, ao pé da estátua de Giuseppe Mazzini, na frente do atual prédio do jornal *La Nación*. Os únicos registros oficiais sobre a homossexualidade eram os relatórios policiais e médicos. Nenhum jornal publicava notícias citando o termo "homossexual". Na literatura argentina, a palavra aparece pela primeira vez no livro *O brinquedo raivoso*, de Roberto Arlt, em 1926.

Na mesma época, no tango surgiu a primeira cantora desse gênero musical, Pepita Avellaneda, que se vestia como um homem. Segundo os boatos da época, ela disputava os amores das discípulas da famosa madame Jeanne – dona de um prostíbulo da moda – com o próprio Carlos Gardel. Mas esses assuntos ficavam restritos ao círculo onde transcorriam os fatos, já que, se não se falava socialmente sobre os gays, menos ainda das lésbicas.

Um dos primeiros letristas do tango, Andrés Cepeda, era homossexual e morreu em uma briga de faca nas esquinas da rua México e da avenida Paseo Colón. O motivo: uma disputa com outro homem pelo amor de um rapaz. Essa morte foi imortalizada em um tango, "Sangue malevo", embora com metáforas que escondiam a verdadeira trama.

Em 1946, o poderoso general Domingo Mercante, governador peronista da província de Buenos Aires, proibiu por decreto que os eleitores votassem em candidatos homossexuais. O motivo: "questões de dignidade". O decreto só foi revogado em meados da década de 1980, nos primeiros anos da volta à democracia.

Em 1951, uma emenda ao Código Militar proibia expressamente que os homossexuais fossem admitidos nas fileiras do exército. Além disso, se um homossexual fosse descoberto dentro das forças armadas seria punido com a degradação, destituição e prisão.

Em 1999, o chefe do Exército, general Martín Balza, criticou a proibição do Código Militar. "Fiquem tranquilos", disse irônico perante um grupo de militares. "Não vamos ter uma divisão de costureiras a cavalo". Em 2006, a então ministra da Defesa, Nilda Garré, eliminou o artigo.

Perseguidos pelos conservadores, os homossexuais que militavam nos partidos da incipiente esquerda argentina na primeira metade do século XX também foram alvo de discriminação por parte de seus próprios colegas ideológicos.

O primeiro grupo a reivindicar os direitos gays foi criado em 1969 em plena ditadura do católico-nacionalista Juan Carlos Onganía pelo comunista Héctor Anabitarte. As reuniões do grupo eram realizadas em um barraco ao lado da estação de trens de Gerli, na Grande Buenos Aires. Para não serem vistos pelas janelas do barraco, todos os integrantes se agachavam no chão quando passava um trem, a cada 15 minutos.

Em 1971, foi fundada a Frente de Liberação Homossexual. Em 1973, um grupo de militantes peronistas homossexuais marchou na direção do aeroporto de Ezeiza para esperar a chegada do ex-presidente Juan Domingo Perón, que voltava do exílio. O grupo, que levava uma faixa com os dizeres *"Putos con Perón"* (Gays com Perón) e outra com um dos versos da marcha peronista – "para que reine no povo o amor e a igualdade" –, foram escorraçados pelos próprios militantes peronistas heterossexuais, que não queriam ser vistos perto dos manifestantes gays.

Três anos depois, a partir do golpe militar de 1976, os prisioneiros políticos homossexuais, junto com os judeus, foram os que sofreram as piores torturas da ditadura. Com a volta da democracia, os grupos gays organizaram-se gradualmente e ampliaram sua influência.

Hoje, existem associações gays em todas as províncias do país e nos mais variados setores. A comunidade judaica também conta com um grupo, o "Judeus Argentinos Gays", o JAG, cuja sigla tem uma sonoridade similar à palavra hebraica para "festa". O símbolo é uma quipá multicolorido.

Em 1998, a Justiça da cidade de Mendoza concedeu status *legal* a um casal de gays. A decisão constituiu o início de uma mudança gradual na legislação na Argentina sobre o casamento entre duas pessoas do mesmo sexo. Em dezembro de 2002, a Assembleia Legislativa da capital federal, Buenos Aires, aprovou a lei de união civil, que permitia que duas pessoas (incluindo duas pessoas do mesmo sexo) que pudessem comprovar uma convivência de dois anos formalizassem a união.

No dia 4 de maio de 2010, pela primeira vez em 127 períodos parlamentares no Congresso Nacional argentino, a palavra "homossexualidade" foi pronunciada no plenário da Câmara de Deputados. "Subitamente, falaram da diversidade sem eufemismos", afirmou no dia o então presidente da Federação de Gays, Lésbicas, Bissexuais e Transexuais da Argentina, Esteban Paulón. Dois meses depois da aprovação na Câmara, o debate passou para o Senado, onde, no dia 14 de julho, a lei foi aprovada.

Nos dias prévios à votação no Parlamento, a cúpula da Igreja Católica argentina havia se posicionado contra o casamento entre pessoas do mesmo sexo de forma categórica. O primaz da Argentina, cardeal Jorge Bergoglio, convocou uma campanha contra o casamento homossexual, afirmando que se tratava de uma batalha na "Guerra de Deus" contra o projeto de lei, o qual definiu de "movimento do demônio".

O bispo de Río Cuarto, monsenhor Eduardo Martín afirmou que a lei de casamento homossexual colocava em risco o "futuro da pátria". Diversos sacerdotes, em todo o país, alertaram para o "iminente Apocalipse", caso a lei fosse aprovada.

No domingo anterior à votação definitiva, nas missas em todo o país, bispos e padres leram uma declaração na qual a Igreja sustentava que o casamento deve ser feito somente entre pessoas "heterossexuais". A Igreja não reconhece nem o casamento civil entre pessoas de sexos opostos, aprovado no Parlamento argentino no ano 1888.

Durante os debates no plenário, o senador Eduardo Torres, a favor do projeto, destacou que os setores do clero que realizaram campanha contra o casamento entre pessoas do mesmo sexo "deveriam recordar que no Vaticano, o centro do catolicismo, os murais que decoram a Capela Sistina, entre elas 'A criação de Adão', foram realizadas pelo pintor Michelangelo, famoso por ser homossexual".

Com a aprovação, a Argentina tornou-se o primeiro país da América Latina – e o décimo no mundo – a contar com uma lei que autoriza o casamento entre pessoas do mesmo sexo em todo o seu território nacional.

A lei provocou profundas divisões nas fileiras do governo e na oposição. Diversos senadores governistas opuseram-se às ordens da presidente Cristina Kirchner de votar a favor da lei. Na contramão, vários senadores de partidos da oposição votaram a favor do casamento homossexual.

No meio da madrugada da aprovação no Parlamento, sob uma temperatura de zero grau Celsius, milhares de pessoas vinculadas às ONGs de defesa dos direitos humanos e grupos de militância homossexual celebraram segundos após a aprovação da lei no Senado. A poucos metros dali, três dezenas integrantes de grupos católicos choravam e xingavam os senadores enquanto seguravam imagens da Virgem Maria e rosários.

Na época da votação, uma pesquisa elaborada pela consultoria Ipsos Mora y Araujo indicou que 54% dos argentinos respaldam a legalização do casamento entre pessoas do mesmo sexo. Outros 44% estavam contra e 2% não contavam com opinião formada sobre o assunto.

O jornal *La Nación*, de tom costumeiramente conservador, fez uma pesquisa entre seus internautas que indicou que 65,12% respaldam a lei que autoriza o casamento de pessoas do mesmo sexo.

O debate sobre o casamento entre homossexuais gerou a maior discussão na sociedade argentina desde a votação da lei do divórcio em 1987.

Um ano depois, em agosto de 2011, Osvaldo López, senador do Partido Nuevo Encuentro, transformou-se no primeiro parlamentar argentino da história a casar formalmente com outro homem.

As vitórias gays no país não foram apenas sociais, mas também no esporte nacional: o futebol. Em 2010, pouco mais de um mês depois da desclassificação da seleção de futebol na África do Sul, os torcedores argentinos – ou, pelo menos, parte deles – celebraram a conquista da Copa do Mundo gay, que integrou os "Gay Games 2010", a versão homossexual dos Jogos Olímpicos, realizada na cidade alemã de Colônia. A vitória foi obtida graças ao placar de 3 a 0 sobre o combinado de Seattle (EUA).

Ao longo da edição homossexual da Copa do Mundo, a seleção argentina venceu oito jogos e empatou apenas uma disputa. Seu placar total no torneio foi de 25 gols a favor. Os argentinos foram alvo de somente cinco gols adversários.

Diversos países participaram da Copa Gay com mais de um time. Esse foi o caso dos próprios argentinos, que também enviaram à Alemanha o "Los Dogos", que conquistou o terceiro lugar do pódio em Colônia.

Em 2006, a Argentina havia sido o primeiro país latino-americano a albergar a Copa do Mundo Gay. Na ocasião a seleção argentina venceu o troféu, conquistando seu primeiro campeonato. A vitória foi possível graças ao gol de seu artilheiro, um brasileiro residente em Buenos Aires.

Dessa forma, com a vitória nos estádios alemães, a seleção argentina conseguiu o bicampeonato mundial de futebol gay, equiparando-se à seleção nacional convencional, que também ostenta o bicampeonato (Argentina 1978 e México 1986).

AS FORTES MULHERES

Em 1806, a Grã-Bretanha, em guerra com a Espanha, que era aliada da França napoleônica, invadiu Buenos Aires. Na ocasião, os invasores, que ocuparam a cidade durante 45 dias, foram expulsos graças ao contra-ataque das forças locais e reforços provenientes de Montevidéu. Em 1807, Londres enviou uma nova frota para tomar a cidade. A capital do Vice-Reinado do Rio da Prata estava prestes a ter um ponto de inflexão no que concernia à representação das mulheres na vida social e política.

Nessa ocasião, enquanto as tropas britânicas avançavam em direção ao centro, onde estava a fortaleza de Buenos Aires e a casa do vice-rei, as mulheres da cidade (os homens estavam nas trincheiras) jogaram nos invasores água fervendo, pedras e todo tipo de objetos contundentes. Os britânicos, cercados, tiveram que se render. As portenhas perceberam que haviam tido um papel de peso na vitória.

Poucos anos depois, com a Independência da Argentina, o país contou com a figura de uma forte mulher, Juana Azurduy (1780-1862), nascida na então cidade de La Plata (a atual Sucre, na Bolívia). Ela era casada com Manuel Ascencio Padilla, que, em 1809, protagonizou uma rebelião contra os espanhóis. Na sequência, com a Revolução de Maio de 1810 em Buenos Aires (a cidade onde Juana morava era jurisdição do Vice-Reinado do Rio da Prata no momento das primeiras rebeliões de Independência), seu marido tornou-se comandante de parte das forças que lutavam contra a Coroa espanhola.

Nos primeiros anos, Juana ajudava Manuel com a logística dos rebeldes. Mas, em 1813, ela própria organizou o "Batalhão Leais", que participou da Batalha de Ayohuma. Derrotados, ela e seu marido organizaram seus milicianos para uma guerra de guerrilhas contra as tropas da Espanha. Em 1816 atacou Potosí, cidade que conquistou. Pela vitória, Juana recebeu a patente de tenente-coronel.

Mas nos anos seguintes, com a morte de seus amigos e aliados, Juana foi sendo esquecida. Em 1825, o próprio general Simon Bolívar, que liderou a Independência da Venezuela, da Colômbia e do Equador, visitou Juana e surpreendeu-se ao ver o estado de pobreza em que vivia. Pouco depois, começou a receber uma pensão que somente era suficiente para comer. Em 1857, no meio de vaivéns políticos, sua pensão foi suspensa. Ela morreu em 1862, indigente. Em 2009, a presidente Cristina Kirchner lhe concedeu *post mortem* o grau de general do Exército argentino. Ela é considerada heroína nacional tanto pela Argentina como pela Bolívia.

Contemporânea de Juana, Maria Sánchez de Velaszco y Trillo (1784-1868) foi outra figura influente nas primeiras décadas da Independência. No entanto, ao contrário de Juana, Maria – mais conhecida como "Mariquita" – não agiu na área militar, mas sim na parte política e cultural.

Aos 15 anos decidiu casar-se com seu primo Martín Thompson, apesar da oposição dos pais, que queriam casá-la com outro. Mariquita, violando toda a estrutura de poder da época, foi diretamente ao escritório do vice-rei espanhol, o marquês de Sobremonte. A atitude da adolescente deu certo. Um ano depois os dois apaixonados obtiveram a permissão para casar.

A partir dali, Mariquita esteve profundamente envolvida com o movimento de Independência. Seu casarão na rua Umqueda (atual Florida), número 273, em Buenos Aires, transformou-se no *point* dos saraus onde discutia-se o futuro do país. Em sua sala, pela primeira vez, foi cantado o Hino Nacional. Na ocasião, ela própria cantou as primeiras estrofes.

Na década de 1860, pregava a educação pública para as mulheres, fato que a levou ao confronto com o "pai da educação argentina", o presidente Domingo Faustino Sarmiento. Este, apesar das ideias vanguardistas na época sobre educação pública, considerava que esta deveria estar reservada para os homens.

Mariquita Sánchez de Thompson foi uma articuladora política de sua época, graças a seu tato e diplomacia para lidar com as polêmicas mais espinhosas. As principais figuras políticas do país pediam-lhe conselhos de forma assídua. Um dia, em uma carta à filha Florência, prometeu: "vou escrever a História das mulheres de meu país. Elas são pessoas". No entanto, ocupada com suas atividades políticas, não teve tempo. Ela morreu em plena atividade aos 84 anos.

Na mesma época, um grupo de mulheres, autodenominadas "Las Federalas", fez campanha para mudar a lei, de forma a permitir que mulheres pudessem votar e ser votadas.

Na virada do século, outra mulher de grande protagonismo foi Julieta Lanteri (1873-1932), uma das pioneiras das lutas pela igualdade de direitos entre homens e mulheres. Sem marido político para respaldar sua carreira, nem fundos estatais, Lanteri foi um símbolo de liberdade nas primeiras décadas do século XX.

Nascida na Itália, desembarcou aos 6 anos em Buenos Aires, acompanhada por seus pais. Aos 18 anos decidiu que estudaria Medicina. No entanto, a profissão estava vetada para as mulheres. Lanteri contornou a proibição com uma permissão especial do decano da faculdade, Leopoldo Montes de Oca.

Entrou na faculdade em 1896 e formou-se em 1907. Em seguida, fundou com sua colega Cecilia Grierson a Associação Universitária Argentina.

"Solteirona" para os padrões da época, aos 36 anos ela se casou com o americano (criado na Espanha) Alberto Renshaw, que não tinha fortuna, nem influências políticas ou intelectuais, e, de quebra, era 14 anos mais jovem do que ela. Na época, Lanteri, que sempre se vestia impecavelmente de branco, estudava intensamente sobre saúde mental e decidiu candidatar-se à cátedra de Psiquiatria. Mas a faculdade negou seu pedido acadêmico com o insólito argumento de que era "estrangeira" (apesar de ter passado a maior parte de sua vida na Argentina). Lanteri não se intimidou e solicitou a cidadania argentina. Após um ano de lutas, conseguiu a carta de cidadania (a segunda concedida no país).

O passo seguinte foi lutar pelo voto, na época um direito somente exercido pelos homens.

Em julho de 1911, a prefeitura de Buenos Aires convocou os moradores da cidade para que se registrassem com dados atualizados nas listas de eleitores. A convocação indicava aqueles que deviam se registrar: "os cidadãos maiores de idade, residentes na cidade há pelo menos um ano, que tenham um comércio, indústria ou exerçam uma profissão liberal e paguem impostos municipais com valor mínimo de 100 pesos".

Lanteri percebeu que a norma tinha uma brecha: ela não indicava nada sobre o sexo. Dessa forma, um dia depois de conseguir a cidadania argentina, registrou-se nas listas eleitorais e, em novembro de 1911, apresentou-se para votar.

Na contramão do murmurinho generalizado e dos protestos de diversos homens "indignados" com a presença feminina de Julieta Lanteri na sala de voto, o presidente de mesa Adolfo Saldías afirmou com entusiasmo: "estou alegre de ser quem assinará o documento do primeiro voto de uma mulher neste país e na América do Sul".

Foi o primeiro e último voto feminino em 40 anos, já que a notícia espalhou-se rapidamente, e em poucos dias o assunto era a polêmica da cidade. Na sequência, a Câmara de Vereadores de Buenos Aires emitiu uma lei que proibia explicitamente o voto às mulheres, alegando que os registros dos eleitores era feito com as listas dos registrados para o serviço militar.

Lanteri não se intimidou. Sem vacilar, apresentou-se perante as autoridades militares, exigindo sua admissão para o serviço militar. Expulsa pelos funcionários dos quartéis, Lanteri foi ao próprio Ministério de Guerra e Marinha pedir ao ministro que fosse aceita como recruta.

A luta de Lanteri prolongou-se ao longo da década. Mas, em 1919, encontrou uma brecha: a Constituição Nacional impedia as mulheres de votar, mas não havia impedimento para que fossem eleitas.

Lanteri criou então um partido, o Partido Nacional Feminista, e em abril de 1919 candidatou-se a deputada. Dessa forma, tornou-se a primeira mulher a ser candidata na história da Argentina. Não foi eleita. Mas nem assim desistiu de sua luta.

Em 1932, foi atropelada de forma misteriosa em pleno centro portenho, na esquina da avenida Diagonal Norte e da rua Suipacha. Tinha 59 anos e estava enfrentando o governo do general Agustín Justo. Ela não sobreviveu.

A socialista Alicia Moreau de Justo, que fundou em 1918 a União Feminista Nacional, elaborou um projeto de lei em 1932 que estabelecia o sufrágio feminino. No entanto, foi necessário esperar até 1947, quando Eva Perón, cujo marido era o presidente Juan Domingo Perón, ressuscitou a ideia e conseguiu sua aprovação. Dessa forma, as argentinas puderam votar em massa em 1951.

Em 1974, María Estela Martínez de Perón – uma ex-dançarina de cabaré no Panamá – assumiu a presidência da Argentina. Mais conhecida por seu apelido, Isabelita, foi terceira esposa de Juan Domingo Perón e chegou ao poder por ser a vice-presidente do marido defunto, que no ano anterior havia sido eleito nas urnas.

Isabelita durou menos de dois anos no posto. Controlada pela eminência parda do governo, o ministro José López Rega, Isabelita exerceu uma presidência desorientada e caótica. Foi derrubada por um golpe militar em 1976.

Formalmente, foi a primeira mulher presidente da Argentina. No entanto, assumiu por ser a vice do marido.

A primeira mulher a ser eleita diretamente para o cargo de presidente foi Cristina Kirchner, que sucedeu seu próprio marido, Néstor Kirchner, na presidência do país. Nas eleições de 2007, em que venceu com 45% dos votos, sua principal adversária foi outra mulher, Elisa Carrió, líder da opositora Coalizão Cívica, que obteve 23% dos votos. Dessa forma, as duas mulheres obtiveram juntas 68% dos votos emitidos.

Em 1991, durante o governo do presidente Carlos Menem (1989-99), o Congresso Nacional aprovou a lei que determina que os partidos políticos são obrigados a contar com um mínimo de um terço de candidatas mulheres. Na época, a Câmara de Deputados e o Senado contavam somente com 6% de presença feminina.

Os resultados dessa lei, a primeira desse gênero nas Américas, foram comprovados em 1993. Graças à nova norma, a proporção de mulheres parlamentares subiu para 13,6% em 1993. Em 2012, as mulheres ocupavam 38,8% das cadeiras do Senado. Além disso, estavam presentes em 36,5% das cadeiras da Câmara de Deputados na Argentina.

Na área cultural, a principal protagonista foi a escritora Victoria Ocampo, filha de uma milionária e aristocrática família argentina. Victoria, depois de participar em sua juventude de movimentos feministas e antifascistas, fundou a revista (e editora) *Sur* (Sul), que divulgou as obras literárias de centenas de autores nacionais e estrangeiros, como vimos no capítulo "Literatura, música, cinema e quadrinhos".

A autora, amiga de Jacques Lacan, Le Corbusier, Sergei Eisenstein e José Ortega y Gasset, entre outras mentes da primeira metade do século XX, transformou-se na mecenas dos novos talentos da América Latina. Durante a Segunda Guerra Mundial, acolheu intelectuais refugiados da Europa e patrocinou a publicação da revista *Lettres Françaises*, dirigida por Roger Caillois e editada em Buenos Aires, que representava a França Livre de Charles de Gaulle.

Em 1946, participou da organização da Unesco. No mesmo ano, foi a única argentina presente nos Julgamentos de Nuremberg. Nos anos 1950, foi detida por criticar o governo de Juan Domingo Perón e colocada em uma cela com prostitutas. Sua casa, Villa Ocampo, na zona norte da Grande Buenos Aires, recebeu a visita de Albert Camus, Graham Greene, entre outros.

Victoria também desafiou os padrões morais da época – e especialmente da elite sul-americana – ao ter vários amantes do mundo intelectual. Um deles foi o indiano Rabindranath Tagore.

Morreu em 1979. Dois anos antes havia se tornado a primeira mulher a integrar a Academia Argentina de Letras. Em seu funeral, seu amigo e escritor Jorge Luis Borges afirmou: "em um país e em uma época em que as mulheres eram obrigadas a serem genéricas, ela teve o valor de ser indivíduo".Victoria Ocampo foi a primeira mulher na Argentina a ter licença para dirigir.

No final dos anos 1960 e início dos 1970, as argentinas começaram a participar em massa dos movimentos políticos. Milhares delas foram sequestradas, torturadas e assassinadas nos centros clandestinos de tortura da ditadura militar instaurada pelo golpe de Estado de 1976. Nessa ocasião, surgiram as Mães e as Avós da Praça de Maio.

E uma curiosidade final: Puerto Madero, bairro criado nos anos 1990 em Buenos Aires, conta exclusivamente com ruas com nomes de mulheres argentinas que lutaram pelos direitos de igualdade. Entre elas, há médicas, intelectuais, políticas, líderes sociais, escritoras e heroínas da Independência.

A CIDADE DOS CACHORROS

"Acredito que o fascinei. E sei que ele me fascinou também. Presumo que pertenceremos um ao outro até que a morte ocorra." Dessa forma começa *Cecil*, livro de um dos principais escritores argentinos do século XX, Manuel Mujica Láinez. No entanto, o livro – definido pelo próprio autor como "uma autobiografia novelesca" – tem como narrador Cecil, seu cachorro de raça whippet. A escolha de um cão para relatar sua própria vida é apenas mais um sinal do grande amor que os argentinos sentem pelos cachorros.

O passeador de cachorro é um ofício essencial em uma cidade que ama os cães.

Os portenhos até criaram uma palavra para designar uma pessoa que tem grande amor pelos cães: *perrera*. Isto é, "cachorreira".

A própria Mafalda, a menina-filósofa criada pelo cartunista Joaquín Lavado, mais conhecido pelo apelido de Quino, indicava que este amor não tem explicações racionais: "*a medio mundo le gustan los perros; y hasta el día de hoy nadie sabe qué quiere decir 'guau'*" ("metade do mundo gosta de cachorros, mas, até agora, ninguém sabe o que quer dizer *'au'*"). Sim, os cachorros argentinos fazem "guau" e não "au" como os brasileiros.

As estatísticas demonstram que o amor pelos cães é ostensivo: em 2010, a cidade de Buenos Aires contava com 450 mil cachorros. Desta forma, para cada cachorro residente na capital argentina existiam seis portenhos humanos. Outro cálculo, levando em conta as famílias, indica que um de cada três lares portenhos possui pelo menos um integrante canino.

Na mesma época, uma pesquisa elaborada na capital argentina e nos municípios da Grande Buenos Aires sustentava que 94% dos entrevistados que possuíam cães consideravam o animal um "membro da família". Além disso, 95% costumam falar com seu cão em várias ocasiões ao longo do dia. De quebra, em 47% dos lares o cachorro come a mesma comida que seus donos.

Na hora do sono, mais de um terço – 39% – dos cachorros dormem com seus "pais humanos" na cama. E 29% dos "pais" celebram o aniversário de seus cães.

A ostensiva presença de cães na cidade gerou, a partir do início dos anos 1980, um mercado substancial de *paseadores de perros* (passeadores de cachorros), isto é, pessoas contratadas para levar os cachorros a um passeio diário nas ruas. Todos os dias, especialmente pela manhã, as ruas da cidades ficam coalhadas de jovens que passam pelas residências para buscar os cães para o passeio matinal. É comum ver rapazes e garotas levando uma dúzia – ou mais – de cachorros para a caminhada.

O governo da cidade de Buenos Aires anunciou em 2011 que, diariamente, os cães portenhos deixam nas ruas da capital do país uma média de 35 toneladas de dejetos. Isso equivale a 12.775 toneladas por ano, superior em 20% ao peso da Torre Eiffel. Ou ainda, um pouco mais que o peso de um encouraçado da Classe Portland, da Segunda Guerra Mundial.

O volume de esterco canino bombardeado diariamente nas artérias portenhas equivale a 2,85 quilos por quarteirão.

Embora seja obrigatória para os donos dos cães a limpeza da matéria fecal que fica em via pública, a maioria das pessoas não cumpre a norma.

As autoridades alertaram para o perigo de doenças que podem surgir decorrentes de pelo menos um terço dos excrementos dos "melhores amigos do homem" nas ruas de Buenos Aires.

Paradoxalmente, a maior falta de higiene ocorre no elegante bairro da Recoleta e em diversas áreas do bairro de Palermo, onde os resultados das vísceras caninas são mais ostensivos do que nos outros bairros da cidade.

As multas para as pessoas que não recolhem as fezes de seus cachorros em Buenos Aires não acompanham a inflação, pois estão há anos paradas em um valor equivalente a US$ 57, muito abaixo de cidades como Nova York, onde a multa é de US$ 200.

Aplicar a multa é complicado, pois o inspetor deve encontrar o cachorro *in fraganti* – isto é, em pleno movimento peristáltico – com o imediato resultado depositado na via pública. De quebra, o fiscal deve provar que o dono do cachorro não pretendia limpar os dejetos recém-colocados.

Em 2011, o governo municipal instalou grades ao redor das praças e proibiu a entrada de cachorros. Além disso, para driblar o problema das fezes caninas, instalou áreas específicas para cachorros em parques e praças.

De modo gradual, mas lentamente, a consciência sobre a necessidade de limpeza dos dejetos caninos cresce nos corações e mentes (e sola dos sapatos) dos portenhos.

ARGENTINISMOS E ARGENTINICES – DAS INVENÇÕES ÀS MANIAS

IMPRESSÕES DIGITAIS, ÔNIBUS E OUTRAS MARCAS ARGENTINAS

A Argentina, especialmente desde o final do século XIX, propiciou um clima adequado para uma série de inventores, nascidos no país ou imigrantes. Vamos conhecer agora três criações das quais os argentinos orgulham-se (além da suposta criação do doce de leite, assunto tratado no capítulo "Os argentinos à mesa").

Os argentinos possuem – de forma enraizada – a ideia de que os ônibus de transporte urbanos foram inventados em Buenos Aires. Segundo a historiografia local, o primeiro ônibus, o da Linha 1, que unia a Praça de Primera Junta com a esquina da avenida Rivadavia e com a rua Lacarra, fez sua viagem de estreia em agosto de 1923. No entanto, na cidade californiana de Los Angeles, os ônibus existiam desde o dia 1º de julho de 1914.

Alguns historiadores portenhos, que admitem que o país não foi o primeiro a contar com ônibus no planeta, resignam-se a celebrar que a Argentina foi quem debutou com esse meio de locomoção na América Latina, onde o transporte urbano concentrava-se em bondes e táxis. Além disso, destacam que em nenhum outro lugar do mundo os ônibus eram tão "rococós", já que ostentavam uma decoração interna carregada (alguns motoristas, além de estampas de santos, fotos de Carlos Gardel e da própria família, decoravam o painel de controle com vasos de flores verdadeiras) do lado interno. Do lado externo também abundavam as pinturas e os ornamentos em bronze, como unicórnios, figuras similares às usadas nas proas de navios, entre outras (esta decoração foi sumindo gradualmente a partir do final dos anos 1980).

Os primeiros ônibus eram automóveis de taxistas que haviam sido ampliados em suas carrocerias, para ter mais capacidade de transporte. Dessa forma, a Linha 1 debutou com 7 passageiros em cada veículo. Os taxistas tomaram essa medida por causa da queda no fluxo de passageiros. Dois anos depois já existiam 16 empresas de ônibus.

Os ônibus urbanos em Buenos Aires foram chamados de *colectivos*. Seus motoristas, os *colectiveros*. O nome provém de uma revista que os motoristas lançaram em 1932, a *El auto colectivo* (O carro coletivo).

Desde o início enfrentaram a rivalidade dos outros setores, isto é, os bondes e táxis. A Anglo-Argentine Tramways Company Limited – a companhia de bondes da capital argentina – acusou os primeiros *colectiveros* de "concorrência desleal". Os ônibus eram levemente mais baratos que os bondes e contavam com mais conforto, já que no início todos viajavam sentados (nas décadas seguintes essa situação se inverteria). Com o respaldo de Londres, a companhia britânica conseguiu levar ao Parlamento argentino um projeto de lei que criaria uma "coordenação de transportes". Nessa organização, a Anglo-Argentine Tramways Company Limited teria o predomínio. O projeto estipulava que os *colectivero*s que não entrassem na coordenação teriam seus ônibus expropriados.

Dessa forma, diversos motoristas esconderam seus veículos em celeiros no campo para evitar a expropriação.

Mas, em 1939, a Segunda Guerra Mundial explodiu na Europa. Concentrada nos acontecimentos bélicos, o corpo diplomático deixou de lado as pressões sobre os *colectiveros*. A própria Anglo-Argentine estava falindo. No meio da guerra, o ditador e general Pablo Ramírez ordenou a estatização dos ônibus e bondes. No início de 1955, poucos meses antes de ser derrubado, o presidente Perón procedeu com sua reprivatização.

Em 1961, o presidente Arturo Frondizi decretou o fim dos inimigos do *colectivo*, os bondes. Dali para a frente, os ônibus prosperaram sem rivais. Atualmente os *colectiveros* são alvo de ácidas críticas por parte dos pedestres, taxistas, outros motoristas e seus próprios passageiros, que os acusam de permanentes "barbeiragens". De quebra, são considerados especialistas em passar com o veículo sobre as poças de água, de forma a sujar os pedestres que estão sobre o meio-fio.

Outra invenção que os argentinos se atribuem é a caneta esferográfica, chamada de *birome* no país. No restante do mundo hispano-falante denominam-se *bolígrafo*. Motivos para o nome local existem, e de sobra, já que o inventor da esferográfica, László József Bíró, que na Argentina ficou conhecido como Lasdislao José Biro, morou no país a maior parte de sua vida.

Biro nasceu em Budapeste, Hungria, em 1899. No dia em que nasceu, a enfermeira pontificou: "pesa somente 1,3 kg. Não sobrevirá mais do que alguns dias". Mas o pequeno Laszlo não seguiu a profecia da enfermeira, já que decidiu adiar essa data por 86 anos. Quem não deu bola à enfermeira – e com um papel crucial – foi a mãe de Laszlo, que colocou o bebê sob a forte luz de uma lâmpada, antecipando-se, de certa forma, à criação da incubadora.

Anos depois, Biro decidiu estudar Medicina. Percebeu que com o hipnotismo acalmava as dores de seus pacientes de forma mais rápida do que com remédios. Interessou-se depois pela grafologia. E foi posteriormente agente da Bolsa de Valores e piloto de corridas de automóveis.

Em 1930, casou-se com Elsa. E deu de presente à mulher uma máquina de lavar roupa que havia construído. Na sequência, inventou a caixa automática de câmbios de automóveis, que foi comprada pelos representantes da General Motors em Berlim, Alemanha. Ele costumava dizer que sua especialidade era a de não se especializar em nada.

Entre um invento e outro Biro teve uma filha, Mariana. Esta, quando começou a ir à escola, reclamava à noite para o pai que seus colegas, especificamente aqueles que se sentavam atrás dela, pegavam as pontas de suas tranças e as mergulhavam nos tinteiros.

Então, Biro decidiu que os tinteiros deveriam ser extintos. Mas como escrever sem encher as canetas nos tinteiros?

Enquanto a Segunda Guerra Mundial iniciava, Biro criou uma versão primitiva de caneta de tinta com secagem rápida. Isto é, uma bola de aço na ponta de um cilindro carregado com uma tinta especial. Biro, além de pensar na filha, estava pensando em sua nova profissão: repórter de rua.

No início de 1940, Biro estava em um hotel na Iugoslávia, país que ainda não havia entrado na guerra. No hall, escrevia rapidamente o texto de um telegrama que pretendia enviar. A cena estava sendo observada por um homem baixinho e com óculos de lentes grossas, que puxou conversa com o inventor, a quem convidou para mudar-se para a Argentina e ali desenvolver seu invento. "Obrigado, mas está muito difícil conseguir visto para um cidadão da Europa Central", disse Biro.

O interlocutor respondeu-lhe que, quando quisesse o visto, era só apresentar o cartão que ele lhe entregou. Ali estava escrito "Agustín P. Justo – presidente da Argentina" (na realidade, Justo, que estava visitando uma amante nesse país, havia deixado de ser presidente poucos meses antes, embora continuasse com fortíssima influência).

Em maio de 1940, Biro e sua família partiram para Buenos Aires via Madri. Em 1943, depois de vários experimentos, o inventor conseguiu aperfeiçoar a esferográfica e a patenteou em Buenos Aires. A caneta ostentou o nome de *birome*, que consistia no sobrenome do inventor e na primeira sílaba de seu principal sócio e amigo, Jean Meyne.

Um ano depois, Biro vendeu a patente nos EUA. E, em 1951, vendeu a patente também na França. No primeiro país foi comprada pela Eversharp-Faber, enquanto no segundo por Marcel Bich. Este conseguiu reduzir drasticamente os custos da es-ferográfica, criando a marca Bic.

Em Buenos Aires existe, no bairro de Belgrano, um pequeno museu dedicado a Biro. Além disso, os argentinos o homenageiam a cada 29 de setembro, dia de seu aniversário: é o Dia do Inventor.

Outro europeu que migrou para a Argentina foi responsável por uma invenção importantíssima até hoje.

Iván Vučetić nasceu no dia 20 de julho de 1858 na ilha de Hvar (atual Croácia), que na época pertencia ao Império Austro-Húngaro. Vinte e três anos depois, ele migrava para a Argentina. Imediatamente, naturalizou-se, mudando o nome para Juan Vucetich. Pouco depois, ingressava no departamento central da Polícia da Província de Buenos Aires. Ali, dedicou-se à contabilidade e estatística, até criar o departamento de identificação antropométrica, que posteriormente transformou-se no centro de datiloscopia.

Vucetich afirmava que as impressões digitais não apenas eram totalmente diferentes de pessoa para pessoa, mas, além disso, sustentava que era possível reunir as impressões digitais em grupos de acordo com seu formato.

Dessa forma, sustentava, era possível identificar uma pessoa entre milhões. Seus argumentos eram encarados com ceticismo, até que em 1891 conseguiu permissão para verificar o método com 645 presidiários da cadeia de La Plata, capital da província de Buenos Aires.

Seu sucesso e reconhecimento na Argentina ocorreram em 1892, quando recebeu o pedido de um delegado da cidade bonaerense de Necochea para resolver um misterioso e sangrento crime que ali havia ocorrido.

Vucetich foi informado de que os filhos de uma mulher, Francisca Rojas, haviam sido chacinados em seu barraco. A polícia desconfiava do amante de Francisca, ao passo que ela acusava seu ex-marido e pai das crianças.

Na porta do barraco estavam as impressões digitais de alguém que havia estado presente na cena do crime.

O delegado arrancou a porta e a levou até La Plata, para que Vucetich a analisasse. Com as impressões digitais das crianças mortas, da mãe, do ex-marido e do amante, Vucetich chegou a uma conclusão terrível: a assassina havia sido a própria Francisca Rojas.

Em 1903, a polícia de Buenos Aires adotou o sistema de Vucetich. Logo depois, em 1905, foi aplicado em todo o país pela Polícia Federal.

No restante do mundo, na época, começava a aplicar-se o método do francês Alphonse Bertillon, que pretendia identificar as pessoas com o registro de medidas de diversas partes do corpo. O método, usado pelas forças policiais da França e de diversos países, falhou quando se verificou a existência de duas pessoas diferentes com exatamente as mesmas medidas.

Em 1907, a Academia de Ciências de Paris anunciou que o método criado por Vucetich era o mais exato para identificar uma pessoa. Em 1911, os documentos de identidade e as carteiras de reservistas de homens maiores de 16 anos na Argentina ostentavam, além da foto, as impressões digitais. A partir de 1917, foi utilizado para todas as pessoas no país.

Vucetich morreu de câncer e tuberculose em 1925 na bonaerense cidade de Dolores.

OS PRÊMIOS NOBEL ARGENTINOS

A Argentina é o país que mais acumula prêmios Nobel na América Latina num total de cinco. O primeiro, na categoria "Paz", foi também o primeiro de toda a região, concedido ao diplomata Carlos Saavedra Lamas em 1936. O segundo foi destinado a Bernardo Houssay, de Medicina, em 1947. Um amigo de Houssay, Federico Leloir, foi o vencedor do prêmio Nobel de Química em 1970. Dez anos depois, mais um Nobel de Paz, com Adolfo Pérez Esquivel. O último foi César Milstein, prêmio de Medicina em 1984.

No restante da região, o México acumula três prêmios Nobel (um de Paz, outro de Literatura e um de Química), seguido pelo Chile, com dois (ambos de Literatura) e Guatemala, também com dois (Literatura e Paz). Conseguiram um único Nobel a Colômbia (Literatura), o Peru (Literatura), a Costa Rica (Paz) e a Venezuela (Medicina). O Brasil não tem nenhum.

Bisneto de Cornélio Saavedra, o presidente da Primeira Junta de governo das Províncias Unidas do Rio da Prata, Carlos Saavedra Lamas nasceu em Buenos Aires em 1878. Ele foi um jurista que se tornou ministro da Justiça em 1915. Quase duas décadas depois, em 1932, durante o governo do general Agustín Justo, foi colocado no comando da chancelaria argentina. Nesse posto, Saavedra Lamas presidiu a Conferência de Paz de Buenos Aires, da qual participaram Brasil, Chile, Peru, Uruguai e Estados Unidos, com o objetivo de conseguir um armistício entre Bolívia e Paraguai, que protagonizavam a sangrenta Guerra do Chaco (1932-35), o maior conflito bélico ocorrido na América do Sul no século XX.

O conflito havia sido originado pela suposta presença de jazidas petrolíferas no Chaco, região que na época era compartilhada – com fronteiras muito indefinidas – entre os dois países beligerantes, que eram paupérrimos na época. A guerra teve como saldo 60 mil soldados bolivianos mortos e 30 mil paraguaios, além de dezenas de milhares de mutilados e feridos.

Graças a seu trabalho para acabar com a Guerra do Chaco, Saavedra Lamas recebeu o Nobel da Paz de 1936. Posteriormente, deixou o cargo de chanceler e foi reitor da Universidade de Buenos Aires entre 1941 e 1943. O diplomata foi definido por seus contemporâneos como um homem disciplinado em seu trabalho, um lógico nas mesas de negociações, um deleite de anfitrião em sua casa, além de um cavalheiro de impecável elegância. Ele morreu em 1959.

Seu único descendente, seu filho Carlos Saavedra Sáenz Peña, seguiu caminhos diferentes do Nobel da Paz. Ele foi colocado na prisão em 1973 pelo assassinato de dois camponeses no norte da Argentina com os quais havia discutido por um jogo de "taba" (jogo do interior do país, no qual o osso de calcanhar de um boi é usado a modo de dado).

Pouco mais de uma década depois da premiação de Saavedra Lamas, em 1947, a Argentina recebia seu segundo Nobel, dessa vez de Medicina. O premiado era o portenho Bernardo Houssay, que se tornava o primeiro latino-americano a receber um Nobel da área científica.

Houssay nasceu em 1887 e foi um garoto-prodígio que concluiu a escola primária em dois anos e o ensino médio aos 13 anos. Aos 17, formou-se em Farmacêutica. E aos 23, em Medicina. Aos 25, tornou-se professor na Universidade de Buenos Aires, na época, a mais prestigiada na América Latina.

Em 1919, Houssay fundou o Instituto de Fisiologia da Universidade de Buenos Aires e o transformou – durante algumas décadas – em centro de excelência mundial em diversas pesquisas científicas.

Em 1943, os militares que protagonizaram o golpe militar daquele ano – com a participação ativa do então coronel Juan Domingo Perón – destituíram Houssay do posto, por considerar que tinha ideias liberais demais, além de ser simpatizante dos Aliados. O cientista decidiu fundar um centro privado de investigações médicas. Mas, em 1945, com a chegada de Perón ao poder, o lugar foi fechado.

Em 1947, foi premiado com o Nobel de Medicina por suas investigações sobre o papel da glândula hipófise no metabolismo dos carboidratos, especialmente na diabetes melitus. Essa descoberta implicou o aprofundamento dos estudos sobre os mecanismos dos hormônios, essenciais para a endocrinologia moderna.

Houssay morreu em 1971. A praça em frente à faculdade de Medicina e Hospital de Clínicas em Buenos Aires ostenta seu nome. No centro da praça, até 1990, havia um busto de bronze que homenageava o cientista. No entanto, numa noite foi roubado.

Em 1906, nascia em Paris um futuro colega de Houssay, Luis Federico Leloir. Seu nascimento fora da Argentina se deu por uma viagem de sua família a Paris, onde seu pai, Federico Leloir, havia sido levado para uma complicada operação. No entanto, esse milionário aristocrata argentino morreu dez dias antes de seu filho ver a luz deste mundo. Criado pela mãe e as irmãs, Luis Federico, o caçula da família, foi um garoto brincalhão que também gostava de se deitar no chão para decifrar os jornais com apenas 4 anos de idade. Assim, aprendeu a ler sozinho.

Na juventude, foi um aluno regular. Muito antes de ganhar o prêmio Nobel fez uma invenção prosaica: o molho *rosé*, como vimos no capítulo "Os argentinos à mesa".

Leloir, embora originário de família riquíssima (o panteão da família, no cemitério da Recoleta, é um dos mais luxuosos), sempre adotou uma forma de viver austera.

Em 1943, assinou uma carta pública na qual condenava a Alemanha nazista. A carta o levou ao exílio nos EUA por dois anos. Na volta, criou – junto com o mecenas empresário Jaime Campomar – um instituto de pesquisas científicas que comandaria durante 40 anos. Em 1957, a Fundação Rockefeller tentou seduzir Leloir para migrar para os EUA. Mas ele preferiu ficar na Argentina, trabalhando no Instituto Campomar, em Palermo Viejo.

Racional, Leloir pensava de forma lógica sobre a religião. "Não é que eu não acredite em Deus. Mas é que não está demonstrada sua existência. Enquanto não me demonstrem o contrário, continuarei pensando que não existe. É, de certa forma, minha deformação profissional", dizia.

Leloir nunca aceitou um salário por suas investigações. Para isso, dizia, havia sua herança familiar, que o sustentava.

Sentava-se em uma cadeira escangalhada que o próprio Leloir havia "consertado" amarrando-a com barbante. À mesa de trabalho, apoiava os pés em uma caixa de maçãs.

O Nobel de Química, o primeiro dessa categoria na América Latina, foi concedido ao cientista argentino por suas pesquisas do processo pelo qual os açúcares são transformados, assimilados e fornecem energia às células do organismo.

No dia 10 de dezembro de 1970, quando foi anunciada sua conquista, Leloir declarou:

> Este é apenas um passo de uma longa pesquisa. Descobrimos, não eu, mas sim meu time, a função dos nucleotídeos açúcares no metabolismo celular. Eu gostaria que o entendessem, mas não é fácil explicá-lo. Tampouco é uma façanha. É apenas saber um pouco mais.

Naquela data histórica, ele e sua equipe brindaram no Instituto Campomar. O brinde foi com champanhe. Na falta de taças, brindaram com provetas.

Depois, Leloir anunciou que Campomar havia doado um milhão de pesos para o "Nobel argentino". Leloir disse que o prêmio deveria ser para os quatro cientistas de sua equipe. Na frente de todos, pegou o envelope onde estava o cheque e disse: "tenho um cheque, mas tenho que dividi-lo em quatro". Os cientistas sorriram felizes pelo reconhecimento monetário. Subitamente, Leloir pegou uma tesoura e cortou o envelope em quatro "para dar um pedacinho a cada um". Os cientistas ficaram boquiabertos.

Mas havia uma surpresa que representa bem o humor de Leloir: cada pedacinho do envelope tinha um cheque bem dobrado, com a quantia que correspondia a cada um.

Em 1984, Leloir faleceu em Buenos Aires de um ataque cardíaco poucos minutos depois de chegar em sua casa, vindo de seu laboratório.

O seguinte Nobel da Argentina foi o arquiteto portenho, formado pela Universidade Nacional de La Plata, Adolfo Pérez Esquivel, filho de imigrantes da região espanhola da Galícia. Ele lecionou durante um quarto de século em escolas de primeiro e segundo grau, além de universidades. Pérez Esquivel, que também era escultor, começou a participar de movimentos pacifistas cristãos latino-americanos nos anos 1960. Em 1973, fundou o jornal *Paz e Justiça*.

Cada vez mais envolvido com uma rede de comunidades na América do Sul estimulando movimentos de setores pobres pela não violência, em 1975, Pérez Esquivel chegou a ser preso durante uma visita ao Brasil. Um ano depois, após o golpe de Estado militar na Argentina, fundou o Serviço de Paz e Justiça (Serpaj) para a defesa dos direitos humanos.

Em 1977, foi detido pela Polícia Federal argentina em Buenos Aires e torturado. Pérez Esquivel só saiu da prisão 14 meses depois.

Mesmo nos piores momentos de sua instituição, Pérez Esquivel nunca fechou as portas do Serpaj.

Em 1980, Pérez Esquivel recebeu o Prêmio Nobel da Paz por seus esforços em defesa dos direitos humanos. No dia em que a notícia foi anunciada pela comissão do Nobel, o ditador e general Jorge Rafael Videla estava reunido com seu gabinete. "Quem é ele?", perguntou Videla. Ninguém sabia, pois Pérez Esquivel fazia um trabalho intenso, embora sem exibir-se como "estrela" em favor dos direitos humanos.

Pérez Esquivel, que tem uma forma de falar com cadência parecida com o clichê do padre católico (muitas pessoas acham erroneamente que foi seminarista), faz questão de ressaltar que o termo "terceiro-mundista" não possui mais vigência. Ele tampouco se define de "esquerda": "Que pouco significa essa palavra nestes tempos! É impressionante como foi esvaziada de seu conteúdo ético". Prefere dizer que é "um homem comprometido com os povos". E sustenta que "a não violência tem algo de paciência, muito de luta e de coragem".

Desde 2004, ele faz parte do Júri Internacional do Prêmio de Direitos Humanos de Nuremberg.

O último Nobel recebido pelo país foi em 1984. "Com sua morte, encerra-se uma época brilhante da ciência argentina, que dificilmente voltará a repetir-se." Dessa forma, a imprensa argentina lamentou em março de 2002 a morte de César Milstein, que conquistara o prêmio Nobel de Medicina por suas descobertas sobre o princípio que rege a produção de anticorpos monoclonais. As descobertas colaboraram com os avanços no combate ao câncer.

Milstein, no entanto, não esperava um Nobel. "Um cientista que trabalha pensando em um prêmio é um homem infeliz", disse quatro meses antes de receber a honraria escandinava. Quando soube que receberia o prêmio das mãos do rei Carl Gustav da Suécia, comentou com humor:

> Cá estou... nunca pensei no prêmio e sinto-me muito feliz. Mas não negarei que isso tem suas vantagens. Os embaixadores da Argentina e Grã-Bretanha na Suécia me convidaram para jantar quando cheguei em Estocolmo. Essas coisas a gente tem que aproveitar, não é? E já sei a primeira coisa que farei com o dinheiro do prêmio: comprar uma bicicleta nova. A que tenho é digna de um museu.

Membro honorário de 20 universidades em todo o mundo, Milstein recebeu 26 prêmios internacionais por suas pesquisas. Nasceu em 1927 na cidade de Bahia Blanca, no sul da província de Buenos Aires. Seu pai, Lázaro, era um imigrante judeu pobre. Sua mãe, Máxima, era professora de escola primária. Seus pais se esforçavam para fazer o pequeno César estudar. Mas, embora fosse muito inteligente, era um garoto travesso e rebelde.

Quando tinha 13 anos, leu o livro *Os buscadores de micróbios*, de Paul de Kruiff, uma versão romanceada das descobertas de diversos cientistas famosos. Ao concluir o livro, decidiu que um dia seria médico.

César Milstein formou-se em Medicina em 1957. Em 1960, fez o doutorado em Química em Cambridge. Em 1963, era o chefe da divisão de Biologia Molecular do Instituto Malbrán. Mas o governo da época, do presidente José Maria Guido (tutelado pelos militares), começou a obstruir o trabalho dos cientistas desse centro de pesquisas. Milstein – antimilitarista e antinacionalista (segundo ele, "na Argentina a inteligência incomoda os donos do poder") – decidiu partir para Cambridge.

O cientista recebeu a cidadania britânica. Mas mantinha costumes argentinos, entre os quais fazer *assados* para os cientistas ingleses. Seu cachorro vira-lata britânico chamava-se Garufa, tal como o tango (a palavra, do *lunfardo*, equivale a "boêmio").

Em 1999, esteve pela última vez na Argentina. Perante 1.200 pessoas que assistiram à sua conferência na Aula Magna da Faculdade de Medicina de Buenos Aires, afirmou: "o entusiasmo pela aventura é a coisa mais fascinante da vida. E a curiosidade é o combustível de toda aventura. Também é o eixo da ciência, que é, antes de tudo, o ato de explorar o desconhecido".

OS SANTOS POPULARES

Nas últimas décadas, a influência da Igreja Católica sofreu uma redução substancial entre os argentinos. O número de ateus e agnósticos e integrantes de igrejas evangélicas cresceu de forma acelerada, como vimos no capítulo "Políticos, piqueteiros e outros poderes". Mas, dentro do próprio catolicismo, também consolidaram-se cultos a santos "populares", "não oficiais", como o Gauchito Gil e a Difunta Correa.

A cúpula da Igreja Católica não reconhece esses santos no "panteão" oficial dos santos canonizados pelo Vaticano, já que para isso seriam necessários dois milagres confirmados, verificados por doutores em teologia. O segundo e o terceiro escalão do clero geralmente encaram os cultos como "manifestações de intensa fé". Mas tentam conduzir os fiéis para o culto de santos "autorizados".

Os santos "populares", com raras exceções, tiveram mortes trágicas. Geralmente são falecimentos de elevado sofrimento... uma espécie de "passaporte" com visto especial que os coloca em contato direto com Deus. E, além disso, as mortes trágicas limpam os mártires de todos os seus pecados.

De quebra, são santos "locais", isto é, uma espécie de encarregados diretos, com menos serviço do que os santos ou virgens de alçada mundial. Dessa forma, o milagre solicitado deve – teoricamente – ser concedido (se for o caso) de forma mais rápida.

As lendas indicam que esses santos não oficiais possuem maior "percepção social" do que seus congêneres europeus e compreendem melhor eventuais escorregões de seus fiéis, como roubar por necessidade.

Não seria adequado solicitar ajuda celestial a um santo como São Francisco, São Miguel, Santa Teresa ou as Virgens de Covadonga, Fuencisla ou Lourdes para ter sucesso em um eventual roubo com o qual poderá saciar a fome de sua família. Mas a pessoa em questão pode, sim, pedir ao Gauchito Gil um respaldo santificado nessa empreitada. No entanto, o Gauchito condenaria e puniria um roubo por cobiça. A Difunta Correa, por sua vez, além de ajudar as pessoas, castigaria aquelas que se comportam mal.

O culto a alguns santos "populares", que no final do século XIX ou na primeira metade do século XX estava restrito a suas áreas originais de influência nas pequenas cidades do interior da Argentina, começou a expandir-se para as grandes cidades do país. Dessa forma, atualmente é comum ver taxistas com estampas do Gauchito Gil ou comerciantes com uma foto do altar de Gilda ao lado da caixa registradora. O Gauchito Gil conta até com grupo na rede social Facebook.

Entre os vários santos "populares", estão também Vairoleto, em La Pampa e Mendoza; San La Muerte, em Corrientes e no Chaco; María Soledad, em Catamarca.

Ainda são alvos de adoração os cantores argentinos do estilo musical *cumbia* Gilda e Rodrigo Bueno. Ambos morreram em acidentes de automóvel (respectivamente em 1996 e 2000), quando viajavam nas estradas, de um show para outro.

E quem são eles? Deolinda Correa, mais conhecida como a Difunta Correa (A Defunta Correa), era a mulher de um homem que foi obrigado a engajar-se em um dos exércitos que protagonizavam a miríade de guerras civis que assolavam a Argentina nas primeiras décadas do século XIX.

Deolinda tentou seguir a trilha dos soldados que haviam levado seu marido. Mas, carregando seu bebê nos braços, perdeu-se no meio de uma área desértica. Esgotada, sentou-se no chão e morreu de sede.

Dias depois, um grupo de *gauchos* passou por ali. Os homens viram o corpo sem vida de Deolinda. E em seus braços – diz a lenda – estava seu bebê, que ainda mamava dos seios cheios de leite da mãe morta. A criança foi resgatada.

Gradualmente, os *gauchos*, que nos anos seguintes passavam pelo local, começaram a deixar garrafas d'água para saciar a eterna sede da Difunta Correa. No final do século XIX, a peregrinação até o lugar começou a ficar intensa. O fenômeno consolidou-se no século XX.

No início, ela era procurada para realizar milagres relacionados à saúde, além de proteger os viajantes. Mas, em meio à série de crises que afetaram a Argentina nas últimas décadas, a Difunta passou a ser requerida para outras áreas.

Antonio Mamerto Gil Núñez, que entrou para o panteão extraoficial dos santos argentinos com o nome de Gauchito Gil, era um jovem *gaucho* que – segundo a lenda – comportava-se como uma espécie de Robin Hood local, roubando dos ricos para dar dinheiro às pessoas que passavam fome. No entanto, as autoridades da região, na época, o consideravam um *gaucho* briguento e ladrão.

Esse misto de bandoleiro e benfeitor foi recrutado pelo Exército com o início da Guerra do Paraguai (1865-1870). Gil fugiu e tornou-se desertor. Outras versões indicam que não desertou e que também participou de uma guerra civil interna em sua província. No meio desse segundo conflito bélico, teria tido

Estatueta do Gauchito Gil, o santo "popular" de maior ibope na Argentina.

uma visão, enquanto dormia, do deus guarani Ñandeyara, que lhe ordenou "não derramar sangue dos irmãos". Nesta segunda versão, Gil teria desertado dessa guerra civil.

Após desertar, dedicou-se a uma vida de "Robin Hood". Nas pausas, aproveitava para participar de festas e bailes.

Anos depois, foi encontrado pela polícia. Não tentou resistir, obedecendo à ordem de Ñandeyara.

Depois de uma longa sessão de torturas no meio do campo, os policiais penduraram Gil em um algarrobo (uma árvore de madeira muito dura) de cabeça para baixo.

Um dos policiais ergueu o punhal e preparou-se para cortar o pescoço de Gil. Nesse instante, o *gaucho* murmurou: "seu filho está muito doente. Se você rezar para ele, a criança viverá. Caso contrário, morrerá".

Gil também teria dito que, quando o policial voltasse para o vilarejo de Mercedes, além de saber da doença do filho, também ficaria sabendo que as autoridades haviam indultado o foragido. "Você vai derramar sangue inocente, por isso, reze para mim para que eu interceda perante Deus Nosso Senhor pela vida de seu filho... o sangue dos inocentes costuma servir para fazer milagres", disse o prisioneiro.

O policial ignorou as afirmações do prisioneiro e o degolou. Poucas horas depois, de volta a seu vilarejo, o policial foi informado de que seu filho estava profundamente doente. Desesperado, o policial rezou a Gil para que salvasse a criança. Segundo a lenda, o executado desertor salvou o menino do além. Agradecido, o policial enterrou Gil com as correspondentes honrarias cristãs e ergueu um santuário para ele.

Assim, o culto ao santo "popular" começou no dia seguinte à sua morte. E, de quebra, seu primeiro devoto foi o próprio verdugo. Mas, apesar de sua morte em 1874, seu culto só tornou-se nacionalmente intenso nos últimos 30 anos, por causas econômicas.

Diplomaticamente, perante o crescente culto ao Gauchito Gil, em 2006, Ricardo Faifer, bispo da cidade de Goya, perto de Mercedes, o definiu como "um irmão falecido que, acreditamos, está perto do Criador".

O santuário, nas vizinhanças da cidade de Mercedes, na província de Corrientes, é objeto de peregrinações permanentes, para irritação da cúpula da Igreja Católica, que considera que seu culto é "pagão". A data em que o Gauchito é mais intensamente celebrado é 8 de janeiro, dia que teria marcado seu sacrifício.

A peregrinação ao santuário do Gauchito Gil reúne em média 130 mil pessoas no dia desse santo. Essa marca, na Argentina, só é ultrapassada pela romaria realizada à Basílica de Itatí, onde está a imagem da Virgem de Itatí.

O Gauchito Gil é retratado como um *gaucho* jovem, de cabelos longos e rebeldes que caem sobre os ombros, bigode e *boleadoras* (armas feitas de corda, com duas bolas na ponta) nas mãos. Atrás dele, costuma aparecer uma cruz. Se não fosse pela ausência da barba (somente possui o bigode) e a vestimenta gauchesca (e as *boleadoras*), sua figura poderia ser confundida com a iconografia costumeira de Jesus Cristo.

Entre todos os santos "populares", o culto do Gauchito Gil é o que mais teve repercussões artísticas, tanto em forma de canções, filmes, como peças de teatro, além de obras repentistas.

Há um santo muito festejado que não é local. *Headhunter* celestial, San Cayetano (São Caetano) é o santo com maior ibope entre os argentinos, já que sua especialidade é a de conseguir trabalho para os desempregados e manter o emprego daqueles que já o possuem. Especialidade, por sinal, utilíssima nas últimas décadas. Sua data é 7 de agosto, dia de peregrinar às paróquias que esse santo possui em diversas partes do país.

No cenário de crises intermitentes, a peregrinação a San Cayetano é a principal do país. Sua paróquia mais famosa na Argentina está localizada no bairro de Liniers, na beirada oeste da cidade de Buenos Aires. A paróquia conta há décadas com uma "bolsa de trabalho" para pessoas desempregadas.

Originalmente, um civil da cidade italiana de Vicenza, Gaetano de Thiene (filho do conde de Thiene), nascido em 1480, entrou no serviço clerical em sua juventude, onde criou uma entidade de beneficência, o Monte di Pietà (posteriormente transformado no Banco de Nápoles). O nome da entidade deu origem à palavra "montepio", como sinônimo de estabelecimentos que conjugam a associação beneficente com a de instituição bancária.

Gaetano faleceu em 1547, desgastado por excesso de trabalho para ajudar os pobres. Foi canonizado em 1671. Seu sucesso em diversos países começou a partir da quebra da Bolsa de Nova York em 1929.

Na Argentina começou a ser requisitado durante a Grande Depressão. Mas transformou-se no santo mais requisitado do país a partir da crise de 1975, o famoso Rodrigazo. Na crise de 2001-2, a devoção disparou.

É comum ver a imagem do santo italiano colado nas caixas registradoras de comércios, em táxis ou simplesmente na carteira das pessoas, junto com o cartão de crédito.

No dia 7 de agosto de 2002, quando a Argentina estava mergulhada na pior crise econômica de sua história, 1,5 milhão de pessoas passaram pela paróquia de San Cayetano.

Outras 300 mil não conseguiram entrar na paróquia naquele dia, devido ao volume sem precedentes de indivíduos que por ali tentavam passar para pedir a bênção celestial.

A OBSESSÃO PELOS MORTOS

Em uma manhã de julho de 1987, o zelador do Cemitério de Chacarita percebeu que o modesto mausoléu onde estava enterrado o mais polêmico e poderoso político argentino do século XX – o general e presidente Juan Domingo Perón – havia sido violado. Lá dentro, o corpo do fundador do peronismo jazia dentro de seu uniforme de gala. Mas suas mãos – as mais famosas extremidades da história do país, que haviam se transformado em um símbolo, e com as quais saudava o povo do emblemático balcão da Casa Rosada – não estavam ali. Elas haviam sido decepadas e roubadas. Até hoje seu paradeiro é desconhecido. Também se ignora o autor da profanação. Nos últimos 20 anos, jamais ocorreram reivindicações do atentado.

Algumas versões sustentam que os autores foram fanáticos ocultistas pertencentes a uma misteriosa *loggia* de peronistas que precisavam de um pedaço do cadáver de Perón para realizar um ritual críptico. Outras especulações indicam que as mãos eram necessárias para abrir – com suas impressões digitais – uma caixa-forte com a lendária fortuna nunca encontrada de Perón, supostamente guardada na Suíça. Não faltam versões que sustentam que se tratava de uma vingança de opositores de Perón pela profanação de mortos rivais – por parte de simpatizantes peronistas – nos anos 1970.

A profanação do túmulo de Perón é apenas um dos capítulos da intrincada e *sui generis* relação dos argentinos com os mortos.

"A necromania é coisa típica dos argentinos, tal como o doce de leite." A frase, do escritor Tomás Eloy Martínez, ilustra uma das obsessões dos habitantes deste país nos últimos 200 anos. A necromania – a obsessão pelos cadáveres – não somente está presente na cultura e no cotidiano, mas também paira de forma ostensiva sobre a política nativa.

Dezenove anos depois da profanação, o corpo de Perón passou por novas turbulências. Em 2006, líderes peronistas decidiram levar o corpo a um novo e grande mausoléu. O lugar: a chácara de San Vicente, na Grande Buenos Aires. O argumento: uma figura da magnitude de Perón merecia um mausoléu como convém. Dessa forma, no dia 17 de outubro, o féretro foi levado da Chacarita à sede da Confederação Geral do Trabalho (CGT), onde dezenas de milhares de velhos militantes acotovelaram-se para – pela segunda vez na história – dar adeus a Perón. Mas, sete horas depois, o funeral terminava em

Visitar o túmulo de Eva Perón na Recoleta é passeio obrigatório dentro do *tour* de necromania argentina.

fracasso. Ao chegar o caixão a San Vicente, grupos rivais começaram um desenfreado tiroteio para disputar a honra de carregá-lo. Às pressas, o caixão foi colocado no mausoléu. Perón continuava causando intensa polêmica e violência entre seus seguidores apesar de estar há 32 anos morto.

A própria Eva Perón teve um *post-mortem* agitado. Primeira integrante do casal a ir para o além, em 1952, Evita foi embalsamada. Em 1955, seu viúvo foi derrubado por um golpe militar. O corpo de Evita foi sequestrado pelos militares a modo de troféu. Nos meses seguintes, oficiais antiperonistas violaram o corpo embalsamado e urinaram sobre ele, além de esfaquear o cadáver e quebrar seu nariz. Em 1956, o oficial que ficou a cargo de esconder o caixão, o coronel Eugenio Moori Koenig, ordenou ao major Eduardo Arandía que guardasse o corpo. Arandía o escondeu no sótão de sua casa e trancou a porta a chave, sem contar nada à sua esposa, Elvira Herrero. Uma noite, Elvira, ciumenta de que seu marido guardava algum segredo no sótão, foi abrir a porta. O major, que já estava paranoico (alguns historiadores dizem que estava mentalmente perturbado pela complexa tarefa que lhe cabia), ao ouvir um barulho nessa área da casa, pegou seu revólver. Ao ver uma silhueta na escuridão, deu dois tiros, matando sua esposa Elvira, grávida de dois meses. Outros dizem que Arandía estava em pleno delírio e, ao ver a silhueta da esposa, achou que estava vendo o fantasma da própria Evita em sua sala.

Posteriormente os militares decidiram que era melhor esconder o corpo longe da Argentina, país onde Evita era considerada "santa" pelos operários. A saída foi enterrá-la em uma igreja em Milão, com nome falso.

Em 1972, quando Perón estava a ponto de voltar para a Argentina, foram realizadas negociações com os militares para reaver o corpo. O grupo guerrilheiro Montoneros, para pressionar as forças armadas, sequestrou o corpo do general Eugenio Aramburu (que eles próprios haviam assassinado anos antes), que só apareceu poucas horas antes de Perón pousar em Buenos Aires, já contando com o caixão de Evita.

Em 1974, Perón morreu. Durante dois anos os corpos de Perón e Evita estiveram em uma sala na residência oficial de Olivos. O governo estava nas mãos da terceira esposa

Imagens da estátua do Descamisado, obra monumental que serviria de mausoléu ao corpo de Evita. A construção pretendia ser significativamente maior que a Estátua da Liberdade, mas nunca saiu do papel.

de Perón, María Estela "Isabelita" Martínez de Perón. Aconselhada pelo ministro José López Rega, "El Brujo" ("O Bruxo"), Isabelita deitava-se em cima do caixão de Evita para obter desta os "fluidos energéticos" que lhe proporcionariam o carisma do qual carecia.

"El Brujo", que, além de ministro era astrólogo, pretendia construir um imenso mausoléu em Buenos Aires para enterrar Perón e Evita, que seria coroado por uma estátua mais alta que a Estátua da Liberdade em Nova York. As britadeiras começaram o trabalho, mas o golpe de 1976 interrompeu as obras megalômanas. Perón foi colocado em Chacarita e Evita, longe dali, na Recoleta.

Durante três décadas, lideranças peronistas pretenderam "reunir" o emblemático casal. Após o tumultuado enterro de Perón no mausoléu de San Vicente no meio do tiroteio entre grupos de sindicalistas rivais, foram por água abaixo as negociações com a família de Evita. "Ela continuará na Recoleta", afirmaram de forma categórica.

"Na Argentina, os mortos participam de eleições." A frase é de Claudio Negrete, autor de *Necromania: história de uma paixão argentina*. O ex-presidente Néstor Kirchner (2003-2007), morto no dia 27 de outubro de 2010, foi velado no dia seguinte e enterrado em 29 de outubro após um funeral que reuniu quase 100 mil pessoas.

"Você já vê, você já vê, é para o Néstor que olha lá do céu!" Com esse cântico, uma semana após a morte de Kirchner, vereadores kirchneristas celebraram a aprovação de um projeto de lei que batiza com o nome de "avenida Néstor Kirchner" a principal via pública de Río Gallegos. As homenagens póstumas ao ex-presidente não ficariam restritas à esfera municipal, mas também passariam à nacional. Esse é o caso do senador César Gioja, que apresentou um projeto de lei para que a estrada número 40 – a mais longa do país, que vai da Patagônia até a fronteira com a Bolívia – ostente o nome de Kirchner, de forma a marcar os mapas argentinos de norte a sul.

No mesmo dia de seu funeral, militantes kirchneristas colaram adesivos com o nome do ídolo político em cima dos cartazes da avenida General Julio Roca (presidente da Argentina no final do século XIX, responsável pela conquista da Patagônia). Menos de uma semana depois, a Câmara de Vereadores já havia imortalizado seu nome na principal avenida da cidade.

Um ano depois da morte de Kirchner, Gildo Insfrán, governador de Formosa, no norte do país, inaugurou uma estátua de Kirchner. Outra estátua foi inaugurada poucos dias depois em Rio Gallegos. Se todos os lugares rebatizados com o nome do ex-presidente estivessem em uma mesma cidade, seria possível sair de casa na rua Néstor Kirchner, pegar o carro, entrar na avenida Néstor Kirchner e deixar seus filhos na escola Néstor Kirchner na frente da Praça Néstor Kirchner. Depois, passar sobre a ponte Néstor Kirchner, ao lado do gasoduto Néstor Kirchner e, atravessando o túnel Néstor Kirchner, ir ao estádio Néstor Kirchner para ver o campeonato Néstor

Kirchner (de futebol, que conta com o prêmio Néstor Kirchner). E, caso as torcidas protagonizassem pancadarias, os responsáveis poderiam ir para a penitenciária Néstor Kirchner. Mas os feridos poderiam ser levados ao hospital Néstor Kirchner. Os policiais, depois dessa jornada atarefada, poderiam beber um copo de leite das vacas do centro de estudos leiteiros Néstor Kirchner.

O historiador Daniel Balmaceda, autor de *Histórias insólitas da História argentina*, concorda. "Os argentinos costumam ser muito dedicados à necromania, à veneração e utilização política dos mortos", disse. "Esse é um costume iniciado no final do século XIX, época na qual as datas nacionais começaram a ser marcadas pelos dias fúnebres."

Assim, o ex-presidente Domingo Sarmiento (que implantou o ensino público gratuito) morreu em um dia 11 de setembro. Essa data virou Dia do Professor. E o dia em que seu corpo chegou a Buenos Aires para o funeral de Estado, 21 de setembro, transformou-se no Dia do Estudante. No caso do general Manuel Belgrano, que criou a bandeira argentina, o dia de sua morte, 20 de junho, foi usado para o Dia da Bandeira.

Segundo Balmaceda, "a morte de um político importante na Argentina é considerada o momento em que ele 'passa à imortalidade'. Isto é, o dia que entrou na glória". Com a teoria de que "os mortos na Argentina desfrutam de boa saúde", Negrete ilustra o efeito dos mortos na política: "Evita vive, Perón vive, Alfonsín vive e Kirchner também".

Como se estivesse vivo, as frases do presidente Juan Domingo Perón são citadas diariamente pelos políticos argentinos. Peronistas neoliberais e peronistas esquerdistas usam as mesmas frases – com diferentes interpretações – para justificar medidas políticas. Além disso, a imagem de Perón está presente em comícios e nos cartazes eleitorais, como se o próprio general – morto em 1974 – fosse candidato.

O uso político dos funerais, embora tenha tido mais destaque entre os integrantes do Partido Justicialista (Peronista), também foi adotado por outros partidos políticos argentinos.

O funeral do ex-presidente Raúl Alfonsín, que em 2009 mobilizou mais de 100 mil pessoas (o maior funeral desde a volta da democracia), serviu para resgatar a imagem do ex-presidente morto, além da própria popularidade de seu partido, a União Cívica Radical (UCR), que aproveitou a ocasião para reunir suas forças, divididas até então por uma série de divergências.

De quebra, o funeral catapultou seu filho, Ricardo Alfonsín, ao centro do cenário político. Ele passou de ser quase desconhecido da população a um dos principais candidatos nas eleições de 2011. No entanto, obteve apenas 11% dos votos.

Ao longo do último século e meio, os governos de plantão atarefaram-se em trazer de volta ao país os restos mortais de ilustres exilados. O primeiro caso foi o do

Funeral do ex-presidente Raúl
Alfonsín no cemitério da Recoleta.

general José de San Martín, herói da Independência, que faleceu no exílio na França. Em 1880, seu corpo foi levado a Buenos Aires. Sua volta não foi polêmica, mas seu enterro sim, já que a ideia original do governo era colocá-lo na Catedral. Mas, por ter sido maçom, o clero recusou-se a deixar o herói no solo da Catedral. A saída foi construir um "puxado", de forma que San Martín ficasse – e não ficasse, ao mesmo tempo – no edifício.

Em 1990, foi a vez do então presidente Carlos Menem de flertar com os mortos quando decidiu trazer o corpo do ditador Juan Manuel de Rosas, que havia partido do país em 1852. Tirano para uns, grande nacionalista para outros, mesmo morto 113 anos antes, o defunto causou ásperos debates na TV, nos quais historiadores de lados opostos protagonizaram cenas de pugilato.

Na primeira década deste século, um grupo de parlamentares argentinos empenhou-se em levar os restos mortais do líder guerrilheiro Ernesto "Che" Guevara para o país. A operação de "repatriação" dos ossos de um dos argentinos mais famosos do século XX uniu deputados do Partido Justicialista (Peronista) e a União Cívica Radical (UCR). Eles argumentavam que Guevara, embora tenha alcançado a fama de ícone da rebeldia juvenil mundial graças aos anos de guerrilha em Cuba, na África e na Bolívia, era argentino e deveria ser enterrado em sua terra natal.

O deputado da coalizão de centro-direita Proposta Republicana (PRO), Federico Pinedo, ironizou o projeto: "na Argentina vamos de mal a pior porque estamos mais preocupados com aqueles que estão enterrados do que com aqueles que estão fora do cemitério".

Ícone da revolução cubana, Che rende divisas para Cuba até hoje, seja em turismo, pôsteres, fotografias, camisetas, chaveiros e até rum. Mesmo morto, o médico argentino é o garoto-propaganda por excelência do regime.

Analistas em Buenos Aires consideram quase impossível que Cuba concorde com a remoção dos ossos de Che do mausoléu na cidade de Santa Clara, onde estão desde 1997 (depois de 30 anos enterrados secretamente por militares bolivianos no interior da Bolívia).

O escritor Pacho O'Donnell, um dos principais polemistas da Argentina, considera que, ao longo de sua curta vida, Che "manteve-se obstinadamente leal à sua argentinidade": era bebedor obsessivo de chimarrão e cantava tangos. Além disso, seu próprio apelido, "Che", era tipicamente argentino.

Como prova extra da "argentinidade" de Che, o intelectual sustenta que, pouco antes de morrer na Bolívia, Guevara planejava a guerrilha em seu país natal. Os projetos para pedir o repatriamento de seu corpo ressurgem com frequência no âmbito político em Buenos Aires. No entanto, o governo cubano conta a seu favor com a decisão dos filhos de Che de que o corpo do guerrilheiro descanse em sua pátria de adoção.

Também existe uma disputa binacional pelo corpo do cantor Carlos Gardel. Nascido na França, segundo os argentinos, ou no Uruguai, de acordo com os uruguaios, Gardel morreu em um acidente aéreo na cidade de Medellín, Colômbia, em 1935. Um ano depois, foi enterrado com toda a pompa em Buenos Aires. Mais de sete décadas após sua morte, a estátua em seu mausoléu costuma ostentar – quase que diariamente – um cigarro entre seus dedos deixado pelos fãs.

Os uruguaios sustentam que Gardel não era francês, muito menos argentino. A versão em Montevidéu é que teria nascido em Tacuarembó, interior do Uruguai. Em 2004, um grupo de intelectuais pediu ao presidente Jorge Batlle que intercedesse para levar o corpo do cantor às terras uruguaias. Em Buenos Aires, a resposta foi um sonoro "só passando sobre nossos cadáveres!".

A escultora Lola Mora, que no início do século XX causou polêmica por sua liberdade sexual e suas esculturas sensuais, morreu em Buenos Aires em 1936, onde foi enterrada sem homenagens. Décadas depois, com sua figura reabilitada e transformada em ícone cultural, o governo de Salta, sua província natal – com intenções de propaganda política – transportou as cinzas de Mora de Buenos Aires à cidade de Salta para realizar uma grande cerimônia fúnebre com toda pompa.

Ao descer do avião, o encarregado do funeral tropeçou. A urna, que estava em suas mãos, caiu e abriu. Em poucos segundos, o vento forte na pista do aeroporto levou todas as cinzas da libertária escultora. Lola Mora, dessa forma – como último gesto de independência –, conseguia escapar da necromania de seus compatriotas.

FREUD CITY: BUENOS AIRES, A CIDADE DOS PSICANALISTAS

Se "todo brasileiro é um técnico de futebol", segundo diz o ditado, "cada argentino – especialmente o portenho – é um psicólogo". Ou, pelo menos, segundo as estatísticas, um em cada 649 argentinos é psicólogo ou psicanalista. O número que torna a Argentina o país com maior número desses profissionais em todo o continente americano, segundo a pesquisa *Os psicólogos na Argentina*, realizada em 2006 pelo especialista Modesto Alonso e publicada pela faculdade de Psicologia da Universidade de Palermo, Buenos Aires.

O segundo colocado está do outro lado do rio da Prata, o Uruguai, com um psicólogo a cada 900 habitantes. No Brasil, é um psicólogo a cada 1.154 pessoas.

Segundo dados da Universidade de Buenos Aires (UBA), existem na Argentina 56.800 psicólogos na ativa. A maioria está concentrada na cidade de Buenos Aires, onde existe um psicólogo para cada 121 portenhos. A demanda por esses profissionais tem motivos de sobra, já que 20% da população portenha teria algum tipo de transtorno psicológico, segundo Alonso.

Os especialistas não possuem uma explicação para a expansão exponencial da psicologia e psicanálise na Argentina. Alguns atribuem ao fato de o país ser formado por filhos de imigrantes que ainda procuram sua identidade. "Os processos vividos podem ter levado a população a se interessar em compreender a si mesmos por intermédio da introspecção", especula Alonso. "Mas há países que sofreram mais do que nós e não contam com esse fenômeno".

A psicanálise também está presente nas telenovelas. Os personagens psicólogos são frequentes nos enredos, e até uma telenovela, a *Vulnerables* (Vulneráveis), de 1999, teve grande sucesso ao retratar um grupo de pessoas que fazia análise grupal. Na crise de 2001-2, os programas de notícias consideravam os psicanalistas tão importantes quanto os analistas políticos e economistas para avaliar o caos social do país e o desespero de seus habitantes.

Os portenhos estão acostumados a ouvir ou pronunciar termos específicos da psicanálise como "projeção", "inconsciente", "negação". Volta e meia alguém pode comentar que está tendo "x" reação física porque está "somatizando". Há expressões adaptadas dessa ciência, como "psico-patear" (psicochutar), para referir-se a alguém que pressiona ou tortura psicologicamente outra pessoa.

A expressão "histérica" foi além de seu sentido psicanalítico e é usada popularmente para referir-se a uma mulher ou homem que provoca com sensualidade, mas não concretiza o ato sexual.

Livros de psicologia e psicanálise têm espaço cativo nas livrarias portenhas.

A psicanálise também está presente nos quadrinhos. Esse é o caso do jornal *Página 12*, que conta com a tirinha "Gaspar, El Revolú", do cartunista Rep, cujo protagonista passa boa parte do tempo no divã de sua analista.

Aliás, todas as quintas-feiras o *Página 12* dedica duas páginas a assuntos psicológicos-psicanalíticos (quando não publica assuntos vinculados em outros dias da semana).

Psicólogos também apresentam programas de rádio, como Gabriel Rolón, que se tornou bastante popular.

Sigmund 'Sigi' Schlomo Freud é um ícone popular, pelo menos para amplos setores da classe média e a elite portenha. A idolatria por Freud é tão significativa em Buenos Aires que, ao longo da primeira década do século XXI, grupos de moradores do bairro de Palermo, psicanalistas e psicanalisados tentaram batizar um trecho da atual rua Medrano com o nome do pai da psicanálise.

Esse trecho da rua Medrano tem elevado simbolismo, já que em uma das esquinas está o tradicional bar Sigi, ponto de encontro dos analisados do bairro. Na outra esquina, uma loja de roupa que ostenta o nome de "Narciso", figura mitológica e nome de um dos complexos freudianos.

Essa área do bairro de Palermo é ironicamente denominada de "Palermo Sensível". Mais especificamente, a área da Praça Güemes é informalmente chamada "Praça Freud". Os quarteirões vizinhos são denominados de "Villa Freud".

Com ironia, os vizinhos comentam que Freud teria tido dois potenciais pacientes nas esquinas, já que a rua transversal homenageia Lucio V. Mansilla, um famoso dândi narcisista argentino do século XIX que participou de massacres de índios, enquanto a praça defronte refere-se a Martín Güemes, um caudilho do norte do país, que deleitava-se em fazer o *design* de seus uniformes (aliás, uniformes de excelente corte!).

Em 2005, quando respaldou a ideia de "freudianizar" a rua Medrano, o deputado estadual Alejandro Rabinovich, do partido de centro-esquerda Argentinos por uma República de Iguais (ARI), destacou que esse era um raro caso de batizar uma rua com o nome de uma pessoa que não causa antagonismos na Argentina (é frequente neste país que setores da sociedade discutam – como se fosse uma questão de vida ou morte – com outros setores o nome de uma rua).

O DIA DO AMIGO

No dia 20 de julho de 1969, o mais famoso wapakonetense (nascido em Wapakoneta, Ohio, EUA), o engenheiro aeroespacial Neil Alden Armstrong, pisou o solo da Lua. E disse: "É um pequeno passo para um homem, mas um grande salto para a Humanidade". Depois, flanou pelo chão selenita durante duas horas, antes de pegar o módulo lunar e partir dali.

Naquela madrugada, o dentista argentino Enrique Febbraro (que também é professor de psicologia, filosofia, além de músico), ao assistir pela TV à chegada do homem à Lua, considerou que essa havia sido uma proeza que simbolizava a união da Humanidade. Na sequência, teve a ideia de celebrar o primeiro Dia do Amigo no dia 20 de julho de 1970. Na era pré-internet e pré-email, Febbraro escreveu mais de mil cartas e as enviou para diversas cidades da Argentina com sua proposta de criação do Dia do Amigo.

A ideia teve sucesso imediato e começou a se espalhar entre os argentinos. Em 1979, um decreto do governo criou oficialmente o Dia do Amigo, pois já era um fenômeno de massas: os restaurantes, bares e cafés ficam repletos de grupos de amigos que se reúnem para celebrar. O movimento no comércio, pelo volume de presentes que os amigos dão uns aos outros, superam o comércio do Dia das Crianças na Argentina.

Os canais de TV mostram a toda hora imagens de pessoas que enviam suas fotos e vídeos dos amigos. Além disso, é o dia de enviar e receber uma miríade de bilhetes desejando "feliz dia". No dia do amigo, o sistema de telefonia celular colapsa devido ao colossal volume de envios de mensagens de texto e telefonemas.

Com o passar das décadas, a data espalhou-se para outros países da região. O vizinho Uruguai adotou a moda ainda nos anos 1970; nos anos 1980, passou para o Peru e México.

Nos Estados Unidos existe uma data oficial para o Dia do Amigo, que não tem nada a ver com esta (o primeiro domingo de agosto). No Paraguai, é celebrado em 30 de julho (nesse país, o Dia do Amigo foi instaurado em 1958).

E até no Brasil existe um Dia do Amigo, ainda de baixa popularidade, que foi patenteado como o Dia Nacional do Amigo (18 de abril).

QUE LÍNGUA ELES FALAM?

O IDIOMA DE FATO

A Argentina não possui um idioma oficial. A Constituição Nacional não faz menção alguma a esse assunto, ao contrário de outros países latino-americanos colonizados no passado pela Espanha, que indicam em suas respectivas cartas magnas que o idioma oficial é o espanhol (Cuba, Guatemala, Honduras, Nicarágua, Panamá, Costa Rica e República Dominicana) ou o castelhano (Bolívia, Colômbia, Equador, El Salvador, Paraguai, Peru e Venezuela). Na Argentina o espanhol/castelhano é o idioma de fato (o mesmo cenário ocorre no Chile, no México e no Uruguai). Mas nunca foi oficializado, apesar de diversos projetos de lei no Parlamento argentino, que ficaram encalhados.

Antes de prosseguir, uma pausa. Quem estiver lendo este livro terá visto que em alguns países fala-se o "espanhol" e em outros o "castelhano". São idiomas diferentes? Não. São exatamente a mesma coisa. A nuance é puramente uma decisão sobre como chamar o idioma que surgiu na península ibérica há séculos e dali, por intermédio dos conquistadores enviados para o outro lado do Atlântico, expandiu-se no Novo Mundo.

O idioma que se falava no reino de Castela era o castelhano. Quando este reino uniu-se ao de Aragão, a união começou a ser chamada ocasionalmente de "Espanha" ("Espanha", por seu lado, vem de "Hispania", nome que os romanos deram à região que controlaram ao longo de vários séculos).

Na sequência, as forças dos dois reinos anexaram a muçulmana Granada. Um pouco mais tarde, o formato atual da Espanha completou-se com a ocupação de Navarra, no sopé dos Pirineus.

Nesse ínterim, o idioma espalhou-se para todas essas regiões (e recebeu contribuições das línguas dessas outras áreas que compartilhavam a península). Mas o reino de Castela e Aragão só passou a ser chamado oficialmente de Espanha após o fim da união com Portugal (1640). Na mesma época, o idioma do país, além de ser chamado de castelhano, também começou a ser chamado de espanhol.

Fora da Espanha, o idioma é chamado de uma forma que faz alusão ao termo "espanhol", e não "castelhano": *Spanish, espagnol, Spanisch, spagnolo*. Os próprios espanhóis colaboram com a confusão em 1978, ao colocar no artigo terceiro da Constituição Nacional que "o castelhano é a língua espanhola oficial do Estado".

Gregório Salvador, Catedrático Emérito de Língua Espanhola da Universidade Complutense, integrante da Real Academia Espanhola, comenta com ironia: "essa frase flutua entre a tautologia e a incongruência". De quebra, a Real Academia Espanhola considera que os dois termos são sinônimos.

Pouco depois da aprovação da Constituição pelas Cortes (Parlamento) em Madri, o escritor argentino (nascido na Bélgica) Julio Cortázar foi entrevistado sobre sua obra literária em um programa da TVE. "O senhor é um dos máximos cultivadores da novela na língua castelhana", disse o entrevistador. Cortázar cortou seu interlocutor imediatamente: "se me permite, vamos dizer 'da língua espanhola', que é a forma como prefiro chamá-la".

Dos 40 milhões de habitantes na Argentina, um milhão fala o guarani, especialmente concentrados nas províncias na fronteira com o Paraguai: Corrientes e Misiones (e, em menor grau, Chaco e Formosa).

Na província de Corrientes (onde o espanhol, ao contrário do que ocorre na esfera nacional, é oficial), o idioma indígena guarani é uma língua "oficial alternativa". No entanto, ocasionalmente, o guarani também pode ser ouvido na periferia de Buenos Aires, em especial em bairros com grande quantidade de imigrantes provenientes do Paraguai.

Outro idioma indígena com presença na Argentina é o quéchua, falado por um milhão de pessoas, concentradas principalmente nas províncias do norte do país: Jujuy e Salta. Além destas áreas, o quéchua também pode ser ouvido nos municípios da Grande Buenos Aires, onde residem imigrantes do norte argentino e da Bolívia (diversas estimativas indicam que o número de bolivianos que residem em diversas áreas do país estaria ao redor de 700 mil pessoas).

Na província do Chaco, os idiomas qom, moqoít e wichí também são línguas co-oficiais com o espanhol.

No entanto, ao contrário do norte da Argentina, os idiomas indígenas do sul do país estão praticamente extintos. Esse é o caso do ona (também chamado selknam) – o idioma dos habitantes originários da Terra do Fogo –, cujos últimos praticantes morreram na primeira década do século XXI. Também estão extintos os idiomas puelche e tehuelche, nas províncias de Neuquén, Chubut e Santa Cruz. Ali o idioma somente sobreviveu na toponímia de rios, montanhas e cidades.

Mapa da Argentina com os idiomas indígenas. A colonização espanhola praticamente arrasou a prática dos idiomas falados pelos aborígenes. Após a Independência continuou a repressão à cultura indígena por parte das próprias autoridades argentinas. No entanto, em algumas regiões os idiomas continuam sendo falados, especialmente no norte e nordeste da Argentina. Um dos casos é o guarani, falado principalmente nas províncias de Corrientes e Misiones, na fronteira com o Paraguai.

No total, na Argentina, segundo o censo de 2012, os indígenas constituem 1,5% da população do país.

Há, ainda, outros idiomas europeus ouvidos nas ruas do país. Diversos cálculos indicam que 1,5 milhão de pessoas falariam o italiano na Argentina, embora não seja um idioma de uso frequente.

Dentro da comunidade judaica argentina – que diversas estimativas calculam entre 250 mil e 600 mil pessoas – o iídiche está gradualmente perdendo espaço para o hebraico, que é o idioma ensinado nas escolas da comunidade. Nos anos 1930, Buenos Aires, existiam três jornais diários em iídiche, além de ser o terceiro maior centro de produção de filmes nesse idioma (após Varsóvia e Nova York).

Integrantes da comunidade judaica indicam que o número de argentinos que falam – ou entendem – o iídiche atualmente poderia estar ao redor de 100 mil pessoas.

No sul da Argentina, na província patagônica de Chubut, ao redor de 25 mil pessoas falavam ou compreendiam o gaélico, devido à presença de várias gerações de imigrantes galeses na área.

O português é um dos idiomas falados cotidianamente na fronteira da Argentina com o Brasil, especialmente na província de Misiones, onde existe uma presença de brasileiros no comércio e na lavoura.

SOTAQUE

Não existe um sotaque argentino propriamente dito, já que as entonações ao falar variam muito entre as diversas regiões do país. No entanto, por magnitude populacional e por influência cultural, predomina na maior parte dos habitantes do país a forma portenha de falar (e é assim que os argentinos são retratados no exterior).

Os portenhos falam o espanhol com uma entonação italianizada, afirma Jorge Gulekian, do Laboratório de Investigações Sensoriais do Conselho Nacional de Investigações Científicas e Técnicas (Conicet).

Os italianos tiveram uma significativa influência no sotaque dos portenhos (e em toda a área do Pampa argentino e no sul do país) e no *lunfardo*. Essa influência está associada ao número impressionante de italianos no país: em 1869, em Buenos Aires, havia 177 mil habitantes, dos quais 88 mil eram estrangeiros. Destes, 44 mil eram italianos. Isto é, quase um quarto da cidade era italiana. Em 1904, a capital argentina possuía 905 mil habitantes. Desse total, 420 mil eram estrangeiros. Destes, 228 mil provinham da terra de Dante, Garibaldi e Rita Pavone. Atualmente, 51% dos argentinos são descendentes de italianos por algum lado familiar.

O sotaque portenho é marcado pela pronúncia de "ll" (equivalente a "lh" em português) como se fosse um "x" (em "xícara") ou um "sh" em inglês. A palavra "*lluvia*", que na Espanha seria pronunciada como "lhuvia" (embora com um "lh" pronunciado de forma brevíssima, quase como se fosse um "i"), em "portenho" ficaria "xúvia". Ou "*calle*" (que seria pronuncia como "caie" em outros países hispano-falantes), que vira "cashe" em "portenho".

Essa característica é chamada pelos próprios portenhos, como autoironia, de "sheísmo".

Além disso, esse sotaque é marcado pela "aspiração" das letras "s" antes de consoantes. Dessa forma, a palavra "*fósforo*" (dita como em português), pronunciada com o "s" na maior parte dos países hispano-falantes, em "portenho" vira "fóhforo" (neste caso, com a letra "h" do meio como se fosse em inglês).

Os cordobeses alongam as sílabas prévias ao acento tonal. No caso da palavra "castaño" (castanho), os cordobeses diriam "caaaas-taño. Ou, "tallarines" (talharins), que fica "taaa-llaaa-rines".

No norte da Argentina, há influências do sotaque boliviano, que intensifica as "s" finais. No nordeste da Argentina, predomina a influência do sotaque paraguaio, de tons guturais (decorrente do guarani).

No oeste do país, nas províncias de Mendoza, San Juan e La Rioja a influência é do sotaque chileno, marcado pela pronúncia da letra "r" como se fosse um "x" misturado com "g" em português. "La Rioja", dessa forma, seria pronunciada "La Xgioja".

A Patagônia, área conquistada e povoada no último quarto do século XIX, tem um sotaque basicamente portenho, já que boa parte de sua população provém dali ou da região dos pampas. No entanto, nota-se influência chilena leve em alguns casos.

Os estrangeiros costumam dizer que o sotaque portenho é "duro", ao passo que os habitantes do interior falariam com um acento "suave".

GÍRIA É COISA SÉRIA

A gíria portenha denomina-se *lunfardo*. E gíria, na Argentina, é assunto sério. Ou *requete-serio*, como diriam em Buenos Aires, usando esse prefixo (*requete*), que equivale a um "muito mesmo". O *lunfardo* conta até com a Academia Porteña del Lunfardo, fundada em 1962. A Academia, que estuda o modo coloquial da forma de falar em Buenos Aires e outras cidades do país, está integrada por 28 acadêmicos, geralmente reconhecidos intelectuais argentinos. O dialeto genovês (xeneize), levado pelos imigrantes da Ligúria ao bairro de La Boca, constitui a principal base do *lun-*

fardo, que atualmente é falado por quase toda a população, desde crianças até idosos, em todas as classes sociais.

As letras dos tangos (e também os rocks argentinos) contam com vasto vocabulário de *lunfardo*. Algumas letras são puro *lunfardismo*, a tal ponto que é difícil para um não iniciado compreender o que dizem. Um dos expoentes do tango em *lunfardo* era o falecido Edmundo Rivero, que lançou uma coleção de discos com o nome de *En Lunfardo*, que teve comentário, na capa do *long-play*, do próprio escritor Ernesto Sábato.

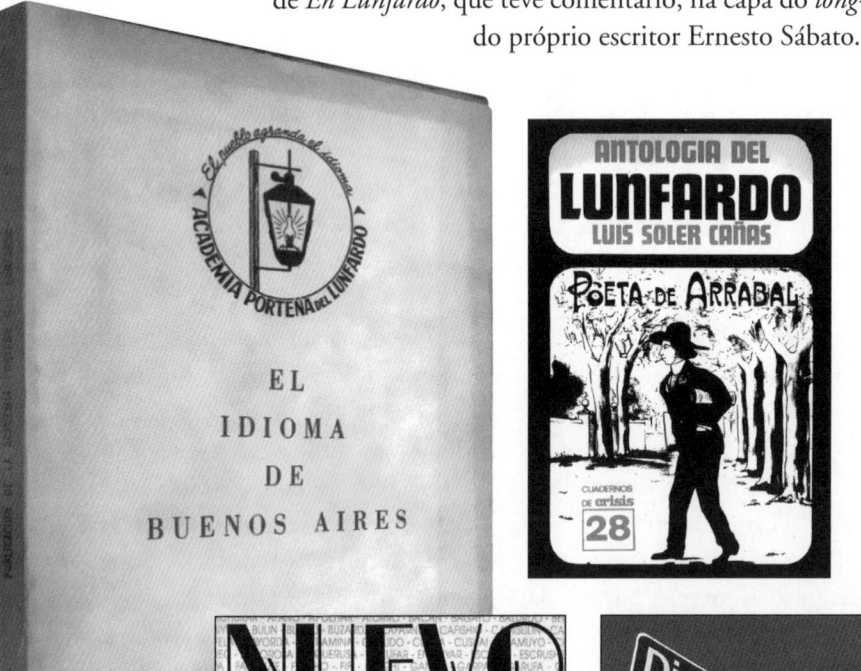

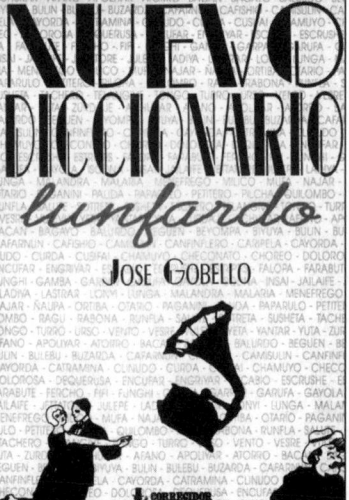

A gíria levada a sério: *lunfardo* é tema de diversos livros.

Uma frase dita pode ser totalmente incompreensível para os estrangeiros. Um exemplo curto: "a garota que me abandonou", que em espanhol seria *"la muchacha que me abandono"*, em *lunfardo* seria *"la percanta que me amuro"*. Ou ainda, *"la chabona que se piantó"*.

Autores considerados "elegantes" e "eruditos" como Jorge Luis Borges, usaram *lunfardo* a granel em suas obras literárias (embora Borges, no prólogo de seu livro *O informe de Brodie* ironizasse ao dizer que "o *lunfardo*, de fato, é uma piada literária inventada por compositores de tango").

De certa forma, o uso do *lunfardo* pode ser considerado uma rebeldia perante o idioma padronizado. Quem o utiliza costuma conhecer a palavra equivalente em espanhol, mas opta pela gíria como uma forma de tomar posição.

PEQUENO DICIONÁRIO DE LUNFARDO

LUNFARDO GERAL

Argento: Forma de os argentinos referirem-se aos próprios argentinos. Começou sendo usado de maneira autodepreciativa nos anos 1990 para designar o gentílico (a palavra costumava ser aplicada a pessoas que teriam alguma característica negativa do país, como a mítica prepotência, a corrupção, o improviso etc.). No entanto, com a crise de 2001-2, a conotação mudou e o termo passou a ser aplicado no sentido positivo. Exemplo: "aquela garota tem uma típica beleza argenta". Ou, para designar certo orgulho nacionalista. Exemplo: "100% argento."

Bondi: O ônibus urbano, também chamado de *colectivo*. Este é um caso de gíria que veio do Brasil, já que se origina da palavra "bonde" (que, por sua vez, vinha do inglês *bond*, isto é, bônus, ou bilhete que se usava para a passagem). A palavra foi levada a Buenos Aires por imigrantes italianos que, depois de passar algum tempo em São Paulo (isso era comum na época), instalavam-se posterior – e definitivamente – em Buenos Aires ou Montevidéu. De bondes, o termo passou a ser usado para referir-se aos ônibus na Argentina. Curiosamente, a palavra havia deixado de ser usada nos anos 1960 e voltou a ser usada no final dos 1980. Nem sempre os *lunfardismos* morrem. Ocasionalmente, ressuscitam.

Canchero: O termo indica uma pessoa "hábil". Mas também pode equivaler a *cool*.

Chabón: "Cara", "sujeito". A palavra tem origem no caló ou o romaní espanhol, utilizado pelos ciganos. A palavra é uma derivação de *chavó*, que virou *chavo* no México e em quase toda a América Central e Caribe hispano. *Chavo* equivale a garoto ou rapaz (*chaval* na Espanha). Na Argentina, o *chabón* é usado para referir-se de forma suavemente depreciativa a um homem jovem.

Chamuyar: Ação de exercer a lábia para convencer alguém, de forma agradável, e assim conseguir implementar alguma fraude, sedução ou impunidade. Vem do caló *chamullar*, que significa "falar em voz baixa". O *chamuyo* também equivale à "conversa ao pé do ouvido" em caso de paquera.

Chanta, chantapufi: Picareta. Provém do genovês *ciantapuffi*, que literalmente significa "planta-pregos" (*cianta-puffi*). Neste caso, "pregos" no sentido de "dívidas". Isto é, referia-se originalmente a alguém que não pagava o que devia. Atualmente seu sentido é mais amplo, pois engloba o charlatão, o fanfarrão e o picareta.

Chorro: Ladrão. Pode ser usado para designar tanto o batedor de carteira como o ladrão de alto nível. Exemplo: "*El diputado Juan Atilio Piantadini es un gran chorro*" (O deputado Juan Atilio Piantadini é um grande ladrão).

Despelote: Confusão, bagunça. Também pode ser utilizado para discussão com altos decibéis de intercâmbio de epítetos mútuos. Exemplo: "*parece que hay un despelote en el departamento de al lado*" (parece que há uma confusão no apartamento do lado). Para intensificar a expressão usa-se "*flor de despelote*".

Gil, perejil: Vem de um termo andaluz, o *gilí*, que indica alguém sem experiência (e este, por seu lado, vem do árabe *ŷahil*) e que derivou no espanholíssimo *gillipollas* (tonto, babaca). Na Argentina, *gil* é um otário, um tonto. Dali também derivou o termo *perejil* (salsinha), para indicar algum bobo. O *perejil* também é usado no sentido brasileiro do "laranja" (o ingênuo testa de ferro).

Laburar, laburo: Trabalhar, trabalho. Palavra que provém do italiano *lavorare* (trabalhar). *Laburante* é trabalhador.

Mina: Termo originalmente utilizado de forma depreciativa para referir-se a uma mulher. A origem do termo é do galego "menina" (igual ao português). Mas, posteriormente, começou a ser usado como gíria genérica para referir-se às mulheres, sem conotação negativa.

Pibe: Garoto; a palavra deriva do genovês *pivetto* (menino), e este, da gíria italiana *pivello*. É usada na Argentina desde o final do século XIX.

Piola: Termo usado para designar alguém "legal". Mas também equivale a "hábil" e "inteligente".

Quilombo: No século XIX, referia-se aos quilombos rebeldes surgidos no Brasil. Mas, com o passar do tempo, transformou-se em sinônimo de bordel. Nos últimos 50 anos mudou novamente e passou a equivaler a bagunça ou imbróglio de considerável magnitude. A palavra *bolonqui* é mais uma adaptação do *lunfardo*, que coloca o termo "*al revés*" ("ao contrário"). No denominado *vesre* (a palavra espanhola "revés" ao contrário), *bolonqui* é uma forma de dizer "quilombo".

Trucho: Algum objeto falso. Mas, quando uma pessoa é *trucha* equivale ao brasileiro "picareta".

LUNFARDO E PSICOLOGIA

Os portenhos usam as mais variadas expressões e palavras do *lunfardo* (gíria) para referir-se a alguém que possui um – ou vários – parafusos a menos.

Chapita: Pinel. Doidinho. Lelé da cuca. Excêntrico. Usa-se com o verbo "estar". Alguém "*está chapita*" Também se usa o "*re-chapita*". Bem doido.

Colifato: Louco de pedra. Também se usa a versão abreviada, *colifa*.

De la gorra: Literalmente, "do boné". Lelé. Exemplo, "*estás de la gorra si te imaginás que podés ir con essa ropa*"

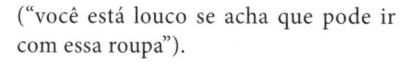

("você está louco se acha que pode ir com essa roupa").

Del tomate: Literalmente, "do tomate". Não bate bem da cabeça. Exemplo: *"vos estás del tomate si crees que los parlamentarios Mutatis y Mutandis de Anchorena va devolver el dinero que robó"* ("você não bate bem se acha que os parlamentares Mutatis e Mutandis de Anchorena vão devolver o dinheiro que roubaram").

Le faltan un par de jugadores en la cancha: "Faltam-lhe alguns jogadores no campo". Idem sobre alguém biruta.

Limado: Louco. A palavra provém da prática no automobilismo de limar a tampa dos cilindros, para propiciar mais potência aos motores. Isto é, o motor fica mais nervoso, mas também mais frágil.

No le llega agua al tanque: "A água não chega em seu tanque". Refere-e à pessoa suspeita de ter alguns parafusos a menos.

No tiene los patitos en fila: "Não possui os patinhos em fileira". Usado com ironia para referir-se a alguém que está meio biruta.

No tiene todos los caramelos en el frasco: "Não possui todos os caramelos no pote". Também usado para indicar que alguém está um tanto quanto lelé.

Paniquear – Verbo. Ter um ataque de pânico. "Meu amigo 'paniqueou'". Usa-se na Argentina e em outros países da América Latina.

Piantado: Louco. A pronúncia portenha abreviou esta palavra para *piantao*. É a palavra usada em um dos mais famosos versos de "Balada para um louco", música de Astor Piazzolla e letra de Horacio Ferrer.

Pirado: tal como em português.

Pirucho: variante de pirado.

Psicobolche: Esquerdista com background psicanalítico. "Freudomarxista".

Psicopatear: Psicochutar. Fazer tortura psicológica, chantagem emocional. *"No me andés psicopateándome, andá a tu analista"* ("Não fica me torturando, vá ao teu analista").

Rayado: Louco. Literalmente, "riscado", tal como um disco de vinil. *"Están rayados???"*

LUNFARDO E PREGUIÇA

No *lunfardo* a palavra *fiaca* designa a "preguiça involuntária". Isto é, a preguiça sem premeditação. Portanto, preguiça digna de todo respeito.

Termos afins:

Apolillar (ou **apoliyar**): Verbo que se origina no napolitano *"appollaiare"* que se refere ao *pollaio* (o galinheiro). Isto é, faz alusão às galinhas, que vão dormir cedo. Neste caso, *apolillar* era usado como "descansar". Mas, com o passar das décadas, começou a ser algo equivalente a "descansar mesmo!".

Fiacún: O protagonista e praticante da *fiaca*. Exemplo: *"El flaco Lunardelli es um fiacún"* ("O magro Lunardelli é um *fiacún*").

Vago: Equivalente ao termo "vagal" usado no Brasil.

Vagoneta: Uma derivação de vagal. Mesmo significado.

LUNFARDO MONETÁRIO

Costar chaucha y palitos: Literalmente, "Vagem e galhozinhos". A expressão é usada para indicar que algo é muito barato. Barato mesmo. A vagem é um vegetal que o *gaucho*, o habitante dos pampas (essencialmente carnívoro), considerava como coisa de pouco valor. E o palito refere-se àqueles galhozinhos misturados no meio da erva-mate (o chimarrão era a bebida preferida dos *gauchos*) que flutuam na água de um chimarrão. Exemplo: "Essa blusa? Ah, custou '*chaucha y palitos*'!"

Gamba: A palavra, que provém do italiano, significa "perna". Mas na gíria também é usada para referir-se à nota de 100 pesos. E a palavra *gambetear* equivale a "driblar", tanto para o futebol como para dribles na vida. Esse é o caso dos versos do tango "Mano a mano", que indicam que a protagonista da letra "*gambeteaba la pobreza em la casa de pensión*" ("driblava a pobreza na pensão").

Guita: Dinheiro.

Linyera: Mendigo ("mendigo" existe também, mas é a palavra mais usada pelos jovens).

Luca: Unidade de valor equivalente a mil pesos. Exemplo: "*me gasté mil lucas en pilchas*" ("gastei mil pesos em roupa"; *pilchas* é lunfardismo para "roupa").

Malaria: Período de vacas magras, tempos de pobreza.

Mango: Unidade monetária na gíria para designar o peso, moeda nacional. "*Solamente tengo dos mangos en la billetera*" ("Tenho somente dois mangos na carteira"). O termo é proveniente do Brasil.

Mishiadura: Miséria, indigência.

Mishio: Pobre. Provém do genovês *miscio*.

Morlacos: Forma usada durante décadas para referir-se a dinheiro. Atualmente fora de uso. Mas pode ser ouvida com frequência nas letras dos tangos dos anos 1930, 1940 e 1950. "*Me faltan los morlacos*".

Palos: Unidade de valor equivalente a um milhão de pesos. Mas é mais usada na versão *palos verdes*, isto é, equivalente a um milhão de dólares americanos.

Sope: O contrário de "peso", a unidade monetária argentina.

Un huevo, costar un huevo: Literalmente, "um ovo" e "custar um ovo". Nesse caso, é equivalente a "custa o olho da cara". Mas *huevo*, que em sua primeira acepção significa ovo (o da galinha), aqui se refere a outro objeto ovalado, isto é, o testículo. Equivale a "excessivamente caro".

Villa Miseria: Favela. Também pode ser chamada de *villa*.

LUNFARDO E PODER

Cortar el bacalao: Literalmente, "cortar o bacalhau". Quem corta o bacalhau é quem manda em uma sociedade, em um grupo de pessoas, uma empresa ou uma instituição. A origem da expressão: o bacalhau, especialmente entre os imigrantes da Galícia, era um alimento das famílias pobres. E quem o cortava (isto é, quem dividia as porções exíguas) era o chefe ou a chefe da família.

El mismo perro con distinto collar: Literalmente, "o mesmo cão com coleira diferente". Indica que embora a aparência de algumas coisas mude, a essência delas permanece a mesma. Origem da expressão: o rei espanhol Fernando VII, em 1820, rangendo os dentes, teve que jurar a Constituição. Em 1823, deu um autogolpe e reimplantou o absolutismo. Uma de suas primeiras medidas foi dissolver a milícia de Madri, composta por liberais, e criar outra em seu lugar, composta por voluntários realistas, isto é, de simpatizantes do regime absolutista. Mas, quando estava presidindo a parada com a nova milícia, viu que os soldados realistas... eram os mesmos que haviam estado nas fileiras liberais pouco tempo antes. O rei virou-se para o oficial que estava a seu lado e murmurou: "Esses aí são os mesmos cachorros, embora com coleiras diferentes!".

Tener la sartén por el mango: Literalmente, "segurar a frigideira pelo cabo" (*sartén* é frigideira; e *mango*, o cabo. Outra expressão para indicar quem tem o controle de uma situação. A cantora Tita Merello, no tango "Los ejecutivos", cita a expressão no verso "*siempre tienen razón / y además tienen la sartén / la sartén por el mango y el mango también*". A última referência a *mango*, neste caso, não é o "cabo" da frigideira, mas sim aos *mangos*, isto é, o dinheiro.

De certa forma, a frase de Fernando VII (rei espanhol que governava nos tempos da Independência da Argentina e de outros países sul-americanos) recorda o livro *Il Gattopardo*, do italiano Giuseppe Tomasi di Lampedusa (1896-1957), com a famosa frase "se queremos que tudo continue como está, é preciso que tudo mude" (*"Se vogliamo che tutto rimanga come è, bisogna che tutto cambi!"*).

Dessa expressão, a ciência política criou o termo *gatopardista* ou *lampedusiano* para referir-se ao político que reforma uma parte das estruturas sociais e de poder para manter o todo sem que nada mude realmente.

EXPRESSÕES IDIOMÁTICAS

A la Madonna: Tal como em italiano, muito usada na Argentina, em referência à Virgem Maria.

A la flauta: Idem, expressão de surpresa.

A la marosca: Idem. Neste caso, origina-se da palavra napolitana *marosca*, uma forma elíptica de referir-se à *malora* ("má hora").

A la miércoles: Outra expressão de surpresa. Pronunciar "*a la miércole*". Miércoles é quarta-feira. Mas, neste caso, é uma forma elíptica para *mierda*.

A la perinola: Expressão de surpresa, susto ou admiração. "Putz grila!". *Perinola* é aquela espécie de pião octogonal com números ao redor para jogos de mesa.

A la pipeta: Idem, expressão de surpresa, susto ou admiração. *Pipeta* é a pipeta mesmo, o instrumento volumétrico de laboratório.

A la pucha: "Caramba". Expressão de surpresa, susto, admiração ou pena. Pode ter uma eventual tonalidade de zanga ou irritação. Eufemismo para "puta". Exemplos: "*Pucha, cuanto tiempo sin verte!*" ("Pucha, quanto tempo que não te via!"); "*Pucha, me tenés harto!*" ("Pucha, você já me encheu!"). Evidentemente, é mais forte que o "puxa!".

O épico *Martín Fierro*, clássico do século XIX – e leitura obrigatória nas escolas argentinas –, escrito por José Hernández (1834-86), tem um trecho no qual se refere a *pucha* (o trecho a seguir tem erros propositais de castelhano, para indicar tal como falava o homem do campo):

Viene el hombre ciego al mundo,
cuartiándolo la esperanza,
y a poco andar ya lo alcanzan
las desgracias a empujones;
! la pucha, que trae liciones el tiempo con sus mudanzas!

("Vem o homem cego ao mundo, esquartejando a esperança, e pouco depois que começa a andar já o alcançam as desgraças aos empurrões; *la pucha*, o tempo traz lições com suas mudanças!")

Variações: "*Pucha, digo!*" e "*a la gran pucha!*"

Chau pinela!: "Tchau, *pinela*!". Expressão usada por pessoas de mais de 60 anos para indicar que algo acabou. Normalmente vem acompanhado do Y (e) na frente. "*Y... chau pinela!*".

El diablo sabe por diablo, pero más sabe por viejo: Literalmente, "O diabo sabe porque é diabo, mas sabe mais porque é velho". Serve para referir-se a alguém que pode ser esperto por sua atividade (ou profissão ou ainda, pelas características pessoais), mas mais ainda tem a esperteza pela experiência acumulada ao longo dos anos.

El mundo es un pañuelo: Literalmente, "o mundo é um lenço". Usada para indicar que o mundo é pequeno, especialmente quando duas pessoas conhecidas se encontram inesperadamente em um lugar. Mafalda, a menina-filósofa do cartunista Quino, diz em uma tirinha, em referência ao estado desse "lenço": "se o mundo é um lenço... será necessário reclamar à lavanderia".

Haceme una gauchada: "Me faz uma *gauchada*". *Gauchada* seria algo relativo ao *gaucho*, o habitante dos pampas. Mas, neste caso, atribuindo ao *gaucho* uma boa disposição para ajudar as pessoas, equivale a "me quebra o galho". Segundo José Gobello, da Academia del Lunfardo, é um "favor que se faz generosamente e sem esperar recompensa alguma". Frase: "*gracias, me hiciste una gauchada*" ("obrigado, você me fez uma gauchada").

Jorobate!: Literalmente, "fique corcunda!". "*Joroba*" é corcunda. Equivalente a "dane-se!".

Lo atamos con alambre: "O amarramos com arame". Expressão que designa uma "gambiarra". É muito usada para designar situações que, em vez de ser bem resolvidas – e com rigor –, acabam sendo improvisadas. Isso se aplica desde um conserto de um carro, até um plano econômico "atado com *alambre*". Além disso, a visão cética de muitos argentinos, que dizem que este é um país "atado com *alambre*", isto é, perigosamente improvisado.

Ni fu ni fa: Mais ou menos. Nem chove nem molha. Não cheira nem fede.

Que julepe!: "Que medo!" *Julepe* viria do árabe *chuleb*. Este, por seu lado, viria do persa *gul-ab* (rosa-água), que possui o sentido de "xarope". Um xarope com um toque adocicado, para dissimular o sabor. E como muitas pessoas especialmente têm (ou tinham, antigamente) medo de xarope, daí o *julepe*. A palavra integra o *lunfardo* portenho há pelo menos um século.

Se hizo pomada: "Ficou feito pomada". Isto é, "estatelou-se". Exemplo: "O deputado Mutatis de Anchorena foi esmagado por um caminhão quando saía de sua *garçonnière* na rua Juncal. O caminhão *lo hizo pomada!*". Também pode ser usado no sentido de "fazer alguém pomada". Outro exemplo: "No debate na TV, o deputado Mamerto Zoilo de Azcuénaga y Azcárate '*hizo pomada*' o senador Mutandis de Anchorena, irmão do deputado Mutatis". Mais um exemplo: "o plano econômico do governo '*hizo pomada a los pobres*'".

PORTUNHOL, GUIA PRÁTICO DO PECULIAR IDIOMA DO MERCOSUL

"Eu vou falar no idioma do Mercosul, que é o portunhol!".

A mais do que batida frase continua presente na boca de políticos brasileiros e argentinos quando estão perante um auditório composto por uma maioria de pessoas da outra nacionalidade e indicam que pronunciarão um discurso nesse "pidgin" misto de vocábu-los procedentes do português e do espanhol. Os anos passam e a velha frase sempre volta à baila. É indefectível.

O ex-presidente Luiz Inácio Lula da Silva ocasionalmente recorria ao portunhol (de forma bastante moderada). Mas em Assunção, Paraguai, em 2009, soltou espontaneamente uma frase antológica. Ele estava entrando para o jantar de presidentes do Mercosul no Yatch Club quando percebeu que um grupo de jornalistas estava esperando que ele fizesse alguma declaração.

– *Presideeeente! Presidente!!! Pre-si-deee-eenteeee!!!*

O presidente Lula acenou, sem parar de caminhar, e disse:

– *Amanhãna eu hablo. Si queden tranquilis!*

A frase é uma pérola portunholesca. O *"mañana"* juntou-se ao *"amanhã"* e virou o híbrido *"amanhãna"* (com a terceira "a" anasalado, com til). O *"eu"* permaneceu em português puro. O *"hablo" (falo)* ficou em espanhol.

E o *"si queden"*, uma inversão fonética do espanhol *"quédense"*, isto é, "fiquem". Mas, o *"tranquilis"* (para indicar "tranquilos") foi, como dizem os argentinos, *la frutilla del postre* (o morango da sobremesa, isto é, o pináculo), pois era um exemplo da influência de Antônio Carlos Bernardes Gomes, o defunto Mussum (1941-1994), um dos quatro cômicos que integravam "Os Trapalhões", que finalizava boa parte das palavras que pronunciava com "is". "forevis", "cacildis", "biritis", por exemplo.

Geralmente, em portunhol básico, a forma de transformar palavras do português para o espanhol é a de colocar uma "ue" onde existe a letra "o" em português. Outra forma muito usada é colocar uma "ón" no final das palavras, como se tudo em espanhol fosse aumentativo.

Outra forma, ao passar do português para o espanhol, é a de colocar a letra "i" ao lado da letra "e" ou "o". Uma espécie de "ditongomania" desatada. Esse foi o caso extremo de *"El nuestro piensamientio"*. Esta eu ouvi em 1996, quando fui cobrir um evento econômico no Hotel Alvear (e foi proferida por um parente do então presidente Fernando Henrique Cardoso).

A palavra "pensamento" em português (que em espanhol é *"pensamiento"*, isto é, o acréscimo da letra "I" na penúltima sílaba) foi crivada pelo visitante com vários "is" para ficar mais "espanhola". Logo, virou *"pIensIamIentIo"*.

Os argentinos também cometem – e em grande escala – portunholismos. Um deles é colocar "ao" no final de palavras pretensamente em português.

ERROS MAIS COSTUMEIROS DOS ARGENTINOS AO FALAR PORTUGUÊS

Escola do samba: Em vez de Escola **de** samba.

O mais grande do mundo: Na Argentina existe o mito de que os brasileiros referem-se ao próprio país, à cultura, ao futebol e aos produtos brasileiros como "o mais grande do mundo".

Verde-amarelha: Verde, ok. Amarela – neste viés portunholesco – vira "amarel*h*a",

causado por uma tendência a pensar que todo "l" vai acompanhado de um "h". Talvez porque em espanhol "amarelo" é *"amarillo"*. E, como o "ll" é equivalente ao "lh". Vários jornais argentinos publicam a expressão dessa forma, com frequência.

Florianápolis: Para mim, sempre foi incompreensível que a capital catarinense, em vez de Florianópolis, seja chamada de *FlorianÁpolis* por grande parte dos argentinos. E o desconhecimento da forma correta não é falta de turismo argentino para a capital catarinense.

Carioca: Usado como equivalente a "brasileiro". Como se todo o Brasil fosse o Rio de Janeiro.

Encosta: Para referir-se à "pesquisa", que em espanhol é *"encuesta"*, a pessoa, uma pesquisadora, disse "encosta". Neste caso, a ideia é a contrária à existente no Brasil. Isto é, para falar "português" é preciso eliminar os "ue" das palavras em espanhol e substituí-las por "o".

ALGUNS DOS DIVERSOS ERROS COMETIDOS PELOS BRASILEIROS AO FALAR ESPANHOL

Lo hombre, lo edificio, lo presidente: Em vez de *el hombre, el edificio, el presidente*. Poderia ser pior, como ouvi tempos atrás, quando um casal de turistas brasileiros me viu passeando com uma de minhas duas cachorras. Um deles me perguntou, sem saber que eu era brasileiro: *"Qué bonito lo cachuerro! Que razia es?"*. A mulher "corrigiu" o marido: *"Ô Lucas, não é 'cachuerro', é 'pierro'!"*. Eu optei por agradecer, em espanhol, os elogios à minha *cachuerra*. Ou *pierra*. Nesse caso, uma *pierrita*, já que é uma Yorkshire.

Em espanhol, "cachorro" é *perro*. Mas também existe a palavra "cachorro" em espanhol. No entanto, neste caso não é uma referência ao melhor amigo do homem, mas sim equivale a "filhote". Desta forma, *"un cachorro de perro"* é um filhote de cachorro.

Muy amigo: No Brasil, essa expressão, dita em espanhol – e de preferência assim *"Muuuy amiigo! Muuuyyy amiigo!"* (esticando o "u" e fazendo uma voz meio rouca) – indica que alguém não é amigo coisa alguma, e sim um "amigo da onça", ou alguém que vai nos trair ou sacanear. Mas, *"muy amigo"*, em espanhol, é literalmente "muito amigo", isto é, um bom amigo. Volta e meia um brasileiro desembarca em Buenos Aires e – para referir-se a alguém que pretendia prejudicar outra pessoa – cita o clássico "muy amigo", causando confusão.

A expressão é um dos bordões mais famosos cunhados por Jô Soares. O *"muuuuy amiigo!"* era pronunciado por **Gardelón**, o personagem que era um argentino que morava no Brasil e que se vestia como o clichê do cantor de tango (terno jaquetão risca de giz, lenço no bolso, bigode fininho e brilhantina no cabelo). Gardelón era chamado por seus conhecidos brasileiros para fazer um serviço. Esse serviço era apresentado inicialmente como algo fácil, em troca do qual receberia um bom pagamento. Mas sempre se tratava de uma tarefa na qual Gardelón corria risco de vida, de ser preso ou espancado. Em troca de uns 10 reais, por exemplo (o equivalente em cruzeiros na época). Gardelón, após ouvir as explicações, respondia, cético: *"muuuuuuuuy amigo, muuuuuy amigo!"*.

Mendonça: A cidade ao sopé da cordilheira dos Andes, capital da homônima província vinícola, é Mendoza. Mas há uma tendência de muitos turistas brasileiros – inclusive aqueles que estão em Mendoza, debaixo de um imenso cartaz com as palavras *Bienvenido a Mendoza* – pronunciarem "Mendonça", tal como o sobrenome português.

Portenho/bonaerense: Se muitos argentinos usam "carioca" para referir-se a "brasileiro", muitos brasileiros abusam com frequência do "portenho" (pessoa ou alguma coisa da cidade de Buenos Aires) como equivalente a "argentino". Eventualmente, o erro pode ocorrer com a palavra "*bonaerense*", que se refere à pessoa ou algo da província de Buenos Aires, já que a pessoa pode dizer, por engano, "buenairense".

Respecho: Não é "respeito". Nesse caso, a lógica indica que se "peito" é "pecho" em espanhol, logo, "respeito" deveria ser "respecho", algo que se parece às mamas de uma rês. "Tengo mucho *respecho* por la cultura".

Buelsa: Portunhol do português para o espanhol para referir-se a "bolsa". Mas acontece que "bolsa" é simplesmente... *bolso*.

Sacuela: "Precisa uma sacuela?". Esta ouvi no aeroporto de Ezeiza. Não existe.

Puelvo: "*Hay mucho puelvo aqui*". Ouvi a frase de uma brasileira, que, apesar de radicada em Buenos Aires há muitos anos, fez uma arrevesada ida e volta entre os idiomas. Ela queria referir-se a "*polvo*" (espanhol), que é "pó" (português). Mas pegou a palavra em espanhol e imprimiu-lhe anabolizada hispânica ao acrescentar o clássico "ue". E aí surgiu "*puelvo*". Mas a falha não é privativa desta amiga minha. No site do brasileiro IBGE, de dezembro de 2005, pode ser vista a seguinte tradução de um relatório do português para o espanhol: "*Pocos productos tuvieron influencia por la alza, destacándose el refresco (8,13%),* leche en puelvo *(12,39%), cerveza (4,32%), café molído (9,05%) y pan francés (4,43%)*".

Elecho: Em uma coletiva de imprensa em 2008 ouvi que: "*El presidente Lula fue elecho*"... O "*elecho*" vinha de eleito. Mas a palavra em espanhol é "*elegido*". O entrevistado considerou que o som de "tch" ficaria mais *espanhol*, e portanto, os argentinos presentes ouviram "*el presidente Lula fue elecho*". Mas "*helecho*" (com "h" na frente) significa "samambaia". Logo, todos entenderam que Lula havia se transformado nessa planta da divisão das *Pteridophyta*.

PRONÚNCIA E ENTONAÇÃO

- **Aos brasileiros que queiram falar espanhol "argentino", a seguinte recomendação:**

Não se fala como se estivesse rouco ou fosse o Gardelón. Fala-se normalmente. As pessoas percebem quando alguém tenta ser "portenho profissional". Ou "mais portenho que os portenhos". Não fica bem.

- **Aos argentinos que desejem falar português "brasileiro", esta recomendação:**

Os brasileiros não falam requebrando o quadril como se estivessem dançando samba todo o dia. Frequentemente ouço tal argumento (e que é dito do fundo da alma, com admiração pelo Brasil): "*Ah... brasileño! Que linda forma de hablar ustedes tienen... es tan musical!*".

Outro detalhe: nem todos os 185 milhões de brasileiros falam "carioquês".

E um derradeiro conselho: "Tudo bem!" pronuncia-se "tudo bem!". E não "tchúdo báim!"

JORNAIS, CANAIS DE TV

O jornal de maior tiragem da Argentina (e o de maior tiragem da América hispano-falante) é *Clarín*. Mas ocasionalmente na mídia brasileira aparece na forma de El *Clarín*.

Na contramão, o jornal *O Globo* é frequentemente grafado na mídia argentina como *O'Globo*. Com apóstrofo, como se fosse irlandês. E a Rede Globo vira **Red O'Globo**. Para encerrar, um poema – em portunhol *light* – do poeta gaúcho Mário Quintana.

Edificante poema escrito em portuñol
Don Ramón se tomo um pifón:
bebia demasiado, don Ramón!
Y al volver cambaleante a su casa,
avistó em el camino:
um árbol
y um toro...
Pero como veia duplo, don Ramón
vio um árbol que era
y um árbol que no era,
um toro que era
y um toro que no era.
Y don Ramón se subió al árbol que no era:
Y lo atropelo el toro que era.
Triste fim de don Ramón!

BOLUDO, O IMPROPÉRIO MULTIUSO

Boludo é o impropério argentino *par excellence*, que indica o "idiota", "imbecil", "tonto", "panaca". A expressão-insulto – a preferida no país – designa aquele que possui "bolas" (testículos) grandes. Em diversas culturas, expressões similares eram utilizadas para referir-se a algum panaca sideral. É o caso dos italianos, que utilizam há séculos a expressão "*coglione*". Nesses casos, servia para indicar que alguém tinha os testículos tão grandes que não podia mover-se de forma normal.

Uma corrente, atualmente desprestigiada no mundo acadêmico, indicava décadas atrás que a etimologia de *boludo* provinha das *boleadoras*, a tradicional arma dos índios dos pampas (e posteriormente dos *gauchos*), feita por uma corda em cujas pontas eram colocadas duas bolas (quando eram arremessadas, as *boleadoras* pegavam um animal pelas patas – ou o pescoço – derrubando-o).

Isto é, era *boludo* quem era pego – ou ficava tonto – pela ação das boleadoras.

De todas forma, *boludo* sempre indicou o "imbecil".

Por esse motivo, *boludazo* não indica uma condição escrotal de dimensões superlativas, mas sim aquele que supera a condição *standard* de *boludo*. Um "boludão", se pudéssemos ter essa liberdade poética.

A expressão expandiu-se mais além das fronteiras da cidade de Buenos Aires e espalhou-se para o resto da Argentina, além de ter atravessado há décadas o rio da Prata, para instalar-se também no Uruguai. *Boludo*, por esse motivo, é atualmente um insulto do rio da Prata, que transcende fronteiras.

No entanto, deve ser usado com parcimônia por parte de estrangeiros, até que a pessoa consiga um completo domínio do termo, para poder utilizá-lo em sua plenitude, sem que pareça forçado ou artificial.

"Não existe ninguém mais *boludo* do que esses estrangeiros que, para imitar os argentinos, ficam dizendo 'che' e 'boludo'", indica *Puto el que Lee: diccionario argentino de insultos, injurias e impropérios*, pequena mas excelsa obra sobre os insultos aplicados costumeiramente no país.

Boludo é um insulto, se utilizado com o devido tom e intensidade vocal.

Mas, desde os anos 1980, também pode ser usado como saudação entre pessoas conhecidas. Exemplo, "*que tal, boludo?*" (e aí, boludo?). Ou ainda: "*Boludo/a*, aonde é que a gente vai jantar hoje?". Transformou-se, para certos casos, em um equivalente ao "cara" no Brasil. "E aí, cara?" ("*Y, que tal, boludo?*")

Nos últimos anos, a pressa e a velocidade da sociedade moderna abreviaram a palavra, que é pronunciada com bastante frequência em dois terços do original: *bolú*.

Ficou totalmente fora de uso uma expressão que tentou criar um mix, nos anos 1970, de dois insultos – *boludo* e *estúpido* – o "*bolúpido*". O termo extinguiu-se, talvez devido à junção de dois conceitos, característica pouco frequente no mundo dos epítetos, que tendem a ser unicistas.

Além de pronunciar a palavra *boludo*, os argentinos também recorrem à gestualidade para indicar que alguém merece o epíteto. Para esta ação, a pessoa requer exibir a mão entreaberta, emulando o formato de uma tulipa (dedos separados, pontas para cima), embora, na realidade, seria como se estivesse contendo grandes testículos.

O gesto deve ser realizado com a mão na altura do peito. O movimento deve ser lento. No sentido vertical, começando de baixo para cima. Repetir movimento para baixo. Percurso médio de 5 a 10 centímetros. Caso queira indicar que o *boludo* em questão é um considerável *boludo*, o gesto deve implicar um aumento da distância do percurso vertical da mão. Quanto maior o percurso, mais o gesto adquire intensificação semântica.

Denominações jocosas

Denominações jocosas que complementam a frase que se inicia por "*Es un boludo…*" ("É um *boludo*..."):

Es un...

- **Boludo atómico:** Um *boludo* de potência nuclear.
- **Boludo de campeonato:** Um *boludo* digno de participar de um campeonato de boludos.
- **Boludo a rayas:** Um *boludo* listrado. Isso indica que *boludos* há de todos os tipos e estampas.
- **Boludo a quadros:** Um *boludo* xadrez. Idêntica utilização ao *boludo* de rayas.
- **Boludo alegre:** O *boludo* que, com plena consciência de sua condição de *boludo*, vive feliz. Geralmente, este *boludo* ri de si próprio.
- **Boludo al pedo:** O *boludo* que vive à flatulência (*al pedo* indica, na gíria portenha, algo ou alguém que está à toa).
- **Boludo al trote:** Um *boludo* que caminha acelerado. No sentido de um significativo *boludo*.

Mais aplicações

- **Boludez:** "idiotice".
- **Boludear:** como verbo. "*Estuvo boludeando todo el día*" ("Esteve boludeando todo o dia"), no sentido de não fazer coisa alguma, perdendo tempo.

- **Hacerse el boludo:** se fazer de *boludo*. Isto é, fazer-se de tonto.
- **Me estás boludeando?:** Neste sentido, significa "está tentando me sacanear?".

Monopólio

O *boludo* monopolizou as frases de insulto nas últimas duas décadas, provocando uma perda da riqueza de vocabulário existente no passado recente.

Dessa forma, ficaram em relativo desuso expressões como:
- *Ganso*
- *Salame*
- *Gil*
- *Papafrita*
- *Zanahoria*
- *Zapallo*
- *Otario*
- *Nabo*
- *Mamerto*
- *Opa* (usada com mais frequência no interior)

Pelotudo, o primo do *boludo*

O *boludo* possui, como vemos, uma miríade de aplicações. Pode oscilar do insulto ao cumprimento amável. Já o epíteto *pelotudo*, sinônimo de *boludo*, possui sentido sempre negativo. Nas últimas duas décadas, o uso cada vez mais amplo do *boludo*, e certa perda de potência de seu significado – por causa de sua ressemantização –, valorizou o *pelotudo*.

O *pelotudo* é um equivalente ao *boludo*, pois também se refere a tonto e estúpido. Além disso, também se origina nas referências aos testículos de grandes dimensões.

Usa-se em espanhol portenho, como insulto afirmativo: "*Sos un pelotudo*" ("Você é um *pelotudo*"). Mas também pode ser usado, com muita frequência, como interrogativo: "*No ves que sos un pelotudo?*" ("Você não vê que é um *pelotudo?*").

Os portenhos também costumam usar o termo "*pelotudo*" para dar ênfase a uma expressão longa. Exemplo: "*Mirá, pelotudo, porque no llamás tu hermana para que me c... la v... y la ponga en la z... de la r...?*" ("Olha, *pelotudo*, por que você não chama tua irmã e etc., etc. e etc.?"). Por extensão, *pelotudez* é o ato próprio de um *pelotudo*. Assunto ou coisa que carece de importância. "*No te preocupes. Es una pelotudez*" ("Não se preocupe. É uma pelotudice").

"EL FULBO" – A PAIXÃO DAS MULTIDÕES

FUTEBOL, TIMES E TORCIDAS

Inventado na Inglaterra, o *"fútbol"* (ou, popularmente, *"el fulbo"*) é a principal paixão esportiva dos argentinos. Documentos históricos existentes indicam que o primeiro jogo desse esporte foi disputado no país no dia 20 de junho de 1867, época em que a Argentina ainda convivia com guerras civis e com a Guerra do Paraguai e a Patagônia estava sob domínio indígena. Paradoxalmente, o futebol argentino nasceu graças ao aristocrático e complexo críquete, já que os participantes deste *match* inaugural eram sócios do Buenos Aires Cricket Club, no bairro de Palermo.

Suor abundou na estreia, disputada principalmente por anglo-argentinos: em vez de onze jogadores para cada time, os organizadores somente puderam reunir oito homens para cada lado.

Embora o surgimento do futebol na Argentina – e suas primeiras cinco décadas de desenvolvimento – seja devido aos britânicos, o futebol local foi rapidamente impregnado de imigrantes (e os filhos destes) italianos e espanhóis.

Ao ver a lista de integrantes da seleção argentina de futebol – ao longo do último século – dá a sensação de estar lendo a escalação da *Scuadra Azzurra*. Dos dez maiores goleadores da história argentina, sete possuem sobrenome italiano: Batistuta, Maradona, Passarella, Masantonio, Sanfilippo, Messi e Pontoni.

Diversos colunistas esportivos argentinos definem o estilo de jogo nativo como "inquieto, individualista, pouco disciplinado, baseado no esforço pessoal, na agilidade e na habilidade".

Outra interpretação das últimas décadas indica que os jogadores argentinos são como músicos que jogam o futebol como os virtuoses que tocam o violino e o piano. Dessa forma, um time argentino seria como uma orquestra formada por grandes individualidades.

Apesar do peso do futebol do país, a seleção argentina venceu apenas duas Copas do Mundo (Argentina 1978 e México 1986) e foi vice-campeã em outras duas (Uruguai 1930 e Itália 1990). Nos Jogos Olímpicos, o país obteve duas medalhas de ouro (2004 e 2008), além de duas de prata (1928 e 1996).

Segundo a Fifa, ao longo de um século, até 2011, a seleção da Argentina havia confrontado-se com a brasileira em 92 ocasiões de forma geral, em todos os âmbitos futebolísticos.

"Locos por el futbol" era um bar destinado aos... loucos pelo futebol, que apesar das poucas copas conquistadas é o principal *frisson* esportivo dos argentinos.

No entanto, essa contagem é ultrapassada – e com ampla margem – pelos confrontos futebolísticos com o Uruguai, que até 2011 chegavam à contabilidade de 178 embates. Esse é o acumulado desde 1901, ano do primeiro confronto oficial entre os dois países (foi o primeiro jogo internacional oficial fora da Grã-Bretanha).

Por incrível que pareça, praticamente não ocorreram jogos da Argentina contra o Brasil dentro de Copas do Mundo: o primeiro jogo ocorreu na Copa de 1974 da Alemanha. Depois, houve encontros somente nas Copas de 1978, 1982 e 1990.

Em 2006, o governo do presidente Néstor Kirchner (2003-2007) – um fanático torcedor do Racing, um dos times de futebol mais antigos do país – encarregou-se de liquidar um dos mais persistentes mitos da história esportiva da Argentina: a ideia de que "o Boca é a metade mais um dos argentinos". Segundo uma pesquisa elaborada pelo Sistema Nacional de Consumos Culturais, subordinado à Secretaria de Meios de Comunicação, o emblemático time do bairro portuário concentra a torcida de 41,5% dos argentinos.

Ainda que o time esteja 10 pontos percentuais abaixo do estipulado pelo mito, o Boca não tem por que se preocupar com a concorrência, já que o segundo colocado – seu eterno rival, o River Plate – possui "apenas" 31,8% dos torcedores argentinos.

Assim, somados, ostentam o fanatismo de 73,3% dos torcedores do país e deixam pouco espaço para os times restantes. O terceiro colocado no *ranking* da pesquisa elaborada pelo governo é o Independiente, com 4,8%. O quarto é o San Lorenzo, com 3,3%. O quinto era o time do coração de Kirchner, o Racing, com 3,2%. Embora antigo, o Racing teve várias décadas de decadência, fato que causou uma drenagem drástica de seus torcedores. Nos últimos 45 anos, o time conseguiu somente um único título nacional. Por esse motivo, o bastião do Racing concentra-se nos torcedores com mais de 50 anos.

Conhecido como o "a metade mais um", o Boca Juniors – apesar das estatísticas – ufana-se de representar mais da metade da sociedade argentina. Nascido no bairro de La Boca, um setor da capital argentina originalmente povoado por imigrantes italianos, o time completou um século em 2005. É o clube que mais mística acumula, não só pela suposta composição operária de seus torcedores, mas também pelas características peculiares de seu "templo": o estádio de La Bombonera ("A caixa de bombons") e do intenso fanatismo de seus admiradores.

Para os argentinos é difícil comparar o Boca a um time brasileiro. Ele possui origens italianas, como o Palmeiras; tem uma das maiores e mais agressivas torcidas da cidade, tal como o Corinthians em São Paulo; e, de quebra, seus vínculos com o porto de Buenos Aires são indeléveis, como ocorre com o Santos. Mas a rivalidade que possui com o River só é comparável ao clássico Fla-Flu.

Boquenses e não boquenses sustentam que La Bombonera "vibra" junto com seus torcedores, especialmente quando a torcida grita os cânticos de apoio ao time, famosos pela antologia ímpar de palavras de baixo calão. Por sua mística, La Bombonera é considerada "a catedral" do futebol, embora existam estádios maiores no país.

Seus torcedores definem-se como "boquenses", "xeneizes" (pelas origens genovesas do bairro) ou "bosteros", a denominação depreciativa lançada décadas atrás pelos rivais do River Plate, indicando que os torcedores do Boca eram meros carregadores de bosta de cavalo.

Isso ocorria nos tempos em que a torcida do Boca era majoritariamente operária, enquanto os fanáticos do River eram da alta sociedade (por isso eram chamados ironicamente de "milionários" pelos boquenses). Há várias décadas que a composição social mudou drasticamente. Hoje, há torcedores de todas as classes sociais nas fileiras do

Boca e do River. A crise argentina – que criou uma classe média "arruinada" – alterou mais ainda esse cenário.

Martín Caparrós, um dos mais refinados ensaístas da Argentina, fanático pelo Boca, preparou para o centenário do time a obra *Boquita*, o primeiro grande ensaio histórico-sociológico-filosófico sobre o clube. Torcedor do Boca desde a mais tenra infância, Caparrós diz que os estrangeiros que moram na Argentina costumam preferir o Boca ou o Racing por serem considerados times que têm mais garra, esforçados, em contraposição ao River e ao Independiente, que possuem estilo mais calmo e burguês. Para Caparrós, o torcedor do Boca é extremamente passional e quer ver resultados, e não "balé".

"O sociólogo Artemio López afirma que existem duas posições. Uma é ser torcedor do Boca. A outra consiste nas diversas formas como o restante dos argentinos encontra um jeito de suportar o fato de que não é torcedor do Boca...", diz o ensaísta.

Os frequentes embates entre o River e o Boca foram rotulados de "*el superclásico*" (o superclássico) da Argentina. De 1931 até 2011, os dois clubes confrontaram-se em 188 ocasiões. Dessas, o River venceu 62, com 246 gols. O Boca foi vencedor em 69 jogos, com 259 gols. Houve empate em 57 encontros.

O embate é o evento que mais concentra a atenção do jornalismo esportivo local e da torcida. E, como em grande parte dos mitos, os nascimentos dos times do River Plate e do Boca Juniors estão imersos em lendas. Uma das versões que circula há décadas é que o River surgiu como uma paradoxal cisão do Boca que posteriormente transformou-se em seu mais acirrado rival. Mas, na realidade, o River foi criado em 1901, enquanto que o Boca é de 1905.

Ambos compartilham uma origem geográfica comum, o bairro da Boca, à beira do fétido Riachuelo, rio que separa a capital da zona sul da Grande Buenos Aires.

O River foi o resultado de dois times do bairro do Boca, o Santa Rosa e La Rosales. Quando a fusão ocorreu, em 1901, os integrantes até pensaram em colocar o nome de "Juventude Boquense" no time. Mas optaram finalmente pelos dizeres de um caixote proveniente da Inglaterra endereçado ao River Plate, nome em inglês do rio da Prata.

Poucos anos depois, o River deixou o bairro, foi para o município de Avellaneda, voltou para a capital e instalou-se no bairro de Caballito, voltando depois para o bairro de La Boca. Em 1923, começou sua migração para a zona norte e instalou-se no bairro de Palermo. Só em 1938, instalou-se no bairro de Belgrano, onde está até hoje, quase na fronteira do bairro de Núñez, que – por falta de rigor geográfico – dá nome ao estádio Monumental de Núñez (mas que, oficialmente, chama-se Estádio Monumental Antonio Vespucio Liberti).

O PRIMEIRO BRASIL-ARGENTINA

O presidente Julio Argentino Roca foi um dos símbolos do patriotismo argentino. Embora controvertido, Roca orgulhava-se de até ostentar o segundo nome de "Argentino". Mas, em 1912, já ex-presidente, Roca preferiu renunciar circunstancialmente ao nacionalismo para evitar problemas com o Brasil. Naquele ano, os dois países estavam mergulhados em tensões comerciais e militares. Roca, que havia protagonizado a primeira visita de um presidente argentino ao Brasil em 1899, era considerado um "brasilianista". Por esse motivo, foi enviado em missão especial pelo presidente Roque Sáenz Peña para desativar os conflitos.

A visita de Roca coincidiu com o nonagésimo aniversário da proclamação da Independência do Brasil. Enquanto participava das festas do 7 de Setembro no Rio de Janeiro, uma seleção da Associação Argentina de Futebol jogava com um combinado de São Paulo. O jogo terminou com um placar a favor dos visitantes de 6 a 3. Ambos os lados festejaram o resultado esportivamente.

Haveria uma revanche no dia 10, no Rio, quando os argentinos enfrentariam um combinado carioca. Mais uma vez, os visitantes venceram, com placar de 4 a 0. Enquanto isso, Roca negociava com o governo do presidente Hermes da Fonseca.

No dia 15, foi a vez de uma seleção brasileira. Segundo o historiador Daniel Balmaceda, o jogo começou às 15h35, perante 7 mil torcedores.

Na época, o futebol não movimentava grandes volumes de dinheiro (era amador) nem estava intrinsecamente amarrado aos sentimentos nacionalistas. Nas arquibancadas, os torcedores agitavam bandeirinhas do Brasil e da Argentina. A multidão cantou o hino brasileiro. Na sequência, os argentinos, como cavalheiros, posicionaram-se na frente do palco oficial e deram três hurras ao Brasil.

O jogo começou, enquanto a torcida brasileira aplaudia os passes de ambos os lados. A Argentina fez o primeiro gol. Os jogadores argentinos foram parabenizados e abraçados pelos jogadores brasileiros. Mas, três minutos depois, os argentinos fizeram o segundo gol. Houve aplausos, mas em menor volume. Antes de o primeiro tempo terminar, os argentinos fizeram o terceiro gol. As bandeirinhas argentinas começaram a sumir.

Roca, que assistia ao jogo, foi ao vestiário. Primeiro, parabenizou os jogadores. Depois, fez um apelo dramático: "rapazes, o Brasil está festejando sua data nacional. Hoje vocês têm de perder. Por favor, façam isso pela pátria argentina! Percam pela pátria!".

Os argentinos voltaram ao campo. E fizeram mais dois gols. O jogo terminou em 5 a 0. Segundo as testemunhas, eles obedeceram às ordens de Roca, pois afirmaram posteriormente que haviam dado uma "desacelerada"; caso contrário, a goleada teria sido pior.

No entanto, a revanche seria brasileira. Um ano depois, Roca doou uma copa, a Copa Roca, que seria disputada entre times do Brasil e da Argentina, o que se tornou em uma espécie de precursora da Copa Libertadores. No dia 27 de setembro de 1914, o Brasil foi à Argentina e venceu por 1 a 0. Os torcedores argentinos invadiram o campo e carregaram nos ombros o goleiro (*goal-keeper* na época) brasileiro Marcos Mendonça.

A Copa Roca, jogada em 12 ocasiões entre 1914 e 1976, ficou nas mãos do Brasil, o último campeão.

A VERDADEIRA RIVALIDADE ARGENTINA (QUE NÃO É O BRASIL)

Na manhã do dia 2 de abril de 1982 os argentinos foram informados da reconquista das ilhas Malvinas. Centenas de milhares de pessoas foram ao centro portenho celebrar. Nos dias seguintes surgiu um intenso clima antibritânico em Buenos Aires. Esse ambiente de agressividade na Argentina contra tudo o que fosse britânico consolidou-se com a decisão da primeira-ministra Margareth Thatcher de tentar retomar o arquipélago.

A Argentina, até esse momento, havia sido o ponto da América do Sul com maior influência da cultura inglesa. Não era à toa que o ditado popular no continente definia o cidadão argentino como "um italiano que fala espanhol e pensa que é inglês".

Multidões enfurecidas apedrejaram escolas de inglês e empresas que ostentavam nomes britânicos. A farmácia La Franco-Inglesa, para evitar problemas com multidões fanatizadas, optou por cortar uma de suas 'nacionalidades' e, assim, amputou de seu cartaz a palavra "Inglesa". Dessa forma, essa farmácia, fundada em 1892, situada na tradicional rua Florida, número 301, transformou-se na farmácia La Franco. Outra vítima do patrulhamento de nomenclaturas desatado pela guerra foi o Bar Británico, localizado na esquina das ruas Brasil e Defensa, no bairro de San Telmo, na frente do Parque Lezama. Na primeira semana da Guerra das Malvinas seus vidros foram destroçados com pedradas. Assustados, os donos decidiram mudar o nome do bar. Com pressa – e com medo de um novo ataque – consideraram que a solução mais eficaz e rápida seria a de remover a primeira sílaba do emblemático estabelecimento. Assim, o Bar Británico transformou-se em "Bar Tánico". Anos depois, os donos do bar, levando em conta que a guerra havia passado e os ânimos violentos estavam adormecidos, rebatizaram o estabelecimento como Bar Británico.

No entanto, apesar da obsessão anti-inglesa que tomou conta de vários setores da sociedade argentina no meio do frenesi da Guerra das Malvinas, nem a ditadura militar e sequer os mais acirrados manifestantes propuseram atacar os times de futebol que ostentavam (e ainda ostentam) sonoros nomes ingleses.

A Guerra das Malvinas transformou alguns cenários de Buenos Aires. Ao lado, a Torre dos Ingleses foi alvo da fúria antibritânica argentina em abril de 1982. Abaixo, os donos do Bar Británico, com medo de reações, optaram na época por remover a sílaba "Bri", ficando somente bar "Tánico".

Os torcedores nem mesmo perceberam os nomes do River Plate e Boca Juniors. Ou, se perceberam, talvez consideraram que seria demasiada heresia alterar os nomes dos clubes.

Além das duas principais equipes argentinas, a lista dos times que ostentam nomes ingleses inclui: Racing Club; Newell's Old Boys; All Boys; Banfield; Chaco For Ever; Temperley, entre outros.

Após a derrota na Guerra das Malvinas, a sociedade argentina encontrou no futebol uma forma de vingança contra a Inglaterra. Esse esporte já havia tornado-se um campo de batalha entre a Argentina e a Inglaterra em 1966, quando ambas as seleções confrontaram-se em Londres. Na ocasião, a Argentina perdeu de 1 a 0, fato que causou profunda irritação em Buenos Aires, onde a imprensa atacou o árbitro, acusado de parcialidade. Os cartolas da Associação de Futebol da Argentina (AFA) também se irritavam e remetiam à conquista das Malvinas por parte da Grã-Bretanha em 1833: "os ingleses não se conformam em nos roubar as Malvinas e agora também nos roubam em jogos de futebol!!".

Podemos dizer que, desde o início do século XX até os anos 1960, o principal rival futebolístico da Argentina foi o Uruguai, país com o qual os argentinos possuíam vários pontos culturais e gastronômicos em comum (tango e carne, principalmente). A Argentina perdeu a Copa do Mundo para a seleção uruguaia em 1930. A derrota ocorreu em Montevidéu, a curta distância de Buenos Aires. Os times uruguaios e argentinos, até pela proximidade geográfica, confrontavam-se com mais frequência entre si do que com times de outros países, entre eles o Brasil. Apenas por duas décadas, dos anos 1960 até 1980, o Brasil ocupou posto de rival principal.

Mas, em 1982, a Guerra das Malvinas deslocou o Brasil do imaginário coletivo argentino. Não por questões esportivas, mas por questões geopolíticas.

Dessa forma, enquanto para os brasileiros poderia não existir sabor mais supremo do que infligir uma derrota à seleção argentina (isto é, segundo sustentam alguns locutores esportivos brasileiros), para os argentinos não haveria maior delícia do que derrotar a Inglaterra.

Pesquisas publicadas na imprensa portenha nas copas de 2002 e 2006 indicaram que em caso de o Brasil confrontar-se com a Inglaterra, mais da metade dos argentinos torceriam a favor do Brasil.

Um dos sinais mais evidentes da preferência argentina em derrotar a Inglaterra (trauma para muitos no Brasil, por questões de algo que poderíamos pitorescamente chamar de "ódios não correspondidos") é que os dois gols mais recordados pelos argentinos foram feitos contra a Inglaterra. Estes gols foram realizados na Copa do Mundo de 1986, no México. O autor de ambas as marcas foi o então jogador número 10 da seleção, Diego Armando Maradona.

O primeiro ficou conhecido como "Mano de Dios" ("Mão de Deus"), isto é, a própria mão do jogador, que passou despercebida para o árbitro, que validou o gol. O outro ocorreu após dribles em seis jogadores ingleses (incluindo o goleiro). Essa segunda marca no arco inimigo levou o prêmio de "Gol do Século" ou "O melhor gol da história da Copa Mundial de Futebol", definido em uma pesquisa na internet feita pela Fifa em 2002.

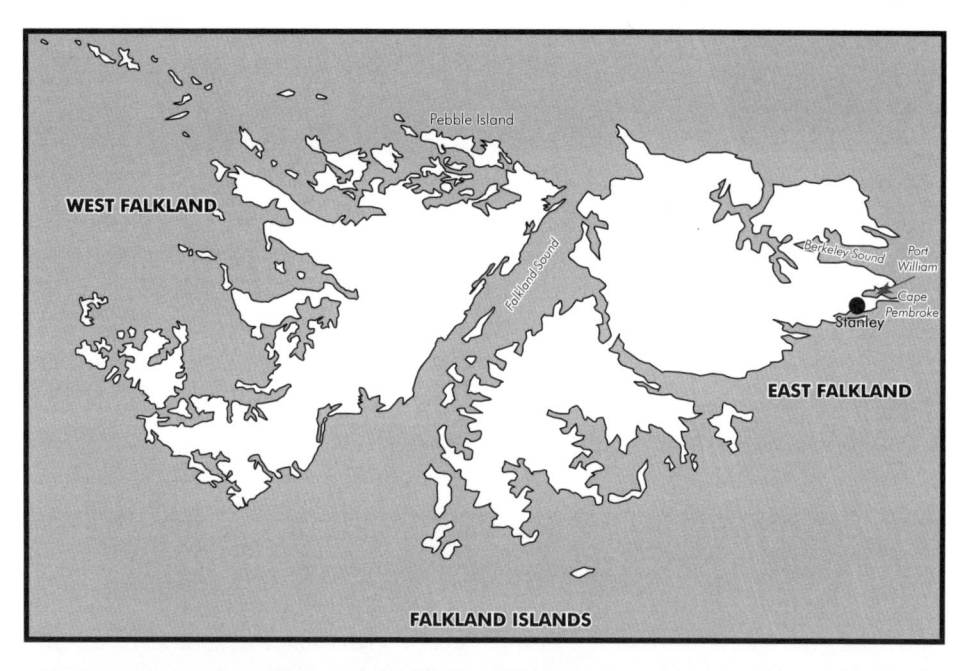

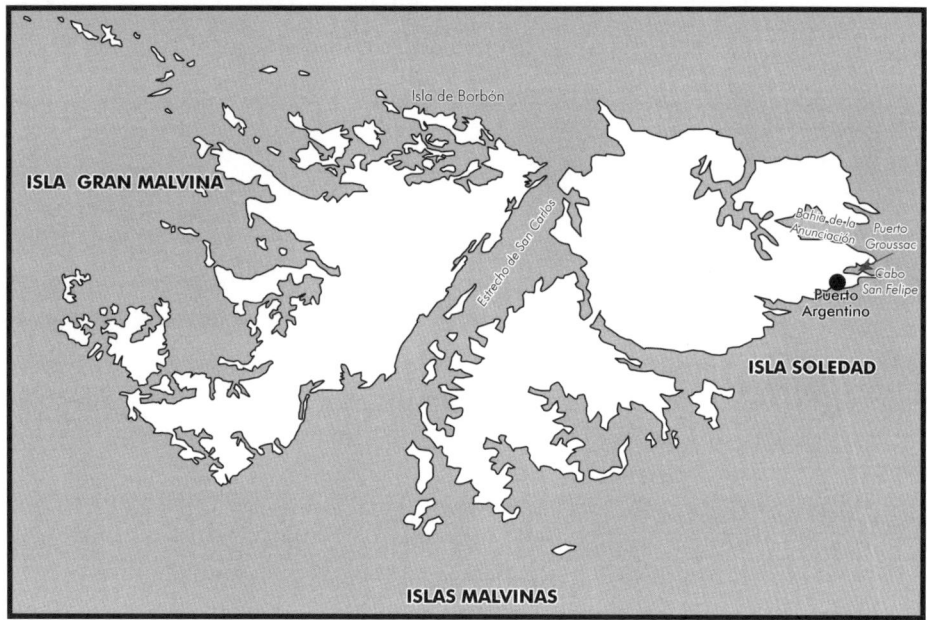

As *Islas Malvinas*, para a Argentina, ou as *Falkland Islands*, para a Inglaterra, são alvo de disputa entre os dois países até hoje. A rivalidade política extrapolou para o futebol. Acima, as diferentes denominações atribuídas a locais das ilhas pelos dois países.

Para aumentar a rivalidade entre os dois países, o denominado "segundo" gol do século foi (ironias do destino futebolístico) um gol infligido pelos ingleses aos argentinos na Copa do Mundo da França de 1998, e foi feito pelo jogador Michael Owen, após significativa exibição de virtuosismo no gramado.

A historiadora Emma Cibotti ressalta em seu livro *Queridos inimigos* a expressão popular "contra os ingleses é melhor". Cibotti também recorda a desafiante frase sempre cantada pela torcida argentina, quando salta nas arquibancadas ou nas praças para estimular a seleção: "quem não pula é um inglês". Mesmo que o jogo não seja contra a Inglaterra...

A COPA DE 1978 – FRENESI E TERROR

O ano de 1978 foi exuberante para a ditadura militar que governava a Argentina havia dois anos. O país, em plena ciranda financeira, com dezenas de milhares de turistas argentinos dizendo *"deme dos"* ("me dê dois") nas lojas no exterior, ufanava-se de contar com uma miss mundo, Silvana Suárez, eleita naquele ano; alardeavam o desempenho brilhante do tenista Guillermo Villas nas quadras – e como *latin lover* (pelo romance com a bela princesa Caroline de Mônaco) –, enquanto o piloto Carlos Reutemann exibia uma *performance* de alto nível nas pistas da Fórmula Um. De quebra, no mesmo ano, o país hospedava a Copa do Mundo de futebol. E, além de ser a anfitriã, arrebatava a taça Jules Rimet.

Diz o jornalista Pablo Llonto – autor do livro *A vergonha de todos,* no qual disseca o comportamento passivo da população perante a Ditadura e a euforia que tomou conta dos argentinos pela Copa enquanto pessoas estavam sendo torturadas:

> A Copa de 1978 é o primeiro símbolo de aprovação em massa da Ditadura. O general Jorge Rafael Videla, ditador na época, foi seis vezes aplaudido pela multidão em estádios repletos. O gasto desvairado na organização da Copa não foi questionado. As denúncias dos exilados e parentes dos desaparecidos foram encaradas como expressões de antipatriotismo.

Com a conquista da Copa do Mundo, o general e ditador Jorge Rafael Videla estava em seu ponto de máximo poder. No dia seguinte à final, uma multidão o ovacionou na Praça de Maio, homenagem praticamente reservada até então aos presidentes civis.

Llonto afirma que a Argentina, cuja candidatura para ser a sede da seguinte Copa havia sido aprovada em 1974, estava com problemas para obter a confirmação da Fifa em 1977. As obras para albergar o evento esportivo estavam atrasadas e existiam questionamentos internacionais pelas violações aos direitos humanos. Ele sustenta:

O jogador Daniel Passarella, capitão da seleção argentina de 1978, acompanhado por outros jogadores, entrega um exemplar do modelo da bola utilizada no campeonato ao ditador Videla durante um encontro na Casa Rosada.

Mas a confirmação foi conseguida graças a um favor mútuo entre Videla e o presidente da Fifa na época, João Havelange, que pediu ao ditador que intercedesse pelo brasileiro Paulo Paranaguá, filho de uma importante família de São Paulo, militante na Argentina de um partido de esquerda, o PRT, que havia sido detido e colocado em um centro de torturas. Videla permitiu que Paranaguá deixasse o país rumo à França. Em troca, conseguiu que Havelange respaldasse a confirmação da Argentina como sede da Copa.

No mesmo instante dos jogos, em diversos centros de detenção e tortura, os atarefados torturadores ouviam os gols com um radinho de pilha enquanto aplicavam choques elétricos nos prisioneiros. A grande maioria dos argentinos não se preocupou com os rumores que corriam naqueles dias sobre *"los desaparecidos"*. Eles queriam *"ganar el Mundial"*. Além das negociatas na reciclagem de estádios e da preparação do evento, a Copa de 1978 foi também a grande chance para o regime tentar "limpar" a imagem no exterior. A Ditadura distribuiu centenas de milhares de adesivos com os dizeres *"los argentinos somos derechos e humanos"* ("nós, argentinos, somos direitos e humanos"), um trocadilho para indicar que os direitos humanos estavam supostamente sendo respeitados no país.

Para milhares de argentinos, a Copa de 1978 foi uma fonte de dilemas morais. Por um lado, eram fanáticos do futebol. Por muitos anos esperavam a conquista argentina em uma Copa, sem sucesso (o ponto culminante, até a época, havia sido o vice-campeonato em 1930, durante a Copa do Uruguai, a primeira da história). Por outro lado, sabiam que uma eventual vitória durante o regime militar – mais ainda se fosse em território nacional, como a Copa de 1978 – teria um efeito de *"panes et circenses"* (pão e circo) que reforçaria o poder da cruel Ditadura que governava o país.

Grupos de esquerda, exilados e setores da população que sofriam com a Ditadura estavam divididos em torcer a favor ou contra a seleção. Nas intensas discussões, uns setores alegavam que a vitória da seleção favoreceria a Ditadura. Outros não pretendiam deixar de lado o "patriotismo esportivo" e argumentavam que política e esportes não estavam misturados, e que, portanto, torcer pela seleção não equivalia a respaldar os militares.

As famílias dos desaparecidos também estavam divididas. Esse era o caso de Hebe de Bonafini, que pouco depois se tornaria líder das Mães da Praça de Maio. Ela confessa, com dor, que enquanto torcia na cozinha para que a Argentina perdesse para a Holanda, seu próprio marido celebrava na sala cada gol. O casal tinha um filho desaparecido, cujo corpo não foi localizado até hoje.

O escritor argentino Jorge Luis Borges (1899-1986) protagonizou uma peculiar rebeldia cultural em 1978. Sem interesse algum pelo futebol, decidiu pronunciar uma conferência em Buenos Aires no mesmo minuto em que a seleção argentina iniciava seu primeiro jogo (contra a seleção da Hungria). A palestra do irreverente Borges foi encarada por diversos setores como um desafio ao "patriotismo" e à própria Ditadura (Nos primeiros meses, Borges – e também seu colega escritor Ernesto Sábato – havia elogiado o regime militar. Mas pouco tempo depois, ao saber dos desaparecimentos de civis, o autor de *O Aleph* começou a criticar a Ditadura. Sábato levou mais tempo para ter uma visão crítica sobre os generais.). Grupos de fanáticos tentaram impedir a realização do evento. O assunto da conferência foi "A imortalidade".

O polêmico jogo Peru-Argentina

"Irmãos latino-americanos!" A voz metálica do general Jorge Rafael Videla ressoou dentro do vestiário da seleção peruana no estádio El Gigante de Arroyito, em Rosário. Era o dia 21 de junho de 1978. Os jogadores estavam vestindo-se para entrar no campo em dez minutos. Alguns estavam de cuecas. "Não sabia se terminava de me vestir, o que poderia ser interpretado como falta de educação, ou se o cumprimentava seminu", relatou um dos jogadores ao colunista esportivo Ricardo Gotta.

Na sequência, explica Gotta, Videla, "que era um especialista em toda demonstração mais ou menos explícita de intimidação", discursou sobre a intensa "solidariedade" entre peruanos e argentinos.

Segundo Gotta, vários jogadores sabiam que os militares argentinos poderiam assassiná-los depois do jogo, caso o Peru vencesse, e que colocariam a culpa do "atentado" em algum grupo guerrilheiro. Diversos jogadores saíram ao campo tremendo.

Para a seleção argentina o jogo era crucial, pois precisava de pelo menos quatro gols para conseguir a classificação para a final da Copa. Para o Peru, que já estava desclassificado, o jogo era uma despedida. Quando o juiz apitou o término do jogo, os argentinos tinham realizado, além dos gols necessários, outros dois adicionais.

O placar 6 a 0 gerou suspeitas mundiais. Graças a esta ampla vitória, a Argentina podia chegar à final e disputar o ansiado troféu com a Holanda.

Gotta sustenta que "a Ditadura precisava chegar à final. E ganhar. Senão, teria sido um fracasso não somente esportivo, mas também político. O regime precisava da imagem de um país vencedor".

Gotta duvida que o goleiro da seleção peruana, Ramón Quiroga (argentino de nascimento, mas naturalizado peruano), fosse o responsável pela derrota. "Ele defendeu muitíssimos ataques argentinos. Por volta de 13 a 15 jogadas que poderiam ter sido gol, mas não foram graças à sua habilidade. Mas a presença dos argentinos perto do arco era constante", diz.

Os peruanos, ao voltar a seu país, foram vaiados pela população. Ao descer do avião em Lima, uma multidão jogou moedas aos jogadores.

Carlos Del Frave, pesquisador esportivo da cidade de Rosário, ressalta um depoimento do jogador peruano Juan Carlos Oblitas, que indicou que "aquele jogo não foi normal, foi esquisito". Oblitas também destacou que a presença de Videla no vestiário "foi terrível... eu estava atrás de uma parede e ali fiquei. Não queria que isso interrompesse minha concentração".

Quiroga, apesar dos gols, manteve boa imagem entre os peruanos, e nos anos posteriores tornou-se técnico de vários times. Em 2006 negou que ele ou seus pais (que residiam em Rosário na época do jogo, a poucos quarteirões do estádio) haviam sido ameaçados pela Ditadura. Os outros jogadores peruanos não exibiram sinais de riqueza nos anos seguintes à Copa. Um deles, Manso, empobrecido, emigrou para a Itália, onde trabalhou como caminhoneiro.

UM IMBRÓGLIO TEOLÓGICO-FUTEBOLÍSTICO: A "MALDIÇÃO DE TILCARA"

Desde o campeonato mundial do México de 1986 um imbróglio teológico-futebolístico volta à tona na Argentina na véspera de cada Copa do Mundo. O pivô desse debate é a Virgem de Copacabana del Abra de Punta del Corral, mais conhecida como a "Virgem de Tilcara", vilarejo encravado na Cordilheira dos Andes, na província de Jujuy, no noroeste da Argentina. Ali – e também em diversas partes do país – torcedores alertam para a "maldição celestial" que paira sobre a seleção.

Este peculiar enredo começou em 1986, quando a seleção argentina preparava-se para ir à Copa do México. Na época, o então técnico Carlos Salvador Bilardo levou 14 jogadores (entre eles, Diego Armando Maradona) para treinar em uma cidade de elevada altitude com o objetivo de adaptar-se às altitudes mexicanas. A escolhida foi Tilcara.

Após dias de treino, Bilardo – acompanhado de diversos jogadores – foi até a pequena igreja local – a Senhora do Rosário, construída em 1865 – para prometer à Virgem que, se a Argentina ganhasse a Copa, voltaria à Tilcara em peregrinação. Ajoelhados na frente do altar, Bilardo e os jogadores juraram que levariam o troféu da Fifa para a Virgem.

Poucos meses depois, no México, parcialmente graças à "mão de Deus", a Argentina venceu a Copa. No entanto, a seleção jamais retornou para pagar a promessa. Desde então, coincidentemente – ou como dizem no mundo hispânico para referir-se às forças "não terrenas", *no creo en las brujas, pero que existen, existen* ("não acredito nas bruxas, mas que elas existem, existem") –, a seleção nunca mais venceu uma Copa do Mundo.

Os tilcarenses sustentam que, enquanto a promessa não for paga, a "maldição" da Virgem permanecerá, impedindo que a Argentina chegue à final de uma Copa e ganhe. Segundo os habitantes, de nada serve a habilidade de Lionel Messi ou a garra de Carlos Tevez. Eles afirmam que a Virgem Maria, ofendida com o desplante da seleção de 1986, não quer que a Argentina vença a Copa.

Para desfazer o mal-entendido com os Céus, a seleção deveria retornar a Tilcara e pagar a promessa. Só assim, reconciliada com a Virgem, poderia aspirar a vencer outra Copa no futuro.

GASTRONOMIA FUTEBOLÍSTICA

Os torcedores na Argentina costumam consumir calóricos lanches durante os jogos de futebol, mesmo nos meses de verão. O leque gastronômico dos estádios (refiro-me ao cardápio dos vendedores nas arquibancadas ou barraquinhas do lado de fora desses centros esportivos) é pequeno. No entanto, compensa sua pouca variedade com a tradição dos quitutes, que integram a ritualística argentina de ir à *"cancha"* (campo) todas as semanas.

Entre os elementos gastronômicos que ali podem ser encontrados está o já citado *choripán*. Este sanduíche feito de pão francês e uma linguiça de grandes dimensões é o clássico dos estádios. O torcedor costuma sublimar a ostensiva presença de estafilococos e outros perigos à longevidade humana contidos nesse quitute de estádio. O *choripán* pode eventualmente estar embebido no molho *chimichurri*.

Nos últimos tempos surgiu uma variedade cada vez mais popular nos estádios: o *morcipán*, que em vez da linguiça utiliza a *morcilla* (*morcela*, uma espécie de linguiça feita com sangue).

Outro caso de sucesso entre os torcedores é o *paty*, denominação de uma marca que se tornou sinônimo de hambúrgueres de baixo custo na Argentina. Nas barraquinhas montadas nas proximidades dos lugares de jogos os comerciantes vendem *patys* feitos de forma doméstica com qualquer tipo de carne. Os consumidores não fazem questão de saber das eventuais origens equinas, felinas ou – com sorte – bovinas do produto. Mas é necessário que tenha sabor proteico suficiente para um povo carnívoro como o argentino.

A *bondiola* (corte conhecido no Brasil como "copa lombo de porco"), com abundante colesterol, protagoniza outro sanduíche dos estádios. O pão usado é geralmente o francês, embora também seja utilizado o *pebete* (o pão bisnaga ou pão de leite).

O repasto dos estádios também é integrado pelos sanduíches de pão francês e bife à milanesa (estes, geralmente frios). Denominados *"sánguches de milanesa"*, são os preferidos para consumir no pós-jogo, a modo de um minialmoço.

Alguns elementos gastronômicos inexistem nos estádios, já que sua ingestão pode ser encarada como "falta de masculinidade" nos torcedores. Dessa forma, não se encontram pipoca, sorvetes ou batatinhas fritas em pacote.

BREVE GLOSSÁRIO DO *LUNFARDO* FUTEBOLÍSTICO ARGENTINO

Aguante: Literalmente, seria o ato de aguentar. Mas, neste caso, refere-se ao respaldo ou apoio que uma torcida propicia a seu time. *"Le hicimos el aguante"* ("Fizemos-lhe o *aguante*"), equivale a "estivemos torcendo ali permanentemente, de forma intensa".

Picado: Jogo de futebol entre amigos com um campo com arcos e marcas reais de um campo de futebol.

Picadito: Uma pelada, pois pode ser jogado em praças, terrenos baldios, ruas, um estacionamento e até no terraço de uma casa. No picadito os gols não possuem grande importância. Costuma ocorrer que ninguém conta a totalidade dos gols e o jogo termina sem saber quem pode ser o vencedor. A frase "estamos mais ou menos igual" (*"vamos iguales"*) é uma frase diplomática para a ocasião.

Potrero: Campo de futebol informal, em um terreno baldio, por exemplo. Várzea. O termo origina-se no campo onde os cavalos, isto é, os potros, pastavam.

Rabona: Não se refere a ter "rabo" ou sorte, nem é alusão aos glúteos de alguma torcedora ou jogador. Simplesmente, é o passe ou toque de trivela.

Taco: Toque de calcanhar. *Taquito* é usado quando o toque foi feito com certo "carinho".

Zurda: A canhota. Um jogador *zurdo* é o canhoto. *"Pateó con la zurda".* (Chutou com o pé esquerdo.) O *urdazo* é o chute com a canhota feito com força.

O SEGUNDO ESPORTE, TÊNIS

Ao longo do último meio século, a Argentina passou por três *booms* do tênis (na década de 1970, nos anos 1990 e na primeira década do século XXI). Mas, da última vez – afirmam os especialistas –, o fenômeno veio para ficar. As escolas de tênis espalharam-se por todo o país, as vendas de raquetes aumentaram em progressão geométrica, as entradas para os jogos esgotam-se rapidamente, enquanto os projetos de novos clubes e a ampliação dos velhos atarefam os arquitetos. O tênis está longe de deslocar o futebol das preferências nacionais. No entanto, tornou-se o segundo esporte mais praticado do país.

Os especialistas profetizam que, da mesma forma que o Brasil é um grande "produtor" de jogadores de futebol para exportar – e para consumo interno –, a Argentina está destinada a ser uma imensa "fábrica" de tenistas. "A Argentina é hoje, pela quantidade e qualidade de jogadores, a primeira potência mundial do tênis". A frase, pronunciada em 2005, não é a folclórica fanfarronice portenha. Ela foi pronunciada pelo tenista espanhol Carlos Moyá, ex-número 1 do mundo.

O primeiro *boom* aconteceu nos anos 1970 com o sucesso internacional de "El Gran Willy" (O Grande Willy), forma como é reverenciado Guillermo Vilas, e também com o relativamente esquecido José Luis Clerc e o surgimento de centenas de escolas de tênis. O segundo *boom* foi nos anos 1990, com a tenista Gabriela Sabatini. O sucesso desses tenistas no exterior estimulou a prática do esporte internamente.

O terceiro *boom* do tênis começou quando o país estava mergulhado na pior crise financeira, social e política de sua história, em 2001-2. Assim, o estouro ocorreu quase que exclusivamente por causa de seus fãs, apoiado pelo Estado e com escasso respaldo das empresas privadas.

E algumas fãs muito especiais começaram a circular. As *sex symbols* da Argentina, durante décadas, tiveram tórridos romances com jogadores de futebol ou boxeadores, os esportes mais populares do país. Exuberantes estrelas do Teatro de Revista (gênero artístico ainda em alta na Argentina), curvilíneas modelos de passarelas e estonteantes atrizes desfilavam dos braços de figuras como os jogadores Claudio Paul Caniggia e Carlos Tevez ou o rei do ringue, Carlos Monzón. As garotas da alta sociedade, no entanto, preferiam namorar jogadores de rúgbi ou polo.

Os tenistas estavam em um universo à parte. Mas, desde a virada do século e a conquista de postos no topo do *ranking* mundial, eles ganharam glamour. Dessa forma, os jovens que brilham sobre o pó de tijolo começaram a aparecer abraçados a modelos e atrizes famosas nas fotos das revistas de fofocas.

As jovens que namoravam jogadores de futebol são chamadas de *botineras* (em referência aos *botins*, isto é, o calçado dos futebolistas). No entanto, as garotas envolvidas com tenistas são denominadas de *raqueteras* (em alusão às raquetes).

O PATO, O "VERDADEIRO" ESPORTE NACIONAL

"Esporte para pessoas a cavalo, audaz e valente." Essa é a definição dada ao pato pela própria Federação Argentina desse esporte equestre que ostenta o nome das aquáticas aves da família das *Anatidae*. O pato é, por um decreto de 1953 do presidente Perón, o "esporte nacional argentino". No entanto, somente um em cada 7.277 argentinos o joga. Isto é, entre o total de 40 milhões de habitantes do país, apenas 5.500 dedicam-se a esse esporte secular. Além da baixa densidade demográfica de jogadores, 90% dos argentinos – que preferem majoritariamente o futebol – nunca viram um jogo de pato.

O pato desfrutou de tempos de glória, já que durante séculos foi o principal esporte ao ar livre da Argentina. Ele nasceu de forma espontânea após a incineração da primeira Buenos Aires, fundada em 1536 e destruída pelos indígenas pouco tempo depois. Na debandada dos conquistadores espanhóis, que partiram de volta para o Velho Continente, ficaram dezenas de cavalos. Estes, além de procriar de forma exponencial nos pampas, transformaram-se em transporte e diversão para os índios da área.

Dessa forma, em meio ao tédio substancial da interminável planície, inventaram o pato. Essa invenção foi propiciada com a ajuda involuntária de uma ave, o pato silvestre, que fazia as vezes da bola. Nos séculos posteriores, também se tornou a atividade preferida dos *gauchos* nos pampas.

O pato consiste em dois grupos de homens montados a cavalos que tentam colocar dentro de uma rede uma bola com alças.

Com relativa frequência, as disputas de pato eram encerradas com brigas de punhal. Por esse motivo, foram excomungados pela Igreja Católica no século XVII. Apesar da proibição, a prática desse esporte continuou, até ser proibida em 1902. O esporte só voltou aos pampas quando foi autorizado em 1938.

Nessa época, o jogo foi regulamentado. A bola deixou de ser o pato (que começava vivo no início da partida e posteriormente ficava moribundo, até morrer) dentro de uma bolsa de couro para transformar-se em uma bola de couro com quatro alças. Depois da regulamentação, em 1941, surgiu a Federação Argentina de Pato. No entanto, o esporte havia perdido espaço para o britânico polo, que tomara conta dos esportes equestres na Argentina.

OS GRANDES MITOS

MARADONA, "EL PIBE DE ORO"

"Dios" ("Deus"). "La Mano de Dios" ("A Mão de Deus"). "El Pibe de Oro" ("O Garoto de Ouro"). "El Diez" ("O Dez"). Todas essas são formas de referir-se a um dos mitos do final do século XX, o ex-astro do futebol, Diego Armando Maradona. No dia 30 de outubro de 1960, nasceu no Hospital Eva Perón no município de Lanús, na zona sudoeste da Grande Buenos Aires, mas cresceu na casa de sua família (sobre a qual diz que "chovia mais ali dentro do que fora"), na esquina das ruas Amazor e Mario Bravo, no bairro de Villa Fiorito, no município de Lomas de Zamora. Ainda hoje a casa está lá; segundo Maradona, "da mesma forma que era antigamente".

Do outro lado do quarteirão existiam vários campinhos, onde deu seus primeiros passos driblando os amigos.

Villa Fiorito é atualmente um bairro de classe média baixa (era um espartano bairro operário nos tempos de infância de Maradona, e, ao contrário do que diz o mito, jamais foi uma favela) – que sofreu muito com a crise de 2001-2 (o bairro melhorou graças ao esforço de seus habitantes. Maradona nunca patrocinou obra alguma ali, sequer doou dinheiro para melhorar as condições de vida de seus ex-vizinhos).

O lançamento ao estrelato-mirim ocorreu quando apresentaram Maradona, um garoto, ao técnico dos Cebollitas, time da divisão infantil do clube Argentinos Juniors. O clube está no bairro de La Paternal, na cidade de Buenos Aires.

Décadas depois, quando Maradona não estava mais naquela equipe, sequer no país, o time o homenageou colocando seu nome no estádio que inaugurou na zona sul do bairro de Flores, na esquina das avenidas Lafuente e Perito Moreno.

Maradona tornou-se rapidamente um menino e jovem prodígio ao longo dos anos 1970. Já transformado em estrela, havia disputado vários jogos com a seleção nacional. Ele tinha expectativas de ser convocado pelo técnico César Luis Menotti para a seleção que seria a anfitriã da Copa do Mundo de 1978 na Argentina, o que não ocorreu. O jogador voltou ao Argentinos Juniors.

Mas, meses depois, foi convocado por Menotti para integrar a seleção juvenil de 1979. Maradona, escolhido o melhor jogador do campeonato mundial juvenil daquele ano no Japão, protagonizou a vitória da Copa.

No dia da conquista do troféu, o ditador e general Jorge Rafael Videla, que estava no poder desde 1976, falou com Maradona logo após o triunfo, em transmissão ao vivo para a TV. O jogador, na conversa, dedicou a vitória "*a usted* (Videla) *y todos los argentinos*" ("ao senhor – Videla – e todos os argentinos"). Ao voltar, Maradona, carregando a taça, foi junto com os outros jogadores à Casa Rosada. Em 1980, reuniu-se com o general Roberto Viola (que um ano mais tarde sucederia Videla no poder). No encontro, Maradona pediu ao militar que lhe quebrasse um galho. Mas o pedido não foi para a liberação de um preso político: "meu general, queremos pedir que em agradecimento, como um prêmio (pela vitória), que nos dê a baixa (do serviço militar)".

Maradona nunca fez um *mea culpa* sobre o respaldo ao regime naqueles anos. Na época em que Menem – a quem elogiava constantemente – decretou os indultos aos militares, Maradona, figura de peso político mundial, nada disse.

Prestigiado, em 1981 debutou no Boca Juniors, time ao qual sua imagem seria vinculada ao longo de sua carreira. Mas, em 1982, seu passe foi vendido ao FC Barcelona. Pouco antes de ser transferido, participou da Copa do Mundo da Espanha.

Nos anos seguintes, Maradona tornou-se uma sensação do futebol europeu enquanto estava no Barcelona. Na cidade, famosa por sua vida noturna, teve uma vida agitada. Ali, segundo seu biógrafo inglês, Jimmy Burns, Maradona teria tido contato em grande escala com as drogas.

O comportamento ocasionalmente violento de Maradona com relação a outros jogadores de times rivais no campo começou a exasperar os líderes do Barça, que decidiram aceitar uma oferta feita pelo Napoli, de Nápoles. O jogador mudou-se para o sul da Itália, onde começou essa nova fase de sua carreira em 1984.

Em 1986, foi convocado para a Copa do Mundo do México. Ali realizou seus dois gols mais famosos: ambos no jogo contra a Inglaterra. Em um dos dois, o jogador conseguiu empurrar suavemente a bola – e quase imperceptivelmente – para dentro do arco do goleiro Peter Shilton. O gol foi admitido pelo juiz, que não viu que havia sido feito com a mão. Maradona, imediatamente, alegou com ironia que havia sido "A Mão de Deus". Transformou-se, então, para os napolitanos praticamente em uma entidade semidivina.

Maradona permaneceria no Napoli por vários anos. Mas, em 1991, as autoridades encontraram cocaína no organismo do jogador após um controle antidoping.

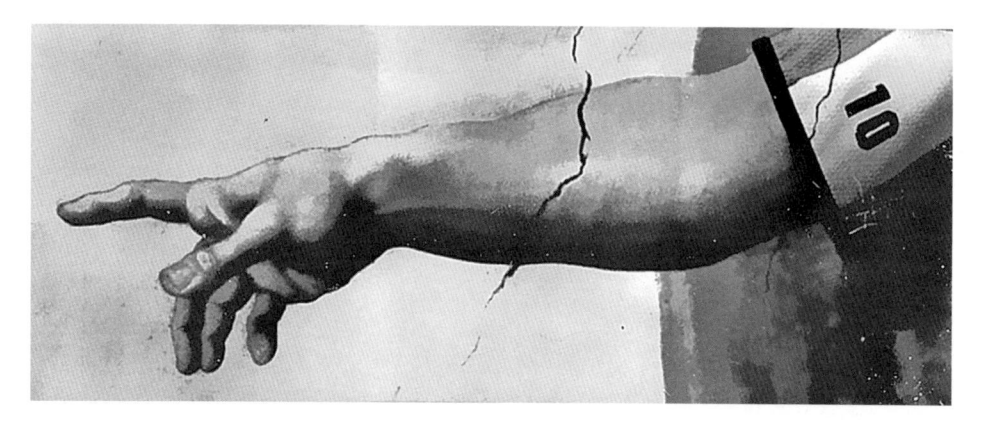

Mural pintado em rua de Helsinqui mostra o braço e a mão de Maradona, com o 10 da camisa da seleção argentina como "a Mão de Deus". Uma versão da *Criação*, de Michelangelo Buonarroti.

Ele voltou a Buenos Aires, onde pouco depois foi detido com droga. Dali voltou à Europa, onde jogou no Sevilha. Em 1993, estava de volta à Argentina, jogando no Newell's Old Boys. Na sequência, foi convocado para a Copa do Mundo dos EUA. Mas, durante os jogos, foi escolhido para fazer um controle antidoping. O resultado marcaria o começo do fim de sua carreira como jogador: ele tinha cinco substâncias proibidas no sangue. Segundo Maradona, as substâncias eram parte de um remédio que havia tomado contra uma gripe.

Maradona voltou à Argentina e debutou como técnico pela primeira vez com um time desconhecido, o Mandiyý, do interior do país. Como técnico foi uma catástrofe. Pouco depois, voltaria a jogar brevemente no Boca Juniors. Em 1997, Maradona aposentava-se do futebol profissional.

Rapidamente engordou e deprimiu-se. No início de 2000, Maradona sofreu uma overdose de cocaína que quase o matou em Punta del Este, Uruguai. Por recomendações médicas, partiu para Cuba para realizar um tratamento para abandonar a dependência das drogas. O tratamento não teve resultados significativos, pois, ao voltar a Buenos Aires em abril de 2004, o ex-astro teve uma nova overdose. Ficou três dias em coma. Poucos dias após acordar, Maradona fugiu da clínica Suíço-Argentina, no centro de Buenos Aires, rumo à elegante chácara de um amigo na zona oeste da Grande Buenos Aires.

Nos cinco dias em que esteve na chácara, Maradona passou o tempo como na canção de Ricky Martin "Livin' la vida loca" ("Vivendo a vida louca"). No primeiro

Duas centenas de pessoas rezavam todos os dias diante da clínica Suíço-Argentina quando Maradona esteve em coma, às portas da morte. Os fãs deixavam cartazes com dizeres de apoio para o ídolo futebolístico.

dia, poucas horas depois de ter deixado a UTI, ele causou surpresa ao jogar golfe durante 40 minutos no campo da chácara. No fim da noite, reuniu-se com velhos amigos e disparou fogos de artifício.

No dia seguinte, jogou golfe, deu uma entrevista a Susana Giménez, uma das divas da TV argentina. Na conversa, com a voz embrulhada, sem conseguir terminar as frases, "El Diez" – depois de apreciar o traseiro da diva – conseguiu explicar que havia visto a morte "de perto" e sustentou que, quando estava em um "túnel escuro" que o levaria para o além, foi salvo no último minuto por "uma multidão de torcedores".

Ao longo dos dias que se seguiram, Maradona jogou golfe durante longas horas (em ocasiões sem camiseta, no meio de um frio que oscilou entre 13 e 16 graus), fez uma festa de despedida e, de quebra, deixou de lado a dieta, devorando tudo o que encontrava na geladeira e fora dela.

O ápice dessas jornadas de arromba foi a noite em que uma "overdose" de *croissants* levou Maradona à UTI da Clínica Suíço-Argentina. Na noite da véspera, "La Mano de Dios" recebeu o time de vôlei da cidade de Bolívar, na província de Buenos Aires. Os jogadores levaram a Maradona um pacote de *facturas*, a denominação genérica popular para os *croissants* e demais variáveis calóricas com creme e doce de leite. Segundo testemunhas, o jogador – que não conseguiu resistir ao poder de atração dos quitutes – "*se morfó todo*" ("comeu tudo", na gíria portenha).

O comunicado oficial da Clínica Suíço-Argentina foi mais sutil, preferindo denominar o caso de "transgressão alimentícia". Isso teria agravado o quadro sensível de insuficiência respiratória de que sofria. O estômago e o fígado do ex-jogador – que pesava na ocasião 120 quilos – já acumulavam uma comilança de dois dias antes, durante um churrasco que organizou para dezenas de pessoas a modo de despedida. O ex-astro, lamentavam os comentaristas esportivos, parecia um lutador de sumô e não conseguia respirar nem falar direito.

Nos meses que seguiram, Maradona realizou uma cirurgia de redução do estômago na Colômbia. Com o visual renovado, voltou a ser um sucesso de marketing. Cinquenta quilos mais magro, foi convocado para realizar um programa de TV, *La Noche del Diez* (A Noite do Dez), que teve recordes de audiência para o que seria um *talk show* na Argentina. No entanto, os índices não eram tão elevados para um programa apresentado pelo argentino mais famoso das últimas duas décadas. Entre seus convidados estiveram Pelé, Xuxa e Mike Tyson.

Maradona exibia seus abdominais, jogava tênis, futebol, corria e dançava. De quebra, fazia proselitismo da vida saudável e da dieta alimentícia que aplicava. Os fãs respiravam aliviados, pois o ídolo mostrava exuberante saúde. Seu único vício, dizia, era "um charuto por dia".

Mas, sem trabalho ou uma atividade definida desde fins de novembro de 2005 (o contrato de seu programa não fora renovado), Maradona voltou a ficar deprimido e a engordar.

Entre dezembro de 2005 e meados de 2006, o ex-astro envolveu-se em brigas com a Polícia Federal no Rio de Janeiro; jogou um vaso na cabeça de uma ex-miss na ilha de Bora Bora; e – em Buenos Aires – bateu sua camionete contra uma cabine telefônica, cujos cacos de vidro voaram pelo ar, ferindo um casal de jovens que passava pela rua.

Na segunda metade de 2007, "El Diez" foi internado por graves problemas hepáticos gerados, entre outros motivos, pelo intenso consumo de champanhe brut. Os torcedores estavam cansados de seu comportamento. Mas, exatamente um ano depois, em outubro de 2008, voltou às manchetes dos jornais quando foi apresentado pela AFA como o novo técnico da seleção argentina, apesar da oposição da maioria da torcida (as pesquisas indicavam que 65% dos argentinos não queriam que "El Diez" no cargo). Em 2009, depois da suada classificação da Argentina após o jogo contra a seleção do Uruguai, as pesquisas indicavam que 90% dos torcedores queriam Maradona fora das funções de técnico.

As críticas continuaram durante a Copa do Mundo. Os torcedores, durante esse período, não queriam que Maradona permanecesse como técnico. Por isso, quando foi removido do posto de técnico da seleção, em julho de 2010, após voltar da Copa (foi recebido por somente 5 mil torcedores, quase todos enviados pelo prefeito de Ezeiza), os argentinos respiraram aliviados com a saída do ex-astro. Quando Maradona deixou o cargo, 85% da opinião pública concordou com a decisão. Meses depois, quando expressou seu desejo de voltar à seleção, a rejeição foi de 90%.

Um ano depois, Maradona foi contratado para ser o técnico do Al Wasl de Dubai. Mas, em julho de 2012, ele foi informado pelo Twitter que havia sido demitido. Alguns rumores indicaram na época que ele poderia voltar a Buenos Aires para ser técnico do Boca Juniors. Mas mais de 70% da torcida boquense, segundo as pesquisas, rejeitou a ideia.

O analista esportivo Ezequiel Fernández Moores, autor de diversos livros sobre a corrupção no futebol argentino, me disse que no exterior "existe uma imagem errônea de que Maradona é um ídolo intocável. É uma mentira. Ele recebeu e recebe críticas de todos os lados". Segundo ele,

> como jogador, as pessoas estão agradecidas pelas alegrias que ele deu. Mas, como técnico, ele entrou em um mundo novo, onde ele não fascina a torcida. Nesse mundo novo, ele deixou de ser um semideus e passou a ser humano. E talvez isso seja algo positivo para ele.

"Maradona é um fracasso que produz dinheiro. E, enquanto ele for assim, continuará sendo chamado para várias atividades", disparou Juan José Sebreli, um dos maiores sociólogos da Argentina e um dos principais intelectuais vivos do país. Em 2008, publicou *Cômicos e mártires: ensaio contra os mitos*, livro que desatou intensa polêmica, já que nele Sebreli ousa intrometer-se com os maiores – e intocáveis – mitos da história argentina.

O sociólogo, que anos atrás havia provocado celeuma com a publicação de *A era do futebol* (onde disseca com intenso criticismo o futebol como fenômeno social), no novo livro – que na Espanha recebeu o prêmio Casamérica –, analisa o fenômeno dos mitos do ex-astro do futebol Diego Armando Maradona; o cantor de tangos Carlos Gardel; a "mãe dos pobres", Evita Perón; e o líder guerrilheiro Ernesto "Che" Guevara.

> A Argentina é talvez o país que lidera o *ranking* dos idólatras, que seguem os mitos; se bem que os Estados Unidos também têm uma coisa com o culto das estrelas de Hollywood. O problema é que o culto dos heróis é um obstáculo que impede que os indivíduos adquiram consciência de que são seres livres e responsáveis de seus próprios destinos.

Segundo o sociólogo, Maradona é símbolo da "esperteza argentina":

> O gol mais famoso da História do futebol argentino é o que ele fez com a mão. Um gol feito com trapaça. Mas é o gol mais idolatrado pela população. Esta é uma sociedade que acredita que a lei está aí para ser violada. Adorar Maradona simboliza a decadência de nossa sociedade.

[...] Não é um esquerdista, nem rebelde social ou transgressor. É um oportunista. Maradona adotou os *slogans* da "esquerda caviar". Apaixonou-se pela figura de Fidel Castro. Mas, ao mesmo tempo, aproximou-se do então presidente Carlos Menem (um neoliberal) e assina contratos com empresas capitalistas. No início da carreira, era útil à Ditadura Militar. Agora, Maradona está com os Kirchners. Maradona sequer sabia quem era o "Che" quando chegou há muitos anos a Nápoles para jogar no time local. Ali, viu os tifosi (torcedores italianos) com bandeiras com o rosto do Che. Perguntou quem era, lhe explicaram que se tratava de um conterrâneo seu, e ele aderiu. Farejou que o Che dava boa imagem para ele com os torcedores. E tatuou a imagem do Che no ombro.

Segundo Sebreli, Maradona conta:

o instante fatal que marca a infância dos heróis mitológicos... quando era criança, caiu em um poço cheio de excrementos quando procurava uma bola perdida e só salvou-se porque conseguiu manter a cabeça acima daquelas águas. Muitas vezes em sua vida isso voltou a acontecer, no sentido freudiano.

[...] Em Nápoles, as pessoas até o identificaram, por meio de um jogo de palavras, com a Virgem: Maradona – Madonna. E isso era um dos cantos populares. Em várias imagens Maradona era representado com a coroa da Virgem e era chamado de Santa Maradona, uma espécie de travesti sagrado.

[...] Pelé chegou tarde para aproveitar a revolução da mídia. Maradona chegou na hora exata. Os outros três mitos – Evita, Gardel e o Che – foram favorecidos pela morte quando eram jovens. Se Maradona morresse amanhã, haveria pessoas rezando nas ruas e um megafuneral. Mas, quanto mais o tempo passa, o mito diminui. As crianças de hoje em dia falam do Messi, não do Maradona. Esse entusiasmo com Maradona se dilui com o tempo.

Igreja Maradoniana

"Tooootaaa!" Essas são as palavras que – como cântico religioso – encerram os ritos da Igreja Maradoniana, culto dedicado à adoração do ex-astro de futebol. E o "Tooootaaa", a modo de mantra, refere-se à Dona Tota, a mãe do ex-jogador, que, para os maradonianos, é uma espécie de Virgem Maria esportiva.

Os fiéis celebram o "Natal maradoniano", pois é o aniversário de "Dios", nascido no dia 30 de outubro de 1960.

O bem-humorado rito foi criado em 1998 na cidade de Rosário, província de Santa Fé. Desde sua sede, ao longo dos últimos 10 anos, aglutinou um crescente número de fiéis. No site da igreja existem mais de 100 mil pessoas de 74 países registradas como "maradonianas".

A Igreja Maradoniana realiza com alguma frequência um batismo coletivo. O rito consiste em pular e, com o punho esquerdo, imitar o emblemático gol "A Mão de Deus".

Os batizados devem realizar esse gesto na frente de uma figura em tamanho natural – em cartolina – do goleiro inglês Peter Shilton, que levou o polêmico gol de Maradona.

A Igreja Maradoniana também realiza casamentos. Nos últimos anos, diversas uniões foram feitas seguindo o rito.

No entanto, desde que deixou de ser "ex-jogador" e transformou-se em "técnico", Maradona perdeu grande parte da divindade que tinha. Além de ser chamado de "incoerente", "improvisado" e "incapaz" pelos analistas esportivos e pela torcida, os próprios maradonianos começaram a afastar-se dele.

A Igreja Maradoniana, desde 2010, está com divisões teológicas profundas. Um setor permanece fiel ao Maradona atual. Mas outro setor afirma que o Maradona que idolatra é o Maradona dos tempos de jogador. O Maradona-técnico não mereceria – segundo os fiéis dissidentes – ser o foco da idolatria.

FRASES MARADONIANAS

O ex-jogador é conhecido pela prática constante do esporte dos epigramas, no qual é expoente na Argentina. Suas frases, costumeiramente condimentadas com toques de humor, também contêm uma dura crueza. Segundo os jornalistas Marcelo Gantman e Andrés Burgos, autores do livro *Diego dijo* (Diego disse), publicado em 2005, que reúne mil frases do mais puro pensamento maradoniano, indicam que Maradona – como "frasista" – foi "um talento inesperado": "sua capacidade de resumir em uma frase curta, às vezes com ironia, outras com ira, quase sempre com destinatário preciso, são equivalentes à resolução de suas jogadas. Diego fala tal como jogou. Pensa rápido e executa da mesma forma".

Vamos a elas, então:

Futebol: Sobre sua paixão, o futebol, Maradona não tem sutilezas. "Pressão é o que sofre o cara que acorda às 5h da manhã para trabalhar e ganhar 10 pesos. Não é o caso da gente, que andamos em BMW ou em Mercedes Benz" (1996), disse, referindo-se à vida dos jogadores de altos salários.

Em suas frases não falta o egocentrismo: "A bola diz 'Diego' em todos os pontos do planeta" (1997).

Maradona também tentou derrubar clichês sobre esse esporte: "Como é que dá para falar nessa tal de beleza futebolística?? Se formos falar de beleza, que seja da Peleritti (Carolina Peleritti, uma morena argentina considerada, nos anos 1990, uma das mais belas modelos do país)... Beleza do futebol, uma ova!" (1993).

Além disso, Maradona surpreende com o inesperado: "Se não tivesse sido jogador de futebol, gostaria ter feito a carreira de contador."

"Os argentinos são maradonianos" (1997). "Chegar até a aérea e não poder chutar em direção ao gol é como dançar com a própria irmã" (2001).

Deus: "El Diez" considera que o futebol surgiu em sua vida como um desígnio divino: "Sou um privilegiado, mas somente porque Deus quis. Porque Deus me fez jogar bem. Ele me deu essa habilidade. Por isso faço o sinal da cruz sempre que entro no campo. Se não fizesse isso, ia achar que o estava traindo".

Sua relação com o Todo-poderoso, afirma, é especial: "É evidente que tenho linha direta com o Barba (expressão que usa para referir-se a Deus)".

Pelé: Em um quarto de século de carreira, "El Diez" falou sobre tudo e sobre todos. Um dos assuntos maradonianos foi seu eterno – embora não contemporâneo – rival brasileiro, Pelé.

Há frases nas quais Maradona confessa sua admiração pelo "Rei": "Morro de vontade de conhecer Pelé. Fico satisfeito se tiver cinco minutos com ele. E se tiver dez, sou Gardel (ser Gardel, na Argentina, equivale a ser o máximo)". A frase foi pronunciada em 1979, poucos dias antes de o jovem Maradona conhecer o jogador brasileiro.

Logo após conhecê-lo, comentou extasiado: "Eu sabia que Pelé era um deus como jogador. Mas, agora que o conheci, sei que também ele é um deus como pessoa".

Depois, o fascínio com Pelé acabou.

Isso fica evidente em frases como: "Pelé fala demais... teria que calar a boca", pronunciada em 1982. Cinco anos depois, disparou de forma lacônica: "Pelé é homossexual".

Em 1991, completou: "Pelé é um títere da Fifa e um *office-boy* de (João) Havelange". Mas, depois, recuou: "Pelé tem que substituir Havelange no comando da Fifa. Eu adoraria" (1995). Mais uma vez, criticou: "O negão dá pena. Está doente de protagonismo" (2000). No mesmo ano, disparou: "Pelé debutou sexualmente com um garoto, e além disso, espancava a esposa. Pelé continua transando com garotinhos".

A vida: "As pessoas precisam entender que Maradona não é uma máquina de dar felicidade", afirmou em 1982, quando já começava a falar de si próprio em terceira pessoa. "Quando estava internado na clínica psiquiátrica, eu dizia aos pacientes que era Maradona... e o louquinho que dizia que era Napoleão me respondia que eu estava maluco" (2004). O ex-astro lamenta que as pessoas se aproveitem dele: "Todo o mundo me usou". "Nunca imaginei que existiam pessoas que ficam felizes com minha tristeza" (1990).

Drogas: "Não sei como apareceram essas substâncias no controle antidoping. Com certeza é um engano" (1990).

"Eu me drogo, mas não vendo cocaína" (1994).

"No começo, a droga te deixa eufórico... é como ganhar um campeonato. Aí você pensa: amanhã não importa, já que hoje eu ganhei o campeonato" (1996).

"Para todo o mundo eu fui um drogado, sou um drogado e serei em drogado", desabafou Maradona em 1996. Em 2004, entre uma overdose e outra de cocaína, murmurou: "Estou perdendo por nocaute". Na mesma época, lamentou: "Tenho 44 anos e estou mais próximo do fim de minha vida do que do início".

Política: Cético, Maradona mostrou na virada do século uma visão crua da Argentina: "Neste país sempre acontece a mesma coisa. É o mesmo jogo, que passam 40 mil vezes em *replay*". Pessimista sobre seus próprios compatriotas, afirmou: "O esporte nacional na Argentina é enganar as pessoas".

"Fidel Castro tem os testículos bem colocados" (2001).

Sexo: "Não tenho nada contra os gays. Acho bom que existam, já que dessa forma deixam livres mais mulheres para nós, que somos machos de verdade" (1998).

"Transo com a Cláudia (na época, sua esposa) todos os dias, pois quero ter um filho homem" (1999).

"Que vocês me c... !" (quando, em novembro de 2009, convidou os jornalistas a praticar sexo oral nele próprio, depois de derrotar o Uruguai e conseguir uma suada classificação da seleção argentina).

BORGES, ESSE ARGENTINO PERDIDO NA METAFÍSICA

Borges, José Francisco Isidoro Luis – Escritor e autodidata, nascido na cidade de Buenos Aires, então capital da Argentina, em 1889. Não é conhecida a data da sua morte, dado que os jornais – gênero literário da época – desapareceram ao longo de vastos conflitos de que os historiadores regionalistas hoje nos dão conta. As suas preferências foram para a literatura, a filosofia e a ética. Aquilo que do seu trabalho chegou até nós informa-nos suficientemente sobre o primeiro ponto, ao mesmo tempo que deixa entrever incuráveis limitações.

Esta foi uma irônica biografia que Jorge Luis Borges escreveu, como se fosse o verbete de uma futura enciclopédia, a ser publicada em 2074 em Santiago do Chile, na qual ele seria tratado como um escritor secundário. Nesse verbete, sequer seu próprio nome estaria bem escrito, pois em vez de Jorge (Francisco Isidoro) Luis Borges, apareceria como José (F.I.) Luis Borges.

Desde o dia 14 de junho de 1986, Borges ocupa um túmulo no cemitério de Plainpalais, em Genebra, Suíça. Quando a notícia chegou a Buenos Aires, a comoção foi generalizada. Um repórter de um canal brasileiro foi à periferia portenha entrevistar pessoas do povo para saber o que achavam do falecido escritor. Um homem de uns 60 anos olhou o repórter e disse: "Borges? Ora, ele era o Maradona da literatura!".

Esse "argentino perdido na metafísica", como Borges definia a si mesmo, foi um dos maiores expoentes da literatura do século XX. Autor de *O Aleph, Ficções, O informe de Brodie, O livro de areia* e o *Poema dos Dons*, influenciou gerações de escritores. Julio Cortázar, Ítalo Calvino, Umberto Eco e Gabriel García Márquez são alguns dos muitos que reconheceram sua influência. Mas, tal como Marcel Proust e James Joyce, nunca recebeu o Nobel.

Georgie, como era chamado carinhosamente pela família e amigos, nasceu em Buenos Aires, cidade que definiria "eterna como a água e o ar", em 24 de agosto de 1899, no seio de uma família aristocrática. Seu pai, Guillermo Borges, era professor de Psicologia e um homem de grande erudição, que influenciaria Georgie de forma fundamental. Sua mãe, Leonor Acevedo Borges, esteve sempre perto de seu filho, corrigindo textos, servindo de secretária e acompanhando-o em suas viagens pelo mundo até sua morte, aos 99 anos, em 1975.

Borges era um rapaz tímido na adolescência e procurava os crepúsculos, a periferia e a tristeza. Muitos anos depois, ele procuraria as manhãs, o centro e a serenidade. *Fervor de Buenos Aires* foi seu primeiro livro. Piegas, como ele mesmo afirmava, era pleno de conceitos vagos. Mas Borges já prefigurava Borges. Dele disse Ernesto Sábato: "A influência de Borges sobre Borges parece insuperável". Sempre recriou a si mesmo. Suas ideias fixas: o tempo, a obsessão do labirinto e o infinito, a fascinação pelos punhais, o espelho e o tempo cíclico, o privilégio da diversidade humana em vez da unidade.

Jorge Luis Borges assina um documento nos anos 1960. O autor de *O Aleph* é considerado um dos gênios da literatura hispano-americana.

Borges passaria a adolescência em Genebra, entre 1914 e 1918, os anos da Primeira Guerra Mundial. Quando o conflito terminou, a família se mudou para a Espanha, onde o jovem Georgie conheceria o círculo vanguardista do poeta Cansino Assens. Borges flertou com o comunismo e escreveu um livro nunca publicado: *Os salmos vermelhos*. De volta para a Argentina, logo abandonaria os ideais marxistas e assumiria uma democrática veia aristocrática. Considerado um herege no continente latino-americano, exerceria sua fleuma britânica, uma ironia quase vitoriana e a frieza germânica como narrador.

Em 1938, perde o pai e precisa trabalhar como bibliotecário em uma obscura biblioteca de bairro. Nos anos seguintes, seu nome torna-se conhecido nas revistas literárias.

Mas Perón assume o poder. Borges fala contra o novo regime. Como forma de humilhá-lo, o governo o transfere da biblioteca para a fiscalização do setor avícola do Mercado Municipal. Borges pede demissão e continua criticando o peronismo. Com ajuda de amigos, começa a dar aulas em universidades. Em 1950 é eleito presidente da Sociedade Argentina de Escritores. Com a queda de Perón, o novo governo o designa diretor da Biblioteca Nacional.

Em 1961, divide o prêmio Formentor com Beckett. Borges torna-se uma estrela internacional. Nos anos seguintes, recebe as maiores honrarias mundiais, desde a Légion d'Honneur até indicações para o Nobel. Por opiniões políticas conservadoras, tem seu nome constantemente adiado na lista do prêmio. Borges responde citando Groucho Marx: "Não posso ser membro de um clube que me admite como sócio". Mas no final da vida confessa: "Teria gostado de receber o Nobel".

No final de 1985, os argentinos foram surpreendidos com a notícia de que Borges havia partido para a Suíça para nunca mais voltar. Mais surpresos ficaram ao saber que havia se casado com Kodama, 40 anos mais jovem que ele. A saída foi às pressas, e Borges mal pôde se despedir de seus amigos, de quem Kodama já o estava isolando nos últimos meses.

Com câncer no fígado, Borges preparava-se para a morte. Em seus últimos dias, um jornalista argentino tentou chantageá-lo patrioticamente por telefone, perguntando se não considerava que sua presença na Argentina representava um patrimônio cultural do qual o país não podia prescindir. Borges respondeu: "Sou um homem livre".

Antes de morrer, em junho de 1986, preparou um novo testamento, modificando radicalmente o anterior. Na versão antiga, Borges, que não teve filhos, deixava quase tudo à sua irmã e aos sobrinhos e à Fanny Uveda, sua fiel governanta durante quatro décadas, que morreu na miséria. Na nova versão, Kodama transformou-se na única herdeira, a quem foi destinado todo o dinheiro, direitos autorais, objetos de arte e manuscritos. Mas, apesar de casados, no testamento Borges definia Kodama como "a boa amiga".

Um cônsul – supostamente trambiqueiro, de acordo com os amigos de Borges – é o outro elemento deste imbróglio fúnebre: ele é Gustavo Grament Berres. Cônsul paraguaio em Genebra, teria sido o encarregado de legalizar o casamento por procuração de Borges e Kodama, registrado no minúsculo e desconhecido vilarejo de Colonia Rojas Silva, Paraguai.

A procuração para a realização do casamento foi enviada de Buenos Aires quando Borges e Kodama já estavam em Genebra. Mas, atualmente, não há nenhum registro nem pistas desse documento.

As suspeitas sobre o casamento dos dois aumentam quando se conhece o passado do cônsul. Gramont Berres sustenta que foi designado embaixador especial pelo ex-ditador paraguaio Alfredo Stroessner em 1983.

No entanto, não possui qualquer documentação que o prove. Além disso, seu nome original é outro e definitivamente borgiano: Benjamin Levi Avzarradel, que teria nascido na Argentina, mas adotado por um casal de uruguaios na tardia idade de 29 anos.

Em 1991, foi detido nos EUA acusado de falsificação de documentos e, a pedido da Suíça, foi extraditado para ali. O governo paraguaio sustenta que o problema não é com ele, já que não reconhece Grament Berres nem como cônsul nem como cidadão. No entanto, não faltam fotos do cônsul em roupas de gala com o ex-ditador Stroessner e o falecido caudilho espanhol Francisco Franco.

A possibilidade de que o casamento de Borges e Kodama tenha sido falso soma-se à possibilidade de que possa ser anulado: o escritor casou-se nos final dos anos 1960 com Elsa Astete. O casamento durou três penosos anos e, como até fins dos anos 1980 o divórcio não existia na Argentina, Borges somente pôde obter a separação de corpos e bens.

Por determinação de Kodama o escritor foi enterrado no cemitério de Plainpalais. Descansa ao lado de um pensador da liberdade, o autor da Reforma, Jean Calvino, outro dos 300 condôminos do tranquilo cemitério onde Borges está sepultado sob a sombra de antigas árvores. Sua lápide de pedra tem os dizeres que prolongam o conto "Ulrica": "Tomou sua espada, Gram, e colocou o metal nu entre eles". Sob essa inscrição, há outra: "De Ulrica a Javier Otárola", nomes dos protagonistas do conto. São uma metáfora de "De Maria Kodama a Borges".

Na parte de trás da lápide, um fragmento em anglo-saxão diz: *"And ne forhtedon nà"* ("E não deverias temer"). Dois desenhos em relevo decoram a pedra. O da frente da lápide é uma nave viking com sua vela içada. Do outro lado aparecem oito guerreiros com suas lanças quebradas. E duas datas: 1899 e 1986.

No entanto, Borges nunca escreveu uma linha que ratificasse um hipotético desejo de ali ser enterrado.

Durante as duas e meia últimas décadas, os amigos de Borges, em uníssono, afirmam que Georgie – como o chamavam carinhosamente – queria ser enterrado em Buenos Aires, mais especificamente no histórico cemitério da Recoleta, no mausoléu de sua família.

"Borges nunca quis ser enterrado fora de Buenos Aires", me disse em entrevista em 1999 o escritor Adolfo Bioy Casares, seu amigo por meio século.

Fani Uveda, empregada dos Borges durante décadas, concordou com Bioy em uma conversa comigo em 2005, poucos meses antes de morrer. "O senhor Borges queria ser enterrado na Recoleta", disse.

Além dos amigos, os acadêmicos destacam que Borges, em vários de seus poemas, deixou claro que pretendia passar o repouso eterno na Recoleta. Os especialistas citam o poema "O Fazedor", no qual Borges refere-se a seu futuro descanso em Buenos Aires: "Quando eu esteja guardado na Recoleta / em uma casa cor de cimento". Em "Fervor de Buenos Aires", Borges indica: "Estas coisas pensei sobre a Recoleta / o lugar de minhas cinzas".

Outro fator que reforça a teoria de que Borges pretendia ser enterrado na Argentina é que, em 1982, deu uma procuração à sua amiga Sara Kriner para proceder com sua cremação após sua morte. Um ano antes de morrer, Borges chamou o zelador do cemitério para que lhe fizesse um orçamento a fim de preparar o mausoléu na Recoleta para um lugar para suas cinzas.

Kodama defende-se afirmando que Borges, antes de morrer, expressou que desejava ser enterrado "na neutra Suíça".

Maria Ester Vázquez, amiga e colaboradora de Borges, afirma que, pouco antes da partida para a Suíça, Borges gritava: "Não quero ir embora! Se eu for, morrerei lá!". Um punhado de políticos argentinos fez uma campanha para trazer os restos mortais do escritor às terras portenhas que o viram nascer. No entanto, essa iniciativa fracassou diante do desinteresse do público argentino e das autoridades suíças, que não pretendem abrir mão de um dos cadáveres mais famosos que suas terras hospedam.

Túmulo da família Borges no cemitério da Recoleta. O corpo do escritor, porém, descansa em um cemitério suíço.

Também gera polêmica a lápide de Borges, que contém uma parafernália de símbolos, tal como uma nave viking, guerreiros com lanças, uma cruz de Gales, seu nome completo, além de uma legenda em anglo-saxão. Vázquez diz que a legenda da lápide, "E não deverias temer", é "uma fútil recomendação para alguém como Borges". Segundo ela, o desejo do escritor, expresso em seus versos "Só peço as duas abstratas datas e o esquecimento", não foi levado em conta. "É uma lápide curiosa e complicada. A única coisa que falta ali… é uma frase da Mafalda!", dispara com ironia.

"Estarei disposto a lembrar de Góngora a cada cem anos", disse Georgie uma vez. Como o autor do século de ouro espanhol, Borges é um clássico. Ele mesmo disse, no final de um de seus contos, "clássico é aquela obra que gerações após gerações procuram, com estranho mistério e inesgotável fervor". Outro de seus sábios aforismos foi: "Os fatos memoráveis prescindem de frases memoráveis".

Herança e Rolling Stones

A Fundação Borges, criada por sua viúva, Maria Kodama-Borges, em 1995, não realiza a miríade de atividades prometidas quando foi inaugurada. Kodama, malvista pela opinião pública e por setores da intelectualidade – que a consideram uma "aproveitadora" –, mantém *low profile*.

Sua herança literária também provoca polêmica, já que Kodama autorizou a reedição de livros que Borges havia proibido, entre eles, *O tamanho de minha esperança*, escrito na juventude e que o autor considerava de baixa qualidade.

O rock também entra postumamente na vida de Borges por intermédio de declarações de Kodama, que sustenta que o escritor admirava o roqueiro Mick Jagger, líder dos Rolling Stones. Isso foi o que ela me disse em uma entrevista no final de 1995, poucos meses depois que desembarquei em Buenos Aires. Anos depois, Kodama explicou que Borges preferia Pink Floyd e que sabia os diálogos de "The Wall" de memória. "Ele gostava muito de sua música, pois dizia que tinha uma força especial e que o fazia sentir-se bem". Segundo Kodama, nos aniversários de Borges não cantavam o tradicional "parabéns pra você", mas sim "The Wall".

Kodama contou, posteriormente, sobre um suposto encontro de Borges e Jagger. Dessa vez, falou que ela e o escritor estavam sentados no hall de um hotel na Europa quando Mick Jagger entrou.

O roqueiro viu Borges e, deleitado pelo encontro, ajoelhou-se em sua frente e disse: "Mestre, que maravilha encontrá-lo, o senhor não sabe quanto o admiro. Li toda a sua obra".

Borges, que já estava cego, pergunta: "E o sr. quem é?"

O roqueiro responde: "Mick Jagger".

Borges exclama: "Mick Jagger! Um dos Rolling Stones".

Segundo Kodama, a conversa continuou assim:

– Mas como, mestre, o senhor me conhece?

– Sim, sim, o conheço através de Maria, que permitiu que eu o descobrisse".

A história de Kodama sempre me chamou a atenção. Ao longo desses anos, em todas as ocasiões nas quais entrevistava amigos de Borges ou seus estudiosos, perguntava se essa história tinha sentido.

O primeiro foi seu amigo e escritor Adolfo Bioy Casares que riu quando lhe perguntei se Borges apreciava o rock. Bioy me disse que tinha a sensação de que Kodama estava tentando fazer o escritor parecer "juvenil". Anos depois, ao terminar uma entrevista com Fani Uveda, empregada da família Borges durante mais de quatro décadas, também fiz a pergunta. Fani levantou as sobrancelhas, surpreendida pela pergunta. "Não, o senhor Borges não ouvia rock. Nunca", disse categórica. "Ele nem sabia quem eram os cantores de rock", arrematou.

"Besteira", diz María Esther Vázquez. "Borges não gostava de rock. Mas gostava de blues, dos tristes spirituals. E, além disso, Borges não tinha ouvido musical algum. Cantava o hino nacional com a mesma melodia que podia cantar o tango 'El Pollito'".

Causos

- **Trânsito**

  Borges poderia ter morrido atropelado em uma rua londrina por uma brincadeira do colega cubano Guillermo Cabrera Infante nos anos 1970. Uma noite, os dois caminhavam juntos na direção da Praça Berkeley quando o escritor cubano, suspeitando que o colega argentino não era um cego verdadeiro, mas apenas um farsante para "emular Milton e Homero", decidiu deixar Borges sozinho no meio de uma rua com intenso tráfego de automóveis. Os táxis e carros se esquivavam do autor de *Ficções*, enquanto este – sozinho – continuava lentamente atravessando a rua. "Borges estava impassível, talvez devido à sua condição de discípulo do [bispo e filósofo George] Berkeley. Isto é, já que ele não via os carros, estes não existiam. Corri para resgatar Borges e o levei a um lugar seguro", explicou posteriormente Cabrera Infante.

- **Funeral não decimal**

  Aos 99 anos, em 1975, morreu Leonor Acevedo de Borges, mãe do escritor. No velório, uma mulher lhe deu os pêsames e disse: "coitada de Dona Leonor, morrer tão pouco antes de fazer 100 anos. Se tivesse esperado um pouquinho mais...". Borges lhe respondeu: "Percebo, minha senhora, que é uma devota do sistema decimal!".

- **Deus e seu gosto político**
  Nos anos 1970, Borges comenta uma peculiar teogonia: "As pessoas diziam que Deus era peronista. Que gosto Deus tem! Mas, bem, isso não me surpreende..."

- **Revolução**
  Em outubro de 1967, um estudante interrompeu a aula de literatura inglesa proferida por Borges na faculdade, anunciando que as aulas teriam que ser imediatamente interrompidas pela recém-ocorrida morte de Che Guevara. Borges diz ao estudante que terminará sua aula e que depois os alunos poderão prestar a homenagem. O estudante grita que tem que ser nesse instante e que Borges terá que ir embora. O escritor replica: "Não vou embora. Se você for tão valente, venha me tirar daqui". O aluno ameaça apagar as luzes da sala. E Borges responde: "Eu já tomei a precaução de ser cego esperando este momento...".

- **Copo d'água**
  Borges está sentado, pronto para dar uma conferência no Hotel Bauen, em Buenos Aires. Na sala, o público conversa sem parar. A organizadora, Silvia Gherghi, lhe pergunta se por acaso deve pedir silêncio para que ele possa começar a conferência. Borges lhe pergunta se em cima da mesa há um copo d'água e uma jarra, como ele pediu. A organizadora diz que sim, e ele então comenta com um sorriso maroto: "Então não peça silêncio. Eu vou fazer de conta que procuro o copo, lentamente, como se não pudesse encontrá-lo. Isso faz as pessoas se calarem rapidamente".

- **Sinceridade e Estado**
  Durante uma entrevista à revista portenha *Siete Días* em 1973, o jornalista conversava com Borges sobre as modalidades de Estado.
  - Que tipo de Estado desejaria?
  - Um Estado mínimo, que não fosse notado. Morei na Suíça cinco anos e ali ninguém sabia o nome do presidente.
  - A abolição do Estado que o senhor propõe tem muito a ver com o anarquismo.
  - Sim, exato, com o anarquismo de Spencer, por exemplo. Mas não sei se somos suficientemente civilizados para chegar ali.
  - Acredita seriamente que tal Estado é factível?
  - Evidentemente. Mas uma coisa é verdade: será preciso esperar 200 ou 300 anos.
  - E enquanto isso?
  - Enquanto isso a gente se *f...*

- **Prematura**

  Anos antes da morte de Borges em 1986 na Suíça, os jornais franceses, além do *New York Times*, publicaram a notícia de que ele havia morrido. Preocupado, o ensaísta Ulysses Petit de Murat tentou entrar em contato com Borges, até que conseguiu encontrá-lo e confirmar que estava vivo. Murat expressou a Borges seu desagrado pela "notícia apócrifa de sua morte". Borges corrigiu: "apócrifa não... somente prematura".

- **Século**

  Um jornalista entrevista Borges em Paris em um estúdio de gravação. Em meio à conversa, o jornalista pergunta a Borges:

  — O sr. percebe que é um dos grandes escritores deste século?

  Borges fica quieto durante uns segundos e responde:

  — É que este foi um século muito medíocre...

GARDEL, CADA DIA CANTA MELHOR

Uruguaio de Tacuarembó? Francês de Toulouse? Os argentinos não se preocupam muito com o lugar de nascimento de Carlos Gardel (embora a maioria acredite que nasceu na França e descartem a teoria uruguaia). Todos admitem que o cantor que fez o tango famoso em todo o planeta não nasceu em Buenos Aires. Mas, da mesma forma que Carmem Miranda, nascida em Portugal, agiu em relação ao Brasil, Gardel fez de seu país de adoção sua pátria. De quebra, ele declarou seu amor à cidade em uma miríade de tangos, desde o clássico "Mi Buenos Aires querido" até o "Anclao em Paris", no qual relata a vida de um portenho em Paris que, olhando os *boulevards*, sente uma profunda saudade das ruas de Buenos Aires.

Segundo a tese argentina:
- Gardel nasceu em Toulouse, França, em 1890.
- Sua mãe, Berta Gardés, mãe solteira, o trouxe a Buenos Aires quando era criança.
- Ele criou-se no bairro do Abasto e nunca morou no Uruguai.
- Argentinos mostram certidão de nascimento francesa e documentos de Gardel na escola primária em Buenos Aires.

Segundo a tese uruguaia:

- Gardel nasceu em Tacuarembó, interior do Uruguai, em 1887.
- Sua mãe era Maria Oliva, que havia ficado grávida de seu cunhado, Carlos Escayola, caudilho uruguaio. Depois, teria sido entregue a Berta Gardés, que o criou.
- Uruguaios mostram documentos de Gardel na escola primária em Montevidéu e fotos dele quando criança.
- No fim da infância foi levado para Buenos Aires.

Confusões geradas pelo próprio Gardel:

- Em um documento do consulado uruguaio em Buenos Aires, Gardel afirma que nasceu em Tacuarembó, Uruguai.
- Em seu testamento, Gardel define a si próprio como cidadão francês, nascido em Toulouse.

Família e amigos nada esclarecem:

- Após sua morte, em 1935, sua suposta mãe, Berta Gardés, e seus amigos mais próximos nunca quiseram falar sobre a polêmica da nacionalidade de Gardel.

Disputa entre países:

- Uruguai quer corpo de Gardel e reconhecimento internacional sobre sua suposta nacionalidade uruguaia.
- Argentina recusa-se a entregar o corpo e o exame de DNA.
- Gardel gera milhões no negócio do tango e do turismo.
- Parlamento uruguaio entrou na briga pela disputa "gardeliana".
- A Unesco declarou em 2003 que a voz de Gardel era Patrimônio da Humanidade. No registro, Gardel foi inscrito como "cantor argentino nascido na França".

O que está fora de discussão é que Gardel – francês ou uruguaio – cresceu no portenho bairro do Abasto, próximo do centro de Buenos Aires. Ali, segundo as boas línguas, ele teria sido um garoto prestativo, preocupado com a mãe viúva. Essa versão indica que teria trabalhado como ajudante no mercado de alimentos do Abasto, carregando caixas de legumes e frutas. Mas as más línguas sustentam que o garoto teria, na verdade, sido um ladrãozinho que batia carteiras.

Carlos Gardel, o mito do tango, morreu em 1935 em um acidente de avião na cidade colombiana de Medellín.

O velho mercado onde Gardel realizava indefinidos afazeres em seus tempos de adolescência foi substituído nos anos 1930 por outro, atualmente transformado em shopping. Dessa forma, o antigo Mercado del Abasto é hoje o Shopping do Abasto, na avenida Corrientes, número 3247. E o bairro, embora tente manter uma imagem "gardeliana", dista muito de ter as características dos tempos de Gardel. Hoje em dia, o Abasto engloba uma substancial comunidade peruana, além de concentrar grande parte dos judeus ortodoxos de Buenos Aires.

Na versão franco-argentina, Gardel foi para Buenos Aires com sua mãe Berta em 1893. Na versão uruguaia, ele foi entregue à Berta quando tinha 8 anos.

Na virada do século, Gardel trabalhou fazendo pequenas tarefas nos teatros populares. Adulto, criou um dueto com José Razzano, depois de um "duelo musical" que terminou em empate. Os dois trabalharam juntos durante 15 anos. E com Razzano Gardel gravou seu primeiro disco.

Em 1915, ao sair do Palais de Glace, um salão de bailes no bairro da Recoleta, um grupo de jovens da elite insultaram um amigo seu. Os dois grupos trocaram socos e empurrões. Nesse momento, Roberto Guevara Lynch, tio do ainda não nascido

Ernesto Che Guevara, deu um tiro em Gardel. A bala ficou alojada no tórax e nunca foi removida.

Dali foi para Tacuarembó, no Uruguai, onde passaria a convalescença na casa de um amigo. Os franco-argentinos alegam que foi lá que ele teve a ideia de tirar um documento falso, alegando que havia nascido nessa cidade, para evitar ser considerado desertor pela França (país que estava em plena Primeira Guerra Mundial). A confusão é maior ainda, já que, com esse documento, falso ou verdadeiro, ele fez os trâmites para naturalizar-se argentino.

No final da década, Gardel já era um sucesso nos teatros onde se apresentava e gravara vários discos. Seu primeiro êxito foi "Mi noche triste".

Em 1923 partiu em um *tour* pelo Uruguai, Brasil e Espanha. Dois anos depois, separou-se de Razzano e voltou à Europa. Em Paris consegue grande sucesso. Volta a Buenos Aires, mas rapidamente retorna à Europa. Começa a fazer os curtas-metragens nos quais canta, que o tornariam famoso em toda a América Latina, Europa, e entre o público latino dos EUA. Em 1930, filma em Paris, na filial francesa da Paramount o *Luzes de Buenos Aires*.

Em meio a esta frenética atividade (ele continua fazendo filmes), Gardel conhece Alfredo Le Pera, um filho de imigrantes italianos nascido em São Paulo e criado desde bebê em Buenos Aires. Poeta e jornalista, Le Pera será o autor da maioria das letras que Gardel cantará até sua morte.

Entre os tangos mais famosos da dupla estão "Mi Buenos Aires querido", "Volver", "El dia em que me quieras" e "Silencio".

Em janeiro de 1933, volta a Buenos Aires. Mas, já em novembro desse ano, parte de Buenos Aires para outros *tours* internacionais (ele só retornará morto para essa cidade). Vai para Barcelona e Paris. Depois, parte para os EUA, onde canta na NBC. No ano seguinte faz três filmes em Nova York – *Cuesta abajo*, *Mi Buenos Aires querido* e *Tango en Broadway* – e volta a Paris.

Em 1935, continua sua frenética atividade e filma *El dia en que me quieras* e *Tango Bar*. Em abril desse ano começa um *tour* por Porto Rico, Venezuela, Colômbia, Panamá, Cuba e México.

No dia 24 de junho, Gardel entra no avião do Serviço Aéreo Colombiano (Saco) em Medellín, Colômbia, para continuar sua turnê. Estava acompanhado de seu secretário e seu letrista Alfredo Le Pera, entre outros. O avião começou a correr pela pista para decolar. Mas, subitamente, deu uma guinada à direita e bateu contra outro avião que se preparava para decolar. Dezessete pessoas morreram, entre elas Gardel e Le Pera.

Detalhe da estátua de Gardel no mausoléu no cemitério de La Chacarita. Sua mão quase sempre tem um cigarro aceso deixado por algum fã.

Durante a autópsia em Medellín, a bala disparada por Guevara Lynch em 1915 é encontrada dentro do corpo de Gardel, de onde nunca havia sido removida. No entanto, a descoberta desse projétil dentro do corpo suscita uma série de especulações na época (especulações que ainda contam vários seguidores) – de que dentro do avião houve uma violenta discussão, com troca de tiros. O caos teria resultado no desvio do avião da pista e sua posterior colisão com outro aparelho.

Meses depois, seu corpo – que primeiro passou por Nova York – chegou a Buenos Aires. Seu cortejo fúnebre levou centenas de milhares de pessoas às ruas na capital argentina. O velório foi no Luna Park (uma espécie de miniestádio coberto, onde se realizavam disputas de boxe, ciclismo e shows musicais), que ainda hoje fica na esquina das ruas Corrientes e Bouchard, em pleno centro da cidade.

Dali, Gardel foi transportado, acompanhado por centenas de milhares de pessoas, até o cemitério de La Chacarita, no bairro homônimo, onde repousa pela eternidade. O mausoléu é vigiado por uma estátua do cantor, que sempre conta com flores frescas a seus pés, especialmente cravos. O dia 24 de junho, data de sua morte, é um evento que reúne admiradores de todo o planeta em La Chacarita. Seus admiradores contemporâneos e póstumos afirmam, como se ele estivesse fisicamente vivo: "Gardel cada dia canta melhor".

Gardel – que durante breve tempo chegou a pesar 118 quilos – oscilava de peso com muita frequência. Por questões artísticas, policiava-se e tentava manter-se dentro do peso aceitável para exibir uma figura elegante. A maior parte dos restaurantes que ele frequentava fecharam ou transformaram-se radicalmente, não mantendo as características nem os menus dos tempos de Gardel.

Entre seus quitutes preferidos estavam os raviólis com recheio de carne de vitela, risoto com funghi e açafrão, além do *puchero criollo*, o mais típico cozido da Argentina.

O cantor de tangos mais emblemático da Argentina é definido pelo sociólogo Sebreli como "um personagem que depois de sua morte, nos anos 1930, já não era um personagem mitológico, a não ser para os tangueiros. Ele foi redescoberto pelos intelectuais nos anos 1950". Segundo o sociólogo, Gardel, considerado costumeiramente o "cantor nacional", "passava a maior parte do tempo no exterior. Ele tinha medo do público argentino e admitia que sua pátria estava onde ouvia os aplausos".

O autor sustenta que Gardel tem o condimento adequado dos mitos:

> o fato de estar rodeado de mistério e ter uma origem desconhecida. Gardel tem todos esses requisitos. Não se sabe exatamente a data de seu nascimento, e nem o lugar onde nasceu. Essas contradições deram espaço para inventar vidas imaginárias. E, para completar a mitologia popular, também tinha o requisito de uma origem humilde.

Sebreli sustenta que Gardel teve a sorte de ter sido transformado em mito pelo cinema sonoro – especialmente pela Paramount – que fez com que ele pudesse ser visto por milhões de pessoas. "Antes de seus filmes, ele era ouvido em apresentações para públicos pequenos", afirma. Além disso, "sem sua morte prematura, não teria sido mito".

CHE GUEVARA, "COMO RAMBO *PERO BUENO*"

"Ernesto 'Che' Guevara era como Rambo... *pero en plan bueno* (mas bom)." A frase foi pronunciada no início de 1993 em Madri pelo filósofo espanhol Fernando

Savater. A ironia não foi entendida pelos militantes do partido comunista espanhol e da Izquierda Unida, que, em um auditório lotado por estudantes e acadêmicos, começaram a vaiar e a jogar objetos contra o pensador basco. Savater, enquanto isso, sorria atrás da mesa de conferências. Corajoso, sem se mexer, com esperança na má pontaria dos militantes que haviam ficado indignados com a comparação do ícone da rebeldia guerrilheira dos jovens de todo o mundo com o franco-atirador John J. Rambo, personagem cinematográfico interpretado pelo anabolizado Silvester Stallone, capaz de destripar um vilão enquanto dispara sua metralhadora para acabar com a vida de uma dúzia de outros inimigos.

Mas, para efeitos práticos, apesar da comparação (e com o esclarecimento de que era como Rambo, mas bom), Che Guevara teve – e tem – essa aura de guerrilheiro invencível e idealista que derrota os malvados.

Eu estava ali em Madri, presente nessa conferência pitoresca, vendo como a figura desse defunto médico argentino, que fez fama na distante Cuba, causava intensa polêmica duas décadas e meia após sua morte ocorrida nos confins das selvas bolivianas.

Esse é um caso de um mito que, embora com passaporte argentino, fez sua carreira político-militar no exterior. A fama do Che, no entanto, deve-se mais à sua personalidade original do que a seu sucesso como guerrilheiro. Em 1959, sequer a CIA sabia quem era Ernesto Guevara, o asmático leitor de Goethe e exímio jogador de xadrez que, um ano depois, seria uma personalidade mundial ao descer da Sierra Maestra e avançar na direção de Havana, para tomá-la junto com o líder da Revolução Cubana, Fidel Castro, e outras personalidades, entre os quais Camilo Cienfuegos.

Ernesto Guevara Lynch de la Serna nasceu na cidade de Rosário, província de Santa Fé, no dia 14 de maio de 1928 (ou no dia 14 de junho, segundo alguns biógrafos). Descendente de famílias abastadas, há séculos instaladas na Argentina e no resto da América do Sul, os pais de Che – Ernesto Guevara Lynch e Célia de la Serna – criaram seus filhos em diversas cidades. Uma delas foi Alta Gracia, nas serras de Córdoba, para ajudar a combater a asma que sofria o pequeno Ernesto.

Posteriormente, o jovem – que gostava de rúgbi e de literatura (seus tratamentos médicos fizeram que passasse longo período na cama, quando aproveitava para ler) – estudou Medicina na Universidade de Buenos Aires. Graças à sua aplicação no estudo, formou-se em apenas cinco anos. Na época, morava com seus pais no bairro da Recoleta. Enquanto estudava Medicina, também teve tempo para fazer viagens pelo interior do país e – posteriormente – pelo restante da América Latina em moto, de carona ou em navios.

Durante essas viagens, começa a perceber as duras condições de vida de grandes setores da população da América Latina e aproxima-se de militantes comunistas.

Na última viagem, depois de formar-se em Medicina, chega até a Guatemala, onde estava em andamento a revolução política do coronel e presidente Jacobo Arbenz. Mas o governo seria derrubado e – pouco depois – Guevara partiu para o México.

Neste país, onde morou por dois anos, conheceu Fidel Castro e juntou-se a ele para trabalhar como médico do grupo que pretendia voltar a Cuba e iniciar a revolução para derrubar o regime de Fulgêncio Batista. Em 1956, Guevara parte para a ilha, acompanhando 81 homens de Fidel.

Ao desembarcar, o grupo só se envolve em enrascadas. Mais da metade é morta, presa ou executada. Os poucos sobreviventes reuniram-se na Sierra Maestra, a serra que é uma espécie de espinha vertebral geográfica da ilha. Gradualmente, o grupo foi se organizando e obtendo apoio da população.

Guevara, que já começava a ser chamado de "Che" (em referência à expressão argentina equivalente ao "Tchê"), agia como combatente e médico. Rapidamente, apesar do jeito suave e culto, também ficou famoso por sua frieza em executar missões de combate.

Em 1957, os guerrilheiros começaram a ter mais sucesso. Em 1958, haviam infligido diversas derrotas à ditadura de Batista. Em janeiro de 1959, entravam em Havana. Os guerrilheiros que haviam sido maltrapilhos durante anos de combate (e para os quais, segundo a CIA, "O Che havia lido Charles Dickens e Alphonse Daudet"), agora eram vitoriosos.

Che teve várias funções na Cuba revolucionária, entre elas, a de comandar a reforma agrária, ser ministro da indústria e posteriormente presidente do Banco Central. Tornou-se uma espécie de representante de Cuba nos eventos internacionais e ficou encarregado dos julgamentos e fuzilamentos de ex-integrantes do regime de Batista.

Além de trabalhar, jogava golfe – que adorava e que praticava em plena Sierra Maestra durante a guerrilha – e mantinha uma vida espartana em Havana.

Mas Guevara considerava que a revolução deveria ser internacionalizada. E, assim, em 1965, deixou Cuba para participar de uma guerrilha que estava em ação no Congo. Mas a luta no coração da África seria cheia de problemas. Não se entendeu com os líderes africanos que comandavam a guerrilha a longa distância, enquanto ele estava na frente de batalha. Desistiu.

O plano seguinte foi armar um foco revolucionário na Bolívia, no centro da América do Sul, que posteriormente poderia ser ampliado para os outros países, inclusive sua Argentina natal.

Dessa forma, Che desembarca em 1966 sob identidade secreta na Bolívia, governada na época pelo ditador René Barrientos. Em novembro desse ano inicia sua missão guerrilheira: lidera um grupo de 46 homens e uma mulher. Na época, em seus diários, o médico-guerrilheiro escreveu qual era seu plano: "criar dois, três Vietnãs... essa é a missão".

Mas, em outubro, caçados pelo exército boliviano, que conta com a colaboração da CIA, Che e os demais 17 sobreviventes estão quase encurralados. Não conseguiram o respaldo da população indígena e não obtiveram o apoio esperado do Partido Comunista Boliviano. Ferido, Guevara foi aprisionado e fuzilado. Seu corpo foi enterrado em um lugar secreto cuja localização somente seria descoberta em 1997. Posteriormente, seus restos mortais seriam levados a Cuba, onde seriam enterrados com grandes solenidades.

Che tornou-se ícone mundial da rebeldia juvenil de forma imediata. Menos de um ano após sua morte, a rebelião de maio de 1968 em Paris usou sua imagem como símbolo dos protestos. Dali para a frente, Che adornou pôsteres nos quartos de adolescentes, estudantes universitários, além de entidades de esquerda em todo

O argentino Ernesto Guevara de la Serna, apelidado de Che pelos amigos cubanos, monta em 1958 uma mula em Las Villas, no interior de Cuba, durante a revolução liderada por Fidel Castro. Che foi um dos braços-direitos de Castro durante a guerra de guerrilhas e posteriormente transformou-se no ícone da revolução.

o mundo. Mas, enquanto concentra grande volume de admiradores que exaltam seu sacrifício, Che também possui grandes massas de críticos que o consideram um terrorista e assassino e o acusam de ter criado os campos de trabalho de "reeducação" em Cuba.

"Quinze dias antes de Ernesto Guevara conhecer Fidel Castro no México, seu projeto era o de conseguir uma bolsa para ir estudar em Paris, para onde iria com sua mãe. A história do Che teria sido outra!", afirma o sociólogo Sebreli, que destaca que o mito de Che como líder guerrilheiro de sucesso não possui fundamento algum:

> [...] o talento militar do Che está desmentido pelos fatos. Todas suas tentativas pessoais de guerrilha terminaram em derrota.
> No entanto, destaca sua "desmesurada paixão pelas armas e pela guerra"... até em suas cartas de amor a Aleida March ele diz que a recordava "sob a carícia renovada das balas". O próprio Fidel queixava-se da excessiva beligerância do Che.

Che Guevara, além de virar imagem em camiseta, caneco, chaveiro e pôster de quarto de adolescente (e nem tão adolescente), também transformou-se em musical em Buenos Aires.

Segundo o sociólogo, Guevara conseguiu mais sucesso morto – como ícone – do que vivo.

> E mais graças às suas imagens fotográficas do que com suas aventuras políticas. A última imagem dele, morto, favoreceu o mito. Se a última imagem tivesse sido dele vivo, teria sido um horror... ele parecia um mendigo, após meses na selva boliviana. Os militares que o mataram tiveram que lavá-lo e penteá-lo. Não porque fossem bonzinhos, mas é que queriam mostrar que era efetivamente ele, e que estava morto. Do jeito que estava quando havia sido preso, antes do fuzilamento, era irreconhecível!

Para Sebreli, é um paradoxo Che ter se transformado em uma indústria do consumo. "A maior parte das pessoas que usam as camisetas com sua efígie não tem a menor ideia de quem ele foi. Che ainda é um mito porque o castrismo ainda existe lá em Cuba. Quando deixar de existir, começará gradualmente a desvanecer."

EVITA, A ELEGANTE MÃE DOS POBRES QUE VIROU ÍCONE POP

Evita nasceu como Eva Maria Ibargurren no vilarejo de Los Toldos em 1919. O sobrenome era o de sua mãe, Juana Ibagurren, solteira e amante de Juan Duarte, pai de Evita, que era casado. Mas, anos depois, quando estava trabalhando como atriz e modelo em Buenos Aires, para não ser discriminada, adotou o sobrenome do pai, que já havia falecido. E aí virou Eva Duarte. E quando se casou com Perón, transformou-se em Eva Duarte de Perón. O povo, nos primeiros anos de governo, começou a chamá-la carinhosamente de Evita. Os integrantes do governo a chamavam de "La Señora". E os setores que não simpatizavam com ela a denominavam de "Esa mujer".

Durante muito tempo acreditou-se que a data de seu nascimento era 7 de maio de 1922. Mas era uma ata de nascimento falsa que Eva Perón ordenou forjar quando se casou com Perón. Só em 1970, descobriu-se que ela havia nascido três anos antes, no dia 7 de maio de 1919.

Eva foi criada na cidade de Junín, no interior da província de Buenos Aires. Durante muito tempo acreditava-se que havia nascido ali, mas, na realidade, nasceu em Los Toldos, que é ali perto. Em 1935 partiu para Buenos Aires. Sua mãe a acompanhou, até que conseguiu emprego. Sobre os primeiros anos da jovem na atribulada capital do pujante país existem poucas informações confiáveis. Seus admiradores indicam que ela dedicou-se a ser modelo de revistas e atriz de radioteatro e filmes. Seus críticos sustentam que ela se prostituía para sobreviver. O fato é que ela morava com seu irmão, Juan Duarte, cinco anos mais velho, que havia migrado meses antes que ela para Buenos Aires.

A vida de Eva teria uma virada quando conheceu o então coronel Juan Domingo Perón. O ano, 1944. O lugar, Luna Park, na esquina da Corrientes e Bouchard, no centro, onde Perón havia organizado – junto com associações beneficentes – um espetáculo para arrecadar fundos para as vítimas do terremoto da cidade de San Juan, que havia ficado arrasada. Evita teria pedido a um amigo em comum que os sentasse em cadeiras vizinhas, para, dessa forma, ela poder se apresentar. Alguns pesquisadores indicam que eles poderiam ter se conhecido um ano antes. Mas a relação começou somente nesse ano.

Capa de uma revista editada depois da queda de Perón por seus opositores que mostra fotos da etapa de Evita como modelo. O governo de seu marido tentou esconder essas fotos durante anos.

Perón despontava como homem de poder. Na época era ministro da Guerra e secretário de Trabalho. Os dois começaram um tórrido romance. Evita foi morar com Perón, de forma secreta, no edifício da rua Posadas, n. 1.567.

Ali estava Evita quando, em outubro de 1945, o governo militar, temendo a crescente popularidade de Perón, o prendeu. Perón foi detido na ilha de Martín

García, no rio da Prata (barcos para a ilha partem diariamente da cidade do Tigre, na área norte da Grande Buenos Aires; a padaria existente no lugar é famosa por fazer o melhor panetone da Argentina).

Ao contrário das épicas e glamurosas cenas que mostra o filme *Evita*, com Madonna, ela não comandou massas de operários para liberar Perón. Em vez disso, fugiu para Junín. A liberação de Perón foi protagonizada pelos operários e militares que simpatizavam com ele.

Depois da liberação, Perón casou-se com Evita. Em 1946, foi eleito presidente. Instalaram-se no Palácio Unzué, residência oficial, na esquina das ruas Áustria e Libertador. A mansão seria destruída em 1955 pelos militares que derrubaram Perón. Atualmente, sobre o mesmo lugar erige-se o moderno edifício da Biblioteca Nacional. Ao pé do edifício, sobre a avenida Libertador, está uma estátua de Evita – pouco elogiada pela população e os críticos de arte, instalada na época do governo do ex-presidente Carlos Menem (1989-99). Perto dali, na rua Lafinur, n. 2.988, um museu mostra permanentemente objetos pessoais de Evita, além de documentos históricos.

Após a eleição do marido, Evita começou a ter um crescente protagonismo político. Criou a Fundação Eva Perón, instalada no atual edifício da Faculdade de Engenharia, no Paseo Colón, n. 850, no bairro de San Telmo. Ela também mantinha um elegante escritório no edifício da Câmara de Vereadores de Buenos Aires, na avenida Julio Roca, também conhecida como "Diagonal Sur" (atualmente, o edifício é a Assembleia Legislativa da Capital Federal). Ali, Evita estava a apenas 200 metros da Casa Rosada, em cujos balcões pronunciava faiscantes e passionais discursos. A multidão enchia a Praça de Maio para ouvi-la.

O maior comício da história do país, no entanto, não ocorreu lá, mas sim em 1951, na avenida 9 de Julio, que na época ia da avenida Belgrano à avenida Córdoba (atualmente corta em dois a cidade de Buenos Aires). Em um megapalanque instalado ao lado do Ministério de Obras Públicas, um edifício de arquitetura fascista. Evita, no cruzamento da rua Moreno e com a avenida 9 de Julio, discursou para 2 milhões de pessoas, que pediam que fosse candidata a vice-presidente. Evita, para desgosto da multidão, declinou o pedido.

Evita estava morrendo. O câncer lhe carcomia o corpo. Em 1952, faleceu. Uma multidão acompanhou seu féretro, levado ao longo da avenida de Mayo por um grupo de "descamisados". Foi velada sob a cúpula do Congresso Nacional. Dali, dias depois, foi transportada ao edifício da Confederação Geral do Trabalho (CGT), na rua Azopardo 802, onde passou pelo processo de embalsamamento. Ali, no segundo andar, existe um altar a Evita, ocasionalmente aberto ao público.

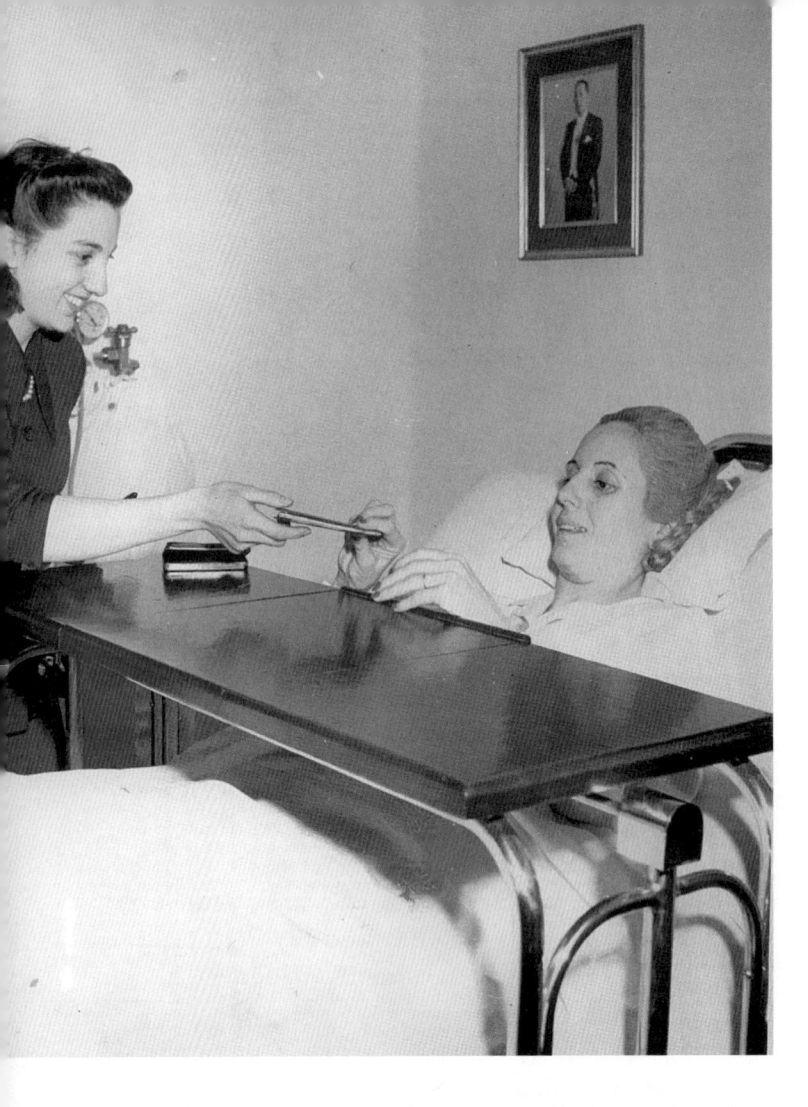

Doente terminal,
Evita teve forças para
votar nas eleições de
1951. Ela morreria
poucos meses depois.

O corpo permaneceu lá, enquanto Perón providenciava um monumental mausoléu, que seria instalado no parque da esquina da avenida Figueroa Alcorta com a rua Tagle. A obra foi iniciada, mas jamais passou da terraplanagem. Atualmente, ali fica o edifício do Canal 7, a emissora estatal de TV.

Os militares que derrubaram Perón em 1955 removeram o corpo de Evita da CGT. O cadáver, violado por oficiais que a odiavam, foi transportado para um cemitério na Itália, onde esteve escondido até o início dos anos 1970. Após um acordo com Perón, os militares entregaram-lhe o corpo. Perón o colocou provisoriamente na residência presidencial de Olivos, no município de Martínez, na Grande Buenos Aires. Perón morreu em 1974 e foi colocado no mesmo salão, ao lado dela. O golpe militar de 1976 separou o casal novamente. Perón foi enterrado no túmulo de seu avô, Tomás

Evita com o cabelo solto, sem seu tradicional coque. Esta imagem de Pinélides Fusco foi usada pela esquerda peronista a partir dos anos 1960 como o ícone da revolução popular.

Perón, no cemitério de La Chacarita. A família de Evita a enterrou no cemitério da Recoleta, onde repousa até hoje. Por ironia do destino, está enterrada a poucos metros do general Pedro Eugenio Aramburu, autor do plano de esconder seu corpo e um dos principais inimigos de seu marido.

"Voltarei e serei milhões" era a apócrifa frase de Evita Perón, supostamente pronunciada poucos minutos antes de sua morte. Evita indicava que voltaria da morte como milhões de trabalhadores "descamisados" para tomar o poder.

Mas a famosa – e controvertida – segunda mulher do general e presidente Juan Domingo Perón, constantemente citada como "exemplo a seguir" por parte da presidente Cristina Kirchner, voltou como chaveiro, boneca, camiseta e *posters*.

O *revival* em torno de Evita – que morreu há mais de 60 anos – levou a escritora mexicana Alma Guillermoprieto a afirmar: "evidentemente, a vida de Evita acaba de começar!".

Sobre sua contribuição ao país, há controvérsias. "Ela exaltou, de forma significativa, a subordinação da mulher ao homem", diz o sociólogo Sebreli, torpedeando o mito de Evita como paladina do gênero feminino. "Além do voto para as mulheres, ela jamais pensou em reivindicações feministas essenciais, como o divórcio e a despenalização do aborto."

Evita é sustentada tanto pela direita como pela esquerda, explica Sebreli, que indica que

> embora em seu discurso estivesse do lado dos operários, ela respaldou de forma enérgica a repressão às greves realizadas contra o governo de seu marido. Evita, longe de ter sido uma defensora dos operários, ajudou na domesticação do sindicalismo argentino. Ela era a perseguida e a perseguidora, a mulher do chicote.

O musical

Evita, para começar, não era pobre, tal como o musical *Evita* e os filmes feitos baseados nessa obra a mostram. Ela era de classe média; sua mãe era dona de um pensionato.

Uma das cenas, no início do filme *Evita* dirigido por Alan Parker, mostra como ela, que era filha extramatrimonial, foi impedida de ver o velório de seu pai pela própria viúva legítima do morto. No entanto, essa versão, imortalizada no musical britânico homônimo, não teria a ver com a realidade. Isso é o que afirmou em 2010 Cristina Álvarez, sobrinha-neta de Evita, na época aliada da presidente Cristina Kirchner e presidente da Fundação Museu Evita. Álvarez – cuja avó materna, Blanca Duarte, era irmã de Eva Duarte de Perón – explicou que a mulher oficial do pai de Evita, Juan Duarte, havia falecido em 1922, quatro anos antes do marido. A sobrinha-neta, considerada a detentora do maior número de documentos e memorabilia de sua tia-avó, desmentiu que Evita e seus irmãos, ao contrário do que dizia a lenda, haviam sido expulsos do velório.

Pablo Adrian Vázquez, chefe do arquivo do Museu Evita, me disse que a família "oficial" e a "paralela" possuíam excelentes relações.

Evita, ao contrário do filme com Madonna, não fugiu de Junín com o cantor Agustín Magaldi e virou sua amante. Magaldi não era casado na época e não esteve na área de Junín na época da Evita.

Outro erro é o de colocar Ernesto "Che" Guevara como narrador da história. Che Guevara, na época em que Evita chegou ao poder, tinha 18 anos. E Che considerava Evita uma representante do fascismo.

Ao contrário do que muitos imaginam – por causa do filme –, Evita não era cantora. Havia sido modelo, atriz de radionovelas e atriz de cinema, quesito no qual até os peronistas admitem que era meio canastrona.

Várias atrizes interpretaram Eva Perón no cinema. A primeira foi Faye Dunaway, que em 1981 fez um filme para a TV. Buenos Aires, nesse filme, aparecia como uma cidade de arquitetura colonial da América Central.

Uma década e meia depois, em 1996, foi a vez de Madonna interpretar Evita em uma transposição do musical de Andrew Lloyd Weber ao cinema por intermédio de Alan Parker.

Na mesma época, o cinema argentino decidiu produzir um filme próprio sobre a mulher mais famosa da história do país – e com mais detalhes políticos no enredo – e lançou o *Eva Perón: a verdadeira história*, com a atriz argentina Ester Góris. Este filme mostra Evita como a figura forte do casal, enquanto Perón é mostrado como relativamente pusilânime.

Em 2011, Evita transformou-se em filme de longa-metragem de desenho animado, com subsídio do governo Kirchner. A obra, *Eva da Argentina*, mostra a atividade política de Evita de forma romanceada, a relação sentimental com Perón e sua luta contra o câncer.

PERÓN, O MORTO MAIS VIVO DA ARGENTINA

Ao longo deste livro falamos abundantemente sobre Juan Domingo Perón, o fundador do peronismo, em vários capítulos. Por isso, aqui explicaremos brevemente sua vida e alguns aspectos do peronismo, o movimento político que criou, de dificílima comparação com outras ideologias do resto do mundo.

Perón nasceu no dia 8 de outubro de 1895 na cidade de Lobos, na província de Buenos Aires. Seus pais, Mario Tomás Perón e Juana Salvadora Sosa casaram-se depois que seus três filhos haviam nascido. Pelo lado materno sua família estava na Argentina desde o século XVII. Um dado peculiar: Perón tinha antepassados comuns com o escritor Jorge Luis Borges e Manuel Mujica Láines, além de vínculos distantes de parentesco com sua futura esposa Evita.

Em 1910, entrou no Colégio Militar em Buenos Aires. Formou-se em 1913 como subtenente da infantaria. Apaixonado por História militar, Perón foi subindo dentro da hierarquia do Exército gradualmente. Mas essa ascensão acelerou-se a partir de 1930, quando participou do primeiro golpe militar da história argentina, protagonizado pelo general José Uriburu. Perón, na época com 35 anos, ficou encarregado de organizar o grupo golpista e preparar o dia da derrubada do presidente civil Hipólito Yrigoyen. Posteriormente, ele diria que Uriburu, um admirador do fascismo italiano, era "um perfeito cavalheiro e homem de bem, mesmo conspirando". No dia do golpe, Perón foi até a Casa Rosada com um carro blindado armado com quatro metralhadoras acompanhado por uma coluna de tropas. Ao chegar, tomou controle do lugar até a chegada das tropas de Uriburu.

Nos anos seguintes, foi enviado ao Chile como adido militar, de onde teve que partir em 1938 sob a acusação de espionagem. Entre 1939 e 1941, foi enviado à Itália para fazer uma série de cursos de aperfeiçoamento e ser adido na embaixada em Roma. Ali, identificou-se com fascismo de Benito Mussolini, a organização das manifestações de massa e os sindicatos tutelados pelo governo. Segundo ele, o fascismo do Duce "era um ensaio de socialismo nacional, nem marxista nem dogmático".

Em 1943, Perón participou da criação do Grupo de Oficiais Unidos (GOU), uma associação secreta militar nacionalista que preparou o golpe que derrubou o governo do presidente Castillo. No novo governo militar, Perón transformou-se em chefe do departamento do Trabalho, onde começaria a armar os vínculos com os sindicatos e estabelecer as primeiras diretrizes trabalhistas de suas políticas. Depois foi colocado no comando do ministério da Guerra, ao mesmo tempo que o departamento do Trabalho era elevado à categoria de secretaria. Na sequência, também foi designado vice-presidente.

O governo militar, no entanto, estava afetado por divisões. Um dos setores, crítico de Perón, obteve sua remoção e detenção na ilha de Martín García. No entanto, a prisão de Perón provocou a mobilização de milhares de operários que exigiram sua liberdade.

O coronel foi solto, iniciando sua corrida direta para a presidência da República. Ele foi eleito em 1946. Foi reeleito em 1951. Mas foi derrubado em 1955. Dali, Perón foi para o exílio, passando pelo Paraguai, pelo Panamá e pela Venezuela, para finalmente instalar-se na Espanha, onde foi acolhido pelo generalíssimo Francisco Franco. No exílio, Perón continuou dando instruções para o peronismo, que estava proscrito. Finalmente, em 1972, voltou ao país por poucos dias. Seu retorno definitivo aconteceu em 1973, quando venceu as eleições presidenciais. Menos de um ano depois, contudo, Perón morreu.

Ele foi o único argentino eleito em três ocasiões presidente da República. Também ostenta os principais recordes eleitorais.

Simpático, carismático, sabia como discursar perante um milhão de pessoas ou como ter uma conversa afável em grupos de 20 indivíduos, com frases cheias de safadeza, citando provérbios populares picarescos. Com um amplo e belo sorriso que o fez merecedor do irônico apelido "coronel Kolynos" nos anos 1940.

Poucas figuras despertaram tanto ódio e fervor. Há Peróns para todos os gostos, me disse em 2004 o historiador Félix Luna.

> Dá pra escolher o Perón que proclamou a independência econômica e nacionalizou todos os serviços públicos ou aquele que quis entregar à Standard Oil metade da província de Santa Cruz em concessão. Dá para escolher entre aquele se que proclamava um revolucionário como Mao Tsé-tung ou o Perón que expulsava os rapazes montoneros da Praça de Maio, acusando-os de imbecis imberbes.

Mas o próprio Luna afirma que, durante seu governo, "o homem comum sentiu-se protegido dos abusos da força do mercado e muitos viram Perón como a figura paternal e protetora de que precisavam".

Perón casou-se três vezes. A primeira, com Aurélia Tizón, mais conhecida pelo apelido de "Potota". Aurélia, professora primária, casou-se com Perón na cidade de Luján em 1929, na época em que Perón era capitão do Exército. No entanto, ela morreu em 1938 de um câncer no útero. Foi sepultada na cidade de Rosário. Não ficou conhecida do grande público, já que morreu antes que Perón se tornasse uma figura pública. Os biógrafos afirmam que Aurélia, filha de um fotógrafo, foi o grande amor da vida de Perón. Eles não tiveram filhos, embora alguns historiadores afirmem que o casal pensava em adotar uma menina.

O segundo casamento foi com Eva Perón, com quem formou uma dupla mitológica. Diversas lendas circulam sobre a forma como se conheceram: a versão mais aceita, como vimos, é a de que Perón teria conhecido Evita durante um festival para arrecadar fundos para as vítimas do terremoto de San Juan, em 1944.

Utilizando essa versão, o escritor Tomás Eloy Martínez inventou uma frase e a colocou na boca de Evita. No romance *Santa Evita*, quando ela, uma atriz de rádio e cinema, foi apresentada a ele, disse como forma de impactá-lo: "Obrigada por existir". Nos últimos três anos, essa frase piegas foi aceita como verdade. "Eu a inventei", explica

Martínez, "mas quando expliquei isso, alguns sindicatos não acreditaram que era falsa. Protestaram, me perguntando como ousava macular a memória de Eva Perón...".

Voltando ao casório: Perón havia prometido se casar com Evita após sua liberação, no dia 17 de outubro de 1945. Mas as coisas foram sendo adiadas por causa do frenesi político no qual mergulhou. Finalmente marcaram data: 29 de novembro, na Igreja de São Francisco, na cidade de La Plata. Na hora do casamento, uma multidão rodeava a igreja. Perón assustou-se. Ele havia se salvado pouco tempo antes de dois atentados: um, com meia tonelada do explosivo gelignita, escondida no esgoto do lugar onde estava; o outro, o do vagão do trem onde viajava, que estava preparado para descarrilar. Por esse motivo, o poderoso coronel temeu um novo atentado, de fácil realização no meio da multidão que esperava ver seu casamento. Perón sequer saiu do carro. Ao passar na frente da igreja, mandou o chofer seguir adiante. Após esse fiasco, Perón foi repreendido pelo frei Pedro, que convenceu o coronel, afirmando que "os argentinos são católicos, e à Igreja não cai bem a ideia de concubinato". Perón concordou e, 11 dias depois, em 10 de dezembro, fizeram o casamento de forma quase secreta. A própria Evita foi notificada no mesmo dia de que se casariam.

Juntos, formariam uma dupla imbatível. Mas essa parceria foi breve. Perón ficaria viúvo, mais uma vez. Por causa do câncer uterino, Evita morreria em 1952.

Perón conheceria uma dançarina de cabaré no Panamá. Era Maria Estela Martinez, que, posteriormente, indicaria que era dançarina de "danças folclóricas argentinas", negando ter sido protagonista de coreografias de *burlesque*. Em 1961, Perón casou-se com Maria Estela, apelidada de "Isabelita".

A frase de Karl Marx – "a História se repete duas vezes: a primeira como tragédia, a segunda como farsa" – aplica-se ao caso de Isabelita, que parecia um *remake* em forma de paródia de Evita. Não tinha carisma, intuição política e discursava mal (ao contrário de Evita). Dessa vez foi ela quem ficou viúva quando Perón morreu em 1974.

Perón nunca teve filhos. No final dos anos 1990, uma ex-cantora de ópera, Marta Holgado, alegou que era filha do general, fruto de uma relação de Perón com sua mãe. De fato, a semelhança física de Holgado com Perón era impressionante. No entanto, exames de DNA feitos anos depois indicaram que não existia parentesco algum entre a ex-cantora lírica e o general.

Em 1995, o escritor, ensaísta e jornalista Tomás Eloy Martinez – que escreveu uma biografia sobre o general –, em uma longa conversa, me contou como havia sido seu encontro com Perón quando este estava no exílio em Madri. Eu lhe perguntei: "Churchill dizia que não havia grandes homens para seus valetes. Acontece o mesmo com o mito e seu biógrafo?".

Perón e Evita em um comício. Evita segura um menino nos braços. O casal nunca teve filhos.

E ele me disse:

o que lhe responderei é algo ainda terrível para mim. Havia entrevistado Perón durante quatro dias, e quando me despedi dele, ele me perguntou, após tudo o que havíamos falado, o que ficava sem saber sobre peronismo. Me aproximei de Perón com absoluta ingenuidade, mas percebi que me manipulava. Dizia-me somente aquilo que ele acreditava que eu queria ouvir. Você sabe que os políticos acariciam a cabeça das crianças para que as pessoas pensem que boa pessoa ela é. No caso de Perón, pensei que era um homem aposentado da política. Poucos imaginavam que ele voltaria da forma tão estrondosa como voltou. Por isso achei que ele me falaria com franqueza. Percebi que não era assim, e isso me incomodou. E quando de novo me perguntou sobre o assunto, insistindo no que é que eu não havia vivido do peronismo, lhe disse que na época morava no interior do país e havia perdido as aclamações frenéticas que as multidões da capital faziam quando ele falava em praça pública e os chamava de *"Companheiros!"*. Ele me disse: *"vou fazer para você"*. E ao se despedir, abrindo os braços com seu gesto típico, falou com seu vozeirão: *"Companheiros!"*. Percebi que Perón era um ator e que toda sua ideologia, todo seu projeto político eram uma encenação. Senti, naquele momento, que Perón tentava me dar algo; e, ao mesmo tempo que me dava algo, ele o tirava de mim para sempre...

A herança – "O peronismo é simultaneamente um partido, um movimento, uma doutrina, uma ideologia e uma cultura", afirma o *think tank* Rosendo Fraga. "Desses cinco elementos, o predominante é a cultura. É a cultura do poder à qual subordina-se a ideologia. Por isso, o peronismo pode girar da direita à esquerda, e que desse giro participem seus líderes mais destacados", disse.

Segundo Fraga, desde a volta da democracia, em 1983, o peronismo teve três versões: o peronismo de centro-direita com Menem; o populista com Duhalde e o de centro-esquerda com Kirchner. "Muitas e diversas etapas, mas sempre é o mesmo peronismo que se preocupa em estar no poder. O denominador comum de todas essas versões é o pragmatismo na procura e exercício do poder".

Já o ensaísta e historiador Alejandro Horowicz, autor do livro *Os quatro peronismos*, afirma que o peronismo foi "o caminho argentino para o *welfare state*". Ele me disse que "nada ficou do peronismo de Perón". No entanto, segundo ele, "o peronismo é um mutante. Na política, tudo o que sobrevive é um mutante".

O colunista Silvio Santamarina, do jornal *Perfil*, afirma:

> o peronismo é a fórmula argentina de *management* político. Santamarina, um dos jovens expoentes da análise política argentina, me disse que este país "costuma canibalizar as tendências políticas de todo o mundo... e neste contexto, o peronismo é seu grande liquidificador político. Por isso, são peronistas políticos de esquerda, piqueteiros, sindicalistas, neoliberais... Essa é a prova de que Perón absorve tudo, como o PRI no México.

Santamarina sustenta ainda que:

> no Brasil, Uruguai, Chile e Bolívia a esquerda encontrou seu *management* político. A esquerda, nesses países, encontrou seu canal de acesso à pós-modernidade. Há uma fórmula, funcionou... se é boa ou ruim é outra conversa. Mas, na Argentina, a esquerda não encontrou esse *management*. O Peronismo passou na frente.

Se o peronismo fosse uma arte, seria a da conquista e da manutenção do poder. Se fosse um pecado capital, seria a luxúria do poder e a gula de querer sempre mais

A figura de Perón é utilizada em cafés. Este boneco está no bar "Um café con Perón".

do que o normal (os peronistas são os bulímicos do poder). Se o peronismo fosse um espécime biológico, seria possivelmente a ameba, capaz de adaptar-se às mais variadas formas. No entanto, se fosse um inseto, seria a barata, presente neste mundo desde a Era Jurássica, além de ser capaz de sobreviver a uma guerra nuclear.

Em sua obra *Confissões*, Santo Agostinho perguntava-se angustiado: "o que é o tempo? Se ninguém me perguntar isso, eu sei o que é. Mas, se quisesse explicá-lo a alguém, não sei o que é". Se o peronismo fosse uma dúvida teológica na mente desse santo medieval, a pergunta seria similar: "O que é o peronismo? Se ninguém me perguntar isso, eu sei o que é. Se quisesse explicá-lo a alguém, não sei o que é".

Se formos obrigados a definir o peronismo em uma única e simples frase, tal como um ex-editor uma vez me pediu, teríamos que recorrer à marota definição do ex-ministro, ex-deputado, ex-senador, e ex-governador peronista Antonio Cafiero, que me disse uma vez: "rapaz, o peronismo... o peronismo é um sentimento!".

Outras formas de definir o peronismo são pelas negativas. O peronismo não equivale ao fascismo, embora Perón tenha adotado várias das facetas do movimento criado por Benito Mussolini, tanto na arte da mobilização das massas, do controle da economia e da exaltação dos líderes, bem como na prepotência. Um dos grupos fascistas do peronismo foi o movimento Tacuara, antissemita e favorável ao terror como forma de limitar a oposição.

O peronismo tampouco é um movimento de esquerda, se bem que absorveu grandes grupos do socialismo argentino e nos anos 1960 e 1970 contou com uma poderosa ala esquerdista, cujas ideias estavam misturadas com o cristianismo e o nacionalismo, como foi o caso do grupo Montoneros.

As estatizações do peronismo foram controvertidas, já que em várias ocasiões beneficiaram mais os antigos donos do que o Estado argentino. Esse foi o caso das ferrovias, compradas dos ingleses a bom preço, embora estivessem antiquadas. Perón, ainda que nos primeiros anos tivesse estado em confronto com os EUA, no início dos anos 1950 flertava ostensivamente com as empresas petrolíferas americanas, para que estas investissem no sul da Argentina.

Ao mesmo tempo, o peronismo, especialmente durante o governo de Carlos Menem (1989-99), teve uma profunda marca neoliberal. Menem privatizou quase todas as empresas estatais argentinas, reduziu o poder dos sindicatos e flexibilizou as leis trabalhistas. Mas, ao mesmo tempo, aumentou o gasto público de forma exponencial, para poder manter seus currais eleitorais nas províncias argentinas. O clientelismo foi costumeiro durante seu governo, ao passo que para o exterior mostrava uma face neoliberal.

A ensaísta Silvina Walger me disse que:

> é preciso reconhecer que Perón industrializou a Argentina. Mas é também verdade que ele oficializou – para sempre – a corrupção neste país. Se por um lado implantou uma série de leis sociais e trabalhistas que eram necessárias, por outro, foi autoritário, sem nenhuma cultura democrática. Isso, infelizmente, impregna a sociedade até hoje.

Mas o que é o peronismo? "É complicado, mas diria que é como um magma vulcânico, adaptando-se a qualquer forma... é o pragmatismo puro."

Perón e Evita estampam rótulos de bebida alcóolica. Na foto, ele está no vinho "Justicialista", feito em adegas da província de Mendoza. E ela virou cerveja consumida em bares temáticos peronistas.

Para o filósofo e diplomata francês Alain Roquié, o peronismo é nocivo para a Argentina. Ele sustenta que "não é saudável" para um país que os partidos tenham o passado como referência:

> Um partido deve ter o futuro como referencial. Mas, se ele referir-se a De Gaulle ou Perón, não é muito estimulante para o progresso do país. Hoje em dia, na França, a figura do general De Gaulle forma parte de nosso patrimônio. Mas, na Argentina, me dá a impressão que toda hora volta-se ao passado.

O escritor Tomás Eloy Martínez, autor da biografia romanceada *A novela de Perón* e *Santa Evita*, "decifrar Perón é uma tarefa de Sísifo. Sua herança dividiu-se em uma miríade de pequenas igrejas, cada uma da qual se define como verdadeira. O peronismo é inesgotável, porque se um deles fracassar, aparecerá outro prometendo ser melhor".

Segundo o escritor, um dos poucos que entrevistaram o político no exílio em Madri, a fins dos anos 1960, Perón – mesmo velho – não havia perdido a habilidade política. Ao contrário do que muitos historiadores afirmam, ele refuta a teoria de que o septuagenário general era um ancião gagá usado por López Rega. Para Martínez, é mais provável que o velho general utilizasse o astrólogo para fazer o "trabalho sujo" que ele preferia não fazer.

Além disso, Martínez sustenta que o "leão herbívoro" tinha plena consciência do que fazia ao designar sua inexperiente esposa Isabelita como vice-presidente, já que sabia que poderia morrer antes do fim de seu mandato. O velho presidente não estava preocupado com o futuro, pois costumava afirmar com ironia: "não é que eu seja tão bom. É que aqueles que sempre vêm depois de mim são piores".

Um dos principais biógrafos de Perón, o escritor americano Joseph Page, afirma que, "para os argentinos, compreender Perón é um pré-requisito para compreender a si próprios".

FRASES SOBRE O PERONISMO

"O Peronismo é como um magma, o pragmatismo puro." (Silvina Walger, analista social, autora de *Pizza com champagne*)

"Os peronistas não são bons, nem ruins. Eles são incorrigíveis." (Jorge Luis Borges, escritor)

"Perón amava seus cachorros. E uma grande parte da população amava Perón." (de um jornal espanhol, em 1974, após sua morte)

"É um ditador de brinquedo." (Ava Gardner, atriz americana, que morava no mesmo prédio de Perón em Madri, quando este estava no exílio. Ava reclamava dos discursos que Perón ensaiava na varanda do prédio.)

PERONISTAS

"Nós, peronistas, somos como os gatos: quando as pessoas ouvem eles gritando, não é que estão brigando... é que estão se reproduzindo!" (J. D. Perón)

"A única verdade é a realidade." (categórica e hermética frase que Perón utilizava para encerrar qualquer tipo de discussão).

"Melhor que dizer é fazer, melhor que prometer é realizar." (Perón, em 1945, quando era Secretário do Trabalho)

"Para um peronista, nada melhor do que outro peronista." (frase dos anos 1950, que nos anos 1970 é substituída pela mais conciliatória "Para um argentino, nada melhor que outro argentino")

"É preciso cavalgar os tempos históricos e adaptar-se às novas situações." (Perón, referindo-se à flexibilidade do Peronismo)

"Lula, homem que vem do socialismo, hoje em dia faz coisas que anos atrás não faria... ele teria sido peronista se tivesse nascido na Argentina!" (Antônio Cafiero, ex-ministro de Comércio Exterior, liderança histórica peronista, sobre as características peronistas do presidente Lula)

"Perón fez algo mais do que uma doutrina. Criou um sentimento... as pessoas sentem-se peronistas. É uma forma de vida." (Antônio Cafiero)

BRASIL-ARGENTINA, UMA RELAÇÃO DE AMOR E ÓDIO

BRASIL, O PAÍS QUE OS ARGENTINOS ODEIAM TER QUE AMAR

A admiração dos argentinos pelo otimismo brasileiro tornou-se "oficial" em 2009, quando a Administração Federal de Ingressos Públicos (Afip), denominação da Receita Federal argentina, emitiu um *spot* publicitário no qual um pequeno industrial anuncia a seus operários que todos aqueles que estavam contratados informalmente passavam a ter carteira assinada. Na sequência, o empresário, chamado de "Don Carlos" pelos operários, sai do idioma espanhol, passa para o português e exclama com um amplo sorriso: "tudo bem, tudo legal!".

Essa frase, no original em português, e geralmente interpretada foneticamente com aquilo que muitos argentinos acreditam que é o sotaque brasileiro – *"tchúdo báim, tchúdo legáu!"* – é ocasionalmente pronunciada pelos habitantes desse país para indicar algo positivo.

O Brasil, ao longo das últimas décadas, deixou de ser "rival" e tornou-se sócio comercial. E, de sócio, passou a ser encarado como líder da região.

Há 20 anos o Brasil era geralmente visto na Argentina apenas como a terra da praia, da água de coco, das curvilíneas mulatas, do Carnaval e da selva amazônica. E da cachaça e da caipirinha. E da caipiroska. E da arquitetura de Oscar Niemeyer.

Atualmente, é visto como a terra da praia, da água de coco, das curvilíneas mulatas, do Carnaval, da selva amazônica, da cachaça, da caipirinha, da caipiroska, das curvas dos prédios de Niemeyer... e também da liderança regional, do destaque nos foros internacionais, do crescimento industrial, de um mercado de uma classe média ascendente, de associações empresariais fortes e das grandes obras de infraestrutura.

Além de tudo isso – e apesar dos escândalos de corrupção em Brasília e do coronelismo em algumas regiões –, os argentinos admiram dos políticos brasileiros a "arte do consenso", em contraposição com o tradicional antagonismo que divide a Argentina há 200 anos.

"Prafréntchi" é outro termo que os argentinos usam no cotidiano para expressar – imitando o sotaque brasileiro – a admiração pela dinâmica do Brasil. Isto é: "para a frente".

Para começar, quatro verdades, talvez desconhecidas pelos brasileiros:

1) Não existem publicidades na Argentina ironizando os brasileiros. (Houve pouquíssimas, sem sucesso de público. É mais comum que apareçam publicidades argentinas ironizando os próprios argentinos quando tentam falar português ou dançar samba.)

2) Os produtos brasileiros são bem-vistos pelos consumidores argentinos. No início dos anos 2000 ocorreram três tentativas de boicotes contra produtos *Made in Brazil*, estimulados por empresários e sindicatos. Mas essas campanhas fracassaram de forma retumbante.

3) Os argentinos heterossexuais amam as brasileiras. Eles as consideram "vulcões sexuais" e "mulheres de verdade", donas de glúteos exuberantes e protagonistas de coreografias delirantes no leito; e até os argentinos homossexuais exaltam os *"bultos"* dos brasileiros, forma popular para designar a genitália de substancial volume.

4) De quebra, os argentinos fazem melhores piadas de argentinos do que nós. Como aquela que indica que a mais eficaz forma de suicídio de um argentino é que ele suba em seu próprio ego e se atire dali de cima. Para os setores mais chauvinistas brasileiros pode ser um choque saber que grande parte das ácidas piadas sobre os *"hermanos"* são geradas na Argentina, pelos próprios argentinos.

Essas peculiares relações bilaterais são analisadas com ironias entre acadêmicos brasileiros e argentinos com a seguinte frase: "os brasileiros amam detestar a Argentina... e os argentinos odeiam ter que amar tanto o Brasil".

O BRASIL INVEJADO

Fernando Henrique Cardoso e De la Rúa são adormecidos em cápsulas criogênicas e são acordados no ano 2020. Ainda sentados na cama, são alimentados e os enfermeiros trazem os jornais do dia. De la Rúa lê a manchete de seu jornal e começa a rir. "O que é que foi tão engraçado?", pergunta FHC. "É que estou lendo que Itamar Franco diz que quer lançar uma moeda eletrônica própria de Minas Gerais, o 'Tiradentes'", responde o ex-presidente argentino. FHC olha irritado para De la Rúa, e lê o seu jornal. Minutos depois, é o brasileiro quem dá uma gargalhada. "O que é?", pergunta o argentino. FHC responde: "Estou lendo aqui que surgiram problemas fronteiriços no canal de Beagle... entre o Brasil e o Chile".

Essa piada, contada em Buenos Aires no ano 2000 por um executivo de uma empresa argentina a um colega de uma empresa brasileira, refletia com humor uma angustiante sensação que muitos argentinos experimentam: ver que o país havia perdido o bonde da história, e que estava mergulhado em uma decadência econômica que teria sido inimaginável meio século antes. Além disso, possuíam um novo temor: o de serem absorvidos economicamente pelo Brasil, transformando-se, como alertava em 1995 o empresário Franco Macri, no "vigésimo oitavo estado brasileiro".

No entanto, nos anos seguintes, a sensação de que o Brasil era o modelo a imitar (e não o de ser absorvido pelo país vizinho) continuou crescendo. Inclusive, aumentou de forma nunca antes vista. Não foi à toa que em 2009 a principal revista semanal do país, a *Notícias*, publicou com destaque uma matéria com o título "Por que não podemos ser como o Brasil?", onde se exaltava a capacidade de adaptação dos brasileiros, em contraposição ao conformismo argentino. Os empresários nativos corroíam-se de inveja pelo que denominam de "nacionalismo do Brasil, que defende suas empresas através de uma política industrial".

O Brasil, na virada do século, transformava-se na potência regional industrial para a qual os argentinos olhavam com admiração. O protagonismo internacional crescente do Brasil só aumentou esse fascínio.

Em 2010, ano do bicentenário argentino (celebração que suscitou uma série de reflexões sobre o país, incluindo várias comparações com o Brasil), o ex-vice-ministro da Economia Orlando Ferreres me disse que, ao contrário do Brasil, a Argentina "careceu de estratégias de longo prazo". Segundo o economista, por esse motivo o país vive um cenário no qual até a carne – símbolo nacional – possui uma presença cada vez maior do Brasil: "frigoríficos argentinos são comprados por empresas brasileiras, com respaldo do BNDES, organismo que invejamos, sem similar na Argentina".

O sociólogo Carlos Fara me disse que

> há 50 anos o Brasil era um país rural, sem indústrias, enquanto a Argentina já contava com uma classe média de segunda geração, além de prêmios Nobel. O Brasil cresce de forma persistente e representa hoje para a Argentina o sonho daquilo que podia ter sido e não foi.

"Como pode ser que uma nação como esta, beneficiada com invejáveis recursos naturais e humanos, não consiga reverter este lento e melancólico declínio em direção à insignificância?"– Esta é a pergunta feita por um dos principais estudiosos sobre o país, Nicholas Shumway, da Universidade de Austin, Texas.

Shumway tem a teoria de que existe um fator normalmente esquecido: "a peculiar mentalidade divisória". O intelectual americano considera que o país fracassou na criação de um marco ideológico de união e consenso, caso contrário do Brasil.

O falecido escritor Jorge Luis Borges costumava dizer que os argentinos eram "brilhantes individualmente, mas coletivamente são um fracasso". Os analistas afirmam que, na contramão dos argentinos citados por Borges, os brasileiros sabem como agir em equipe.

Além de individualistas incorrigíveis, segundo Borges (e outros analistas, ensaístas e historiadores), os argentinos também padeceriam de outro problema, de acordo com o sociólogo Guillermo O'Donell, falecido em 2011: "temos um enorme talento autodestrutivo, somos o espetáculo mundial da autodestruição".

A analista de opinião pública e socióloga Graciela Römer admite que ainda existem dúvidas mútuas entre argentinos e brasileiros:

> Os argentinos possuem certas prevenções sobre algumas atitudes vistas como "imperialistas" dos brasileiros, enquanto que os brasileiros possuem reticências sobre a famosa prepotência argentina. Vai levar um pouco de tempo para acabar com estes sentimentos negativos mútuos.

O falecido pensador Oscar Raúl Cardoso me disse pouco antes de morrer que houve uma reconstrução da relação entre a Argentina e o Brasil em todos os terrenos. "O lado comercial em crescimento ajudou muito. Mas acho que também está havendo uma decisão política de avançar por este caminho".

O analista também relembrou um comentário irônico feito anos atrás pelo ex-chanceler Azeredo da Silveira sobre a união do Brasil e da Argentina: "talvez não seja o melhor lugar aonde ir... mas é o único".

Nas últimas duas décadas, a percepção dos argentinos sobre vizinho passou da subestimação à admiração. O analista Rosendo Fraga afirma que o Brasil assumiu um papel de ator global. Fraga recorda que, em 1910, o PIB argentino era o dobro do brasileiro. "Mas agora é a quarta parte. Isto é suficiente para explicar na Argentina o fascínio pelo Brasil. Mas também, em alguns setores, isto gera certa inveja".

Ceferino Reato, autor da primeira biografia de Lula escrita fora do Brasil, *Lula, a esquerda no divã*, sustenta:

> os argentinos sempre sentiram simpatia pelo Brasil. Mas, apesar disso, não sabemos muito sobre esse país; temos clichês sobre o Brasil e os brasileiros. Acho que os brasileiros tampouco nos conhecem muito, mas essa é outra questão. Não sabíamos muito

sobre o Brasil, quando a gente somente apreciava o futebol, carnaval, praia e garotas bonitas. E não sabemos muito agora, quando o Brasil emergiu como potência global. Esta é uma tendência cultural bem argentina: se nos anos 1990 as pessoas achavam que tínhamos que nos parecer com os EUA, agora falam que temos que ser como o Brasil.

Segundo Reato, "a coisa que mais se admira do Brasil na política é seu estilo negociador e conciliador das elites. E, na economia, a pujança de seus empresários, a estabilidade econômica e o bom ambiente nos negócios".

Carlos Fara, sociólogo e analista de opinião pública, explica que a Argentina tem um orgulho ferido.

VISITAS PRESIDENCIAIS

Ruas cheias de guirlandas e arcos do triunfo. Esses foram alguns dos elementos que os portenhos colocaram na capital argentina para exaltar a visita do presidente do Brasil Manuel Ferraz de Campos Salles a Buenos Aires em outubro de 1900. Na ocasião, 300 mil portenhos (ou um quarto dos habitantes, já que a cidade contava com 1,2 milhão na época) urraram o nome do brasileiro nas ruas, celebrando seu desembarque. Campos Salles dava início às visitas presidenciais brasileiras ao exterior.

Os presidentes Campos Salles e Roca durante a visita do brasileiro a Buenos Aires em 1900.

Nosso presidente colocava seus pés em Buenos Aires para retribuir uma visita feita pouco mais de um ano antes, em agosto de 1899, pelo colega argentino Julio Roca ao Rio de Janeiro. À beira da Baía de Guanabara, Roca teria dito uma frase histórica: "Tudo nos une, nada nos separa".

A frase, no entanto, é uma daquelas que se encaixam na categoria de "*se non è vero, è ben trovato*", já que ela seria pronunciada nesse exato formato, em 1910, pelo então presidente eleito da Argentina, Roque Sáenz Peña, durante sua visita ao Rio de Janeiro. "Hoje em dia essa afirmação pode parecer banal. Mas, na época, foi revolucionária", me disse o ex-embaixador do Brasil em Buenos Aires, Luiz Felipe de Seixas Correa.

Roca também deixou para os registros históricos uma categórica afirmação (esta, de cunho próprio): "O Brasil e a Argentina devem unir-se por laços da mais íntima amizade, porque juntos serão ricos, fortes, poderosos e livres".

O presidente argentino foi recebido por 150 mil pessoas acotoveladas na área do cais no Rio de Janeiro. Roca foi levado do navio ao porto na requintada galeota que havia transportado Dom João VI oito décadas antes em sua partida do Brasil rumo a Lisboa.

"Ovações delirantes" foi a definição dos jornais da época sobre a chegada de Roca, superior à acolhida de um *super star* do *rock 'n roll* nos dias atuais.

O motivo real da visita de Roca foi estreitar as relações com o Brasil, país com o qual pouco antes haviam sido resolvidos todos os conflitos de fronteiras bilaterais existentes, ao contrário do Chile. Assim, ao fazer sinais de amizade ao Brasil, Roca afastava os riscos de que o governo brasileiro fizesse uma eventual aliança com o Chile contra a Argentina.

Paralelamente, o Brasil, depois de 67 anos de monarquia, desejava "republicanizar" sua política externa, atenuando os vínculos com as coroas europeias e privilegiando o espaço sul-americano.

No fim da visita ao Rio, Roca foi sedutor: "Conquistamos algo que vale mais do que um pedaço de território, que é a simpatia e a amizade do povo brasileiro." Roca referia-se à cessão ao Brasil, por parte da Argentina, do território de Palmas (atualmente dividido entre os estados de Santa Catarina e do Paraná), que seu país havia considerado até a época como integrante da província argentina de Misiones.

A comitiva argentina partiu do Rio maravilhada com "a exuberância da natureza" e um certo "ar versalhesco" que existia na sociedade por causa da presença dos títulos nobiliárquicos remanescentes dos tempos de Dom Pedro II, cujo governo havia terminado de forma abrupta 10 anos antes.

Ao contrário das visitas presidenciais atuais – corriqueiras, de apenas 24 horas, com comitivas de poucas dezenas de pessoas, e que muitas vezes passam despercebidas para o grande público –, a viagem de Campos Salles a Buenos Aires no ano seguinte

O presidente argentino Julio Roca entra na Baía de Guanabara para iniciar visita ao Brasil em 1899.

à visita de Roca ao Rio foi em grande estilo. O presidente viajou na companhia de centenas de pessoas, no encouraçado Riachuelo, que veio acompanhado de parte da esquadra brasileira, que levava centenas de integrantes da comitiva presidencial.

Campos Salles permaneceu em Buenos Aires durante uma semana com atividades que incluíram idas à Ópera, ao Hipódromo e diversas recepções com bailes. A ocasião foi tão especial que os dois presidentes foram os protagonistas do primeiro filme rodado na Argentina. O cinegrafista Eugenio Py gravou as imagens dos dois presidentes conversando em uma escadaria em um palacete portenho.

Roca e Campos Salles tornaram-se referências das relações bilaterais Brasil-Argentina, mesmo depois de deixarem seus cargos. Desta forma, a reunião foi convocada para resolver uma crise entre os dois países em 1906, mais especificamente, uma corrida armamentista. Na ocasião, Roca foi ao Brasil. Em 1912, a tensão retornou. Esta foi a vez de Campos Salles ir a Buenos Aires. Durante três meses de reuniões, os dois ex-presidentes desativaram as tensões entre os dois países. Além disso, estabeleceram reduções alfandegárias argentinas para produtos como a erva-mate, café e fumo brasileiros. Em troca, o Brasil reduziu as tarifas alfandegárias para trigo, farinha, carnes e frutas argentinas.

A agenda da ocasião mostra que vários dos problemas da época permanecem ainda hoje. Por exemplo, o comércio do açúcar. Da mesma forma que nos anos 1990 e nos primeiros anos do século XXI, os usineiros brasileiros reclamavam do protecionismo de seus congêneres argentinos, os produtores argentinos de trigo protestavam, indicando que o Brasil retaliava os obstáculos ao açúcar brasileiro importando o cereal dos EUA com tarifas mais baixas. Na época, os EUA causavam cizânia entre o Brasil e a Argentina, pressionando o governo brasileiro para conseguir maiores vantagens alfandegárias alegando que eram excelentes clientes, pois importavam 6,1 milhões de sacas de café do Brasil por ano. Os argentinos tinham menor poder de pressão, pois só importavam 120 mil sacas brasileiras. Em 1900, o Brasil era o quinto importador de produtos argentinos. A Argentina era o sétimo importador de produtos brasileiros. Na última década do século XX e na primeira do XXI, o Brasil foi o principal destino das vendas argentinas para o exterior, enquanto a Argentina oscilou entre o segundo e o terceiro posto nas compras de produtos brasileiros.

Depois de Campos Salles, passaram-se várias décadas sem visitas presidenciais brasileiras. Foi necessário esperar até 1935, quando chegou a Buenos Aires o presidente Getúlio Vargas, que se reuniu com o presidente e general Augustín Justo. Na ocasião, foram assinados 12 acordos bilaterais.

O arquivo da Chancelaria argentina mostra vários dados curiosos sobre a visita de Vargas ao país. Uma delas, o desespero da Chancelaria local pela lentidão da Embaixada argentina no Rio de Janeiro em enviar os dados e fotografias do presidente Vargas para fazer o livro de luxo que celebraria a visita. Outra era a da pianista Guiomar Novaes, que o governo brasileiro, a último momento, queria colocar de qualquer forma na programação cultural da visita de Vargas a Buenos Aires. Finalmente, conseguiram um buraco na agenda das festividades para que ela tocasse no Teatro Cervantes.

Vargas foi hospedado no Palácio Pereda, no início da elegante avenida Alvear. Encantado com a mansão, o presidente propôs sua compra, para transformá-la na Embaixada do Brasil. Celedonio Pereda, fazendeiro argentino que havia construído o palacete pouco mais de uma década antes, foi seduzido pelas insistentes ofertas que Vargas fez nos anos seguintes. A compra foi efetivada em maio de 1945, nos derradeiros meses do governo Vargas.

Desde os anos 1980, quando a parte administrativa foi construída a um quarteirão de lá, o Palácio Pereda tornou-se a residência do embaixador brasileiro.

Segundo a escritura dos tabeliães Juan e José Toribio, em troca do palácio o governo brasileiro cedeu à família Pereda o prédio da avenida Callao 1555, até então a embaixada do Brasil, junto com 4 mil toneladas de minério de ferro.

O edifício neoclássico da sede diplomática localiza-se na frente da Praça Carlos Pellegrini, diante do Jockey Club, quase ao lado da refinada Embaixada da França. Erroneamente, a maioria das pessoas consideram que o palácio está no elegante bairro da Recoleta. Mas ele começa a três quadras dali. Oficialmente, o palácio está no bairro de Retiro.

Na sequência das visitas presidenciais, o presidente Juan Domingo Perón recebeu o presidente Eurico Gaspar Dutra em 1947. No entanto, o encontro ocorreria na fronteira, entre a argentina Paso de los Libres e a brasileira Uruguaiana (RS). Na

Os presidentes Jânio Quadros e Arturo Frondizi reúnem-se para avaliar aproximação entre os dois países. Mas a integração só começaria quase três décadas depois.

ocasião, com a presença de Evita Perón, os dois presidentes inauguraram a ponte que liga as duas cidades, que foi a primeira entre os dois países. Antes disso, evitou-se a construção de pontes, já que estas podiam servir para a passagem de tropas invasoras do país vizinho.

O trecho da metade da ponte correspondente à Argentina foi inaugurado com o nome de Agustín Justo, ditador da Argentina nos anos 1930. Do lado brasileiro, teve o nome do ditador Getúlio Vargas (na época, Vargas somente havia sido ditador; ele ainda não havia sido eleito democraticamente presidente, o que aconteceria em 1950).

Em abril de 1961, foi realizado o encontro seguinte, também na divisa dos dois países, entre os presidentes Arturo Frondizi e Jânio Quadros. Na ocasião, os presidentes expuseram opiniões diferentes sobre o contexto regional (a crise de Cuba, a posição perante os EUA) e internacional (a eventual aproximação aos países africanos que conquistavam suas independências e aos países comunistas da Ásia). Mas assinaram um importante acordo de amizade e consulta. Quadros, que duraria poucos meses no poder, até especulou com Frondizi retirar as tropas brasileiras da área da fronteira com a Argentina, localizadas especialmente no Rio Grande do Sul, e deslocá-las mais para o interior.

Passariam-se quase duas décadas, quando, em 1980, para apaziguar a tensão surgida entre o Brasil e a Argentina pela construção da hidrelétrica de Itaipu (a obra causava suspeitas no governo argentino e na população do país, que temia que um dia o Brasil pudesse abrir suas comportas e alagar várias cidades argentinas), o general João Batista Figueiredo desembarcou em Buenos Aires para reunir-se com o ditador argentino Jorge Rafael Videla. Este paparicou o colega brasileiro, que foi presenteado com cavalos argentinos, fato que agradou Figueiredo, um declarado amante da hípica.

De quebra, foi homenageado no estádio do San Lorenzo, time pelo qual havia torcido, quando adolescente, durante o exílio de seu pai, o general Euclides Figueiredo, em Buenos Aires, nos anos 1930 (o general havia sido exilado pelo governo Vargas por ter participado da Revolução Constitucionalista de 1932).

A visita teve grande impacto, pois foi a terceira viagem de um presidente brasileiro à Argentina em todo o período republicano (os encontros Perón-Dutra e Frondizi-Quadros foram literalmente na fronteira). Videla retribuiu a visita no mesmo ano, indo a Brasília.

Em 1985, com ambos os países de volta à democracia, o presidente José Sarney reuniu-se com o presidente Raúl Alfonsín sobre a ponte Tancredo Neves (entre a brasileira Foz do Iguaçu e a argentina Puerto Iguazú), inaugurada na ocasião, colocando as bases do futuro Mercosul. O encontro ocorreu nas duas cidades entre os dias 29 e 30 de novembro. No início do século XXI, em homenagem a este passo crucial no aprofundamento das relações entre os dois países, esta última data foi designada o "Dia da Amizade Argentino-brasileira".

Os dois presidentes assinaram a Declaração Conjunta sobre Política Nuclear. Alfonsín, simbolicamente, visitou Itaipu, que nos dez anos anteriores havia sido a nêmesis para a Argentina.

Em julho de 1986, o presidente brasileiro foi à Argentina. Na ocasião, Alfonsín demonstrou um inesperado gesto de confiança ao receber Sarney e abrir-lhes as portas das instalações atômicas argentinas. Os dois presidentes tornaram-se grandes amigos dali para frente. Eles costumavam realizar visitas mútuas mesmo após terem concluído suas presidências. É o único caso de uma amizade sólida entre presidentes do Brasil e da Argentina que perdurou mesmo após seus períodos de governo.

Depois de Sarney, as visitas presidenciais brasileiras tornaram-se corriqueiras. Segundo fontes diplomáticas brasileiras, no início dos anos 1990, durante uma visita a Buenos Aires, acompanhando seu marido, o presidente Fernando Collor de Mello, Rosane Collor teria protagonizado um insólito chilique. A então primeira-dama pediu, aos gritos, a demissão da cozinheira da Embaixada do Brasil em Buenos Aires. O motivo da exigência da jovem de Canapi era que a quituteira argentina não sabia preparar o brasileiríssimo pão de queijo, na época, um elemento fundamental do regime do café da manhã da então primeira-dama.

Também foram a Buenos Aires Itamar Franco e Fernando Henrique Cardoso. Este último causava profunda inveja no presidente Carlos Menem (1989-99), ao falar com a imprensa argentina em espanhol e com os correspondentes estrangeiros em inglês ou francês. Em diversas ocasiões, o poliglota FHC serviu de tradutor de coletivas de imprensa para "El Turco", que era monoglota (o macarrônico inglês de Menem era a delícia dos humoristas argentinos).

FHC continuou visitando Buenos Aires nos anos seguintes ao fim de seu mandato para dar conferências. O ex-presidente continuou tendo tratamento de estrela na mídia e na intelectualidade portenha.

O presidente Luiz Inácio Lula da Silva foi outro visitante frequente em seus dois mandatos, batendo todos os recordes protagonizados por seus antecessores. Nos primeiros meses de governo, em 2003, visitou o então presidente provisório Eduardo Duhalde (2002-3), que estava em seus últimos meses de mandato e com quem teve excelente relacionamento pessoal.

Na sequência, o anfitrião passou a ser Néstor Kirchner, que se tornou presidente em maio de 2003. Lula o visitou várias vezes. A partir de dezembro de 2007, os Kirchner continuaram no poder, mas por intermédio da esposa de Néstor, Cristina, que combinou dois encontros presidenciais por semestre com Lula.

O temperamental Kirchner oscilou entre períodos de idílio e de turbulências com Lula. O presidente brasileiro foi pego de surpresa várias vezes pelas guinadas drásticas de Kirchner, especialmente as inesperadas medidas protecionistas para – atendendo aos pedidos das indústrias nacionais – prevenir eventuais "invasões de produtos" brasileiros no mercado argentino.

Dessa forma, nem todas as ocasiões de visitas de Lula a Buenos Aires e outras cidades argentinas (especialmente para cúpulas do Mercosul) puderam ser definidas como "prazenteiras". A tensão prevaleceu durante a administração de Néstor Kirchner. Já com Cristina Kirchner, as cúpulas mantiveram um clima relativamente mais pacífico. Cristina costumava elogiar o empresariado brasileiro, como modelo a ser seguido pela Argentina.

Em todas as suas visitas, Lula causou *frisson* na esquerda argentina e exclamações de admiração no *establishment* portenho. O *frisson*, no entanto, diminuiu com o passar dos anos, já que os setores da esquerda local foram se decepcionando com a guinada para o centro (ou centro-direita, segundo alguns) do ex-torneiro mecânico. A utopia de que Lula ainda seria, no fundo do coração, um homem socialista consolava diversos setores progressistas argentinos. Diversas pesquisas, ao longo dos anos, indicaram que se um presidente estrangeiro pudesse ser candidato a presidente na Argentina, Lula venceria outros políticos do exterior, além dos próprios candidatos argentinos.

LULA, "PRESIDENTE ARGENTINO"

O idílio que os argentinos viviam na primeira década do século XXI com o Brasil era de tal magnitude que eles não teriam qualquer prurido em votar em um brasileiro para governá-los. Esse era o caso do ex-presidente Luiz Inácio Lula da Silva. Se o petista tivesse preferido ser candidato a ocupar a Casa Rosada, em vez do Palácio do Planalto, teria recebido 49% dos votos em 2003, segundo uma pesquisa feita na época. Essa era uma proporção significativamente maior do que a recebida pelo presidente argentino eleito naquele ano, Néstor Kirchner, que teve apenas 22,4% dos votos.

Carlos Fara, sociólogo e analista de opinião pública, afirma que Lula, enquanto foi presidente do Brasil, teve ano a ano uma crescente imagem positiva entre os argentinos. Sequer os escândalos de corrupção de sua administração tiveram o efeito de prejudicar sua popularidade no país.

Alex Milberg, colunista da edição argentina da revista *Newsweek*, sustenta que o *establishment* argentino tem inveja do Brasil como a nova potência regional.

Elogiam Lula e Dilma para criticar, por vias indiretas, os presidentes argentinos. Mas não tenho dúvidas de que gostavam de Lula porque é brasileiro. Nem os empresários nem os meios de comunicação da Argentina teriam visto com agrado um Lula argentino. Ao contrário, fugiriam assustados.

No entanto, a ideia de um Lula argentino atraiu diversos setores. Esse era o caso das rivais Confederação Geral do Trabalho (CGT) e a Central dos Trabalhadores Argentinos (CTA).

O líder da primeira central, o caminhoneiro Hugo Moyano, argumentou em diversas ocasiões em 2009 e 2010 que, se Lula, um ex-torneiro mecânico, havia tornado-se presidente do Brasil, por que não um caminhoneiro como ele poderia ser presidente da Argentina. A CTA planejou a criação de um Partido dos Trabalhadores argentino, que ostentaria o mesmo nome. Mas o plano foi arquivado.

Diplomatas, empresários e políticos da oposição – entre eles o prefeito portenho, Maurício Macri, do partido de centro-direita Proposta Republicana – consideravam Lula um "estadista" caracterizado pela "moderação".

O ex-presidente Eduardo Duhalde (2002-2003), que conviveu com Lula no último terço de seu mandato, me disse em 2011 que "Lula é o estadista mais importante da América Latina em décadas". Segundo Duhalde, "o Brasil possui uma visão estratégica. Há anos que estou dizendo 'olhemos o Brasil', desde antes que Lula chegasse ao poder. Vamos copiá-los. Eles não são *pelotudos*. Nós sim, somos *pelotudos*!".

Outros dois presidentes brasileiros também geravam reverências em Buenos Aires: Fernando Henrique Cardoso, respeitado pelo empresariado e a intelectualidade (suas conferências em Buenos Aires, já aposentado do planalto, sempre reuniram a nata da *intelligentsia* portenha); e Dilma Rousseff, encarada pela oposição argentina como "séria", em contraposição a Cristina Kirchner, famosa por apreciar as compras, as bolsas e os calçados de luxo.

Os analistas destacaram nos primeiros anos de governo Dilma que a sucessora de Lula não tinha a mesma "paciência estratégica" que o ex-torneiro mecânico havia apresentado com a Argentina, minimizando uma série de conflitos, especialmente na área comercial.

A AVENTURA BÉLICA MAIS MERIDIONAL DO BRASIL

O Brasil e a Argentina haviam tido três séculos e meio de violentos confrontos, na maior parte do tempo, como colônias de suas respectivas metrópoles, Portugal e Espanha. A colonização fez que em nenhum outro ponto da América do Sul portugueses e espanhóis disputassem territórios com tanto ardor, mais ainda depois da fundação de Colônia do Sacramento, por parte de Portugal, nas margens atualmente uruguaias do rio da Prata, em frente da então espanhola Buenos Aires.

Independentes, o Brasil e a Argentina continuaram – como os Montecchios e Capulletos – as velhas brigas dos pais. Várias guerras confrontaram os dois países na primeira metade do século XIX.

As tensões surgiram em 1816, quando o Reino Unido de Brasil, Portugal e Algarves invadiu o Uruguai, rebatizando-o de província Cisplatina. A presença de uma frota luso-brasileira na foz do rio da Prata incomodou os recém-independentes argentinos.

A guerra, com o Brasil já independente, sob o comando de Dom Pedro I, começou em grande escala em 1825. Na época, a Argentina respondeu aos bloqueios que a frota real realizava contra o porto de Buenos Aires com incursões de corsários argentinos nas costas do Brasil.

Nos primeiros tempos, esses navios, que não podiam sair da bloqueada Buenos Aires, partiam mais ao sul, da baía de Sanborombón. Posteriormente, os argentinos perceberam que era mais prático – e seguro – usar o ponto mais meridional da recém-criada Argentina: Carmen de Patagones, no norte da Patagônia.

Nesse vilarejo de 500 habitantes, localizado no rio Negro, a poucos quilômetros de sua foz, os corsários atracavam seus navios. Ali eles guardavam seu butim, descansavam e abasteciam-se de alimentos.

O vilarejo, na margem norte do rio, contava com 40 milícias regulares alojadas no Forte del Carmen, alguns índios, um punhado de *gauchos* que trabalhavam na área rural e vários presos que haviam sido deportados para essa área nos confins do país.

O governo imperial no Rio de Janeiro decidiu que era hora de terminar com esse reduto de corsários na Patagônia. Para isso, o almirante Pinto Guedes enviou uma frota comandada pelo capitão inglês James Shepherd composta pelo navio Duquesa de Goyaz, o bergantim Escudeiro (sob a liderança do francês Louis Pouthier), a corveta Itaparica (comandada pelo inglês William Eyre) e a goleta Constança.

No total, os navios contavam com 613 tripulantes. A Constança era comandada por Joaquim Marques Lisboa, que na época tinha apenas 20 anos. Mas demonstraria ser um bravo homem do mar.

A ideia era arrasar Carmen de Patagones. Depois, junto com outras forças que chegariam mais tarde, partir rumo ao norte, para atacar Buenos Aires pelo sul. Dessa forma, Buenos Aires ficaria cercada por dois *fronts* de guerra.

Alertados pela presença dos navios brasileiros na vizinhança, o comandante das forças argentinas em Carmen de Patagones, Martín Lacarra, recrutou dezenas de homens na área, reunindo um total de 500 pessoas, entre milicianos e civis que participaram voluntariamente (e outros nem tanto).

Além disso, reuniu dois pequenos navios e dois baleeiros. Os quatro navios eram comandados por um inglês, um galês e dois franceses, demonstração de que na Guerra Argentino-Brasileira a presença de estrangeiros a serviço de ambos os países era considerável.

No dia 28 de fevereiro de 1827, o Escudeiro entrou no estuário do rio Negro ostentando uma bandeira de outro país, com o objetivo de despistar os argentinos. No entanto, as tropas locais desconfiaram e iniciaram um bombardeio com uma bateria de quatro canhões. O Escudeiro e a Itaparica conseguiram passar pelos canhões argentinos sem problemas. Mas o Duquesa de Goyaz, que era um navio de grande calado, encalhou em um banco de areia do rio.

As dificuldades de prosseguir com a frota pelo rio levaram o comandante brasileiro a desembarcar e atacar Carmen de Patagones por via terrestre.

Os quase 400 homens desembarcaram na noite do dia 7 de março, em meio a um calor infernal. Para complicar, desceram em um terreno de areia e cheio de arbustos com espinhos. Os soldados foram obrigados a levar os oficiais sobre seus ombros. De quebra, não contavam com um guia experiente e se perderam, afastando-se do rio e de fontes de água potável. A tropa estava exausta e sedenta quando chegou à colina Caballada. Como se todo o cenário não fosse complicado, o único alimento que os soldados haviam ingerido nas 24 horas prévias era carne salgada.

Os brasileiros foram descobertos pelos argentinos nas proximidades de Carmen de Patagones. As forças locais – depois de incendiar os arbustos ao redor dos inimigos – atacaram os brasileiros, que, depois de um breve combate, tiveram que iniciar a retirada na direção dos navios. Mas havia um problema: nesse intervalo, os argentinos já haviam abordado e capturado os navios da frota imperial. A Itaparica conseguiu escapar, mas foi afundada em seguida na frente de Carmen de Patagones. Seus restos ainda descansam no fundo da lama do rio Negro. Mas sua bandeira imperial esteve durante um século e meio como troféu de guerra na catedral da cidade. A Contanza também foi conquistada e sua tripulação se rendeu.

O saldo da batalha foi de 40 mortos brasileiros, além de 66 feridos nas tropas imperiais.

Os argentinos aprisionaram 557 homens das forças brasileiras, que foram levados a Buenos Aires. Posteriormente, todos foram liberados. Desse total, ao redor de 200 britânicos que haviam lutado do lado brasileiro decidiram entrar no exército argentino quando chegaram a Buenos Aires. Os argentinos sofreram quatro baixas, além de 13 feridos.

A guerra entre o Brasil e a Argentina terminou em virtual empate um ano depois, em 1828. Um dos resultados do conflito foi a Independência do Uruguai, que, por efeitos colaterais nos anos seguintes, influenciou as tentativas separatistas no Rio Grande do Sul. Outro efeito foi a perda de prestígio de Dom Pedro I, que se agravaria por motivos internos. Do lado argentino, a guerra também abalou o governo, levando a uma série de divisões que rapidamente deram início a um ciclo de guerras civis.

De todos os protagonistas dessa batalha, um deles ficou famoso posteriormente: o brasileiro Joaquim Marques Lisboa, que cresceria em sua carreira e se tornaria – décadas depois – o almirante Tamandaré, comandante das forças navais brasileiras na Guerra do Paraguai.

Na segunda metade do século XIX, a sangrenta Guerra do Paraguai uniu o Brasil e a Argentina, do mesmo lado. Poucas décadas depois, em 1899 e 1900 os encontros presidenciais entre Julio Roca e Manuel Ferraz de Campos Salles deram o tom de que a aliança circunstancial da guerra paraguaia poderia tornar-se algo permanente. Menos de um século depois, a Argentina havia deixado de ser hipótese de conflito bélico para o Brasil e vice-versa. Os dois países, no início do século XXI, começavam a fabricar – de forma conjunta – veículos blindados leves, além de realizar manobras militares entre os dois exércitos e a marinha.

VINICIUS DE MORAES, UM PORTENHO HONORÁRIO

Os argentinos possuem uma relação de intensa admiração por Vinicius de Moraes, um *habitué* da cidade de Buenos Aires durante uma década a partir de 1968. Mais do que um visitante, o poeta é praticamente considerado um "portenho honorário". Não é à toa que *Nuestro Vinicius* (Nosso Vinicius) foi o título do seu livro escolhido pela especialista em literatura e empreendedora cultural Liana Wenner para relatar a presença de Vinicius em terras portenhas.

"Cresci ouvindo na casa de meus pais um velho *long play* do show de 'La Fusa'. Achava fascinante essa forma de expressar a alegria e a liberdade que vocês, brasileiros, possuem", me explicou a autora do livro, Liana Wenner. O extinto café-concert La Fusa foi o templo da bossa nova em Buenos Aires por dez anos.

A conexão portenha começou em 1966 quando o então advogado Daniel Divinsky – fascinado com a trilha sonora do filme francês *Um homem e uma mulher* (que incluía várias canções de Vinicius de Moraes) e *Orfeu Negro* – passou 36 horas em ônibus sem conforto algum de Buenos Aires até o Rio de Janeiro para propor ao poeta a edição de seus livros na Argentina.

"Vinicius topou, mas pediu 15% pelos direitos de autor, quase o triplo do que cobravam os autores europeus. Aceitei porque queria ter Vinicius entre nossos primeiros títulos. E assim publicamos *Para viver um grande amor*". O livro foi lançado em agosto de 1968. Nos dois primeiros anos, Divinsky vendeu quinze edições da obra.

Divinsky fundou a Ediciones de la Flor, que, na mesma época em que começou a editar Vinicius de Moraes na Argentina (livros que foram vendidos para o resto da América do Sul), também iniciou a publicação dos livros de tirinhas da personagem Mafalda, do cartunista Quino.

A estreia do poeta em palcos argentinos aconteceu em 8 de agosto de 1968 em Buenos Aires. Cinco anos depois, ele fez duas apresentações no Teatro Ópera.

> Vinicius veio para esta cidade para ser a ponta de lança de uma intensa campanha dos exportadores brasileiros de café, que queriam divulgar o produto na Argentina contra seus principais concorrentes, os colombianos, que também estavam fazendo uma agressiva divulgação. A delegação brasileira era um luxo [...]

conta Wenner, citando os integrantes: "Dorival Caymmi, Quarteto em Cy, Baden-Powell e Oscar Castro Neves".

A primeira apresentação estava marcada para as 20h30. Mas eram 20h15 e Vinicius não aparecia no teatro. De seu hotel, a 15 quarteirões dali, havia saído às 17h. Os organizadores ligaram para a polícia, temendo que Vinicius sofrera um sequestro. Mas o poeta simplesmente não havia percebido que era tarde, e chegou em cima da hora.

Às 22h30, o show terminou. Mas o público não queria sair e, do lado de fora, na avenida Corrientes, mais de 3 mil pessoas pretendiam entrar para a segunda apresentação da noite.

No meio dessa atribulada "noite mágica", como define Wenner, quatro jogadores do Santos, que estavam em Buenos Aires para um amistoso contra o River Plate, apareceram na porta para tentar entrar no começo da segunda apresentação. O produtor do show foi abordado pelo lanterninha, que gaguejava emocionado: "senhor, senhor, Pelé está aqui!!!!".

Minutos depois, Pelé e seus colegas estavam em cima do palco. O público, em delírio, aplaudia freneticamente. Segundo Wenner, "Baden começou a improvisar uma batida de samba ao estilo Pixinguinha. A bateria acompanhou. Vinicius aproximou-se para abraçar os jogadores. Pelé começou a chorar como um garoto".

Vinicius ficou em Buenos Aires além do previsto e começou a frequentar as casas de shows e a intelectualidade portenha. O poeta ia às apresentações que Astor Piazzolla fazia na época e – escondido no meio do público – gritava: "seu filho da p...!". O sisudo público portenho ria perante a brincadeira. Piazzolla, que ainda enfrentava resistência dos tangueiros tradicionalistas, deleitava-se com o humor de Vinicius, que descontraía o ambiente do show.

O poeta uruguaio Horacio Ferrer conheceu Vinicius em Buenos Aires.

Juntos, segundo Wenner, prepararam "um musical com chorinhos e tangos que teria o inquietante nome de *Os exilados do cruzeiro do sul*. Mas este projeto não se concretizou".

Em 1970, debutou o show no La Fusa, acompanhado de Maria Creuza e Toquinho. O espetáculo foi considerado um dos pontos altos da vida cultural portenha da primeira metade daquela década. Os shows nesse café-concerto prolongariam-se em diversas fases até 1972 e tiveram influência sobre uma geração de músicos e poetas argentinos.

Vinicius compôs "Samba da Rosa" dedicado a Rosa, a cozinheira e empregada de um amigo, o americano Fred Sill, que emprestava o apartamento da esquina das avenidas Las Heras e Coronel Díaz ao poeta. O samba foi escrito por Vinicius, mergulhado na banheira – com uma máquina de escrever sobre um suporte de madeira –, enquanto Toquinho, com o violão, ficava sentado sobre o bidê.

Na mesma época, no apartamento que Renata Deschamps (mãe da modelo e atriz Alexia Deschamps) tinha na rua Montevideo (entre as ruas Posadas e Alvear), Vinicius e Toquinho prepararam a versão definitiva de "Tarde em Itapoã".

Nesse período profícuo, Vinicius também compôs "Valsa para uma menininha" (cujo título completo era "Valsa para uma menininha chamada Camila"). A garotinha em questão era Camila Goñi, filha da jornalista argentina Helena Goñi, que cobria os shows de Vinicius.

A presença em terras portenhas valeu a Vinicius de Moraes uma esposa, a oitava das nove que teve ao longo da vida. Ela era a argentina Marta Rodríguez Santamarina (única esposa não brasileira de Vinicius), que o poeta conheceu em Punta del Este em 1975.

Em homenagem a Marta, que tinha 23 anos, compôs "Amigo portenho", canção na qual pede a seu amigo de Buenos Aires que, caso veja uma determinada garota na rua, lhe diga que está morto de saudade.

Meses depois, no dia 18 de março de 1976, poucos dias antes do golpe militar que implantaria a mais sanguinária ditadura argentina, desapareceu em pleno centro portenho o pianista Tenório Cerqueira Jr., que tocava com Vinicius.

O ex-torturador argentino Cláudio Vallejos teria participado entre 1976 e 1979 do sequestro de civis realizado pelo grupo de tarefas da Marinha que operava na Escola de Mecânica da Armada (ESMA), o maior centro de detenção e tortura da ditadura argentina (1976-83).

Dono de um ego significativo, Vallejos dizia-se "o mais jovem agente de informações do mundo". O dossiê sobre Vallejos na Comissão Nacional de Desaparecidos (Conadep), que possui 274 folhas, indica que o ex-torturador – pertencente ao Batalhão Número 3 de Infantaria da Marinha – trabalhou nos centros clandestinos de detenção e tortura de El Vesubio, El Banco, La Cacha, El Atlético e La Perla. Além dos detalhes da documentação na Justiça Vallejos deu pormenores de sua atividade durante o regime militar em diversas entrevistas entre 1984 e 1986 a meios de comunicação na Argentina e no exterior, inclusive no Brasil.

Nos anos 1980, Vallejos, fazendo pose de "arrependido", deu entrevistas às revistas brasileiras *Fatos e fotos* e *Senhor*, nas quais sustentava que havia estado presente no sequestro de Tenório Cerqueira Jr. em março de 1976.

Segundo Vallejos, Tenório Cerqueira foi uma das diversas vítimas do ex-capitão Alfredo Astiz, oficial que era o "garoto-prodígio" da ditadura argentina.

Na época, Cerqueira participava de uma série de apresentações de Vinicius no teatro Gran Rex na capital argentina quando, no 18 de março de 1976, seis dias antes do golpe militar que implantaria a mais sanguinária ditadura argentina, desapareceu em pleno centro portenho.

O pianista, que havia saído do Hotel Normandie – na esquina da avenida Corrientes e da rua Rodríguez Peña – às duas da madrugada para comer um sanduíche, teria sido detido por integrantes da Marinha. Diversos rumores indicam que Astiz, que teria liderado o grupo-tarefa, confundiu Tenório (que usava barba, óculos e cabelo comprido) com um militante de esquerda. Vallejos afirmou que Astiz acabou com a vida de Tenório "com um tiro na cabeça".

O impecável espanhol que Tenório falava (com sotaque portenho) teria convencido os oficiais de que ele era um argentino, e não um músico brasileiro do grupo de Vinicius, como poderia ter alegado em sua defesa.

Vinicius, idolatrado pelo público e pela crítica portenha na época, procurou durante dias seu amigo e músico, mobilizando todos os seus contatos para encontrá-lo. No entanto, o corpo de Tenório, que na época tinha 35 anos, esposa grávida e quatro filhos, jamais apareceu.

Entristecido, Vinicius começou a frequentar Buenos Aires com menos regularidade e instalou-se no Rio de janeiro com Marta. A relação de ambos prolongou-se de 1976 a 1978.

Antes de morar na Argentina, Vinicius trabalhou como cônsul brasileiro em Montevidéu. O livro de Wenner inicia com o insólito relato de uma noite de véspera de Natal na capital uruguaia em 1958, quando três irmãos de uma família destacada de Montevidéu, procurando um bar aberto para celebrar, foram ao Pigmalión, um bar de prostitutas. Ali, um deles, Marcelo Acosta y Lara, viu um homem sentado no fundo do salão. Com pena do solitário cliente, o convidaram para beber.

Nessa noite – regada com abundantes destilados –, iniciou uma amizade que levaria Vinicius a fazer sua primeira gravação. "Ele havia gravado poucos discos, pois dizia que tinha uma voz ruim para isso", relata no livro Acosta y Lara, cuja família era dona de uma estação de rádio em Montevidéu.

Em seu apartamento na capital uruguaia, no bairro de Pocitos, Vinicius compôs "A Felicidade".

MERCOSUL, DAS BRIGAS PROTECIONISTAS AOS INVESTIMENTOS

Como vimos, em 1986, os então presidentes Raúl Alfonsín e José Sarney deram início à integração entre os dois países ao assinar a Ata para a Integração Argentino-Brasileira, que criou o Programa de Integração e Cooperação entre a Argentina e o Brasil. A base deste acordo era a de estabelecer um tratamento preferencial entre os dois participantes perante terceiros mercados, além de uma harmonização progressiva de políticas, incluindo a participação dos setores empresariais. Em 1988, o Uruguai também entrou no processo.

Em 1991, a Argentina e o Brasil, acompanhados pelo Paraguai e o Uruguai, rubricaram o Tratado de Assunção, que constituiu na "certidão de nascimento" do bloco do Cone Sul, que é batizado com o nome de "Mercosul".

O acordo determina uma estrutura básica para a criação da área de livre-comércio. Pouco mais de um ano depois, os sócios do novo bloco reuniram-se no vilarejo de Las Leñas, na província argentina de Mendoza, para definir o cronograma para a formação do mercado comum.

O tratado determina a

> livre circulação de bens, serviços e fatores produtivos entre países, o estabelecimento de uma tarifa externa comum e a adoção de uma política comercial comum, a coordenação de uma política comercial comum, a coordenação de políticas macroeconômicas e setoriais entre os Estados parte e a harmonização das legislações para conseguir o fortalecimento do processo de integração.

Em dezembro de 1994, os quatros países-fundadores rubricaram o Protocolo de Ouro Preto, que instituiu as normas que regeriam o bloco do Cone Sul. O protocolo, que entrou em vigência em dezembro de 1995, determinou que a partir de 1999 existiria uma área livre de tarifas alfandegária dentro do bloco. Esse ponto, essência do espírito de livre-comércio interno do Mercosul, seria torpedeado inúmeras vezes nos anos seguintes.

De 1991 a 1995, diversos setores econômicos argentinos desfrutaram de uma redução gradual das tarifas alfandegárias (até zerá-las), de forma a contar com tempo para adaptar-se à concorrência dos outros sócios do Mercosul, especialmente o Brasil.

No entanto, o prazo concluiu e nos anos seguintes os empresários argentinos continuaram pedindo exceções para seus setores.

Os primeiros conflitos do Mercosul surgiram entre 1996 e 1997, quando produtores argentinos de suínos, frangos, calçados, móveis, entre outros, argumentavam que estava ocorrendo uma "invasão" ou "avalanche" brasileira que "destruiria" a indústria nacional. Em diversos casos os produtores locais – com a conivência do governo do presidente Carlos Menem – bloquearam estradas na área da fronteira para impedir a entrada de frangos e leitões brasileiros.

Na mesma época fracassaram as tentativas de liberalizar o comércio de açúcar dentro do Mercosul, fato que era rejeitado pelo pequeno mas influente lobby dos usineiros do norte da Argentina.

O livre comércio na área automotiva, que teria que ter iniciado no ano 2000, foi adiado indefinidamente.

O cenário de confrontos agravou-se em 1999, com a maxidesvalorização do real. Na época, Menem intensificou os conflitos comerciais com o Brasil e iniciou um flerte com os EUA, com o qual desejava fechar um acordo de livre comércio. Os assessores de "El Turco" insistiam em que a Argentina deveria abandonar o peso como moeda nacional e adotar o dólar, fato que teria impedido qualquer convergência macroeconômica no futuro do Mercosul. Na época, falava-se no "fim do Mercosul".

O bloco sobreviveu. Mas o governo seguinte, do presidente Fernando de la Rúa, não implicou a redução dos decibéis das discussões comerciais bilaterais. Quanto mais a administração De la Rúa mergulhava na crise econômica que levaria o país à pior crise de sua história, mais proliferavam as medidas protecionistas.

Uma das principais críticas do Brasil no governo De la Rúa era a secretária de Indústria Débora Giorgi, que afirmava que a administração Menem havia sido "excessivamente permissiva com o Brasil". Giorgi, definida como "uma negociadora com muita garra", alegava na época que o setor industrial argentino deveria ser compensado pela desvalorização do real de 1999.

Os dois países só tiveram uma pausa que refrescou as relações durante a crise de 2001-2 (e o início da recuperação em 2003), já que a Argentina – à beira do abismo – praticamente deixou de importar.

No entanto, a recuperação acelerada do consumo a partir de 2004 – e o aumento das importações de produtos brasileiros – levou o presidente Néstor Kirchner a desatar a "Guerra das Geladeiras", uma ofensiva sem precedentes contra os eletrodomésticos brasileiros. Na sequência, vários outros setores brasileiros começaram a ser alvo de medidas protecionistas da administração Kirchner.

O novo pico nas tensões ocorreu em 2008 com a crise internacional. No segundo semestre desse ano Cristina Kirchner empossou Debora Giorgi como ministra da Produção (e posteriormente, ministra da Indústria). Seu apelido – "senhora Protecionismo" – estaria justificado nos anos seguintes. Giorgi decretaria medidas para impedir – ou dificultar – a entrada dos mais variados produtos *Made in Brazil*, desde vasos sanitários e bidês, passando por calçados, até baterias de automóveis e massa de tomate.

Os conflitos aumentaram à proporção que ambos os países – especialmente a Argentina – aplicavam medidas protecionistas.

Em 2010, as medidas protecionistas do governo Kirchner atingiam 13,5% dos produtos brasileiros destinados ao mercado argentino. Mas, em 2011, com a ampliação das barreiras, um total de 23,9% das vendas brasileiras para a Argentina tornaram-se alvo de todo tipo de inconvenientes para entrar no país. A lista de modalidades protecionistas incluiu as licenças não automáticas, medidas antidumping, valores-critério, acordos de monitoramento, acordos de autorrestrição de exportações (denominados de "voluntários"), além dos compromissos de preços e cotas.

Os argentinos mantêm uma constante preocupação com qualquer solavanco no andamento da economia do Brasil, cujo mercado absorvia em 2010 ao redor de 25% das exportações gerais argentinas. Alguns setores são altamente dependentes do mercado brasileiro, como o automotivo, que destinava ao Brasil, no final da primeira década deste século, 85% de suas vendas de veículos ao exterior.

Com frequência, algum setor industrial reclama de supostas "invasões" de produtos brasileiros. Mas, na contramão de seus próprios industriais, a população argentina, na hora de comprar, olha preço e qualidade. E não nacionalidade.

Uma pesquisa realizada pela consultoria Poliarquia em 2012 afirmou que 93% dos entrevistados – todos líderes de opinião – sustentaram que o governo da presidente Cristina Kirchner deveria aprofundar a política de aproximação com o Brasil. Apenas 6% consideraram que a política entre os dois países deveria permanecer igual à atual; e somente 1% defendia um afastamento do Brasil.

Em 2006, o Mercosul assinou um protocolo de adesão da Venezuela ao bloco. A entrada do país caribenho, na época governado pelo presidente Hugo Chávez, foi aprovada pelos parlamentos da Argentina, Brasil e Uruguai. Em junho de 2012, a entrada da Venezuela ainda não havia sido aprovada pelo Paraguai, onde o Senado mostrava-se reticente com relação à entrada do país governado pelo líder bolivariano. Mas a suspensão do Paraguai do Mercosul naquele mês, provocada pelo *impeachment* no Senado do então presidente e ex-bispo Fernando Lugo, foi considerada pelo bloco uma "interrupção da vigência democrática". Sem o obstáculo do Paraguai, a Venezuela foi colocada rapidamente dentro do Mercosul.

Na ocasião, durante a cúpula do bloco na cidade argentina de Mendoza, os presidentes receberam pedidos para a entrada do Equador e da Bolívia no bloco do Cone Sul. Os presidentes dos países do Mercosul também aprovaram uma declaração de enfático respaldo dos países do bloco à reivindicação argentina das ilhas Malvinas.

Enquanto os governos se atarefavam em ampliar o Mercosul, o cotidiano dos cidadãos dos países que dele fazem parte, mais além da área mercantil, pouco evoluiu.

Em 2012, apesar de meia década da sua criação, o sistema de aposentadorias no qual uma pessoa que havia contribuído durante anos de vida profissional na Argentina poderia receber sua pensão no Brasil (ou vice-versa) não funcionava na prática e só existia no papel.

Os 20 anos de Mercosul tampouco foram suficientes para criar um mecanismo de validação automática de títulos universitários entre o Brasil e a Argentina. De quebra, um brasileiro não poderia realizar transferências bancárias para a Argentina (e vice-versa), a não ser pagando draconianas tarifas bancárias.

Fazer algo corriqueiro, como a mudança de móveis de Buenos Aires a São Paulo, poderia implicar uma caríssima – e burocrática – aventura, capaz de desestimular qualquer pessoa.

Tampouco avançaram as inúmeras comissões para criar mecanismos de promoção comercial conjunta Brasil-Argentina em terceiros mercados, nem a criação de uma brigada militar argentino-brasileira (embora tenham avançado, e rapidamente, os projetos de fabricação conjunta de blindados brasileiro-argentinos).

"No ano de 2010 faremos greves em toda a região", me disse um líder sindical argentino em 2001. "Não é porque queiramos fazer as paralisações, mas porque duvido que a situação dos trabalhadores vá melhorar. Os patrões do Mercosul querem nivelar os salários pelos padrões mais baixos. Trabalhadores do Mercosul, uni-vos", arrematou um sindicalista colega dele, brasileiro, ao lado.

Mas os sindicatos de ambos os países, que em 1999 analisavam a criação de centrais sindicais do Mercosul, não passaram das declarações enfáticas nas reuniões de seus representantes. Sequer a chegada ao poder de um ex-operário no Brasil e de um integrante circunstancial da ala progressista do peronismo na Argentina estimulou o desenvolvimento nessa área.

O avanço do ensino do espanhol no Brasil e do português na Argentina não passou de pequenos ensaios localizados em algumas escolas. A ideia ganhou força durante o governo De la Rúa e FHC. Mas pouco avançou em quase década e meia transcorrida. Para ilustrar o desinteresse no assunto: desde os anos 1990, os embaixadores brasileiros na Argentina falavam muito bem o espanhol (em alguns casos, de forma impecável). No entanto, na contramão, poucos embaixadores argentinos no Brasil aprenderam o português corretamente. Todos os embaixadores brasileiros em Buenos Aires eram diplomatas de carreira. Já do lado argentino, a maioria era de embaixadores políticos.

No entanto, enquanto o Mercosul avançava lentamente em diversos âmbitos, na área do intercâmbio comercial o aumento era exuberante: o comércio cresceu de US$ 1 bilhão para quase US$ 40 bilhões em duas décadas.

Além disso, empresas argentinas instalaram-se no Brasil. E empresas brasileiras instalaram-se na Argentina. Estas, em grande estilo, já que desembarcaram em peso desde 2002, nos mais variados setores da economia.

Dessa forma, um argentino pode acordar de manhã cedo, lavar o rosto, secar-se com uma toalha fabricada pela Coteminas em sua fábrica no norte da Argentina. Na sequência, vestir um jeans (70% do denim argentino está em mãos brasileiras), calçar um sapato produzido pela Paquetá, cuja fábrica de Chivilcoy, província de Buenos Aires, está em plena operação desde 2007.

Ao sair de casa com seu carro, esse argentino pode passar por um posto de gasolina da Petrobras. Já seus filhos iriam para a escola em um ônibus cuja carroceria foi fabricada pelas instalações que a brasileira Marcopolo possui na Argentina.

Na hora do almoço, poderá degustar um bife de um dos vários frigoríficos brasileiros – entre eles, Friboi e Marfrig –, que, nos últimos anos, adquiriram empresas na Argentina. A cerveja que beberá com os amigos, em 70% dos casos, será da Quilmes e subsidiárias, controladas pela Ambev. O dinheiro para pagar a conta do repasto poderia vir dos caixas eletrônicos do Itaú, banco que está desde 1995 na Argentina.

Durante a tarde, esse argentino poderia ir atrás de material de construção para concluir uma obra no fundo de seu quintal. O cimento que utilizará, em mais da metade dos casos, será da Loma Negra, emblemática empresa argentina adquirida pela Camargo Correa.

Desde 1995, quando comecei a cobrir o Mercosul, vi diversos anúncios apocalípticos sobre seu final, ao mesmo tempo que assistia a inumeráveis "relançamentos" do bloco, como se fosse uma questão de mudar a embalagem de uma caixa de cereais ou uma aplicação de botox em uma modelo que tenta recuperar um nicho de mercado.

Vi pelo menos quatro ocasiões nas quais analistas, políticos e empresários dos dois lados da fronteira falavam no "iminente fim do Mercosul". Nesse mesmo período, vi pelo menos oito "relançamentos" do bloco do Cone Sul, anunciados pelos governos de plantão em Buenos Aires e Brasília. Também vi o anúncio da criação de diversas comissões de monitoramento do comércio, para resolver conflitos comerciais. Dois ou três anos depois, com o agravamento dos conflitos, acompanhei como – tal qual em um *dejà-vu* – diplomatas de ambos os lados anunciavam novas comissões para resolver os velhos confrontos.

BISPOS E PIRATAS NO COMÉRCIO BRASIL-ARGENTINA

Na quarta-feira, dia 2 de setembro de 1587, zarpou de Buenos Aires a caravela San Antonio, sob o comando do capitão Antonio Pereyra. O destino da nave era Salvador, Bahia.

O carregamento oficial consistia em tecidos (colchas, faixas, ponchos, lençóis, entre outras) manufaturados nas cidades de Soconcho (província de Córdoba) e Manogasta (província de Santiago del Estero), além de chapéus, sinos e outros produtos de ferro feitos na cidade de Santiago del Estero, uma das mais prósperas da região na época.

Era a primeira exportação realizada por cidades instaladas na terra que atualmente é a Argentina.

O empresário por trás da operação comercial era o bispo de Tucumán, Francisco de Vitoria, um dominicano hábil em todo tipo de negócios.

Na época, tanto Buenos Aires como Santiago del Estero e Salvador estavam sendo governadas pelo mesmo monarca, o rei espanhol Felipe II. Sete anos antes, a Espanha havia tomado Portugal graças a problemas dinásticos lusitanos. As colônias, embora administradas separadamente, puderam realizar certo intercâmbio comercial (antes proibido). Nesse cenário, entre uma missa e outra, o bispo Vitoria aproveitou a oportunidade.

Desde 1940, a data é celebrada na Argentina como o Dia da Indústria Nacional, já que a venda ao exterior era integrada por produtos manufaturados. Mas diversos historiadores, entre eles, Felipe Pigna, autor de *Mitos da Argentina*, ressaltam que a data não é exatamente motivo de celebração. "Devem existir poucos países no mundo que, para homenagear sua indústria nacional, escolhem um delito, concretamente, um episódio de contrabando", afirma Pigna. Isso porque o carregamento incluía cargas que não podiam constar na ata oficial, como veremos.

"Sua vida não é de prelado, mas sim de mercador", afirmava o governador de Tucumán, Ramírez de Velasco, em carta ao rei, enquanto o bispo dedicava-se ao comércio.

"Ele já me excomungou duas vezes. Todo seu negócio são tratos e contratos...", ressaltava o governador.

Mas o clérigo tinha costas quentes. Vitoria, além de ter em seu currículo um passado de integrante da Santa Inquisição na Espanha, era recomendado pelo Conselho de Índias como "bom letrado e pregador".

Mas, enquanto o clérigo esperava os lucros que proviriam das exportações, o governador denunciava o bispo, indicando que dentro dos sacos de farinha iam camuflados quilos e quilos de barras de prata que Vitoria havia trazido das minas de Potosí (atual Bolívia).

Montanhas onde estavam as minas de prata de Potosí, na atual Bolívia. O bispo Vittoria comprou escravos em Salvador, Bahia, que seriam destinados a essas minas.

As exportações de prata estavam categoricamente proibidas. Isto é, as primeiras exportações realizadas da Argentina para o Brasil encobriam um ato de contrabando. E, evidentemente, Vitoria tinha um parceiro nessa empreitada *non sancta*, já que o destinatário dessa encomenda especial era o governador do Brasil, Manuel Telles Barreto (1583-7).

Vitoria, que no norte da Argentina possuía 20 mil índios escravos, aproveitou a viagem de volta da caravela San Antonio para trazer produtos para a Argentina (o bispo foi o primeiro exportador e também o primeiro importador).

Entre os produtos encomendados por Vitoria a seus colegas em Salvador estavam 120 passageiros "involuntários", isto é, escravos africanos (que seriam enviados às minas de prata de Potosí).

No entanto, metade desses escravos africanos, que haviam trabalhado como escravos no Brasil, nunca chegaram a Buenos Aires.

No meio do caminho, o navio que transportava os produtos importados pelo bispo Vitoria foi atacado – com sucesso – pelo pirata inglês Thomas Cavendish (1560-1592). O pirata abordou a caravela e levou toda a mercadoria destinada a Vitoria, além de metade dos escravos.

Um ano depois, Vitoria – com o dinheiro obtido da venda dos 60 escravos africanos em Potosí – tentou de novo fazer a operação comercial. Mais uma vez, levou lingotes de prata de contrabando rumo ao Brasil.

Mas um temporal virou o navio, que afundou. Os tripulantes tiveram tempo de salvar parte da prata e chegaram até a praia.

No entanto, o dinheiro não voltou ao bispo, já que em Buenos Aires, o governador Torres de Navarrete aplicou o velho ditado "ladrão que rouba ladrão tem 100 anos de perdão", e ficou com um terço da prata de Vitoria. Os outros dois terços o governador Navarrete distribuiu entre os moradores de Buenos Aires.

Vitoria e seu séquito tiveram que voltar, sem um vintém, para Tucumán, a pé. Nem uma mula sequer puderam adquirir.

Posteriormente, Vitoria perdeu influência e poder e foi removido do cargo. Em 1590, voltou para a Espanha, onde faleceu.

CRONOLOGIA

- 1515-16 – Juan Díaz de Solís descobre o rio da Prata e explora suas margens.
- 1536 – Pedro de Mendoza funda a primeira Buenos Aires.
- 1550-1600 – Espanhóis fundam diversas cidades, entre as quais Santiago del Estero, San Luis, Córdoba, San Juan, Santa Fe, Salta, La Rioja.
- 1580 – Juan de Garay funda a segunda Buenos Aires.
- 1680 – Portugueses fundam Colonia de Sacramento, do outro lado do rio da Prata, na frente de Buenos Aires.
- 1776 – Carlos III, rei da Espanha, cria o Vice-reino do rio da Prata.
- 1806 – Invasões Inglesas no Rio da Prata.
- 1810 – Revolução de Maio. Começa o processo que levaria à Independência.
- 1816 – Proclamação da Independência.
- 1820 – Primeiros conflitos bélicos entre as províncias argentinas. Início de guerras civis intermitentes que somente seriam concluídas em 1880. Governo da província de Buenos Aires ordena ocupação das ilhas Malvinas, abandonadas pelos espanhóis em 1810.
- 1825 – Começa a guerra com o Brasil.
- 1828 – Assassinato de Manuel Dorrego, considerado o primeiro de uma longa lista de assassinatos políticos argentinos. Termina a guerra com o Brasil.
- 1829 – Início do governo de Juan Manuel de Rosas.
- 1833 – A Argentina perde as ilhas Malvinas para a Grã-Bretanha.
- 1838 – Argentina enfrenta bloqueio marítimo francês.
- 1845-50 – Bloqueio anglo-francês.
- 1852 – Batalha de Caseros. Justo Urquiza, governador de Entre Rios, derrota Rosas.
- 1853 – A Argentina tem sua primeira Constituição Nacional.

- 1865-70 – Guerra do Paraguai. A Argentina participa do conflito ao lado do Brasil e do Uruguai contra o Paraguai.

- 1870 – A Argentina começa a implantar as primeiras linhas ferroviárias.

- 1876 – Lei de Imigração e Colonização provoca *boom* de imigrantes europeus para o país.

- 1869-88 – "Conquista do Deserto", denominação da conquista da Patagônia.

- 1899 – Primeira visita oficial de um presidente argentino ao Brasil, Julio Roca.

- 1900 – Primeira visita oficial de um presidente brasileiro à Argentina, Manuel Ferraz de Campos Salles.

- 1912 – Aprovação da Lei Sáenz Peña de sufrágio secreto e universal.

- 1916 – Primeiras eleições presidenciais com voto secreto e universal. Vence Hipólito Yrigoyen, da União Cívica Radical (UCR).

- 1919 – "Semana Trágica": protestos de trabalhadores que terminam com o massacre de quase 700 pessoas.

- 1922 – Yrigoyen é sucedido por Marcelo T. de Alvear, também da UCR.

- 1928 – Yrigoyen é novamente eleito.

- 1930 – Yrigoyen é derrubado no primeiro golpe militar da vida democrática.

- 1930-43 – "Década Infame" (período de governos civis respaldados pelos militares, com fraudes eleitorais).

- 1939 – Começa a Segunda Guerra Mundial. Argentina fica neutra e vende alimentos aos Aliados e ao Eixo.

- 1943 – Golpe de Estado promovido pelo GOU (Grupo Oficiais Unidos).

- 1944 – O general Eduardo Farrell assume o poder, com a colaboração do coronel Juan Domingo Perón.

- 1945 – Perón é detido pelo governo e rapidamente liberado graças a manifestações de operários.

- 1946 – Perón é eleito presidente pela primeira vez. A primeira-dama, Eva Perón, começa a ter intenso protagonismo político. Perón implanta o Plano Quinquenal econômico.

- 1947 – Refugiados de guerra nazistas começam a entrar em grande escala no país.

- 1949 – Perón e os peronistas aprovam uma nova constituição, que permite a reeleição.

- 1951 – Perón é reeleito.

- 1952 – Morre Eva Perón de um câncer devastador.

- 1955 – Perón é derrubado por um golpe militar que se autodenomina "Revolução Libertadora". Perón parte para o exílio, que durará 18 anos.

- 1956 – Peronistas são reprimidos pelo regime militar. O partido é proscrito.

- 1958 – Arturo Frondizi, da União Cívica Radical Intransigente (UCRI), é eleito presidente. Peronistas não podem participar da eleição, mas dão relativo respaldo a Frondizi.

- 1962 – Frondizi é derrubado por um golpe militar.

- 1963 – Arturo Illía, da UCR, é eleito presidente. Peronismo continua proscrito.

- 1966 – Illía é derrubado pelos militares. Começa a ditadura do general Juan Carlos Onganía. Os militares reprimem as universidades na "Noite dos bastões longos". Milhares de cientistas e acadêmicos partem em exílio.

- 1969 – El Cordobazo: habitantes de Córdoba rebelam-se contra Onganía, na maior revolta popular da história da Argentina.

- 1970 – Onganía é derrubado pelos colegas militares e substituído pelo general Roberto Levingston.

- 1971 – Levingston é derrubado e substituído pelo general Alejandro Lanusse.

- 1973 – Eleições presidenciais. O peronista Héctor Cámpora é reeleito com o *slogan* "Cámpora no governo, Perón no poder". Perón volta ao país. Depois, Cámpora renuncia. Novas eleições. Perón é eleito.

- 1974 – Perón morre. Assume sua vice e terceira mulher, Isabelita Perón.

- 1976 – Isabelita é derrubada por um golpe militar liderado pelo general Jorge Rafael Videla. Começa uma repressão sem precedentes na história do país.

- 1978 – Argentina, anfitriã da Copa do Mundo, vence o torneio. Crise de Beagle entre o Chile e a Argentina, que quase vão à guerra.

- 1981 – Videla é sucedido pelo general Roberto Viola. Este é derrubado meses depois pelo general Leopoldo Galtieri.

- 1982 – Guerra das Malvinas. Galtieri é substituído pelo general Reynaldo Bignone.

- 1983 – Eleições democráticas. Raúl Alfonsín é eleito presidente civil após sete anos de regime militar.

- 1985 – Julgamento das Juntas Militares. Plano Austral.
- 1986 – Rebeliões militares. Lei de Ponto Final.
- 1987 – Novas rebeliões militares. Lei de Obediência Devida.
- 1989 – Hiperinflação. Alfonsín renuncia seis meses antes do fim de seu mandato. O peronista Carlos Menem vence as eleições presidenciais.
- 1990 – Menem começa o maior plano de privatizações da história da América Latina.
- 1991 – Menem indulta a alta hierarquia da última ditadura. Implantação da "conversibilidade", que estabelece a paridade um a um entre peso e dólar.
- 1994 – Pacto de Olivos entre peronismo e UCR permite reforma da Carta Magna, que inclui reeleição presidencial.
- 1995 – Menem é reeleito presidente.
- 1999 – O peronista Eduardo Duhalde é derrotado nas eleições presidenciais por Fernando de la Rúa, da UCR.
- 2000 – Carlos "Chacho" Alvarez, vice de De la Rúa, renuncia. Mercados desconfiam da Argentina. Fuga de divisas cresce.
- 2001 – De la Rúa perde eleições parlamentares. Fuga de divisas aumenta. Governo aplica confisco bancário, o "corralito". Cinco presidentes em 20 dias. Um deles, Adolfo Rodríguez Saá, declara o calote da dívida pública. Crise econômica alastra-se.
- 2002 – O senador Duhalde toma posse como presidente provisório. Piquetes de desempregados em todo o país. Protestos contra os bancos.
- 2003 – Duhalde apresenta Néstor Kirchner como candidato presidencial contra Menem. Kirchner toma posse.
- 2005 – Reestruturação da dívida pública.
- 2007 – A senadora Cristina Kirchner, mulher de Néstor Kirchner, é eleita presidente.
- 2011 – Cristina Kirchner é reeleita presidente.

BIBLIOGRAFIA

ACTIS, Munú et al. *Ese infierno, conversaciones de cinco mujeres sobrevivientes de la ESMA*. Buenos Aires: Sudamericana, 2001.

AGUINIS, Marcos *El atroz encanto de ser argentinos*. Buenos Aires: Planeta, 2001.

ANGUITA, Eduardo; CAPARRÓS, Martín. *La Voluntad*. Buenos Aires: Grupo Editorial Norma, 1998.

BALMACEDA, Daniel. *Oro y espadas*. Buenos Aires: Editorial Marea, 2006.

BONELLI, Marcelo. *Un país en deuda, la Argentina y su imposible relación con el FMI*. Buenos Aires: Planeta, 2004.

BORGES, Jorge Luis; CLEMENTE, José. *El lenguaje de Buenos Aires*. Buenos Aires: Emecé, 1968.

CALEGARIS, Hugo. *Proezas argentinas*. Buenos Aires: Edhasa, 2005.

CAPARRÓS, Martín. *Argentinismos*. Buenos Aires: Planeta, 2011.

CARDOSO, Oscar Raúl; KIRSCHBAUM, Ricardo; KOOY, Eduardo van der. *Malvinas*: la trama secreta. Buenos Aires: Sudamericana-Planeta, 1983.

CARMONA, Narciso Binayán. *Historia genealógica argentina*. Buenos Aires: Emecé, 1999.

CASADEVALL, Domingo. *Esquema del carácter porteño*. Buenos Aires: Centro Editor de America Latina, 1967.

CASTRO, Nelson. *Enfermos de poder, la salud de los presidentes y sus consecuencias*. Buenos Aires: Zeta, 2008.

CERRUTTI, Gabriela. *El Jefe*. Buenos Aires: Planeta, 1993.

CIBOTTI, Ema. *Queridos enemigos*. Buenos Aires: Aguilar, 2006.

CONI, Emilio A. *El Gaucho, Argentina-Brasil-Uruguay*. Buenos Aires: Ediciones Solar, 1945.

DELLEIS, Mónica Ricardo de Titto; ARGUINDEGUY, Diego. *El libro de los presidentes argentinos del siglo XX*. Buenos Aires: Aguilar, 2000.

DI TELLA, Torcuato. *Diccionario del Político Exquisito*. Buenos Aires: Emecé, 1998.

DIAGONALES, Paidós. *La Argentina fermentada, vino, alimentación y cultura*. Buenos Aires, 2006.

DICCIONARIO del habla de los argentinos. Buenos Aires: Academia Argentina de Letras, Espasa, 2003.

DZÍA, Esther. *Buenos Aires, una mirada filosófica*. Buenos Aires: Biblos, 2000.

EL LIBRO de Oro de la Argentinidad: datos, curiosidades artefactos y otras pavadas nacionales. Buenos Aires: Sudamericana, 2008.

ENCISO, Isaías José García. *La gesta de Patagones*. Buenos Aires: Editorial Universitaria de Buenos Aires, 1972.

ESPÍNDOLA, Athos. *Diccionario del Lunfardo*. Buenos Aires: Planeta, 2002.

ESTRADA, Ezequiel Martínez. *La Cabeza de Goliat*. Buenos Aires: Centro Editor de America Latina, 1968.

FITTE, Enrique J. *Hambre y desnudeces en la Conquista del Río de la Plata*. Buenos Aires: Emecé, 1963.

GILESPIE, Richard. *Los Montoneros, soldados de Perón*. Buenos Aires: Grijalbo, 1987.

GOBELLO, José. *Crónica General del Tango*. Buenos Aires: Editorial Fraterna, 1980.

GOÑI, Uki. *Perón y los alemanes*. Buenos Aires: Sudamericana, 1998.

LANÚS, Juan Archibaldo. *Aquel apogeo*. Buenos Aires: Emecé, 2001.

LARRIQUETA, Daniel. *La Argentina imperial*. Buenos Aires: Debolsillo, 1992.

LUNA, Félix. *Fracturas y continuidades en la Historia argentina.* Buenos Aires: Sudamericana, 1994.

MORENO, Marcelo. *Contra los argentinos.* Buenos Aires: Sudamericana, 2002.

NIBIESKIKWIAT, Natasha. *Lágrimas de hielo.* Buenos Aires: Norma, 2012.

NOVARO, Marcos. *Historia de la Argentina, 1955-2010.* Buenos Aires: Siglo Veintiuno Editores, 2010.

NUNCA MÁS. Informe de la Conadep. Buenos Aires: Eudeba, 1995.

O'DONNELL, Pacho. *Historias argentinas, de la conquista al proceso.* Buenos Aires: Sudamericana, 2006.

OCA, Ignacio Montes de. *Historias de la Argentina olvidada, 1810-1995.* Buenos Aires: Edhasa, 2011.

PAGE, Joseph. *Perón.* Buenos Aires: Javier Vergara Editor, 1984.

PALACIO, Jorge. *Tangazos.* Buenos Aires: Corregidor, 1997.

_____. *El humor en el tango.* Corregidor, Buenos Aires, 1996.

PALERMO, Vicente. *Sal en las heridas.* Buenos Aires: Sudamericana, 2007.

_____; MANTOVANO, Rafael. *Batiendo la justa.* Buenos Aires: Capital Intelectual, 2008.

PIERRE, Kalfon. *Argentine.* Buenos Aires: Hachette, 1972.

PIGNA, Felipe. *Los mitos de la Historia argentina.* Buenos Aires: Planeta, 2004 e 2005, v. 1 e 2.

POMER, León. *Argentina*: Historia de negocios lícitos e ilícitos. Buenos Aires: Centro Editor de America Latina, 1993, v. 1 e 2.

POSSE, Abel. *La santa locura de los argentinos.* Buenos Aires: Emecé, 2006.

ROMERO, Luis Alberto. *Breve Historia Contemporanea de la Argentina.* Buenos Aires: Fondo de Cultura Económica, 2001.

ROUQUIE, Alain. *Poder Militar y sociedad política en la Argentina hasta 1943.* Buenos Aires: Emecé, 1987.

SÁBATO, Ernesto. *Tango, discusión y clave.* Buenos Aires: Losada, 1965.

SALAS, Horacio. *El Tango.* Buenos Aires: Emecé, 2004.

SANTORO, Daniel. *Venta de armas*: hombres del gobierno. Buenos Aires: Planeta, 1998.

SEBRELI, Juan José. *Comediantes y mártires, ensayo contra los mitos.* Buenos Aires: Editorial Debate, 2008.

SEOANE, María. *Argentina, el siglo del progreso y la oscuridad (1900-2003).* Buenos Aires: Crítica, 2004.

_____. *El saqueo de la Argentina.* Buenos Aires: Sudamericana, 2003.

_____. *Nosotros.* Buenos Aires: Editorial Sudamericana, 2005.

_____; MULEIRO, Vicente. *El Dictador.* Buenos Aires: Sudamericana, 2001.

SEVARES, Julio. *Por qué cayó la Argentina.* Buenos Aires: Norma, 2002.

SUMWAY, Nicolás. *La invención de la Argentina, Historia de una idea.* Buenos Aires: Emecé, 2002.

ULANOSKY, Carlos. *Argentinos por la boca mueren, como usamos y abusamos de la lengua.* Buenos Aires, 1998

_____. *Como somos, trapitos argentinos al sol.* Buenos Aires: Sudamericana, 2003.

URIARTE, Claudio. *Almirante Cero.* Buenos Aires: Planeta, 1992.

VÁZQUEZ-RIAL, Horacio et al. *Buenos Aires 1880-1930.* Madri: Alianza, 1996.

VERBITSKY, Horacio. *Hacer la Corte.* Buenos Aires: Planeta, 1993.

_____. *Robo para la corona.* Buenos Aires: Planeta, 1991.

WALTER, Sylvina. *Pizza con champán.* Buenos Aires: Espasa Calpe, 1994.

WORNAT, Olga. *Menem*: la vida privada. Buenos Aires: Planeta, 1999.

ICONOGRAFIA

O AUTOR

Ariel Palacios formou-se em 1987 na Universidade Estadual de Londrina. Fez o Master de Jornalismo do jornal *El País* (Madri) em 1993. Em 1995, foi para a Argentina, sendo desde aquele ano correspondente de *O Estado de S. Paulo* em Buenos Aires. Além da Argentina, também cobre o Uruguai, Paraguai e Chile. Foi correspondente da rádio CBN (1996-1997) e da rádio Eldorado (1997-2005) e colaborador da *Revista Imprensa* e do Observatório da Imprensa. Ariel também é correspondente do canal de notícias Globo News desde 1996.

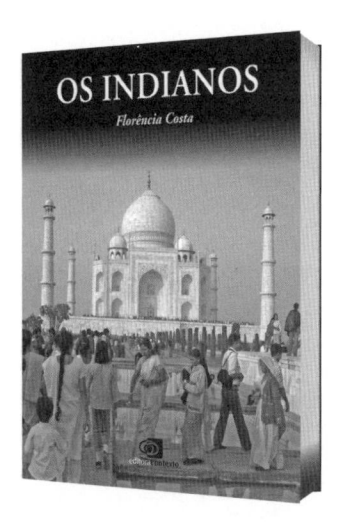

OS INDIANOS

Florência Costa

A Índia é tudo aquilo que um turista vê. Mas também o seu oposto. Os contrastes estão a cada esquina. O país é espiritual e material; pacífico e violento; rico e pobre; antigo e moderno. Cultiva a democracia, mas mantém as castas. Criou o *Kama Sutra*, mas veta beijos nos filmes de Bollywood. Há indianos encantadores de cobra – ainda que a atividade seja proibida – e engenheiros de *software*. É perigoso generalizar sobre um país com mais de um bilhão de pessoas, divididas em milhares de castas, com sete religiões e mais de 20 línguas oficiais. Então, como conhecer esse povo que fascina tanto o Ocidente? Partir de sua história é essencial, desde a primeira civilização, que surgiu naquelas terras há 5 mil anos, até a recente independência, incluindo a relação com os vizinhos China e Paquistão e a explosão tecnológica dos dias de hoje. A jornalista Florência Costa – que tem laços de família com a Índia, onde viveu por muitos anos – nos leva à cozinha indiana, com seus múltiplos temperos; às festas monumentais de casamentos arranjados; à espiritualidade e às religiões e até aos banheiros (raros). Livro imperdível para quem quer conhecer (ou acha que conhece) os indianos.

CADASTRE-SE
EM NOSSO SITE,
FIQUE POR DENTRO DAS NOVIDADES
E APROVEITE OS MELHORES DESCONTOS

LIVROS NAS ÁREAS DE:

História | Língua Portuguesa | Educação
Geografia | Comunicação | Relações Internacionais
Ciências Sociais | Formação de professor
Interesse geral | Romance histórico

ou
editoracontexto.com.br/newscontexto

Siga a Contexto
nas Redes Sociais:
@editoracontexto

GRÁFICA PAYM
Tel. [11] 4392-3344
paym@graficapaym.com.br